KB109429

의지,

자유로운가 속박되어 있는가

의지,

자유로운가 속박되어 있는가

박찬욱 기획, **한자경** 편집 | **이필원** · **김호귀** · **조긍호** · **이진우** · **정준모** 집필

운주사

기획자 서문

의지에 대한 바른 이해를 바탕으로 성장하기를 기원하며

사람은 누구나 고통을 여의고 행복한 삶을 누리고 싶어 합니다. 그러한 삶을 살기 위하여 각자 목표를 정하고 성취하려고 노력합니다. 자신이 선택한 목표는 삶의 동기로 작용합니다. 사람들의 일거수일투족은 목적 내지 목표 지향적 의도가 의식적 또는 무의식적으로 반영된 결과입니다. 설정한 목표를 달성하기 위하여 우리는 의지를 일으키고 다집니다.

그러나 삶은 녹록치 않습니다. 삶의 여정 곳곳에서 예기치 못한 역경과 도전을 마주하게 됩니다. 그때마다 사람들은 각자 익숙한 방식으로 대처하면서 고난을 극복하려고 의지를 굳건하게 합니다. 그 결과 역경을 극복하고 원하는 바를 성취하기도 하지만, 좌절을 맛볼 때도 많습니다. 좌절에서 벗어나기 위하여 마음을 다잡고 의지를 불태우지만, 본인이 원하는 수준의 결과에 도달하기란 여간 어려운 일이 아닙니다. 욕구를 조절하고 욕망을 내려놓음으로써 좌절과 불만족을 떨쳐버리려고 노력해 보더라도 이 또한 쉬운 일이 아닙니다. 세상만사 마음먹기 나름이라고도 하지만 작심삼일作心三日인 경우도 비일비재합니다.

행복한 삶을 살기 위해서는 행복에 대한 바른 관점, 인간에 대한 폭넓은 이해, 자신의 특성과 환경적 여건에 대한 깊은 성찰이 수반되어야 할 것입니다. 삶의 본질적 속성에 대한 통찰, 경험하는 현상들의 원인과 조건에 대한 성찰, 현 상황을 돌파할 수 있는 바른 길에 대한 지혜가 함께 할 때, 우리들의 의지는 그 힘을 제대로 발휘할 수 있을 것입니다.

삶의 성숙과 발전을 위하여 동기, 의도, 의지라는 마음 현상에 대한 바른 이해가 필요하다고 생각되어 각계 전문가들을 모시고 논의해 보고자 합니다. 우리 스스로 무엇을 결정하고 추진하는 과정에서 우리들의 의지가 자유롭게 발현되는지, 아니면 여러 가지 장애에 속박된 결과로서의 선택과 결정인지, 주어진 인간의 삶의 조건 하에서 어떻게 사는 것이 현명한 삶이고 행복한 삶인지 함께 모색해 보고자 합니다.

2006년부터 매년 한두 차례 개최해 온 '밝은사람들 학술연찬회'는 논의되는 내용을 학술연찬회 개최 전에 '밝은사람들 총서'로 출간하고 있습니다. 학술연찬회와 총서 내용을 더욱 알차게 꾸리기 위하여 매번 1년 가까운 기간 동안 성실하게 준비하고 있습니다.

주제 발표자로 확정된 이후 여러 준비 과정에 진지한 태도로 참여하시고, 각자 전문분야의 관점과 연구 성과를 일목요연하게 정리하신 이필원 교수님, 김호귀 교수님, 조긍호 명예교수님, 이진우 교수님, 정준모 교수님, 다섯 분의 주제발표 원고를 조율하고 학술연찬회 좌장 역할을 하시는 한자경 교수님께 진심으로 감사드립니다. 그리고 옥고를 단행본으로 출간해 주시는 운주사 김시열 사장님과 직원 여러분의 노고에도 감사드립니다.

특히 2006년 초 밝은사람들연구소 발족 이래 지금까지 불교와 사회의 상생적 발전을 촉진하는 연구소 사업을 물심양면으로 적극 지원해 주고 계신 범석 수불梵釋 修弗 스님과 안국선원에 깊이 감사드립니다.

일상에서 늘 행복하시길 기원하며

2021년 11월

밝은사람들연구소장

담천 박찬욱 합장

편집자 서문

인간 행위의 본질은 무엇인가

– 자유의 자각은 어디에서 오는가 –

한자경(이화여자대학교 철학과 교수)

1. 행行의 의미의 다양성

최근 밝은사람들 총서에서 다루었던 주제는 느낌 수受와 지각 내지 생각 상想이었고, 이번에 다루고자 하는 것은 의지적 행위인 행(行, saṅkhāra)이다. 행은 불교의 관점에서 보면 우리가 일상적으로 자아라고 집착하는 색·수·상·행·식 5온(蘊, skandha) 중 하나로서 행위나 업, 의도나 의지를 의미한다.[1] 철학의 관점에서 보면 행은 감정적 느낌인 정情과 인식적 지각인 지知와 구분되는 실천적 의지인 의意에 해당한다.

1 초기불교의 5온을 설일체유부의 5위법五位法과 연결지어 보면, 행은 수와 상을 제외한 나머지 마음작용인 심소법心所法을 모두 포함할 뿐 아니라, 심도 색도 아닌 논리적 실재라고 할 수 있는 불상응행법不相應行法도 포함한다. 여기에서는 심소법으로서의 행을 논의대상으로 하되, 심소법 중 행의 본질을 이룬다고 여겨지는 의도 내지 사思를 중심으로 행의 의미를 밝혀본다.

	색법	심소법(마음의 작용)			심법
	‖				‖
	〈몸〉	〈느낌〉	〈지각/인지〉	〈행위/의지〉	〈마음〉
불교:	색色	수受	상想	행行	식識
	rūpa	vedanā	saññā	saṅkhāra	viññāṇa
철학:		감정적 느낌	인식적 지각	의지적 행위	
		정情	지知	의意	

느낌과 지각과 의지적 행위의 연관관계를 다음과 같은 구체적 예를 가지고 생각해 보자. 배가 고픈 사람이 길을 지나가다가 어디에선가 몰려오는 빵 냄새를 맡으면 그 향기 맡음에서 오는 즐거운 느낌과 배고픔에서 오는 고통의 느낌 등 여러 느낌 내지 감정이 교차할 것이다. 그것이 느낌 수受이다. 그러다가 주변을 둘러보고 빵집을 발견하고는 '아, 저 빵집의 빵이구나!'라고 빵을 지각하고 주변 상황을 인지한다면, 그런 인지는 그 사람의 머릿속에 빵, 빵집, 나, 그것 등의 개념이 있기에 가능한 것이다. 이런 개념적 지각 내지 인지적 생각이 상想이다. 그런데 배가 너무 많이 고픈데도 돈이 없다면 불현듯 훔쳐서라도 먹고 싶다는 욕망, 탐심이 일어날 것이다. 하지만 탐심이 일어난다고 누구나 무작정 빵을 훔쳐 먹지는 않는다. 대부분의 사람들은 본인의 행위가 성취될 수 있을지, 그 행위가 이끌어올 결과가 무엇일지를 미리 생각해 보고 자신의 행위를 결정한다. 이처럼 자신의 행위를 스스로 결정하는 능력을 의지意志라고 하고, 행위를 결정하기 위해 일으키는 의지적 생각을 사(思, vitakka) 또는 의도(意圖, cetanā)라고 한다. 의도를 포함해서 구체적 행위에 이르기까지의 일체의 의지적 활동이 행(行, saṅkhāra)이다.

우리는 정상적 인간은 누구나 자기 행위를 스스로 결정하는 능력인 의지를 갖고 있다고 생각한다. 스스로 결정한다는 것은 2개 이상의 선택지 중 하나를 선택한다는 것이다. 실제로 행할 수 있는 것이 단 하나일 경우에도 그것을 행할 것인지 말 것인지가 2개의 선택지가 되며, 혹 그 둘 중 하나의 선택이 죽음으로 이어진다고 해도 그 최후의 선택은 결국 의지의 결정으로 간주된다. 빵을 훔쳐 먹을지 아니면 돈을 내고 사먹을지를 의지가 선택하고, 돈이 없을 경우 훔쳐 먹을지 아니면 먹지 말지도 의지가 선택하며, 굶주림이 죽음으로 이끈다고 해도 선택은 결국 의지의 몫이라고 여기는 것이다. 의지를 통해 행위는 강제가 아닌 선택이 되기에 우리는 이런 의지를 '자유의지'라고 부르며, 인간은 누구나 자신의 행위를 자유롭게 선택할 자유의지를 갖고 있다고 여긴다.

그러면서 우리는 또 다른 한편 인간이 정말로 자유의지를 갖고 있는지, 인간의 행위가 진정으로 자유롭게 선택된 행위인지에 대한 의문을 제기하기도 한다. 인간의 행위가 자유의지에 의해 선택된 행위일 수 있으려면, 의지 자체가 모든 강압으로부터 자유로워야 하고 또 행위자가 모든 선택지를 충분히 사유할 수 있어야 한다. 그런데 우리의 의지나 사유가 정말 자유로운가? 알콜 중독자나 니코틴 중독자가 술이나 담배를 원하는 의지도 자유의지일까? 게임 중독으로 밤낮없이 게임에만 매달리는 의지, 돈 중독으로 주식이나 가상화폐에만 전념하는 의지, 일 중독으로 자나깨나 일에만 몰두하는 의지도 과연 자유의지일까? 또는 삶의 다른 방식을 생각할 수 없어서 전통과 사회가 기대하는 대로 또는 습관대로 살아가는 것도 자유로운 행위일까? 조선시대

남자는 상투를 틀고 여자는 비녀를 꽂던 것, 무슬림 여인이 부르카를 입는 것, 또는 부르카를 입지 않았다고 무슬림 남자가 총질을 하는 것도 자유로운 행위일까? 오늘날 남자는 치마를 안 입고 여자는 치마도 입는 것, 고등학교 졸업하면 너나없이 대학을 가고 대학을 졸업하면 너나없이 직장을 구하는 것도 과연 자유롭게 선택된 행위일까?

불교는 인간의 의지를 모든 강압을 떠난 순수한 자유의지로 보지 않는다. 인간의 의지는 지금까지의 행위를 통해 축적된 정보로 인해 이미 방향성이 결정된 욕망의 집합체이며, 그 점에서 과거 행위의 산물 내지 결정체일 뿐이다. 행위의 행이 의지로도 불리는 것은 행을 통해 의지가 형성되고, 그 의지로 인해 다시 행이 일어나기 때문이다. 의지는 행을 통해 굳어진 습관의 총체이며, 그 습관의 힘이 다시 그다음의 행을 불러일으키는 것이다. 이와 같이 행은 능동적 활동인 '행위로서의 행'과 그러한 행위를 통해 형성된 '행위의 산물 내지 행위의 동력(의지)로서의 행'의 이중 의미를 갖는다.

… →	행위	→	행위의 결과 = 행위의 동력	→	행위	→ …
	행위로서의 행		의지로서의 행		행위로서의 행	

그런데 불교에 따르면 인간의 행은 의지만 형성하는 것이 아니다. '형성된 것'(유위법) 일체를 형성하는 것이 바로 행이다. 붓다는 5온, 즉 물리적 구성체인 색온, 느낌인 수온, 지각인 상온, 의지인 행온, 인식의 식온을 모두 행이 형성한다고 말한다. "형성된 것을 형성하는 것이 행이다."[2] 불교가 모든 만들어진 것, 모든 유위법은 무상하다는

것을 말할 때 '제행무상諸行無常'이라고 표현하는 것은 모든 만들어진 것인 유위법이 바로 행行에 의해 만들어진 것이기 때문이다. 이처럼 존재를 형성하는 힘, 에너지, 기운이 바로 행이다.

이와 같이 일체를 형성하는 행을 불교는 의지적 행위인 업(業, karma)이라고 부른다. 행이 일체의 유위법을 형성한다는 것은 곧 일체가 업의 보報로서 형성된다는 것을 의미한다. 우리가 인간의 몸(근)으로 태어나고 따라서 우리 자신의 근에 상응하는 물리적 대상세계(경)에 살게 되는 것이 모두 우리 자신이 지은 지난 업(행)의 결과인 것이다. 이러한 업과 보의 관계를 초기불교는 무명으로 시작해서 행으로 나아가 생과 노사로 끝나는 12지연기로 설명한다. 우리가 업을 따라 윤회하게 되는 것도 행으로 인한 것이고, 자신의 탐진치를 극복하여 윤회의 굴레를 벗어 해탈하는 것도 행으로 인한 것이다. 전자가 업행業行이고, 후자는 수행修行이다. 이 수행의 행이 범부에서 불지에 이르기까지의 단계인 '신해행증信解行證'에서의 행이다.

이처럼 행의 개념은 매우 다양하게 사용된다. 행이 언급되는 다양한 문맥을 정리해 보면 다음과 같다.

– 행위 및 의지: 5온蘊, 색色+수受+상想+**행行**+식識
– 업: 신구의 3**행** = 신구의 3업(業, karma)
– 업과 업력: 12지연기, 무명 → **행** → 식 → 명색 → 육입처 → 촉 → 수 → 애 → 취 → 유 → 생 → 노사
– 유위법: 제**행**무상
– 수행: 신해**행**증信解行證

---

2 『쌍윳다니까야』, III, 87.

2. 업행業行의 본질: 의도意圖와 사思

행은 다양한 문맥에서 사용되므로 다의적으로 보이지만, 모든 경우를 관철하는 행의 기본적 의미는 결국 행위이다. 행의 의미를 분명히 하려면, 우리가 하는 행위가 어떤 방식과 어떤 구조로 일어나는지를 살펴봐야 한다. 행위는 곧 업(業, karma)이다. 불교는 행위를 마음에서 일어나는 행위인 의업, 입으로 하는 행위인 구업, 몸으로 하는 행위인 신업, 셋으로 구분한다. 행이 일어나게 되는 과정을 살펴보자.

상황에 부딪치는 촉觸이 있으면 우리는 우선 느낌 수受를 갖게 된다. 신체적인 락樂이나 고苦 또는 그에 이어 심리적인 희喜나 우憂의 느낌이 그것이다. 그러면 자신의 느낌의 상태 및 그런 느낌을 주는 대상에 대한 지각 내지 인지가 일어나는데, 이것이 지각 내지 인지적 생각, 상想이다. 느낌이나 상황을 인지하는 지각활동에는 이미 우리의 지난 경험의 축적으로 형성된 개념 내지 인지 틀이 함께 작동한다. 그렇게 상황파악이 되면, 그 상황에 어떻게 대처할 것인지에 대한 생각이 일어나게 되는데, 이런 생각을 의도 내지 의지적 생각인 사思라고 한다.

마음에서 일어나는 생각 사思 중에서 마음속 번뇌인 탐진치에 기반해서 일어나는 생각이 업業으로 성립한다. 사는 상황에 어떻게 대처하리라는 의지 내지 의도(意圖, cetanā)를 담고 있으므로 이를 의업意業이라고 한다. 그 의업에 따라 입이나 몸의 움직임이 일어나면 그것을 구업이나 신업이라고 한다. 입이나 몸의 움직임이 모두 업은 아니다. 기침소리나 신음소리처럼 그냥 새어나오는 소리가 아니고 특정한 의미를 전달하는 말소리여야지 구업이 되고, 단순한 몸동작이 아닌 특정 목적을 달성하기 위한 몸의 움직임이어야지 신업이 된다. 다시 말해 의업에 해당하는 생각에 이끌려서 나오는 말이나 행위가 구업 또는 신업이 된다. 그래서 의업을 사업이라고 하고, 구업이나 신업을 사로 인해 일어나되 '사가 끝나고 일어나는 업'이라는 의미에서 '사이업思已業'이라고 한다. 설일체유부는 의업의 본질은 사思이고, 구업의 본질은 의미를 담은 말소리이며, 신업의 본질은 업 짓는 순간의 몸의 형태인 형색形色이라고 주장한다.

유부: t_1 → t_2

사업思業 → 사이업思已業 = 사소작思所作

의업意業

- 구업: 말소리
- 신업: 형색形色

경량부는 구업이나 신업을 짓는 순간에 그 업을 성립시키는 것은 단순히 혀나 손발의 물리적 움직임 자체가 아니라 바로 그 순간에 그런 움직임을 일으키는 생각이라고 보며, 따라서 구업과 신업의 본질도 결국은 사思라고 논한다. 따라서 사를 세밀하게 분석한다. 우선 의업으로서의 사는 사유하는 사, 사유사思惟思인데, 이 사유사도 상황에 어떻게 대처할까에 대해 여러 가지 방안을 고려하는 '심려사審慮思'와 그 방안 중에서 특정한 하나로 마음을 정하는 '결정사決定思'가 구분된다. 결정사에서 결정된 대로 말을 하거나 몸을 움직이는 것이 구업과 신업이다. 그런데 구업이나 신업이라고 해서 이미 생각이 끝나고 그다음 순간은 단순히 혀나 몸의 움직임만 있는 것이 아니다.

구업이나 신업을 행하는 그 순간에도 그 업을 성립시키는 것은 결국 생각 사이며, 그때의 사를 '일을 만드는 사'라는 의미에서 '작사사作事思' 라고 한다.

어떤 말을 할까를 고민하는 것이 심려사이고, 특정한 어떤 말을 하겠다고 결정하는 것이 결정사이며, 그 결정에 따라 말하는 것이 구업인데, 말하는 순간 혀는 그 이전 순간의 결정사에 따라 그냥 움직이는 것이 아니라, 말하는 바로 그 순간의 생각을 따라 움직이는 것이다. 혀의 움직임을 일으켜 말이 나오게 하는 그 생각을 '능히 말을 일으키는 생각'이란 의미에서 '능발어사能發語思'라고 한다. 신업에서도 몸은 이전 순간의 결정사에 따라 그냥 움직이는 것이 아니라, 몸을 움직이는 바로 그 순간의 생각을 따라 움직이는 것이다. 몸을 움직이게 하는 그 생각을 '능히 몸을 움직이는 생각'이라는 의미에서 '능동신사能動身思'라고 한다.

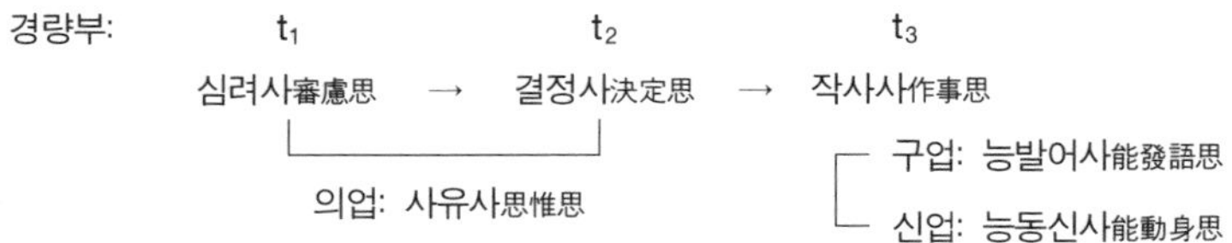

이렇게 보면 모든 행위의 본질은 결국 사思이다. 의지적 생각인 사로써 말을 하고 몸을 움직여 구업과 신업이 성립한다. 그렇다면 사를 본질로 하는 행은 어떻게 특정 시공간 안에서 일시적으로 일어나는 하나의 행위로 그치지 않고 일체 존재를 형성하는 힘을 갖게 되는 것일까?

3. 업행의 존재형성력

행의 본질은 의지적 생각, 사(의도)이며, 의지적 생각은 탐진치의 번뇌에 이끌리기에 업이 된다. 그러므로 행은 곧 업이다. 불교에 따르면 업은 그 보報를 갖기 마련이다. 원인이 있으면 결과가 있어 인과가 성립하듯이 불교는 업이 있으면 보가 있다는 업보業報를 말한다. 의업이든 구업이든 신업이든 업이 일어나면 그 사건으로 끝이 아니라, 업은 그 결과인 보를 낳기까지 보를 낳을 기운, 에너지, 힘을 유지해야 한다. 그렇게 업이 남긴 힘, 보를 낳을 힘이 바로 업력業力이다. 담배를 피우면 니코틴이 몸에 쌓이듯이 업을 지으면 업이 남긴 세력인 업력이 쌓인다. 그리고 쌓인 니코틴이 기관지염이나 폐병 등 결과를 낳듯이 그렇게 쌓인 업력은 중생으로 하여금 윤회하게 만든다. 중생이 지은 업, 행行이 다음 생을 이끌어오는 것이다.

윤회는 그렇게 업력을 따라 일어난다. 선업善業을 많이 지으면 그 보로서 락과樂果를 받게끔 천상중생으로 태어나고, 악업惡業을 많이 지으면 그 보로서 고과苦果를 받게끔 3악도에 축생이나 지옥중생이나 아귀로 태어나며, 선악업이 적절히 섞이면 인간으로 태어나게 된다. 중생으로 태어난다는 것은 몸을 갖고 태어나는 것이며, 여기서 몸은 여러 가지 자극을 수용할 수 있는 인식기관인 근根을 가진 몸을 뜻한다. 업력으로 형성되는 중생의 몸을 '업에 맞게 생겨난 보'라는 의미에서 '정보正報'라고 하고, 동종류의 중생들이 함께 의거해서 사는 세계를 '정보가 의거하는 보'라는 의미에서 '의보依報'라고 한다. 각자의 몸인 정보와 동종류 중생의 공통의 세계인 의보는 모두 업의 결과인 보報이다. 즉 중생이 지은 업이 남긴 업력으로 형성된 결과물인 것이다. 몸과 세계, 5근과 5경인 색법(색온)이 업의 산물이고, 그러한 근과 경과 중생의 식이 함께 접촉하여 일어나는 느낌인 수온, 지각인 상온도 업의 산물이며, 근에 근거하여 경을 알아차리는 식온 또한 업의 산물이다. 그래서 행온이 나머지 4온, 즉 색온, 수온, 상온, 그리고 식온도 형성한다고 하는 것이다.

이처럼 행은 업으로서 그다음의 존재를 형성해 내는 형성력 내지 조작력을 가진다. 업으로 인해 윤회한다는 것을 단적으로 표현하는 것이 바로 12지연기 중 "무명을 연해서 행이 있고, 행을 연해서 식이 있다"는 것이다. 업을 짓던 중생이 죽게 되어 5온이 흩어져 멸할 때, 그 5온이 지은 업이 남긴 업력만은 사라지지 않고 중음신中陰身으로 머물다가 그 업력과 어울리는 수정란에 들어가는데, 이것을 12지연기에서는 '식(識, vijñāṇa)'이라고 부른다. 수정란에 들어간 식은 심리적인 측면(명)과 물리적인 측면(색)으로 분화되며, 안이비설신의 6근(내입처)을 갖춘 중생으로 태어나 각 근에 상응하는 6경(외입처)에 부딪치며 삶을 시작한다.

무명 → 행 → 식 → 명색 → 6입처 → 촉
‖ ‖ ‖
업행 → 업력(종자) → 보 ┬ 정보: 유근신(근) ┬ (식) → 촉
└ 의보: 기세간(경) ┘

경량부는 업의 본질을 사思로 보면서 업이 남기는 업력을 '사가 남긴 종자'라는 의미에서 '사종자思種子'라고 부른다. 유식은 경량부로

부터 '종자' 개념을 가져와서, 업력을 유지함으로써 업보를 성립시키는 식識을 '종자를 함장하는 식'이란 의미에서 '아뢰야식(阿賴耶識, ālaya-vijñāṇa)'이라고 칭한다.[3] '아뢰야식'은 '함장하다'는 뜻의 범어 알라야ālaya에다 12지연기 중 제3항의 식(vijñāṇa)을 더한 것으로 의역하면 '함장식含藏識' 내지 '장식藏識'이다.

유식은 업이 남긴 힘, 에너지, 기운인 업력(종자)이 어떻게 일체 존재를 형성하게 되는지를 세 단계로 설명한다. ①중생이 탐진치의 번뇌에 따라 인지적 내지 의지적 업을 지으면, 업력인 종자가 아뢰야식에 심겨지는데, 이것을 '훈습熏習'이라고 한다. 종자가 아뢰야식에 심겨져 습習이 된다는 뜻이다. ②아뢰야식에 심겨진 종자는 아뢰야식 안에 머물면서 힘을 키운다. ③그러다가 인연이 갖추어지면 종자가 구체화되는데, 이것을 종자의 '현행現行' 또는 아뢰야식의 '전변轉變' 내지 '변현變現'이라고 한다.[4] 이 세 과정은 마치 ①나무가 열매를 맺어 씨앗(종자)을 남겨 그 종자가 땅에 떨어지면, ②그 종자는 땅 밑에서 겨울을 나면서 힘을 키우고, ③봄이 되면 다시 씨앗으로부터 싹이 돋아 나무로 자라나는 것과 같다.

---

3 유식이 주장하는 아뢰야식은 단지 논리적으로 상정된 것이 아니라, 당시 요가수행자들이 요가를 수행하면서 자각하게 된 심층 마음을 뜻한다.

4 ①의 과정은 표층 현행식인 의식과 말나식이 종자를 훈습하는 것이므로 '현행훈종자'라고 하고, ②의 과정은 종자가 아뢰야식 내에서 생멸을 거듭하면서 일정 방식으로 결합하며 힘을 키우는 것이므로 '종자생종자'라고 하며, ③의 과정은 종자가 중연을 따라 현상으로 구체화하는 것이기에 '종자생현행'이라고 한다.

나무:	나무	→	열매		나무 →	열매
			①↓		↑③	
씨앗:			씨앗	→ → → → → →	씨앗	
				②		

세계:	세계	→	업행		세계 →	업행
			↓ ① 〈현행훈종자〉		↑ ③ 〈종자생현행〉	
종자:			종자	→ → → → → →	종자	
				② 〈종자생종자〉		

나무가 씨를 남기지만 그 나무 자체도 이전의 씨로부터 자라난 것이듯이, 나와 세계는 업행을 일으키는 기반이 되지만 그 나와 세계는 이미 그 이전의 업행으로부터 형성된 것이다. 나는 업으로부터 형성된 정보로서 '근을 가진 몸', 유근신有根身이고, 세계는 그 근에 상응하여 드러나는 의보로서의 세계(기세간)이다. 유식은 이처럼 나와 세계, 근과 경, 아我와 법法이 모두 아뢰야식 내 종자의 현행화 결과라고 설명한다. 업행이 어떻게 일체 유위법을 형성하는지를 보여주는 것이다.

이와 같이 종자의 발현으로 근을 가진 몸(유근신)인 나와 그 나를 둘러싼 세계(기세간)가 형성되면 그 안에서 식의 활동이 일어난다. 즉 나는 6근으로 6경을 인식한다. 안이비설신 5근이 색성향미촉 5경 각각을 접촉하여 아는 것이 감각인 전5식이고, 제6근인 의근意根이 6경(5경+법경)을 개념적으로 대상화하여 인지하는 것이 대상의식인 제6의식意識이다. 의식이 의거하는 근이 의(意, manas)인데, 의가 바로 탐진치 번뇌가 자리한 소위 의지意志이다. 의근이 대상을 아는 것이 제6의식이고, 의근이 의 자신을 아는 것이 자아식인 제7말나식末

那識이다. 이처럼 일체의 현상, 근과 경, 자아와 세계를 형성하여 그 안에서 식이 일어나게 하는 것이 바로 제8아뢰야식이다. 나와 세계, 유근신과 기세간은 지난 업의 보로서 형성된 것이고, 그 안에서 일어나는 감각과 인지(제6의식)와 의지작용(제7말나식) 또한 업의 보로서 나타나는 결과인 것이다.[5]

5근	–(전5식)→	5경
의근	–(제6의식)→	5경+법경
〈근〉	〈제7말나식〉	〈경〉
↖		↗
	〈제8아뢰야식〉	

4. 업행業行, 수행修行, 그리고 원행願行

내가 심려사와 결정사로써 의사를 결정하고, 또 실제로 말을 하고 몸을 움직이는 순간 작사사로써 행위를 단행하는 것이라면, 행 내지

5 오늘날 우리는 대개 마음을 의식(意識, consciousness)과 동일시하여 모든 마음의 활동을 의식(대상의식)으로 간주한다. 그런데 의식은 a. 깨어있음 내지 각성覺性으로서의 식이기도 하고, b. 무엇인가에 대한 식인 대상의식으로서의 식이기도 하다. 우리는 이 둘을 개념적으로 구분하지 않고 똑같이 의식이라고 칭함으로써, a. 각성과 b. 대상의식을 동일시하여 결국 모든 마음 활동을 대상의식으로 간주하는 우를 범한다. 반면 불교는 a. 깨어있음 내지 각성을 '식識'이라고 부르고, b. 대상의식을 '의식'이라고 부른다. 그렇게 함으로써 의식 이외의 식, 즉 대상의식이 아닌 식을 논할 여지를 마련한다. 유식은 인간의 식識을 감각인 전5식, 대상의식인 제6의식, 의지인 제7말나식, 심층 마음인 제8아뢰야식이라는 네 층위로 구분하여 논한다.

업은 나의 자유로운 선택인 것처럼 보인다. 그러나 나와 세계 그리고 거기에서 일어나는 나의 인지와 의지가 이미 나의 지난 업행을 통해 축적된 종자(정보)로 형성된 결과(보)일 뿐이라면, 모든 것은 업보의 관계 속에서 이미 결정된 것처럼 보인다. 자유와 결정론, 둘 중 어느 것이 진실일까? 업보의 순환 안에서 행이 갖는 의미는 과연 무엇일까?

보報는 지난 업으로부터 일어나는 피할 수 없는 수동적 결과이고, 업業 내지 행은 다음의 보를 만드는 능동적 행위이다. 그런데 업이 보 위에서 일어난다면, 어디서부터 자발적인 능동적 행위가 될 수 있는 것일까? 자발적 결단의 행위가 성립하는 지점은 정확히 어디일까? 12지연기에 그 지점이 포함되어 있다.

12지연기에 따르면 근경식 3사 화합의 촉으로부터 느낌이 일어난다. 상황이 내게 순하는 것이면 락수가 생기고, 상황이 내게 역하는 것이면 고수가 생기니, 이것이 느낌 수受이다. 그러면 우리는 락과 고의 느낌을 따라 락수를 일으키는 것을 좋아하고 고수를 일으키는 것을 싫어하는 마음을 갖게 되는데, 이것이 애증의 애愛이다. 그리고 이 애증의 감정을 따라 좋아하는 대상은 탐하여 취하고 싫어하는 대상은 멀리 버리는 취사의 취取가 뒤따르게 된다. 여기서 수는 촉으로부터 생겨나는 피할 수 없는 결과(보)이지만, 그다음의 애는 수로부터의 필연적 결과가 아니다. 수에서 애로의 이행은 저절로 일어나는 것이 아니라 자신의 내적 욕망인 탐진치를 따름으로써 일어나는데, 자신의 탐진치를 따를 것이냐 아니냐는 행위자 자신의 선택이고 결단이기 때문이다. 그래서 애는 자발적인 능동적 행위가 된다. 탐진치에 이끌려 수에서 애로 이행해 가는 것이 범부의 새로운 업 지음인 업행業行이고, 탐진치에 의한 이끌림을 멈추어 수에서 애로 이행해 가지 않는 것이 업을 짓지 않는 수행자의 수행修行이다. 반면 여타 중생의 이고득락離苦得樂을 위한 마음으로 이타적 보살행을 한다면 그 행은 탐진치의 이기심에 이끌린 업행業行이 아닌 보살의 자비심에 이끌린 원행願行이라고 할 수 있다.

촉 → 수 → ┌ (탐진치 따름) → 애 → 취 → 유 → 생 → 노사: 범부의 업행業行
│ (탐진치 안 따름) ~~→ 애 → 취 → 유 → 생 → 노~~사: 수행자의 수행修行
└ (자비심을 따름) → 애 → 취 → 유 → 생 → 노사: 보살의 원행願行

예를 들어 범부의 경우 배고픈 상황에서 맡게 되는 빵 향기는 락수를 일으키며, 그러면 대개 눈앞의 빵을 먹기를 원하게 되고(애), 배고파 죽을 지경이면 훔쳐서라도 먹게 된다(취). 그것은 우리의 삶의 의지, 탐심이 일으키는 것이다. 누군가 내게 욕을 하면 당연히 불쾌한 느낌 고수가 일어나고, 그러면 욕하는 상대를 싫어하는 마음이 생기고(증) 따라서 나도 욕하거나 싸우게 된다(사). 이것 또한 우리의 삶의 의지, 진심嗔心이 일으키는 것이다. 이처럼 우리 안의 삶의 의지인 탐진치에 이끌려서 하는 행위가 바로 새로운 업 지음의 행위인 업행業行이다. 우리를 업행으로 이끄는 우리 안의 삶의 의지는 우리가 그동안 살아오면서 했던 행위들로 인해 확립된 경향성의 총체라고 할 수 있다.

그러나 우리에게 그런 삶의 의지가 있다고 해서 누구나 배가 고프다고 빵을 훔쳐 먹지는 않고, 또 누구나 불쾌하다고 욕을 하고 싸우지는 않는다. 우리에게는 자신이 탐진치의 끈에 이끌리는 꼭두각시이기를 거부하는 마음이 있다. 그런 마음이 있기에 업행에서 수행修行으로 돌아서는 것이 가능하다. 누구나 진정으로 발심發心하면, 수행의 길로 들어서서 락수나 고수를 느껴도 탐심이나 진심에 휘둘리지 않고, 그렇게 업을 짓지 않아 업력을 줄여나감으로써 결국 12지연기의 순환, 윤회를 벗어나 해탈하는 것이 가능하다.

그런데 수행자가 배고파 죽어가는 이웃을 본다면 어떨까? 수행자가 자신의 고락의 느낌에 휘둘리지 않음을 지향한다고 해서, 타인의 고통에 무감각해진다면 그것은 바른 수행의 자세가 아닐 것이다. 대승은 자신의 해탈을 유보해서라도 모든 중생이 함께 이고득락하기를 희망하며 보살행을 행한다. 보살은 아마도 배고픈 자에게 빵을 사주거나 만들어 주거나 아니면 얻어서 주거나 꾸어서라도 주지 않을까? 이런 행은 자신 안의 탐진치를 따라 일어나는 것이 아니고 중생 구제의 서원誓願에 따라 일어나는 행위인 원행願行이라고 할 수 있다.

이처럼 느낌 수受에서 애愛로 넘어가는 그 순간에 행行은 여러 가지 방식으로 일어날 수 있다. 자신의 사적인 탐진치 번뇌에 이끌리는 업행도 가능하고, 번뇌에의 이끌림을 끊는 수행도 가능하고, 중생구제의 서원에 따르는 원행도 가능하다. 이처럼 여러 가지 행의 가능성이 있다는 것은 그중 어느 하나의 행으로 나아감은 결국 행위자 자신의 선택이고 결단이라는 것을 의미한다. 수행 내지 원행을 선택한다는 것은 자신을 과거로부터 만들어진 피동적 결과물 이상으로 여기는 것을 의미한다. 자신을 지난날의 경험과 정보(종자)의 축적으로 형성된 경향성과 습성, 개념 틀과 인지 틀로부터 자유로운 존재로 자각하는 것이다. 그렇다면 이러한 자유의 자각, 수행의 가능성은 과연 어디에서 오는 것일까?

5. 자유의 자각: 아뢰야식의 본각

범부가 근본번뇌인 탐진치에 따라 말나식과 의식으로 업행을 지으면, 그 행의 결과가 종자로 축적되고 그것이 다시 의지를 강화하여 그다음의 행위를 일으킨다. 이렇게 보면 인간의 행위에는 자유의 여지가 없어 보인다. 의지인 제7말나식은 이미 지난 행위의 축적으로 방향성이 결정되어 있으며 탐진치로 구속되어 있다. 대상의식인 제6의식 또한 이미 지난 경험을 통해 축적된 개념과 인지 틀에 의해 규정되고 제한받으며, 번뇌의 제7말나식에 의거하여 일어난다. 이처럼 의식과 말나식은 업행을 일으키는 식이면서 동시에 지난 업행으로 인해 제한받는 구속된 식이다. 번뇌에 구속되어 있는 한, 의식과 의지에는 자유의 여지가 없다.[6]

자유의 자각은 의식(제6의식)이나 의지(제7말나식)에서 오지 않는다. 그것들은 이미 업보의 순환 속에서 규정을 받아 일어나는 식이기 때문이다. 그럼에도 우리에게 자유의 자각이 있다는 것은 우리에게 제6의식이나 제7말나식을 넘어선 식識, 스스로를 일체의 규정성을 넘어선 자유로 자각하는 식이 있다는 것을 의미한다. 그 식이 바로 의식이나 의지의 규정성을 넘어선 제8아뢰야식이다. 우리에게는 세계

---

6 의식과 의지에 자유가 없다는 것은 탐진치에 구속된 범부의 제6의식과 제7말나식에 국한된 말이다. 만약 수행을 통해 더 이상 탐진치에 이끌리지 않게 되면, 그때의 제6식과 제7식은 더 이상 번뇌의 염오식이 아니라 번뇌를 떠난 청정식이 되며, 그때는 각각 '묘관찰지妙觀察智'와 '평등성지平等性智'로 불리게 된다. 이때 비로소 의식과 의지에 자유가 실현된다고 볼 수 있을 것이다.

를 개념적 언어 틀에 따라 대상화하여 파악하는 제6의식이나 업과 습習에 따라 사량분별하는 제7말나식에 앞서 그렇게 집착하고 대상화할 나와 세계를 형성하면서 그 전체를 조망하는 제8아뢰야식이 있으며, 자유의 자각은 바로 이 제8아뢰야식의 자기 자각에서 온다.

아뢰야식에는 두 측면이 함께한다. ① 하나는 '아뢰야'가 뜻하는 '종자함장처'의 측면이고, ② 다른 하나는 '식'이 뜻하는 '자각성'의 측면이다. ① 아뢰야식 안에 업력의 종자가 쌓이고 그 종자가 현행해서 다시 유근신과 기세간 일체가 형성되는 것은 종자함장처의 측면을 말한다. 이로부터 나와 세계가 업보로서 만들어지고 그 안에서 의식과 의지가 일어난다. ② 아뢰야식의 자기 자각성은 인간이 자기 자신을 현상 사물 그 어느 것에 의해서도 규정되지 않는 빈 마음, 공의 마음으로 자각하는 데에서 드러난다. 아뢰야식은 그 안에 일체 종자를 함장하되 그 자체는 종자가 아니다. 함장된 종자로부터 일체를 형성하되, 자신은 그렇게 형성된 일체로부터 자유롭다는 자각이 아뢰야식의 자기 자각성이다. 이 아뢰야식의 자기 자각성에 따라 인간은 자기 자신을 일체의 현상을 넘어선 자유의 존재로 자각한다. 이와 같이 의식과 의지를 넘어선 심층 마음의 자기 자각을 『대승기신론』은 중생의 '본래적 각성'이란 의미에서 '본각本覺'이라고 부른다. 이 본각이 곧 비어 있는 공적의 마음이 자신을 신령하게 아는 '공적영지空寂靈知'이고, 일체 상相을 넘어선 성性이 스스로를 신묘하게 아는 '성자신해性自神解'이다. 이 허령불매虛靈不昧의 본각인 공적영지로부터 자유의 자각이 일어난다.[7]

---

7 우리에게 본각 내지 공적영지가 있다고 해서 우리가 모두 그 사실을 명시적으로 알고 있는 것은 아니다. 본각이 있되 그것의 있음을 깨닫지 못하는 것이 범부의

종자함장식으로서의 제8아뢰야식은 숱한 과거 경험을 통해 무수한 정보(종자)가 쌓여 있는 정보보관소와 같다. 그 안에 쌓여 있는 정보를 따라 나와 세계가 형성되고 그 안에서 의식과 의지의 행위가 일어나며, 그 행위는 다시 또 새로운 정보를 더해 끊임없이 정보량을 갱신한다. 그런데 이 정보보관소는 단지 물리적 통이나 빈 허공이 아니고 식識이다. 쇠나 실리콘이나 전기코드로 만들어진 컴퓨터, 로봇이나 인공지능이 아니고 자기 자각성이 있는 식, 생명체의 식識인 것이다. 이 식이 일체 만들어진 것을 만들어 내되 그 자체는 만들어진 것이 아닌 식識, 모든 무상한 것을 무상하다고 알되 그 자체는 무상한 것이 아닌 식識, 생명체의 근본식, 심층 마음, 제8아뢰야식인 것이다. 아뢰야식은 그 안에서 일어나는 감각(전5식/수受)과 인지(제6의식/상想)와 의지(제7말나식/사思/행行)를 모니터링하고 알아차린다. 이 점에서 메타인지 내지 메타의지, 한마디로 메타의식 또는 깨어있음 자체, 각성覺性 내지 불성佛性이라고 할 수 있다. 이 심층 마음의 각성은 의식이나 말나식의 활동을 통해 비로소 얻어지는 것이 아니라, 이 본래적 각성이 있기에 비로소 의식과 말나식의 활동이 가능해지는 것이다.

아뢰야식의 본각에서 자각되는 자유는 나와 세계 또는 의식이나 의지의 내용을 내 임의대로 만들어 내거나 변경하는 자유를 뜻하지 않는다. 나와 세계, 의식과 의지의 내용은 아뢰야식에 함장된 종자의 발현으로 이미 제한된 것이다. 본각에서 오는 자유는 단지 내가 그것들을 모니터링하면서 그것에 이끌려 그다음의 업 지음으로 나아갈 것인

불각不覺이고 무명無明이다. 본각을 본각으로 깨달아 아는 시각始覺이 12지연기의 첫 항인 무명을 극복하는 것이다.

가 그러지 않을 것인가를 결단하는 자유를 의미한다. 아뢰야식이 매순간 전체를 모니터링하며 깨어있기에 우리는 자신의 제6의식의 인지활동과 제7말나식의 의지활동을 따라 업행을 짓기도 하지만, 또한 업행을 멈추는 수행을 할 수도 있고 나 아닌 일체중생을 위한 원행을 할 수도 있다. 우리는 의식과 의지의 제한성과 구속성을 알지만, 그럼에도 불구하고 내가 하는 모든 행위는 나의 선택이고 결단이며 나의 책임이라는 것을 스스로 안다. 이 자유의 자각은 의식과 의지가 아닌 우리의 심층 마음 제8아뢰야식의 본각에서 오는 것이다.

이러한 자유가 있기에, 탐진치와 무명을 극복하려는 수행, 일체의 집착과 장애를 넘어선 무애無碍의 경지에 이르려는 수행이 가능하다. 불교가 지혜와 자비를 실천하고자 수행하는 것은 인간에게 업력의 흐름을 바꿀 수 있는 자유가 있기 때문이다. 자유에 입각해서만 우리는 번뇌에 이끌리는 업행業行을 넘어 지혜를 추구하는 수행修行으로, 또는 자비를 실천하는 원행願行으로 나아갈 수 있다.

6. 행行과 자유의 문제: 리벳의 실험 다시 보기

우리에게 심층 마음의 본각이 있다는 것은 우리에게 깨달음의 성품인 각성覺性 내지 불성佛性이 있다는 것을 의미한다. 그러나 그렇다고 해서 일상의 범부가 모두 자신의 불성을 깨닫고 그 불성을 실현하는 것은 아니다. 일상의 의식이 본각을 여실하게 깨닫지 못하고 '불각不覺' '무명無明'에 빠져 있는 것은 표층의 분별의식이 심층의 본각을 가리기 때문이다. 마치 대낮의 구름이 해를 가리듯, 한밤의 전깃불이 별빛을 가리듯, 표층의 분별식은 그보다 더 깊고 그보다 더 무한한 심층 마음의 자각을 의식의 문턱 아래로 밀어 넣는다. 그래서 우리는 자신의 심층 마음의 본각을 망각하고 산다. 그래서 모든 것을 표층의식의 분별로 헤아리려고 한다.

무명 불각에 머무르는 한, 인간은 자신의 마음을 대상의식인 제6의식이 전부라고 생각한다. 명석판명한 표상의 제6의식을 이성理性으로 간주하면서 이성을 인간 영혼의 본질이라고 논하는 데카르트식 사유가 그러하다. 그러다가 제6의식이 제7말나식에 의거한다는 것, 의식적 판단이 무의식적 욕망에 이끌린다는 것을 알고 나면, 강조점은 이성에서 욕망으로, 표상에서 의지로 넘어간다. 서양의 전통 형이상학을 의식 내지 언어 형이상학이라고 비판하면서 무의식적 의지를 인간 영혼의 본질로 논한 니체식 사유가 여기에 해당한다. 그러나 아직 심층의 제8아뢰야식은 알지 못하고 있다.

오늘날 우리는 인간의 행위가 이성이나 의지보다 더 깊은 곳에서 추동된다는 것, 무수한 영겁의 체험과 역사가 우리 안에 녹아 있다는 것을 안다. 불교는 진작부터 그러한 일체 정보의 보관소가 각자의 심층 마음인 제8아뢰야식이고, 따라서 인간은 누구나 그 심층 마음의 본각에서 오는 자유의 자각을 통해 업행에서 수행으로의 전환이 가능하다고 논해 왔다. 그러나 이 심층 마음을 알지 못하는 한, 사람들이 이성이나 의지보다 더 깊은 것으로 아는 것은 오직 신체 내지 두뇌일 뿐이다. 그래서 사람들은 인간의 사유와 행위를 일으키는 것이 궁극적으로는 인간의 뇌라고 생각하며, 뇌를 인간의 본질로 간주한다. 오늘날의 뇌과학, 뇌물리주의적 사유가 그러하다.

대부분의 뇌물리주의자들은 심신인과를 둘러싼 자유와 결정론의 논쟁이 1980년대 초 리벳(B. Libet, 1917~2007)의 실험을 통해 결정론의 승리로 결판난 것처럼 말한다.[8] 이 실험은 두뇌와 손가락에 실험장치를 장착한 피실험자가 본인이 원할 때 손가락을 구부리는 실험이다. 아래의 ①과 ③의 시점은 물리적 장치로써 확정되고, ②의 시점만 피실험자가 특별하게 고안된 시계판을 보면서 자신이 의식적으로 결정한 시점이라고 보고하면 된다. 수차례의 실험 결과 ①②③의 시점은 각각 다음과 같이 알려졌다.

①준비전위 발생시점 뇌전도(EEG)로 측정	②의식적 결정의 시점 초침시계 확인하여 보고하기	③손가락 근육 움직임의 시점 근전도로 측정
‖	‖	
③보다 550밀리초 전 (0.55초 전)	③보다 200밀리초 전 (0.2초 전)	

뇌물리주의자들은 뇌신경이 활성화된 시점(①)이 의식적 결정의 시점(②)보다 앞서 있다는 것이 자유의지를 부정하는 단서가 된다고 주장한다. 즉 의식적 결정보다 두뇌신경활동이 0.35초 먼저 활성화되기에 의식은 두뇌신경의 활동의 산물이라는 것이다. 즉 손가락의 움직임조차도 의식 내지 의지가 자유롭게 결정하는 것이 아니고 두뇌신경의 활동에 의해 필연적 결과로 일어난 것이므로, 결국 자유의지는 없고 모든 것은 물리적으로 결정된다는 것이다.

---

8 리벳의 실험은 이 책 본론 중 정준모의 글 「자유의지, 실재인가 환상인가」에서 상세하게 설명되어 있다. 이진우도 신경과학자들이 결정론의 결정적 증거로 리벳의 실험을 제시한다고 언급한다.

그러나 이것은 인간의 마음 활동을 대상의식인 제6의식으로만 한정하여 생각하고, 본각을 포함한 그 이상의 심층 마음의 활동은 고려하지 않고 내린 성급한 결론이다. 자유의 자각은 의식이나 의지에서가 아니라 제8아뢰야식의 본각에서 온다. 따라서 심층 마음을 배제하면, 당연히 자유는 설명되지 않는다. 위의 실험결과에 대해서는 다음과 같은 비판이 가능하리라고 본다.

1) 물리주의자의 결론은 인간의 다층적인 식의 구조를 알지 못하고, 인간의 마음 활동을 오로지 개념적 대상의식인 제6의식으로만 간주하는 데서 비롯된 것이다. 제8아뢰야식은 의식의 문턱보다 더 아래인 심층에서 활동한다. 내가 의식으로 보는 것, 의지로 보고자 하는 것보다 더 빨리 더 넓은 지평에서 활동하는 것이 아뢰야식이다. 이런 심층 마음의 활동이 의식적 결정보다 0.35초 전에 두뇌신경을 활성화시켰다고 볼 수 있다. 심층 마음의 각성 위에서 제7말나식(의지)이 작동하고, 그 의지의 결정을 제6의식이 다시 대상화의 방식으로 인지하면서 눈앞의 시계에서 시각을 확인하는 데 0.35초의 시간이 걸린 것일 수 있다. 즉 제8아뢰야식의 활동, 제7말나식의 의지작용, 그리고 제6의식의 대상화하는 인지작용 사이에 시점의 차이가 있을 수 있다. 피실험자가 의지결정이라고 확인한 시각보다 0.35초 전에 무엇이 두뇌신경을 활성화시켰는가를 묻지 않고, 뇌를 '스스로 움직이고 스스로 결정하는 것'처럼 주장하는 것은 마음은 고사하고 뇌의 활동에 대해서조차 바른 해명을 제공하지 않는다.

2) 물리주의자의 결론에는 행위를 일으키는 본질인 사思에 대한 이해가 결여되어 있다. 불교가 행위의 본질로 분석한 사의 구분에

따라 각 시점을 구분해 보면, ①뇌의 움직임이 일어나는 시각은 손가락을 이제 움직일까 말까 하고 생각하는 심려사審慮思가 일어난 시각이고, ②의도로 보고된 시각은 이제 움직이자는 결정사決定思의 시각이고, ③실제 손가락 운동이 일어나는 시각은 실제로 손가락을 움직인 능동신사能動身思의 시각에 해당한다. 의도와 행동 사이, 즉 0.2초 전에서 0.1초 전 사이에 손가락 움직임의 결정을 다시 거부(비토)할 수 있다는 것은 ②를 일으킨 사고가 결정사이지 능동신사가 아님을 말해 준다. 아마도 운동신경의 활성화에 걸리는 시간이 마지막 0.1초일 것이다.

①뇌준비전위 발생시점 ②의식적 결정의 시점 ③손가락 근육 움직임의 시점

심려사 → 결정사 → 능동신사 → 근육 움직임

(0.55초 전) (0.2초 전) (0.1초 전)

이렇게 보면 결정사의 0.35초 전 ①의 시점에 뇌가 저절로 알아서 움직인 것이 아니라 심려사의 마음 활동이 뇌를 움직인 것이며, 그 심려사가 ②의 시점에 결정사를 일으킨 것이지, 뇌활동이 결정사를 일으킨 것이 아니다. 그리고 마지막 ③의 시점이 바로 능동신사 실행의 순간, 즉 비토하지 않고 결정에 따라 몸을 움직이는 실행의 순간이다. 이 모든 순간의 마음 활동은 아뢰야식의 본각 안에서 일어난다. 그러므로 마지막 ③의 순간에도 행위를 할 것인가 말 것인가를 스스로 결정하는 자유가 실현되고 있는 것이다. 우리는 매 순간 아뢰야식의 본각 안에서 활동하며, 따라서 스스로를 자유의 존재라고 자각하고 있다.

현대의 뇌물리주의자들은 인간의 마음을 대상의식인 제6의식으로만 간주하면서 자기 자신의 마음도 대상화해서 인식하려고 한다. 인간 식의 여러 층위를 알지 못하고 대상의식보다 깊은 심층 마음을 알지 못하므로, 제6의식을 이끄는 것을 심층 마음이 아닌 신체나 뇌라고 여긴다. 그렇게 뇌가 의식을 규정하므로 인간의 행위를 결정하는 것은 결국 인간의 신체 내지 뇌라는 물리주의적 결정론을 주장하며 인간의 자유를 부정한다. 제8아뢰야식의 본각에서 오는 자유를 '자유를 부정하는 자유'라는 전도된 방식으로 사용하는 것이다.

이상은 '행行'을 주제로 하는 한 권의 책을 엮어내면서 편집자의 관점에서 '행'에 대한 생각을 정리해 본 것이다. '색수상행식' 5온에서의 행 및 '무명－행－식'으로 이어지는 12지연기에서의 행을 업행業行으로, '신해행증'에서의 행을 수행修行으로 구분하면서, 그 둘을 관통하는 행의 본질이 무엇인가를 살펴본 것이다. 그러나 이것은 어디까지나 서문에 해당하며, 이 책의 본론은 각 분야에서 행 내지 의지가 어떻게 이해되고 있는지를 밝히는 다섯 전문가의 글에 담겨 있다.

7. 각 분야에서의 행行 내지 의지의 이해

이 책은 행 내지 의지를 중점적으로 다루는 다섯 분야에서의 전문가의 글로 구성되어 있다. 초기불교(이필원), 선불교(김호귀), 심리학(조긍호), 서양철학(이진우), 뇌과학(정준모)이 그 다섯 분야이다.

1) 초기불교 분야에서의 행 내지 의지에 대해 이필원은 「의지, 레고 조각을 이어 세상을 만들다」라는 제목 하에 설명하고 있다. 그는 우리가 보고 경험하는 세계는 그 자체로 실재하는 객관적 실체의 세계가 아니고, 우리 자신의 행行에 의해 만들어진 세계라고 말하며, 이 점에서 세계를 '레고 조각을 이어 만든 세상'에 비유한다. 레고 조각을 이어 세상을 만들어 가는 그 힘과 활동이 바로 우리 자신의 의지이고 행이다. 그는 행行에 해당하는 상카라(saṅkhāra)가 초기경전에서 다양하게 사용되고 있음에 주목하며, 다음과 같은 각 경우에서의 행의 의미를 해명한다.

①5온에서의 행: 5온을 만들어 내는 것으로서 5온의 가장 핵심적 역할을 함

②12지연기에서의 행: 무명에 물들어 일어나는 신행·언행·의행으로서의 행. 그 이후의 식을 발생시키는 기제가 됨

③3법인에서의 행: 형성된 것, 조작된 것으로서 유위법을 뜻함

이필원은 업(까르마)을 형성하는 강력한 동인이 바로 의도(cetanā)이며, 따라서 상카라가 의도와 동의어로 사용된다는 것, 행은 일체 유위의 세계를 형성하는 강력한 작용으로서 우리의 의식에 떠오르는 느낌이나 지각에 앞서 무명에 가려져 아직 의식화되지 않은 무의식적인 '심층식'에 해당한다고 논한다. 그는 불교가 업과 인과응보를 논하되 업을 성립시키는 행위에서의 의도를 강조하는 '동기주의'를 표방하며, 따라서 자유의지를 인정하고 있으므로 업결정론이 아니라고 역설한다. 말하자면 인간은 누구나 수행을 통해 자신의 탐진치의 번뇌를

지멸하고 무명을 제거하여 열반을 획득할 수 있다는 것이다. 이필원은 '번뇌에 물든 행(상카라)'을 지멸하는 수행방법으로 선정 수행이나 위빠사나 수행을 언급한다. 그는 수행을 '무명無明의 매듭'으로 잘못 연결된 레고를 해체하고, 명明 안에서 '번뇌에 물들지 않은 행(상카라)'으로 레고의 세상을 다시 올바르게 만드는 것으로 간주한다.

2) 선종禪宗은 이론적 교학보다는 실천적 수행을 더 강조한다. 불교에서 행行에 담긴 자발적 의지의 의미는 업행보다는 수행에서 더 분명하게 드러나기에, 선불교에서 행 내지 의지의 문제를 다루려면 수행을 논하지 않을 수 없다. 선불교 분야에서의 의지의 문제를 다루는 김호귀는 「수행이 내 의지대로 되는가」라는 제목 하에 선불교의 선수행에 있어 수행자의 의지가 어떤 방식으로 작용하고 표출되는지를 다음과 같은 단계로 설명한다.

①발심: 의지 표출의 첫 단계
②수행: 발심에서 깨달음까지 단계
③이타행(오후보림): 깨달음의 완성 단계

①선수행에서 의지가 표출되는 첫 번째 단계는 발심發心이다. 무상無常과 고苦의 현실에 주목하면서 그 고통을 극복하는 수행 길로 나아가기로 결정하는 것이 발심이다. 발심은 곧 발보리심發菩提心으로 깨달음 내지 지혜를 얻고자 마음을 내는 것이며, 발심은 믿음, 신信의 시작이다. 김호귀는 발심은 수행자의 자발적 의지의 표출임을 강조한다.

②의지가 표출되는 두 번째 단계는 발심에 근거하여 깨달음에 이르기까지의 수행이다. 여기에서도 수행자의 자발적 의지는 결정적 역할을 한다. 간화선 수행에서 신심信心과 의심疑心과 분심憤心으로 화두일념話頭一念을 유지하는 것, 묵조선 수행에서 본래성불 내지 본증本證을 실천하는 지관타좌只管打坐에 전념하는 것이 모두 수행자의 선택이고 결단이고 실행인 것이다. 그는 선불교에서 다양하게 제시된 선수행 방식들, 공안선, 문자선, 묵조선, 간화선이 모두 수행자의 의지의 표출이되, 어떤 점에서 차이를 보이는지를 자세히 설명하고 있다. ③수행자의 의지가 표출되는 마지막 단계는 깨달음을 완성하는 오후보림悟後保任이다. 김호귀는 이 단계가 바로 깨달음의 실천으로서의 깨달음의 사회화, 이타행 내지 보살행으로서 중생제도라는 불교적 서원誓願의 원행願行을 보여준다고 설명한다. 이처럼 발심에서 회향에 이르기까지 불교의 모든 수행과정이 결국은 수행자의 자발적 의지, 자유의지의 발현이라는 것을 강조한다.

3) 심리학에서 인간의 행위를 논할 때 중요한 요소는 행위의 의도 내지 동기이다. 심리학 분야에서의 행 내지 의지를 논하는 조긍호는 「우리는 무엇을 추구하며 살아가는가?」라는 제목 하에 심리학에서 논하는 인간 행위의 동기 또는 욕구에 대해 설명한다. 그는 인간의 욕구를 생리적 욕구, 심리적 욕구, 사회적 욕구 셋으로 구분하고 각각을 더 세분하여 설명한다.

①생리적 욕구: 배고픔, 목마름, 성추동
②심리적 욕구: 탐색욕구, 인식욕구, 자율성욕구
③사회적 욕구: 성취욕구, 권력욕구

이러한 욕구를 따라 목표지향적 행위를 하고 목표달성으로 쾌락을 느끼는 인간은 과연 어떤 존재인가에 대해 조긍호는 다음과 같은 몇 가지 인식의 틀을 제시한다.

①(긴장 감소를 추구하는) 자동기계로서의 인간: 프로이트(정신역동 이론), 헐(행동주의 학습이론)
②(자극을 추구하는) 신의 모상으로서의 인간: 톨만(인지적 관점, 고등 정신)
③자기개발 지향자로서의 인간: 마슬로우(욕구위계설: 생리적/안전/소속/존중/자기실현)

서양심리학에서의 욕구를 정리한 후 조긍호는 동양 유학에서의 욕구를 논하면서 '존천리 알인욕'의 '인심도심설' 및 욕구의 승화로서의 '거경居敬'을 설명한다.

①생리적 욕구
②이기적 욕구
③사회적 욕구
→ 재외자 - 인심人心 = 천리+인욕, 선+악: 억제 대상, 알인욕遏人慾

④도덕적 욕구 - 재기자 - 도심道心 = 사단 = 천리, 순선: 실현 대상, 존천리存天理

조긍호는 서구 인간관이 개체성을 강조하는 이성중심주의라면, 동양 유학은 사회성을 강조하는 도덕성중심주의라고 대비시키고 마슬로우의 욕구의 위계구조를 『대학』의 8조목(격물·치지·성의·정심·수신·제가·치국·평천하)과 비교하여 논한다.

4) 서양철학에서 의지는 늘 자유와 연관되어 고찰되었는데, 고대에는 인간의 운명과 대비되고 중세에는 신의 예지叡智와 대비되며 근현대에는 자연의 인과필연성과 대비되어 논의되었다. 서양철학 분야에서의 의지의 문제를 다루는 이진우는 「'자유의지'는 정말 자유로운가?」라는 제목 하에 자유의지와 결정론의 문제를 집중적으로 논한다. 그는 우선 자유의지를 부정하는 현대과학의 두 부류, 뇌과학과 유전자학을 소개한다. 인간의 행위를 이끄는 것이 인간의 의식적 또는 의지적 결정이 아니고, 뇌과학이 논하듯 뇌신경의 활동이거나 유전자학이 논하듯 인간의 '타고난 본성'이라면, 자유롭게 행위를 선택하고 실행하는 자유의지는 부정되고 '모든 것이 정해졌다'는 결정론이 타당할 것이다. 반면 서양철학 전통은 결정론 대신 인간의 자유의지를 주장해 왔다. 이진우는 이성과 욕구를 매개하는 '자유로운 선택'의 능력을 강조한 아리스토텔레스, 신의 피조물인 인간이 행하는 악惡을 인간의 자유의지로써 해명한 아우구스티누스, 자기 결정능력으로서의 자유의지를 강조한 칸트, 역사의 동인으로서의 의지를 논한 헤겔을 통해 도덕적 주체로서의 인간의 행위와 실천에 있어 자유의지가 얼마나 중요한 역할을 담당하는지를 보여준다. 그리고는 철학이 논하는 자유의지와 현대과학이 주장하는 결정론이 과연 양립가능한가, 불가능한

가의 물음을 던진다. 그는 양립불가능을 주장하는 두 입장, 즉 결정론을 부정하면서 자유를 주장하는 '자유지상주의'나 자유를 부정하면서 인과필연성만을 주장하는 '강한 결정론' 모두 문제가 있다고 보며, 자유와 결정론의 양립가능성을 지지한다. 즉 과학이 논하는 결정론을 인정하면서도 인간의 도덕적 책임을 가능하게 하는 자유 또한 긍정하려는 것이다. 그는 결정론과 양립할 수 있는 자유의지의 특징을 자신의 행위를 통제하는 '자기 결정'과 미래에 대해 열려 있는 '대안가능성'으로 제시하며, 인간의 자율과 도덕적 책임, 인간의 존엄과 인권 등이 기반한 자유의지는 결코 포기될 수 없는 가치임을 강조한다.

5) 현대과학 분야에서 정준모는 「자유의지, 실재인가 환상인가」의 글을 통해 현대과학에서의 결정론 내지 비결정론이 인간의 자유의지와 어떻게 연관되는지를 밝힌다. 우리는 대개 자유의지를 결정론의 반대라고 생각하지만, 그는 현대 양자역학에서 주장하는 미시세계의 비결정성과 우연성 또는 현대 분자생물학(유전학)이 밝히는 DNA의 비결정성이나 생명의 무질서함은 결정론을 무너뜨리지만, 그렇다고 우리가 생각하는 자유의지를 지지하는 것은 아니라는 점을 분명히 한다. 그는 뇌과학에서 자유의지가 어떤 방식으로 논의되고 있는지를 리벳의 실험을 들어 상세히 설명하며, 그 실험 결과에 대해 리벳 연구진이 내놓은 두 가지 제안을 검토한다. 제안 1)은 무의식적 뇌신경활성이 의식에 앞서 일어나기에 의식은 뇌의 부수현상에 지나지 않으며 '자유의지'는 없다는 것이고, 제안 2)는 그래도 의식적 내지 의도적으로 운동의 발생을 거부할 수 있기에 '거부적 자유의지(free won't)'를 인정

하며 따라서 부수현상론을 반박하는 것이다. 그는 리벳의 실험이 이중맹검법을 따르지 않았다는 것, 피실험자가 자신의 의지결정의 시점을 제대로 읽고 보고했는지가 불확실하다는 것 등의 문제를 지적하며, 특히 1인칭 관점의 의식을 3인칭 시점으로 대상화하여 관찰하는 것이 과연 정당한가에 대한 의구심을 드러낸다. 또한 (두뇌 우반구에서) 피험자의 의도나 느낌이 일어나는 시점과 (두뇌 좌반구에서) 그것의 언어적 인식과 표현이 성립하는 시점의 차이가 RP(두뇌신경활성의 시점①)와 W(의지결과보고의 시점②) 간의 시간적 지연일 수 있다고 논한다. 의식적 의지결정 이전에 실험에 참여하려는 원위의도나 언어화 이전의 의도나 느낌 등 전의식의 활동이 있을 수 있다는 것이다. 즉 의지를 결정하는 것이 두뇌가 아니라 의식 이전의 마음 활동일 수 있는 것이다. 그렇다면 의식에 앞선 마음은 과연 어떤 것인가? 정준모는 주관적 의식, 자아, 마음 그 자체의 자각과 알아차림은 곧 '비어있어 가득함 앞에 말이 끊어지는 자리'라고 말한다. 왜 비어있음, 공空인가? 뇌과학자로서의 정준모는 우리가 지각하는 일체 현상, 색이나 맛은 모두 두뇌가 만든 일종의 환상, 가상현실이라고 말한다. 그리고 여기에 불교철학자로서의 통찰을 더하여 말한다. "내가 인지하는 모든 형상을 지닌 물질은 다 환상 같은 것이다. 뇌라고 예외일 수 있겠는가, 노브레인이다. 아공법공我空法空!" 뇌과학이 의지하고 있는 자기역설의 사다리를 과감하게 걷어차는 자유의 결단이다!

기획자 서문 • 5
의지에 대한 바른 이해를 바탕으로 성장하기를 기원하며

편집자 서문 • 9
인간 행위의 본질은 무엇인가

초기불교 | 의지, 레고 조각을 이어 세상을 만들다 이필원 • 45

1. 무엇을 '상카라(의지)'라고 하는가? • 46
2. 초기경전에 나오는 상카라의 다양한 용례 • 48
1) 오온의 하나로서 등장하는 행온 • 50
2) 연기의 지분으로 등장하는 행 • 58
3) 삼법인의 하나로 등장하는 행 • 69
3. 까르마를 형성하는 힘은 무엇일까? • 74
1) 까르마와 의도 • 74
2) cetanā(意圖)를 품은 saṅkhāra(行) • 83
4. 수행과 행의 관계 • 87
1) 번뇌와 '행' • 88
2) 선정과 '행' • 93
5. 의지의 과정이 만들어 낸 레고의 세상 • 97
참고문헌 • 101

선불교 | 수행이 내 의지대로 되는가 김호귀 • 103

1. 불교에서 의지의 속성 • 104
1) 교리적인 바탕 • 104

2) 대승불교 신앙 형성의 근거 • 106

2. 선수행의 출발점으로서 발심 • 109

1) 발심의 형성과 의미 • 109

2) 발심의 지속과 궁극 • 113

3. 선수행에서 의지의 기능 • 116

1) 간화선 수행의 대분지 • 116

2) 묵조선 수행의 지관타좌 • 124

4. 깨달음에서 의지의 속성 • 132

1) 의지의 결과로서 깨달음 • 132

2) 의지의 속성으로서 신심일여 • 141

5. 의지의 표출로서 수행법과 오후보림 • 150

1) 다양한 수행법의 출현 • 150

2) 깨달음의 완성으로서 오후보림 • 158

6. 수행과 의지의 상의상관 • 166

참고문헌 • 175

심리학 | 우리는 무엇을 추구하며 살아가는가? 조긍호 • 177

---

1. 동기의 종류: 우리는 무엇을 추구하는가? • 181

1) 생리적 욕구 • 182

2) 심리적 욕구 • 190

3) 사회적 욕구 • 200

2. 동기 행동의 기제: 목표 대상의 획득은 어떠한 결과를 가져오는가? • 205

1) 기계로서의 인간: 긴장 감소 • 206

2) 신의 모상模像으로서의 인간: 자극 추구 • 209

3) 자기개발 지향자로서의 인간: 욕구 위계 • 211

3. 동아시아의 욕구 이론: 성리학의 인심도심설人心道心說을 중심으로 • 217

1) 욕구의 유형과 그 충족 조건 • 219
2) 성리학의 욕구 이론: 인심도심설 • 227
4. 동기 문제를 보는 동·서 관점의 회통會通 • 242
1) 욕구의 종류에 대한 동·서의 유사성과 차이점 • 242
2) 욕구를 보는 기본 관점의 동·서 차이 • 245
3) 욕구의 위계 • 252
4) 욕구의 억제와 권장의 문제 • 255
5) 욕구와 의지의 문제: 동기 행동은 항상 의식적이고 자기주도적인가? • 261
참고문헌 • 268

서양철학 | '자유의지'는 정말 자유로운가? 이진우 • 275

1. 왜 '자유의지'가 문제인가? • 276
2. 자유의지에 대한 두 가지 도전: 뇌와 유전자 • 282
1) 신경과학의 도전: 의식적 자아는 없다 • 282
2) 유전학의 도전: 궁극적 책임은 없다 • 287
3. 자유의지의 역사 • 293
1) '행위 능력'으로서의 의지: 아리스토텔레스와 아우구스티누스 • 293
2) 역사의 동인으로서의 의지: 칸트와 헤겔 • 300
4. 자유의지와 결정론의 갈등: 우리는 도덕적 책임이 있는가? • 304
5. 자유의지의 두 가지 특징: 자기 결정과 대안 가능성 • 312
1) 자기 결정: 행위를 완전히 통제할 수 있는가? • 312
2) 대안 가능성: 미래는 완전히 열려 있는가? • 319
6. 자유의지는 허구인가? • 326
참고문헌 • 331

뇌과학 | 자유의지, 실재인가 환상인가 정준모 • 335

1. 자유의지, 신경과학에 둥지 틀다 • 336
   1) 자유의지, 물리과학과 만나다 • 336
   2) 자유의지, 이번에는 생명과학과 만나다 • 343
   3) 자유의지, 기어이 뇌와 만나다 • 349
   4) 리벳, 돌을 던지다 • 357
2. 명쾌한 데이터, 다양한 해석 • 360
   1) 리벳의 제안 요약 • 360
   2) 리벳 연구의 허와 실 – 리벳의 타이머 • 362
   3) 리벳 연구의 허와 실 – 윈위의도 • 374
   4) 리벳 연구에 대한 가설적 제언 • 375
3. 자유의지, 자아, 그리고 뇌 • 383
   1) 자유의지는 없는가? • 384
   2) 자아는 있는가? • 391
   3) 노브레인! • 395
4. 멈추면 비로소 • 397

참고문헌 • 414

찾아보기 • 419

{초기불교에서의 의지}

의지, 레고 조각을 이어 세상을 만들다

이필원(동국대학교 경주캠퍼스 파라미타칼리지 교수)

행行은 빨리어 상카라(saṅkhāra)의 번역어로, 초기경전에서 그 용례는 다양하게 나타난다. 오온의 하나로서의 행은 식의 근거로서 작용하기도 한다. 이는 연기에서도 마찬가지이다. 연기에서 행은 무명을 근거로 활동하면서, 식의 조건이 된다. 그 외에 삼법인에서도 언급이 되고, 수행(壽行, āyu-saṅkhāra), 즉 수명과도 연관되기도 한다.

행에 대한 연구는 이미 Rune, E. A. Johanson의 *The Dynamic Psychology of Early Buddhism(1979)*와 *Mathieu Boisvert*의 *The Five Aggregates –Understanding Theravāda Psychology and Soteriology–(1997)*에서 상세하게 다루고 있다. 이들의 연구성과를 참조하면서 초기경전에서 확인할 수 있는 구체적인 용례들 중 오온, 연기, 삼법인을 중심으로 상카라의 역할과 작용에 대해서 고찰하였다. 오온의 경우는 행온이 자신을 포함한 다른 온들을 재작하는 것, 그것을 그것이게끔 해주는 역할을 담당하며, 연기에서는 무명에 물든 행으로서 신행, 언행, 의행으로 이후의 의식이 발생하는 기제로 작용한다. 삼법인에서는 조건지어진 것들로서 유위법을 말한다.

한편 까르마, 즉 업에서도 이 상카라는 매우 중요한 역할을 한다. 까르마는 신·구·의라는 세 범주로 이루어진 우리의 일체 행위를 말한다. 이것이 우리의 삶을 현재와 미래를 규정하는 내용이다. 그런데 이 까르마를 형성하는 가장 강력한 동인이 바로 상카라, 즉 행이다. 보통 까르마를 언급할 때 말하는 상카라는 의도(cetanā)와 동의어로 사용되는 것이 특징이다. 이 의도는 신구의에 선행하는 것으로서, 우리에게 거의 알려지지 않은, 인식되지 않은 영역의 의도라고 할 수 있다.

결국 초기불교에서 행은 우리에게 의식되지 않은 채, 의식의 기제로서 작용하는 것이며, 나와 내가 만든 세상을 구성하는 가장 강력한 작용으로 이해된다. 이것은 무명을 근거로 한 것으로서, 이 무명에 뒤덮인 생을 명지에 근거한 행으로의 전환이 요구된다. 이때 선정 수행에서 각 선지禪支 별로 작용하는 행들이 제거되게 되며, 마지막으로 무명이 제거됨으로써 행들의 해체가 완성된다.

우리가 레고 조각을 이어 어떤 구체적인 형상을 만들어 간다고 할 때, 우리는 무명에 근거한 맹목적 의지에 의지한 채 세상을 만들어 간다고 할 수 있다. 이를 수행의 과정을 통해 무명을 밝혀 번뇌에 물들지 않고, 분명히 드러난 행(의지)을 통해 무명의 레고 조각을 해체하여 열반의 세상, 깨달음의 세계로 다시금 재조작해 가야 할 것이다.

1. 무엇을 '상카라(의지)'라고 하는가?

불교는 세상을 어떻게 바라볼까. 세상을 바라보는 다양한 관점이 있겠지만, 동사로 보는 세계와 명사로 보는 세계로 구분해 볼 수도 있다. 우리에게 익숙한 것은 어떤 세상일까. 근대 서양식 교육을 받은 우리에게는 아마도 명사로 보는 세계가 더 익숙하지 않을까 싶다. 명사로 보는 세계는 실재론이라고 할 수 있다. 실재론은 의식, 주관으로부터 독립된 실재를 인정하는 철학이다. 대표적으로 보편자로서의 신을 인정하는 것이 그것이다. 그 외에 플라톤의 이데아, 칸트의 물자체 등도 실재론의 한 유형이다. 흔히 말하는 영혼이나 인도철학에서 말하는 아뜨만(Ātman)이나 지와(Jīva)도 마찬가지이다. 붓다는 이러한 실재론을 비판한다. 신, 영혼, 아뜨만과 같은 것은 인간의 관념적 허구에 불과하다고 보는 것이다. 이들은 모두 명사이다. 명사란 독립된 존재를 전제로 한다. 그 자체로서, 존재하는 것으로서 불변하는 실체를 말한다.

한편 붓다는 동사로 보는 세상을 말한다. 동사는 관계를 의미한다. 독립된 것으로 존재하는 것이 아닌 관계 속에서 존재하는 것이다. 끊임없이 세상과 부딪히는 것, 이것이 동사의 세계이다. 잠시라도 정체되어 있거나 분리되지 않고 변화하는 세상이다. 이것을 단적으로 표현한 것이 바로 '연기(緣起, paṭicca-samuppāda)'이다. 연기는 '상호의존성' 혹은 '의존적 발생'이라고 번역되기도 한다. 즉 존재를 관계를 통해 설명하는 가장 극명한 표현인 것이다. 연기뿐만이 아니라 불교의 체계는 모두 동사적 세계의 다른 표현이라고 할 수 있다.[1] 5온, 12처, 18계, 무아 등이 그렇다.

명사는 나와 무관하게 존재하는 것으로서, 나의 의지가 개입될 여지가 없다. 하지만 동사는 나의 의지의 개입을 허용한다. 말하자면 세상은 주어져 있는 것이 아니라, 만들어 가는 것이다. 나는 세상에 던져진 존재가 아니라, 세상을 만들어 가는 주체가 되는 것이다. 이것과 관련이 깊은 것이 상카라(saṅkhāra, 行)이다.

상카라는 '함께'라는 의미의 접두사 saṃ과 '하다, 만들다' 등의 의미의 동사 karoti(√kṛ)가 결합되어 형성된 명사이다. 그래서 상카라는 '함께 놓다', '구성하다', '준비하다'[2] 등의 기본적 의미를 갖는다. 이를

---

1 리처드 곰브리치 지음, 송남주 옮김, 『곰브리치의 불교 강의』, 불광출판사, 2018, p.266. "언젠가 폴 윌리엄스(Paul Williams)가 내게 설명해 주었듯, 불교에는 어떠한 명사도 없고 오직 동사만 있을 뿐이다."

좀 더 구체적으로 풀이해 보면, '여러 요인들이 함께 작용하여 만들어 낸 것'이란 의미로 이해할 수 있다. 이러한 기본적 의미에서 다양한 의미로 확장된다. 그만큼 번역어 역시 다양하게 제시된다. 일반적으로 "행위, 습관적 경향, 노력, 열망, 축적, 구성, 업의 형성, 업의 잔유, 조건, 성벽性癖, 요소, 사물, 복합물, 만들어진 것(created thing), 복합적이며 구성된 부분, 존재의 요소, 고뇌"[3] 등으로 번역된다. 이렇듯 다양한 번역어가 제시되는 것은 그만큼 이 용어가 사용되는 다양한 용례들이 존재한다는 것이다. 실제 경전에서 상카라는 다양한 맥락 속에서 사용된다. 그런데 한역에서는 이를 간단하게 행行으로 번역하였다. 말하자면 한자 행行이 갖고 있는 의미 맥락이 그만큼 넓다는 것을 나타내는 것이기도 하다.

상카라가 사용되는 다양한 용례들을 검토하게 되면, 상카라가 어떻게 세상을 만들어 가는지를 이해할 수 있을 것이다.

2. 초기경전에 나오는 상카라의 다양한 용례

불교의 시선은 대상에 있지 않다. 그래서 많은 경우 그 반대인 '나

---

2 PTSD, s.v. saṅkhāra; Joseph Marino(2017), "Metaphor and Pedagogy in Early Buddhist Literature: An Edition and Study of Two Sūtras from the Senior Collection of Gāndhārī Manuscripts", dissertation of PhD, University of Washington, p.227.

3 Johansson 저, 허우성 역, 『초기불교의 역동적 심리학』, 경희대학교출판부, 2017, p.69.

자신'을 향해 있다고 말하기도 한다. 하지만 그렇지도 않다. '나 자신'이란 대상을 떠나 따로 존재하는 것이 아니기 때문이다. 그래서 나와 대상이 어떻게 관계를 맺어 세계를 구성하는지에 관심을 갖고 있다고 표현하는 것이 그나마 적절하지 않을까 싶다. 주관으로서의 '나'와 객관으로서의 '대상'이 따로 각각의 영역에서 존재하는 것이 아니라, 이 둘이 끊임없이 대화하면서 각양각색의 조각을 맞추어 가는 레고와 같이 세상을 바라본다고 표현하는 것도 가능할 것이다. 하지만 우리가 알고 있는 레고와는 다른 측면이 있다. 레고는 그것으로 표현하고자 하는 세계가 이미 마련되어 있다. 규칙에 따라 그것을 맞추어 나가면 된다. 틀리면 다시 이리저리 정해진 자리가 어디인지 찾아가면 된다. 이것은 나의 의지와는 사실 관계가 없다. 나의 의지란 정해진 레고의 세계를 찾아가고자 하는 열망뿐이다. 그것이면 충분하다.

하지만 불교가 말하는 레고의 세상은 그렇지 않다. 레고도 마련된 규칙이나 실현해야 할 모습이 없다. 레고의 조각 하나하나를 나의 의지를 갖고 깎고 다듬어 가며 새로운 세상을 만들어 가는 것이다. 다만 인간들이 만든 세상은 그 레고 조각을 만드는 방식이나 디자인이 매우 유사해서 마치 같은 세상에서 같은 목적의식을 갖고 어떤 이상적인 세상을 실현하는 데 참여하는 것과 같은 착각을 가질 뿐이다. 이러한 착각을 하는 이유는 자신과 세상을 주관과 객관으로 실체화하기 때문이다.

불교는 이 둘을 실체화하는 일체의 관념을 비판한다. 실체가 없는 존재들이 서로 관계를 맺으면서 다양한 세계를 구성해 내는 역동성으로 이를 파악한다. 그 역동성을 대표하는 개념 가운데 하나가 바로

'상카라'이다. 다양한 맥락 속에서 사용되는 상카라는 그 의미가 하나로 확정적이지 않다. 본 장에서는 이러한 상카라의 다양한 용례 가운데 오온, 연기, 삼법인의 용법을 통해 그 의미를 탐색해 보고자 한다.

1) 오온의 하나로서 등장하는 행온

오온(五蘊, pañcakkhandhā)은 잘 알려진 바와 같이 '색수상행식色受想行識'을 말한다. 이 오온은 주로 인간에 대한 분석적 이해를 나타낸다. 오온과 유사한 용어로는 오취온(五取蘊, pañcupādānakkhandhā)이 있다. 오온과 오취온은 거의 같은 의미로 이해되기도 하지만, 그 구체적인 의미는 사뭇 다르다. 경전에서는 이 둘을 구분하여 설한다.

> 비구들이여, 오온이란 무엇인가? 비구들이여, 과거, 미래, 현재의 혹은 안이거나 밖이거나, 거칠거나 미세하거나 열등하거나 뛰어나거나 멀리 있거나 가까이 있거나 어떤 색(수, 상, 행, 식)이든, 이것은 색(수, 상, 행, 식)온이라고 불린다. 비구들이여, 오취온이란 무엇인가. 비구들이여, 과거, 미래, 현재의 혹은 안이거나 밖이거나, 거칠거나 미세하거나 열등하거나 뛰어나거나 멀리 있거나 가까이 있거나 번뇌에 속하고 집착에 속하는 어떤 색(수, 상, 행, 식)이든, 이것은 색(수, 상, 행, 식)취온이라고 불린다.[4]

깨달은 사람이나 깨닫지 못한 사람이나 공통적으로 오온을 갖고 있다. 죽음을 맞이하기 전까지 오온이 없는 인간은 없기 때문이다.

---

4 SN. III, Khandhasutta, pp.47~48.

그러면 깨달은 자와 깨닫지 못한 범부 사이에 존재하는 오온의 차이는 무엇인가. 이것을 위 경문에서 확인할 수 있다. 즉 깨달은 자의 오온은 그저 오온일 뿐이다. 여기에 '나'라든가 '나의 것'이라는 자아관념과 소유관념이 일체 붙어 있지 못한다. 하지만 범부의 오온은 '나'라든가 '나의 것'이라는 자아관념과 소유관념이 강력하게 부착되어 있다. 이것은 '번뇌에 속하고, 집착에 속하는(sāsavam upādānīyaṃ) 것'으로 설하고 있는 것이다. 그래서 전자의 오온을 비구 보디는 '순수한 온(the bare aggregates)'이라고 표현한다.[5]

이러한 맥락에서 보면, 우리가 논하는 오온의 주제는 사실 오취온에 대한 내용이다. 이 세상을 자아관념과 소유관념을 통해 구성하는 것은 오온을 자아로 집착하는 존재들이기 때문이다.

그런데 오온 가운데 특히 이 세계를 구성하는 데 깊이 관여하는 것이 있다. 그것이 바로 '상카라(saṅkhārā)'이다.

> 그러면 비구들이여, 왜 '상(saññā)'이라 부르는가?
> 비구들이여, 인식하기 때문에 상이라고 불린다. 어떻게 인식하는가? 푸른색을 인식하고 노란색을 인식하고 붉은색을 인식하고 흰색을 인식한다. 비구들이여, 인식하기 때문에 상이라고 한다.
> 그러면 비구들이여, 왜 '행(saṅkhārā)'이라 부르는가? 비구들이여, 원인들의 조합에 의해 만들어진 것을 만들기 때문에 '행'이라고 불린다. 어떻게 원인들의 조합에 의해 만들어진 것을 만드는가?

---

5 Mathieu Boisvert(1997), *The Five Aggregates-Understanding Theravāda Psychology and Soteriology*, Delhi: Sri Satguru Publications, p.22.

(감각기관을 지닌) 몸을 몸이게끔 하기 위해서 원인들의 조합에 의해 만들어진 것을 만든다. 느낌을 느낌이게끔 하기 위해서 원인들의 조합에 의해 만들어진 것을 만든다. 지각(想)을 지각이게끔 하기 위해서 원인들의 조합에 의해 만들어진 것을 만든다. 행들을 행이게끔 하기 위해서 원인들의 조합에 의해 만들어진 것을 만든다. 의식을 의식이게끔 하기 위해서 원인들의 조합에 의해 만들어진 것을 만든다. 비구들이여, '원인들의 조합에 의해 만들어진 것을 만든다'라고 하기 때문에 '행들'이라고 불린다.[6]

위 경문에서 상(saññā)은 대상을 인식하는 작용임을 알 수 있고, 행(saṅkhārā)는 무엇인가를 만들어 내는 작용임을 알 수 있다. 여기서 행은 항상 복수형태로 사용되는 점도 유념해 둘 필요가 있다.[7] 중요한

---

6 SN. III, Khajjanīyasutta, p.87. 위 경문은 번역자들마다 번역이 조금씩 다르다. 경문의 핵심은 "원인들의 조합에 의해 만들어진 것을 만들어 내기 때문에 '행'이라고 불린다"라는 부분이다. 이 부분의 원문은 "saṅkhataṃ abhisaṅkharontīti bhikkhave, tasmā saṅkhārā ti vuccanti"이다. 이에 대한 번역들을 소개해 본다. ①전재성, "조건적으로 조작하기 때문에 형성이라고 한다."(전재성 역주, 『쌍윳따 니까야』 4권, 한국빠알리성전협회, 2000, p.225) ②각묵 스님, "형성된 것을 계속해서 형성한다고 해서 심리현상들이라 한다."(각묵 스님 옮김, 『상윳따 니까야』 3권, 초기불전연구원, 2009, p.276) ③안옥선, "행은 조작된 것을 조작하기 때문에 행이라 불린다."(안옥선, 「불교덕윤리에서 성품의 중심개념으로서 행」, 『불교학연구』 23호, 2009, p.240) ④Johansson "why do you say 'saṅkhārā? Becasue they create what is created; therefore they are called saṅkhārā.'"〔Rune E.A. Johansson (1979), The Dynamic Psychology of Early Buddhism, London: Curzon Press, p.48.〕

7 원문에서는 "Kiñ ca bhikkhave, saṅkhāre vadetha?"로 되어 있어서, 다른 4온은

것은 행의 작용이 색수상행식의 오온을 가능케 하는 것, 즉 오온을 만들어 내는 것이라는 점이다. 말하자면 오온에서 가장 핵심적인 역할을 하는 것이 곧 '행'인 것이다. 바로 여기에서 오온에서 행이 갖는 의미가 명확하게 드러난다. 위 경문의 내용을 조금 더 분석해 보도록 하자. 위 문장에서 가장 핵심이 되는 문장은 다음이다.

> saṅkhataṃ abhisaṅkharontīti, tasmā saṅkhārā ti vuccanti
> 원인들의 조합에 의해 만들어진 것을 만들기 때문에 '행'이라고 불린다.

상카땀(saṅkhataṃ)을 '원인들의 조합에 의해 만들어진 것'으로 번역했다.[8] 상카땀은 보통 '조건 지어진(conditioned)'으로 번역된다. 그래서 한자어로는 '유위有爲'로 번역된다.[9] 이는 열반을 의미하는 아상카따(asaṅkhata, 無爲)와 대비되는 개념이기도 하다.[10] 이러한 의미에서

단수 목적격인데 반해, saṅkhāra는 복수 목적격의 형태를 취하고 있다. 이에 대해서 요한슨은 "인간은 엄청난 양의 심리적·창조적 과정들로 구성되어 있다. 그래서 이러한 인격을 구성하는 요소의 하나인 행(saṅkhāra)은 언제나 복수형(saṅkhārā)으로 나타난다."〔Johansson 저(2017), 앞의 책, p.74〕

8 saṅkhata는 "put together(함께 놓다), compound(구성하다); conditioned(조건 지어진), produced by a combination of causes(원인들의 조합으로 만들어진), created(창조된); brought about as effect of actions in former births(이전 생에서의 행위의 결과 초래된)"의 의미를 갖는다.(PTSD., s.v. saṅkhata)

9 パーリ語辭典(水野弘元), s.v. saṅkhata.; Anālayo, Bhikkhu(2006). "Saṅkhārā." In W.G. Weeraratne, ed., Encyclopaedia of Buddhism, Vol VII Fascicle 4. p.732. Sri Lanka: Government of Sri Lanka.

'조건 지어진'이란 원인들을 갖는 의미이기에, 보다 의미를 풀어 '원인들의 조합에 의해 만들어진 것'으로 번역했다. 아비상카로띠(abhisaṅkharoti)[11]를 '만들다'로 번역했다. 이를 분석하면 abhi(~대해서; 뛰어난)+saṅkharoti(함께 놓다 to put togheter; 준비하다 prepare; 작용하다 work)이다. 그래서 '~에 대해서 작용하다' 정도로 이해할 수 있다. 즉 어떤 대상에 대해서 작용하는 것을 말한다. 이를 다소 의역하고, saṅkhata와의 연속성을 살리기 위해 '만들다'로 번역했다. 다음으로 중요한 문장이 있다.

> Rūpaṃ rūpattāya saṅkhataṃ abhisaṅkhāronti.
> 몸을 몸이게끔 하기 위해서 원인들의 조합에 의해 만들어진 것을 만든다.

이하 수상행식에 대해서도 문장 구조는 동일하다. 여기에서 루빠(rūpaṃ)와 루빠따(rūpattāya)의 의미를 살펴보자. 루빠는 한역에서는 색色으로 번역되고, 의미는 '형상', '형태', '물질적 존재' 등의 기본 의미를 갖는다.[12] 오온의 체계에서 루빠는 '(감각기관을 지닌) 육체'로 이해된다.[13] 문법적인 이야기를 좀 더 하면, '명사+tā'는 명사를 추상명

---

10 안옥선, 위의 논문, p.241.

11 abhisaṅkharoti는 사전에서 "to prepare(준비하다), do(하다), perform(수행하다), work(작용하다), get up(일어나다)"로 제시되고 있다.(PTSD, s.v. abhisaṅkharoti).

12 PTSD. s.v. rūpa.

13 루빠에 대한 정형적인 설명은 "4대와 4대를 취해서 (생겨난) 루빠"인데, 보통

사로 만드는 방식이다. 루빠는 '육체', 루빠따는 '육체성性' 혹은 '보편으로서의 육체'란 의미가 된다. 그래서 번역에서는 "몸을 몸이게끔 하기 위해서"라고 번역했다. 이 부분에 대해 안옥선(2009: 240)은 "행은 조작된 색을 색성色性으로 조작한다"고 번역했고, 전재성(2000: 225)은 "물질을 물질적으로 조작하고", 각묵 스님(2009: 277)은 "물질이 물질이게끔 형성된 것을 계속해서 형성한다"로, Johansson(1979: 48)은 "They create form by form-process"로 번역하고 있다. 다소 번역의 차이는 있지만, 행의 작용이란 '몸이 몸의 성性을 갖도록 하는 것'임을 알 수 있다.[14] 이하 수상행식도 동일하다. 그러면 이른바 '몸(느낌, 지각, 행, 의식)이게끔 하는 것', 즉 말하자면 몸 등이 갖는 특성은 무엇인가를 물어야 한다. 이와 관련하여 안옥선의 다음 기술은 주목할 만하다.

> rūpa가 구체적 개별 색을 의미한다면 rūpattā는 추상적/보편적

한역에서 '四大와 四大所造'로 번역된다. 그리고 "음식의 생기로부터 루빠의 생기가 있고, 음식의 소멸로부터 루빠의 소멸이 있다"로 설명된다. 따라 루빠는 '육체, 즉 몸'을 의미하는 것으로 볼 수 있다.(SN. III, Sattaṭṭhānasutta, p.62) 하지만 일반적으로 루빠는 그 의미의 스펙트럼이 상당히 넓다. 물질 일반을 의미하기도 하고, 물질에 대한 심상을 나타내기도 한다.(Johansson 저, 위의 책, p.58).

14 Johansson의 경우는 본문에서 보듯이, 색성(rūpattā) 등을 'form-process(형태의 과정)'로 번역하고 있다. 즉 "색의 과정으로 색을 만들어 낸다"고 번역하고 있다. 여기에서 '색의 과정'이란 '색을 색이게끔 하는 것'으로 이해된다. 색은 구체적으로 드러나는 과정을 거쳐 '색'으로 정립되기 때문이다.

> 색의 속성을 의미한다고 볼 수 있다. 중생은 개별 색을 볼 때 탐진치가 수반된 각각의 속성을 염두에 두고 재조작하며, 아라한은 개별 색을 볼 때 무탐진치의 눈으로 색의 실상 무상, 고, 무아의 보편성을 염두에 두고 재조작할 것이다. 요컨대 색을 색성으로 재조작할 때 중생은 탐진치가 수반된 색성으로 재조작하며, 생존의 유여열반의 아라한은 색의 실상에 대한 인식이 수반된 색성으로 재조작한다. 후자의 경우 탐진치 지멸과 실상인식을 전제하는 행의 재조작으로서 사실상 행의 순화나 지멸을 의미한다. 행의 재조작에 있어서 중생과 아라한의 이러한 차이는 상카타와 아상카타로 나타난다.[15]

안옥선의 해석은 색수상행식을 재조작할 때, 중생과 아라한이 달리 재조작한다는 데 방점이 놓여 있다. 즉 색 등을 탐진치에 의한 것으로 재조작하든, 탐진치가 결여된 방식으로 재조작하든 그 재조작하는 것이 '행'이라는 것이다. 그런데 이는 색의 색성, 수의 수성 등이 무엇인지에 대한 내용은 아니다. 그렇다면 행이 작용하여 색을 색이게끔 하는 것, 즉 색성은 무엇을 말하는 것인지가 중요할 것이다.

> 색(수, 상, 행, 식)은 무상한 것이고, 괴로운 것이고, 변화하는 것이다.[16]

오온의 각각은 그것이 작용하는 방식이 각기 다르다. 하지만 그것들

---

15 안옥선(2009: 243) 각주 39.

16 SN. III, Sattaṭṭhānasutta, p.62. "aniccaṃ dukkhaṃ vipariṇāma-dhammaṃ"

이 갖는 이른바 보편성은 동일한 것이다. 무상이란 생겨난 것은 모두 사라진다는 것을 의미하고, 괴로움이란 무상성으로 인해 현상적 존재는 불안하고 불만족스러움을 의미하고, 변화한다는 것은 나쁜 상태로 변화하여 무너지는 것을 의미한다. 이것이 오온이 갖는 공통상, 즉 보편적 특성인 것이다.

이것들이 오온이 갖는 보편상이라면, 개별적 특성도 있을 것이다.

> 색온의 출현에 대해서 (말하면) 사대가 원인이고, 사대가 조건이다. 수온의 출현에 대해서 (말하면) 접촉이 원인이고, 접촉이 조건이다. 상온의 출현에 대해서 (말하면) 접촉이 원인이고, 접촉이 조건이다. 행온의 출현에 대해서 (말하면) 접촉이 원인이고, 접촉이 조건이다. 비구여, 식온의 출현에 대해서 (말하면) 명색이 원인이고, 명색이 조건이다.(MN. III, Mahāpuṇṇamasutta, p.17)

위 경문에서 색이 색이게끔 하는 것은 '사대를 원인과 조건'으로 한다는 것이고, 수상행을 그것이게끔 하는 것은 '접촉'이며, 식을 식이게끔 하는 것은 '명색'임을 알 수 있다. 그렇다면 '행'은 이들 무상하고 괴롭고, 변화하는 오온을 구체적으로 개별적인 나의 몸, 나의 느낌, 지각, 행, 식으로 만드는 것이라고 할 수 있다.

이렇게 '행'을 이해할 수 있다면, 행의 번역은 무엇인가를 구체적으로 만들어 내는 것이기에 '형성(력)'이라고 번역할 수 있을 것이다. 결국 오온에서의 행은 오온을 구체적인 자아관념 내지 소유관념을 지닌 오온으로 형성시키는 작용이라고 할 수 있다. 이는 앞서 안옥선이 제시한, "중생은 개별 색을 볼 때 탐진치가 수반된 각각의 속성을 염두에 두고 재조작"의 맥락과 그 궤를 같이 한다.

한편, 형성작용인 행이 다른 여타의 온들과는 그 작용이 전혀 다르다는 것을 보여주는 경문이 있다.

> 벗이여, 느낀 것, 그것을 지각하고, 지각한 것, 그것을 의식합니다. 그러므로 이 법들은 결합된 것이지 분리된 것이 아닙니다. 이들 법들의 차이를 각각 분리하고 나서 알게 할 수는 없습니다.(MN. I, Mahāvedallasutta, p.293)

위 경은 꼿티따 존자와 사리뿟따 존자 사이의 문답을 기록하고 있는데, 경문의 내용은 사리뿟따 존자의 답변 내용이다. 느낌(vedanā), 지각(saññā), 의식(viññāṇa)은 일련의 의식의 흐름으로 이들을 분리하여 아는 것은 불가능하다는 것이다. 사실 의식은 찰나적으로 발생하는 것이기에 이를 명확하게 구별한다는 것은 불가능하다. 그런데 여기에서 행(saṅkhāra)이 빠져 있다. 이는 명확하게 행과 수상식의 기능이 다름을 보여주는 것이다.

2) 연기의 지분으로 등장하는 행

연기에 대한 이해는 다양하다.[17] 하지만 연기가 설해진 목적의식이

---

17 "붓다의 정각 내용에 대해서는 여러 가지 설이 있다. 경전에 따라서는 '연기법'을 깨달아 붓다가 되었다는 설과 '사성제'를 통해 붓다가 되었다는 설도 있다. 일반적으로 붓다의 깨달음의 내용을 '연기'라고 하는 것에 대해 비판적으로

무엇인지에 대한 초기경전의 설명은 명확하다. 연기는 어떤 형이상학적 이법에 대한 내용이 아니라, 인간 존재의 고통에 초점이 맞추어진 체계이다. 결국 인간을 이해하는 체계라는 점에서, 앞서 살펴본 오온과도 그 맥락상 깊은 관련이 있다고 할 수 있다.[18]

연기는 무명으로 시작해서 생과 노사로 끝나는 12연기가 가장 널리 알려진 체계이다. 이는 명백하게 생과 노사가 왜 발생하는가에 대한 것을 밝히는 것으로서, 그 원인이 '무명'에 기인한다는 가르침이다. 무명을 제거하면 생과 노사와 같은 고가 종식되는 것이다. 그러니 이는 인간과 같은 생명체가 경험하는 고통의 문제에 대한 구조적 이해라고도 할 수 있다.[19]

고찰한 논문으로는 권오민(「緣起法이 불타 자내증이라는 經證 검토」, 『보조사상』 제27권, 2007)의 논문이 있다. 한편 붓다는 사성제를 깨달아 붓다가 되었다는 것에 대한 비판적 검토로는 T.Vetter(THE IDEAS AND MEDITATIVE PRACTICES OF EARLY BUDDHISM, Leiden: E.J. Brill, 1988)이란 책이 있다."(이필원, 「초기불교의 연기이해」, 『불교학보』 72집, 2015, p.11. note 1 인용). 더불어 우동필, 「십이연기에서 오온」, 『불교학보』 63집, 2012에서 십이연기에 대한 다양한 관점들, 즉 태생학적 연기, 분위 연기, 무시간적 연기, 삼세양중인과 연기 등에 대한 내용을 충실히 소개하고 있다.

18 흔히 연기와 연기법에 대해서 같은 것으로 오해하는 경우도 있는데, 이는 엄밀하게 구분된다. "Saṃyutta Nikāya의 Paccaya Suttad서 붓다는 12연기의 일반적 원리와 그 적용 간의 중요한 차이에 대해서 언급하였다. 이 경전에서는 의존적으로 일어나는 현상으로서 12연기를 말하고 있는 반면, '연기법(paṭicca samuppāda)'은 그들 사이의 관계, 즉 원리에 관해 언급하는 것이다."(Ānalayo, 이필원·강향숙·류현정 공역, 『Satipaṭṭhāna, 깨달음에 이르는 알아차림 명상 수행』, 명상상담연구원, 2014, p.123).

19 불교의 우주관은 기본적으로 욕계, 색계, 무색계이다. 그렇다면 연기는 이

그렇다면 이 연기의 구조 속에서 '행'은 어떻게 이해될까. 12연기의 지분으로서의 '행'은 '식'이 어떻게 발현되는가에 대한 문제이기도 하다. 그리고 그 행은 무엇을 근거로 하는가에 대한 것도 행을 이해하는 중요한 문제이다.

먼저 연기의 구조를 보고, 이 가운데 '행'에 대한 구체적인 설명이 나오는 경문을 보자.[20]

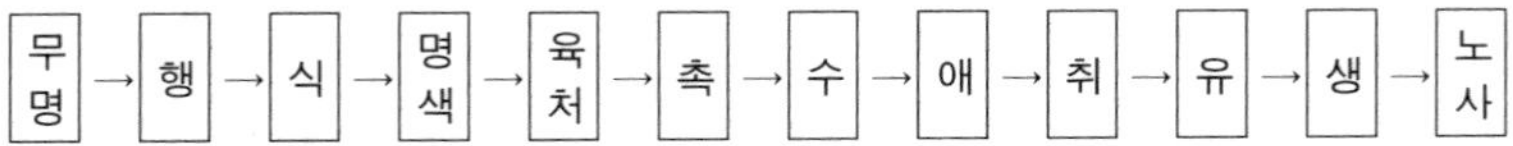

「위방가숫따」에서 연기 각 지분에 대한 구체적인 내용이 설명되어 있다. 다른 경전에서는 12연기의 각 항목에 대한 특성을 설명하거나[21] 인과관계에 주목하여 설명[22]한 반면, 이 경은 지분의 내용을 보여준다는 측면에서 중요한 의미를 갖는다. 그럼 행을 중심으로 무명과 식에 대한 구체적인 설명을 보자.

삼계에 존재하는 모든 존재에게 해당되는 것이다. 비록 무색계의 존재의 경우 '색(rūpa)'이 결여되어 있다고 해도, 연기적 존재라는 점에서는 크게 다를 바 없다.

20 SN. II, Vibhaṇgasutta, p.2ff.

21 예를 들면 SN. II, Paccayasutta(SN. 12:20).

22 예를 들면 SN. II, Parivīmaṃsanasutta(SN. 12:51).

무명	행	식
4성제에 대한 무지	身行, 言行, 意行	6식

행에 대한 구체적인 경문의 내용은 이러하다.

"비구들이여, 행들은 무엇인가? 비구들이여, 이것이 세 가지 행들이다. 신체의 행(kāya-saṅkhāro), 언어의 행(vacī-saṅkhāro), 마음의 행(citta-saṅkhāro)(이다). 비구들이여, 이것들을 행들이라고 한다."(SN. II, Vibhaṅgasutta, p.4)

기본적으로 '행'은 무명으로 인한 것이다. 무명은 4성제에 대한 무지라고 한다. 그런데 한역 『잡아함경』에서는 무명을 보다 자세하게 설하고 있다. 무명의 의미가 보다 선명해질 때, 12연기에서의 '행'의 의미도 보다 명확해질 것이다.

무엇이 (연기법의) 뜻에 대한 설명인가? '무명을 인연하여 행이 있다'고 말한다면, 그 어떤 것을 무명無明이라고 하는가? 만일 과거(前際)를 알지 못하고 미래(後際)를 알지 못하고 과거와 미래를 알지 못하며, 안을 알지 못하고 밖을 알지 못하고 안팎을 알지 못하며, 업業을 알지 못하고 과보果報를 알지 못하고 업과 과보를 알지 못하며, 붓다를 알지 못하고 법을 알지 못하고 승가를 알지 못하며, 괴로움을 알지 못하고 발생을 알지 못하며, 소멸을 알지 못하고 길을 알지 못하며, 인因을 알지 못하고 인이 일으키는 법을

> 알지 못하며, 착함과 착하지 않음을 알지 못하고, 죄가 있고 죄가 없음과 익히고(習) 익히지 않음(不習)과 못나고(劣) 뛰어남(勝)과 더럽고(染汚) 깨끗함(淸淨)과 연기緣起에 대한 분별을 모두 알지 못하며, 6촉입처를 사실 그대로 깨달아 알지 못하고, 이러저러한 것을 알지 못하고 보지 못하며, 빈틈없고 한결같음(無間等)이 없어 어리석고 컴컴하며, 밝음이 없고 크게 어두우면 이것을 무명이라고 하느니라.[23]

한역 경문의 내용을 보면, 무명은 4성제에 대한 무지는 물론이거니와 사실 아무것도 알지 못하는 것으로 설명된다. 나아가 이는 단순히 알지 못한다는 차원에서 더 나아가, 어떤 개념도 없는 상태, 혼돈(카오스)의 상태, 컴컴하고 밝음이 없어 크게 어두운 상태인 것이다. 이해를 돕기 위해 이진경의 다음 기술이 도움이 될 것이다.

> 무명은 그 자체로 무지를 뜻하지 않지만, 무지를 낳을 수밖에 없다. 보여도 보이지 않는 세계이기 때문이다. 근본적인 불가능성으로서의 어둠이고, 지혜와 무지가 구별되기 이전의 어둠이다. 그렇기에 무명의 어둠은 무지에 기인하는 어둠이 아니다. 반대로 무지를 조건 짓는 무명이다. 그것은 근본적으로는 볼 수 없음, 그 '불가능성'

---

23 T2, 298번경, p.85a. 동국대학교 불교학술원 통합대장경에서는 "법설의설경法說義說經"으로 경명을 제시하고 있다. 해당 한역 경전은 빨리 경전의 SN. II, Paṭhamāvijjāpaccayasutta(무명을 조건으로의 경)(12:35)와 내용상 유사한데, 빨리 경전에서는 무명에 대한 정의가 제시되어 있지 않다. 단 해당 빨리 경전에서는 무명이 제거되면 얻게 되는 결과에 대해 자세하게 기술하고 있다.

에서 오는 어둠이다. 무지 이전의 어둠이며, 빛이 들어갈 수 없음이 란 의미의 무명이다. …(중략)…
그러나 여기서 석가모니의 통찰력이 탁월한 것은 지혜를 그런 무지와 대립되는 자리에 놓는 게 아니라, 그런 대립 이전의 자리에 있음을 본다는 사실이다. 알지 못하는 무지와 대립되는 짝은 앎이고 지식이다. 무명은 그런 의미에서 지식의 불가능성을 뜻한다. 아무리 다가가도 충분히 알 수 없고, 확실하게 틀어쥐려 할수록 놓치게 되는 것이 무상한 세계의 실상이기 때문이다. 지혜란 그런 지식을 확장하여 얻어지는 게 아니라 무상이라는 바로 그 사태를 받아들이는 것이다. 무상한 것을 멈추고 고정하여 '알려는 것'이 아니라, 무상함을 무상함 그대로 받아들이는 것이다. 멈출 수 없는 것을 멈추려 하는 것이야말로 고통의 원인임을 아는 것이다. 무상한 세계의 불가능성을, 고정할 수 없고 포착할 수 없음을 있는 그대로 받아들이는 것, 그것이 지혜이다. 따라서 지혜는 지식과 어쩌면 반대방향에 있는 것이라고 할 수 있다.[24]

이진경의 무명에 대한 이해는 『잡아함경』 298번경의 내용에 충실한 해석으로 보인다. 그리고 나아가 노자의 "현玄" 개념을 떠올리게 하기도 한다. 그런데 한편, 『맛지마니까야』 9번경에서는 '사성제를 알지 못하는 것이 무명이며, 번뇌가 생겨나므로 무명이 생겨난다'는 내용이 있다.

---

24 이진경, 『불교를 철학하다』, 한겨레출판, 2016, pp.291~292.

번뇌(āsava)가 생겨나기에 무명이 생겨나고, 번뇌가 소멸하므로 무명이 소멸합니다. 무명을 소멸하는 길이야말로 여덟 가지 고귀한 길이니, 곧 올바른 견해, 올바른 사유, 올바른 언어, 올바른 행위, 올바른 생활, 올바른 정진, 올바른 사띠, 올바른 집중입니다. 벗들이여, 고귀한 제자가 이와 같이 무명을 잘 알고, 무명의 발생을 잘 알고, 무명의 소멸을 잘 알고, 무명의 소멸에 이르는 길을 잘 알면, 그는 완전히 탐욕의 경향을 제거하고 분노의 경향을 제거하고 '나는 있다'라고 하는 자아의식의 경향을 제거하고 무명을 버리고 명지를 일으켜 지금 여기에서 괴로움의 종식을 성취합니다. …… 벗들이여, 세 가지 번뇌가 있는데 감각적 쾌락의 욕망에 의한 번뇌, 존재에 의한 번뇌, 무명에 의한 번뇌입니다. 무명이 생겨나므로 번뇌가 생겨나고, 무명이 소멸되므로 번뇌가 소멸합니다.[25]

MN. 9번경의 내용은 전체적으로 12연기 각 지분에 대한 것을 네 가지 측면에서 잘 알게 되면 '자아관념'이 제거되고, 무명을 버리고 명지를 일으켜 괴로움의 종식을 성취한다는 내용이다. 그런데 무명에 대한 설명을 보면, 번뇌가 있기에 무명이 있고, 번뇌가 사라지면 무명이 사라진다고 하여, 일반적으로 번뇌가 '촉－수－갈애'의 구조에서 설명되는 내용과 비교하면 다소 혼란스럽다. 그리고 보통 12연기에서 무명은 다시 다른 원인으로 말미암아 발생하는 것으로 설명되지 않는 것과 비교해도 MN. 9번경의 내용은 이질적인 내용이기도 하다. 물론

25 MN. I, Samādiṭṭhisutta, pp.54~55. 번역은 전재성, 『맛지마니까야』, 한국빠알리성전협회, 2009, pp.169~170.

12연기에서 갈애의 내용은 '색, 성, 향, 미, 촉, 법'에 대한 갈애로 설명되기에[26], MN. 9번경의 번뇌(漏)의 내용인 욕루欲漏, 유루有漏, 무명루無明漏의 번뇌와는 다르다. 하지만 MN. 9번경을 통해 무명을 이해하면, 무명은 어디까지나 번뇌이고, 이 번뇌를 단멸했을 때 '행'이 발생하지 않는다는 구조와 모순되지는 않는다.[27]

이상의 경문을 토대로 무명을 이해하면, 무명이란 근본적인 번뇌의 하나이자, 사성제에 대한 무지이기도 하고, 어떤 개념도 분별도 없는 크게 어두운 상태라고 이해할 수 있다. 이러한 무명에 의해 '행'이 발생한다. 그런데 '행'은 앞서 경문에서 확인했듯이, '신행身行, 언행言行, 의행意行'의 삼행으로 설명된다. 그럼 이 삼행의 구체적인 내용을 알아보자.

> 가마 비구가 말했다. "행이란 곧 세 가지 행을 말하니, 몸의 행(身行), 입의 행(口行), 뜻의 행(意行)입니다."
> "어떤 것이 몸의 행이고, 어떤 것이 입의 행이며, 어떤 것이 뜻의 행입니까?"
> "장자여, 날숨(出息)과 들숨(入息)을 몸의 행이라 하고, 각覺과 관觀이 있는 것을 입의 행, 지각(想)과 의도(思)를 뜻의 행이라 합니다."
> "장자여, 날숨과 들숨은 곧 몸의 법으로서 몸을 의지하고 몸에 속해 있고 몸을 의지해 활동합니다. 그러므로 날숨과 들숨을 몸의 행이라 합니다. 각이 있고 관이 있기 때문에 곧 입으로 말을 합니다.

26 SN. II, p.2.

27 SN. II, p.4. "무명이 남김없이 사라져 소멸하면 행이 소멸하고……."

그러므로 각이 있고 관이 있는 것을 곧 입의 행이라 합니다. 지각과 의도는 곧 뜻의 행으로서 마음을 의지하고 마음에 속해 있고 마음을 의지해 활동합니다. 그러므로 지각과 의도는 곧 뜻의 행이라 합니다."[28]

각과 관은 빨리어 vitakka, vicāra에 해당한다. 이는 4선정에서 제1선에 속한다. 제2선에 가면 각과 관은 사라진다. 결국 언어활동이 제2선에서 사라진다는 의미가 된다. 그럼 관건은 신행과 언행/구행, 의행이 어떤 작용을 하는 것인가이다. 12연기의 관계를 보면, 행으로 인해 발생하는 것은 바로 '식'작용이다. 한 가지 지분을 더 보자. 식으로 인해 발생하는 것은 '명색'이다. 명색의 내용은 경에서 이렇게 설명한다.

비구들이여, 명색이란 무엇인가? 그것에는 느낌, 지각, 의도, 접촉, 정신활동(作意), 이것을 명(nāma)이라고 한다. 그리고 네 가지 근본물질과 근본물질에서 파생된 것, 이것을 색(rūpa)이라고 한다.[29]

이제, 무명－행－식－명색의 구조를 통해 12연기에서 '행'의 의미에

---

28 T.2, p.150a.

29 SN. II, pp.3~4. manasikāra는 보통 작의作意나 주의(attention)로 번역된다. 작의는 보통 '주의기울임'의 의미이다. 사전에서는 "attention, pondering, fixed thought"(PTSD, s.v. manasikāra)라고 정의하고 있다. 이는 '~에 대한' '주의', '고정된 생각', '숙고'이다. 즉 대상에 대한 정신작용이라고 할 수 있다. 그래서 폭넓은 의미로 '정신활동'으로 번역했다.

접근해 보자.

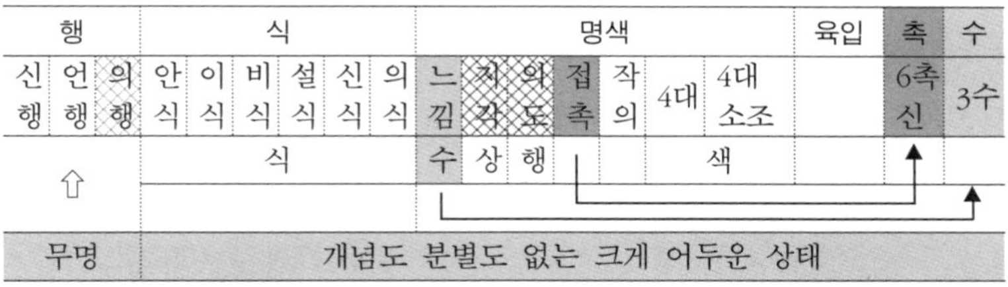

행			식						명색							육입	촉	수
신행	언행	의행	안식	이식	비식	설식	신식	의식	느낌	지각	의도	접촉	작의	4대	4대소조		6촉신	3수
⇧			식						수	상	행			색			↑	↑
무명			개념도 분별도 없는 크게 어두운 상태															

무명으로 인해 행이 발생한다는 것은 사실 12연기의 전체는 무명을 근간으로 해서 발생하는 것과 같은 의미라고 할 수 있다. 그래서 위 표에서 무명을 아래로 위치시켜 '행, 식, 명색' 등의 근저에 놓인 것으로 표현했다. 문제는 '행'을 어떻게 해석해야 하는가이다. 앞서 경문에서는 신행은 호흡, 언행은 각覺과 관觀, 의행은 지각(想)과 의도(思)[30]라고 했다. 이 가운데 각과 관은 언어활동을 가능케 하는 정신작용이다.[31] 그렇다면 행은 크게 신체작용인 호흡과 정신작용으로 볼 수 있다. 호흡은 생명활동의 가장 기본이 되는 것이고, 정신작용도 무엇인가에 대한 지향성을 나타내는 것으로 본다면, 12연기에서 '행'은 무명에 근거한 맹목적인 생명의 추동이나 의지라고 해석할 수 있을

30 지각과 의도는 마음에 의지하고, 마음에 속하는 것(依於心, 屬於心)이라고 경전에서는 설한다.(T.2, p.150a).

31 PTSD. s.v. vitakka를 보면 "reflection, thought, thinking"; "initial application", s.v. vicāra는 "investigation, examination, consideration, deliberation"로 정의하고 있다. 즉 위따까(覺)는 처음 일어난 생각이고, 위짜라는 그것에 대한 '고려, 숙고, 조사'의 정신작용이라고 할 수 있다. 이것이 바로 언어활동을 가능케 하는 것이다.

것 같다. 한편 행의 의행의 내용이 지각과 의도인데, 이는 명색의 구성요소인 지각과 의도와 동일하다. 그런데 이 둘을 같은 것으로 볼 수는 없다. 만약 같은 것이라면 토톨로지(tautology)에 불과하기에 의미가 없어진다. 그뿐만 아니라 명색의 느낌과 접촉은 이후의 촉과 수와 동일한 개념이고, 식과 육입도 사실은 깊은 관련을 갖게 된다. 이것을 동어반복의 구조가 아닌 역동적 구조로 이해하기 위해서는, 이들의 정신적 작용들을 무의식의 영역과 의식의 영역으로 구분하는 것이다. 무명이 갖는 특징은 정말 어떠한 분별도 개념도 불가능한 카오스 그 자체라고 한다면, 그것에서 연유한 행은 맹목성을 가질 수밖에 없다. 생명의 기본적 현상인 맹목적 의지가 행이기에, 그 행에 속한 정신작용 역시 우리에게는 인식되지 않는 깊은 내적 심층의식의 단계이고, 그것에서 나온 것이 다음의 식작용이다. 이 식작용은 대상에 대한 심층의식으로 이해할 수 있다.[32] 그리고 이 식작용이 명색을 촉발시키는 것으로 이해된다. 따라서 우리들의 표층의식은 이후 전개되는 육입과 촉의 연쇄적 작용이 된다.

시각과 형상(色)을 조건으로 시각의식(眼識)이 발생한다. 이 세

---

32 한자경은 이를 다음과 같이 기술하고 있다. "명색으로부터 식이 생긴다는 것은 쉽게 이해할 수 있지만, 그 명색이 식으로부터 생긴다는 것에 대해서는 여러 반론이 제기될 수 있을 것이다. 그러나 그것은 그만큼 우리의 사유가 唯心論 내지 관념론과는 거리가 먼 실재론이라는 것을 말해 주며, 이는 곧 우리의 의식이 명색의 존재를 이미 실체로서 전제하는 표층의 의식일 뿐이라는 것을 말해 준다. 다시 말해서 명색을 생하게 하는 심층의식에는 미치지 못한다는 것이다."(한자경, 『불교철학의 전개』, 예문서원, 2010, p.58, 각주 30).

가지의 화합이 접촉이다. 접촉의 조건으로부터 느낌(vedanā)이 (생겨난다). 느낌의 조건으로부터 갈애가 (생겨난다).[33]

위 경문의 내용이 육입 다음에 나오는 촉은 결국 '의식'을 출현시키는 것이라고 보아야 하는 당위성을 제공한다. 그다음이 느낌(수)으로 이어진다. 즉 촉과 수 사이에 '6식'이 생략된 것으로 보는 것이 타당할 것이다.[34] 그렇다면 행 다음에 나오는 식은 앞서 언급한 것처럼 심층의 식의 차원으로 이해해야 한다.

3) 삼법인의 하나로 등장하는 행

불교의 가르침을 진리로서 표현한 것 중 대표적인 것이 '삼법인三法印'이다. 삼법인은 말 그대로를 해석하면 '세 가지 법의 도장'이란 의미이다. 법(法, dhamma/dharma)이 갖고 있는 의미는 매우 넓고 다양하지만, 삼법인에서 사용하는 법의 의미는 '진리'를 의미한다.[35] 인(印, mudrā/muddā)은 '표식'이란 의미이다. 따라서 삼법인은 '세 가지 진리의 표식'이란 의미로 이해된다. 이것은 존재하는 것들이 갖는 보편성을 드러내기에, 달리 법의 특성(dharma-lakṣaṇa)이라고 설명하기도 한다.

이러한 의미에서 보면, 삼법인을 진리 판별의 기준으로 볼 수 있다. 삼법인의 가르침이 들어 있으면, 그것을 불설佛說로 인정할 수 있다고

---

33 MN. III, Chachakasutta, p.281.

34 이진경(2016: 314f)의 연기 이해는 이와 관련된 좋은 통찰을 제공한다.

35 PTSD, s.v. dhamma[1].

말하는 것도 가능할 것이다. 삼법인의 내용을 간단하게 '무상(anicca), 고(dukkha), 무아(anattā)'라고 하는데, 한역 『잡아함경』에서는 '무상, 무아, 열반(nibbāna)'으로 제시되고 있다.[36] 그래서 '무상, 고, 무아, 열반'을 '사법인四法印'으로 제시할 때도 있다.[37]

그런데 삼법인이나 사법인이란 용어는 초기경전 그 어디에도 확인되지 않는다. 앞서 제시한 『잡아함경』 등 한역경전에서도 이 용어는 사용되고 있지 않다. 다만 내용이 나올 뿐이다. 이들 용어는 후대 대승불교 경전에서 정립된 것으로 보인다.[38]

초기경전 가운데 삼법인의 내용을 볼 수 있는 전형적인 경전이 『담마빠다』(Dhammapada, 法句經)이다.

> ①"모든 조건 지어진 것들은 무상하다"라고 지혜로서 볼 때, 그때 불만족한 상태에 대해 싫어하여 떠나게 된다. 이것이 청정에 이르는 길이다. Dhp.277. (諸行無常)
>
> ②"모든 조건 지어진 것들은 고(둑카)이다"라고 지혜로서 볼 때, 그때 불만족한 상태에 대해 싫어하여 떠나게 된다. 이것이 청정에 이르는 길이다. Dhp.278. (一切皆苦)

---

36 T2, p.66b. "時諸比丘語闡陀言. 色無常. 受想行識無常. 一切行無常. 一切法無我. 涅槃寂滅."

37 T2, p.749a. "說此四事之教. 云何爲四. 一切行無常. 是謂一法. 一切行苦. 是謂二法. 一切行無我. 是謂三法. 涅槃爲滅盡. 是謂第四法之本."

38 김한상, 「상좌부의 삼상(三相, ti-lakkhaṇa)과 대승의 법인(法印, dharma-uddāna)에 대한 비교연구」(『보조사상』 41집, 2014)에서 삼법인과 사법인이란 용어가 등장하게 된 배경을 잘 설명하고 있다.

③"모든 존재하는 것들은 실체가 없다"라고 지혜로서 볼 때, 그때 불만족한 상태에 대해 싫어하여 떠나게 된다. 이것이 청정에 이르는 길이다. Dhp.279. (諸法無我)

한편 『앙굿따라 니까야』 「출현의 경(Uppādasutta)」에서는 삼법인이 진리임을 네 가지 방식으로 확정적으로 기술하고 있다.

"비구들이여, 모든 조건 지어진 것들은 무상하다." …… "모든 조건 지어진 것들은 고(둑카)이다." …… "모든 존재하는 것들은 실체가 없다."라고 여래가 출현하거나 여래가 출현하지 않거나 그 세계는 정해져 있으며 원리로서 확립되어 있으며 원리로서 결정되어 있으며, 구체적인 것을 조건으로 하는 것이다.(AN. I, p.286)

이렇듯 초기경전에서는 삼법인을 진리로서 분명하게 표명하고 있다. '여래가 출현하거나 출현하지 않거나'라는 표현은 진리를 나타내는 정형구라고 보아도 된다.[39]

그럼 삼법인에서 사용되는 '상카라'의 의미에 대해서 살펴보자. 먼저 제행무상은 "삽베 상카라 아닛짜(Sabbe saṅkhārā aniccā)", 일체개고는 "삽베 상카라 둑카(Sabbe saṅkhārā dukkhā)"라고 해서, 삼법인 가운데 이 두 내용에서 '상카라'가 등장한다. 한역에서 보듯이 제행무상은 일체행무상一切行無常으로도 표현되고, 일체개고는 일체행고一切

39 일반적으로 연기를 설명할 때 이 내용이 나온다. 예를 들어 SN. II, Paccayasutta, p.25ff에서는 연기의 각 지분을 설명할 때마다 이 표현이 사용된다.

行苦로 표현된다. 이를 통해 제행과 일체는 같은 원어임을 알 수 있다.

여기서 상카라(saṅkhārā)는 복수로 사용되며, 모든 존재하는 것으로서 '형성되어지는 것', '조건 지어진 것'을 의미한다.[40] 이 세상에 존재하는 것은 형태가 있는 것이든 없는 것이든 '형성된 것'이며 '조건 지어진 것'이란 의미이다.[41] 이것을 달리 표현하면 연기적 존재라고 한다.

한편 삼법인의 표현은 오온의 체계에서 매우 빈번하게 등장한다. 『율장』「대품」에 보면 초전법륜에서 다섯 비구들이 법안(法眼, dhammacakku)을 얻었을 때 "생겨나는 것은 무엇이든 그 모든 것은 소멸한다"

---

40 김한상(2014: 294) 각주 11번에서는 상카라에 대한 설명을 다음과 같이 한다. "상카라가 '조건 짓는 것'이라면 상카따는 '조건 지워진 것'을 의미한다. 상카라는 의도(思, cetanā)에 의해 활성화되는 능동적인 조건 짓는 힘으로 조건 지워진 현상인 상카따를 만들어 낸다. 이에 비해서 상카따는 수동적인 의미로 상카라에 의해 만들어진 오온(五蘊, pañcakkhandhā)이나 육처(六處, saḷāyatana)나 조건 지워진 현상계를 의미한다." 나중에 언급하겠지만, 의도는 상카라와 동의어로 사용되는 용법이 분명 있다. 삼법인의 '상카라'를 의도에 의해 활성화되는 것으로 설명하는 것은 적절하지 않은 것 같다. 하지만 '상카라'를 어떻게 번역해야 하는지에 대한 중요한 정보를 제공하고 있다.(p.295)

41 PTSD, s.v. saṅkhāra의 세 번째 정의에 "sabbe saṅkhārā means everything, all physical and visible life, all creation"이라고 설명하고 있다. 사전적 정의에서는 '① 존재하는 모든 것, ② 모든 물질적이고 가시적인 생명, ③ 모든 창조물'의 세 의미로 '상카라'를 설명하고 있다. 'creation'이란 의미는 그 자체로 능동성이라기보다는 수동성에 주안점을 둔 표현이라고 해석된다. 창조하는 것이 아니라, 창조되어지는 것이란 의미가 더 적절하기 때문이다. 여러 가지 원인과 조건들에 의해 만들어진 것이지, 어떤 주체성을 갖고 만든 것이 아니라는 의미로 필자는 해석한다.

라는 앎이 생겼다는 내용이 나온다. 이는 '상카라'를 해석하는 데 중요한 정보를 제공하는 내용이기도 하다.

무엇이든 생겨난 것, 그 모든 것은 소멸하는 것이다.
yaṃ kiñci samudayadhammaṃ, sabbaṃ taṃ nirodhadhamman ti. (ViN. I, p.11)

삼법인에서 '상카라'는 생겨난 것(samudayadhamma)의 의미로 이해되는 것이 적절하다. 삼무다야(samudaya)는 분석하면 saṃ-ud-√i가 된다. 풀어보면 '함께-위로-가다'란 의미가 된다. 어떠한 것들이 뒤섞여서 분출되는 그러한 이미지를 상상하면 어울릴 것이다. 원인과 조건들이 모여 일어나는 사태들이 '삼무다야'이다. 그런 의미에서 '상카라' 역시 '조건 지어진 존재들'로 정의할 수 있다.[42] 그럼 이들 조건 지어진 '상카라'를 어떻게 해야 할까.

모든 조건 지어진 것들은 무상하고, 생겨났다가 사라지는 성질을 갖고 있다네. 생겨났다가 사라지는 것, 그것들의 고요함(적멸)이 행복이라네.[43]

---

42 Dhp.255G. "saṅkhārā sassatā n'atthi", "조건 지어진 것들은 영원하지 않다." 『담마빠다』의 이 구절 역시 제행무상의 또 다른 표현이라고 보아도 무방할 것이다.

43 SN. I, p.200. 이 경은 Anuruddhasutta로 아누룻다 존자와 천신과의 문답을 기록하고 있다.

생겨났다가 사라지는 것들, 그것들은 조건 지어진 것들이고, 무상한 속성을 지닌 것들이다. 이를 고요하게 한다는 것은 무상한 것들에 집착하지 않는다는 의미로 이해할 수 있다.

3. 까르마를 형성하는 힘은 무엇일까?[44]

까르마는 전통적으로 '의도'와의 관계에서 말해지고, 의도는 '행'과의 관계에서 말해진다. 행은 적극적으로 표출된 의도와 잠재된 의도의 다층적 구조로 이해되고 있기에, 이에 기반하면 까르마 역시 이 행의 의미 맥락이 갖는 '의도'의 차원에서 이해되어야만 될 것이다. 신구의의 세 가지로 짓는 모든 것이 까르마, 즉 업이 아닌 것이 없는데, 행의 맥락 속에서 이해되는 '의도'는 신구의의 '의意'가 아니며, 이들 신구의가 발현되게 되는 기저로서 작용하는 것으로 이해되어야 할 것이다. 본 절에서는 이러한 내용을 중심으로 까르마와 의도의 관계를 살펴보고, 이후 행이 품고 있는 의도(cetanā)에 대한 내용을 고찰해 보고자 한다.

1) 까르마와 의도

까르마(karma)는 기본적 의미가 '행위'이다. 우리들이 살면서 행하는 일체의 행위가 모두 까르마인 것이다. 그러면 우리는 결코 까르마로부

---

44 본 절은 이필원, 「앙굴리말라 에피소드를 통해 본 붓다의 교육체계와 깨달음」(『종교교육학연구』 제61권, 2019), '3.3. 앙굴리말라 에피소드를 통해 본 붓다의 교육체계와 깨달음'의 내용의 일부를 다소 수정한 것이다.

터 자유롭지 못하다는 것이 되는데, 과연 그런가. 까르마는 인과론의 체계이다. 그렇기에 까르마는 운명론적인 의미로 해석되는 경우가 많다. 그렇지만 불교는 결단코 운명론적인 입장의 해석을 강하게 비판한다.

사실 불교는 까르마보다는 번뇌(Klesa)에 보다 많은 관심을 갖는다. 까르마의 소멸을 통해 해탈을 얻는다는 관념보다는 번뇌를 소멸하여 해탈을 성취한다는 관념이 주된 관념이기 때문이다. 전자의 입장이 바로 자이나와 인도 정통 사상의 까르마 관념이다.

브롱코스트(Bronkhorst 1998: 13-14)에 따르면 붓다 당시의 까르마 관념은 두 가지로 정리된다.

> 1. 까르마는 육체적이고 정신적인 활동을 의미한다. 윤회로부터 해탈하고자 할 때에는 육체적으로, 정신적으로 행위를 하지 않아야 한다. 이를 위해서는 고행이 요구되며, 고행의 방식은 응보의 경험을 일으킴으로써 과거 행위를 소멸시킨다.
> 2. 까르마는 참된 자아에 대한 그릇된 오해에서 비롯된다. 참된 자아는 육체적으로나 정신적인 활동에 참여하지 않는다. 따라서 참된 자아를 통찰하게 되면 까르마로부터 벗어날 수 있다.

첫 번째가 자이나의 입장을 대변하며, 두 번째가 인도 정통 철학의 입장을 대변한다. 여기서 문제가 되는 것은 자이나의 입장이다. 불교는 무아(無我, anattā), 즉 자아의 실재성을 부정하기에 두 번째의 입장은 논의의 대상에서 배제된다. 하지만 자이나의 입장은 불교 텍스트

내에서 비판되기도 하고, 때로는 긍정되기도 한다.(Bronkhorst 1995: 334~35) 하지만 브롱코스트에 따르면, 자이나적 까르마관의 수용은 붓다 이후 일부의 불교학파에 의해 지지된 것이라고 한다. 하지만 적어도 붓다의 까르마에 대한 입장은 당시 유행하고 있던 다른 종교집단의 까르마관과는 확연히 달랐던 것만은 사실이다.

그래서 초기불교의 까르마 이론은 주로 자이나교의 이해가 반영된 인과응보 사상을 받아들이면서, 기계론적 이해를 수정하는 방향으로 발전한 것으로 평가된다. 이것은 곧 까르마 이론의 숙명론적이며 결과론적인 이해를 극복하여, 윤리적 근거를 확보하기 위한 것이다. 이를 위해 불교에서는 기존의 까르마 이론을 근거로 하면서도 두 가지의 핵심적 내용을 수정했다. 기존의 까르마 이론은 행위이론으로 이해될 수 있는데, 즉 신체·언어적 행위와 정신적 행위가 까르마의 내용이란 것이다. 하지만 불교는 기존의 까르마 이해에 먼저 의도(cetanā)를 부각/부가함으로써 까르마 이론을 수정한다. '의도'를 부각/부가했다고는 하나, 사실은 까르마의 본질을 신체·언어·정신적 행위가 아닌 '의도'로 해석함으로써 까르마의 적용범위를 하나로 수렴한 것이다. 둘째로는 선업(puñña)의 축적을 보다 나은 미래의 삶을 보장해 주는 내용에서 '깨달음'의 원인으로 확대 해석한 것이다. 이는 다른 인도 전통의 까르마 이해와는 전혀 다른 지평을 연 것으로 평가된다.

첫째, 까르마의 본질을 의도로 해석함에 있어서는 선결과제가 놓여 있다. 일반적으로 까르마는 삼업, 즉 신身·구口·의意의 활동이 까르마를 형성한다고 한다. 여기서 의意를 전통적인 입장과 같이 '의도'로 볼 것인지, 아니면 정신적 활동으로 볼 것인지에 대한 고찰이 요구된다.

자이나에서 말하는 까르마는 육체적이며 정신적인 활동을 포괄한다. 물론 언어적 활동은 이미 그 안에 포함된다. 자이나에서 말하는 정신적 활동은 '의도(intent)'로 번역되며, 이것은 육체적 활동의 배후에 놓이기도 하며, 독립적이기도 하다. 이런 관점에서 불교와 자이나의 차이는, 자이나의 경우 '의도'가 결여된 육체적 활동이라도 그것은 까르마를 형성한다고 보는 반면, 불교에서는 까르마를 형성하지 않는 것으로 간주한다는 것이 전통적 해석이다. 하지만 불교에서 까르마의 본질로 이해한 '의도'는 정신적 활동을 의미하는 것이 아니라, 육체적이고 정신적인 활동 이전의 심리적 상태를 의미하는 것으로 이해하는 방식이 있다.(Bronkhorst 1998: 14) 이 두 해석 방식 가운데 어느 것이 보다 불교적 해석에 부합하는지 검토하는 것도 매우 중요한 문제가 된다.[45]

둘째, 선업의 축적을 깨달음과 관련짓는 것은 사회적·윤리적 행위의 근거를 마련한 것이다. 빈민구제나 사회적 약자에 대한 보살핌을 깨달음의 직접적인 원인으로 본 것이다.

여하튼 이러한 방식의 불교적 까르마 이해는 윤리학적으로는 '동기주의'에 해당하며, 자이나 전통의 까르마 이해는 '결과주의'로 정리할 수 있다. 자이나 전통의 까르마 이해는 기계론적 이해인 반면, 불교적 까르마 이해는 이전의 조건에 저항하고 새로운 유형의 행동을 정립하는 자유의지를 인정한다.(D. Keown 2007: 22)

한편 일본의 미즈노코겐(水野弘元 1974: 2)은 까르마를 크게 세

---

45 이것을 본 논문 3.1. 'cetanā(意圖)를 품은 saṅkhāra(行)'에서 고찰할 것이다.

가지 측면으로 정리하고 있다. 그 내용을 제시하면 다음과 같다.

①단순한 작용을 의미한다. 이때는 선악의 도덕의식도 강력한 의지작용도 보이지 않는다. 따라서 인과의 업보를 초래하지 않는다.

②의식작법(행위)을 의미한다. 이것은 주로 계율의 수계작법이나, 교단 내에서 다양하게 이루어지는 의식작법 등을 의미한다. 이때 행해지는 작법에는 의지작용이나 의식이 있다고 해도, 윤리 도덕적인 선악의 의지작용은 포함하지 않기에, 이것 역시 인과의 업보 개념에는 포함되지 않는다.

③윤리 도덕적 혹은 종교적 선악염정善惡染淨의 의지작용이 포함되어 있다. 이때의 까르마는 윤회전생의 원인으로 작용한다. 하지만 이 가장 협의의 까르마의 경우에도, 거기에는 반드시 윤회전생의 인과업보가 관련된 것만 있는 것은 아니다. 윤회전생을 초래하는 까르마는 선업과 불선업이지만, 선업 가운데에는 윤회에 관계하는 유루의 선과 윤회를 초월하여 환멸還滅에 이르게 하는 무루의 선업도 있다. 또한 선악업 외에 윤회업보와 직접 관계하지 않는 무기업無記業도 있다. 기술이나 예능 등 훈련 숙달에 관계하는 행위가 그것이다.

이 가운데 본 주제와 관련된 까르마의 관념은 세 번째이다. 이 세 번째 까르마를 다시 세 가지로 구분하면 다음과 같다.

1. 선악의 의도(意思, cetanā), 또는 행위의 동기 목적
2. 신체와 말에 의한 실제 행동
3. 실제 행동 후에 남게 되는 습관력/경향성

불교에서 까르마의 본질을 의도에서 찾고 있는 것은 명확하다. 이에 대한 경전적 근거는 빨리 니까야 AN. 6.63 및 니까야에 상응하는 한역『중아함경』27권「달범행경達梵行經」과 안세고 역『누분포경漏分布經』등에서 찾을 수 있다. 까르마의 본질을 '의도'에서 찾는다는 것은 실제 이루어지는 신체·언어·정신적 행위는 모두 '의도(cetanā)'에서 비롯되는 것으로 보는 것이 된다. 의도가 개입되지 않은 행위를 까르마로 인정하지 않는 것은 바로 이 때문이다. 그리고 유사한 의도로 인해 반복적으로 이루어지는 신체·언어·정신적 행위는 습관력/경향성을 형성하여 개인의 인격을 형성하는 것으로 이해된다. 따라서 실제 행동의 교정을 통해 인격의 변화를 기대하기 위해서는 '의도'에 대한 통제가 선행되어야 함을 알 수 있다.

이상 다소 길게 까르마에 대한 내용을 정리해 보았다. 그리고 앞서 불교는 까르마의 문제보다는 번뇌의 문제를 보다 깊이 있게 탐구한다고 말했다. 번뇌를 버리게 되면 어떻게 될까. 초기불교 텍스트 속에서는 이 문제에 대한 내용이 매우 풍부하게 제시되어 있다. 그중에서 하나의 예를 들어 보자.

분노하는 중생은 분노로 인해 나쁜 곳으로 간다. 그 분노를 올바로 알아서 통찰하는 자는 끊어버린다. 끊어버린 뒤에 이 세상으로

결코 그는 되돌아오지 않는다.[46]
욕망과 탐욕과 무명을 사라지게 하여 명지를 일으키는 수행승은
일체의 나쁜 곳을 끊어버린다.[47]

분노(kodha), 욕망(chanda), 탐욕(lobha), 무명(avijjā)은 대표적인 번뇌들이다. 이들 번뇌를 끊게 되면 욕망을 기초로 한 이 세상, 즉 욕계로 다시는 돌아오지 않는 자가 되고, 일체의 나쁜 곳(지옥, 아귀, 축생, 수라의 4악도)을 끊어버리는 것이다. 결국 까르마는 이러한 번뇌로부터 일어나는 것이기에, 번뇌를 제거함으로써 우리는 불건전한 까르마를 생성하지 않게 된다. 그런데 문제는 이미 생성된 악한 까르마를 어떻게 할 것인가이다.

『앙굴리말라경』에서 이 내용을 붓다는 어떻게 가르치고 있는지를 확인할 수 있다. 그 내용을 보자.

한때에 존자 앙굴리말라는 아침 일찍 옷을 입고 발우와 가사를 들고 사왓띠 시로 탁발을 하러 들어갔다. 그때 어떤 사람이 던진 흙덩이가 존자 앙굴리말라의 몸에 날아왔고, 어떤 사람이 던진 몽둥이가 앙굴리말라의 몸에 날아왔고, 어떤 사람이 던진 돌덩이가 존자 앙굴리말라의 몸에 날아왔다. 그래서 존자 앙굴리말라는 머리에 상처를 입고 피를 흘리며 발우가 부서지고 옷이 찢어진 채 세존께서 계신 곳을 찾았다. 세존께서는 존자 앙굴리말라가

---

46 It, p.2. 번역은 전재성, 『이띠붓따까』, 한국빠알리성전협회, 2012, p.58.
47 It, p.43. 번역은 전재성, 위의 책, p.102.

멀리서 오는 것을 보았다. 보고 나서 존자 앙굴리말라에게 이와 같이 말했다.
비구여, 그대는 인내하라. 비구여, 그대는 인내하라. 그대가 업의 과보로 수 년, 아니 수백 년, 아니 수천 년을 지옥에서 받을 업보를 그대가 지금 여기서 받는 것이다.[48]

위 인용문에서 보면, 앙굴리말라는 탁발을 하러 갔다가 사람들로부터 집단 폭행을 받았음을 알 수 있다. 경전에서는 다소 간략하게 소개되고 있지만, 매우 심한 폭행이 있었음을 짐작케 한다. 앙굴리말라임을 안 사람들의 분노는 대단했을 것이다. 자신들의 아들, 딸, 부모, 형제를 죽인 자가 비록 출가 수행자가 되었다고 해서 그들의 분노가 사라지거나 누그러뜨려지지는 않았던 것이다.

거의 죽음에 이를 정도로 사람들로부터 폭행을 당한 앙굴리말라는 피투성이가 된 채 간신히 스승 붓다가 있는 곳으로 갔고, 그 모습을 본 붓다는 그 앙굴리말라의 상처를 돌보며 말했을 것이다. '비구여, 인내하라, 비구여 인내하라'라고. 그리고 한 말은 '지옥에서 받을 업보를 지금 여기에서 받는 것이다'라는 내용이다. 바로 여기에서 까르마에 대한 내용이 나온다.

사실 앙굴리말라는 사람들로부터 폭행을 당하기 이전에 이미 깨달음을 얻어 아라한이 되었다.[49] 아라한이 되면 더 이상 재생이 없게 된다.[50]

---

48 MN. II, p.104; 전재성, 『맛지마니까야』, 한국빠알리성전협회, 2009, p.979. 번역은 전재성의 번역을 조금 수정함.

49 MN. II, p.104. "aññataro kho pa' āyasmā Aṅgulimālo arahataṃ ahosi." "참으로

재생이 없기 위해서는 재생의 원인이 사라져야 한다. 그런데 깨달았다고 해도 앙굴리말라의 살인의 행위가 사라지는 것은 아니다. 그렇기에 그 행위에 대한 과보를 받아야만 다음 생을 받지 않게 된다. 이러한 이유로 앙굴리말라는 어떤 의미에서는 반드시 행위에 상응하는 고난을 겪어야만 하는 것이다. 여기서 우리는 두 가지 측면을 이해해야 한다. 그것은 행위에 대한 책임과 번뇌의 단절이다. 행위에 대한 책임은 인과에 대한 내용이며, 번뇌의 단절은 새로운 업을 짓지 않는 것으로, 이 두 가지가 갖추어져야만 재생의 원인을 만들지 않게 된다.

이는 앞서 살펴본 까르마 이론에 비추어 보면 보다 명료하게 드러난다. 즉 브롱코스트가 말한 '육체적이고 정신적인 활동 이전의 심리적 상태'를 의미하는 의도의 정화와 키온이 말한 '이전의 조건에 저항하고 새로운 유형의 행동을 정립하는 자유의지'의 온전한 발현이 인과에 대한 올바른 이해와 번뇌의 단절로 이끈다고 말할 수 있을 것이다.

결국 붓다가 앙굴리말라에게 '인내하라'고 말한 것을 단순하게 '참는다'는 의미로 이해해서는 안 된다. 오히려 앞서 It.의 경문을 통해 보았던 "분노를 올바로 알아서 통찰하는 자는 끊어버린다"로 이해해야 한다. 그래야만 '육체적이고 정신적인 활동 이전의 심리적 상태'의 문제가 해결되어, 온전하게 자유의지가 발현될 수 있게 된다. 이러한

앙굴리말라는 아라한 가운데 한 분이 되었다."

50 MN. II, pp.103~104. "Khīṇā jāti, vusitaṁ brahmacariyaṁ, kataṃ karaṇīyaṁ, nāparaṁ itthattāyāti abbhaññāsi." "태어남은 소멸되었고, 도덕적 행위는 완성되었으며, 해야 할 일은 이루어졌고, 더 이상 이와 같은 상태로 이끌리지 않는다라고 분명히 알았다."

자유의지의 강력한 지지가 바로 의지(cetanā)라고 하는 개념이다. 따라서 선한 까르마이든 악한 까르마이든, 혹은 해탈/열반으로 이끄는 까르마이든 그것은 모두 '의지(cetanā)'에 의한 것이라고 할 수 있다.

2) cetanā(意圖)를 품은 saṅkhāra(行)

불교에서 까르마는 자유의지의 입장이 강하다. 어떤 행위를 자신의 의지를 갖고 행했을 때, 그것은 강력한 까르마(업)를 형성하게 되는 것이다. 그런 의미에서 보면, 행위 자체보다 행위를 가능케 한 것, 바로 의지 혹은 의도가 문제의 핵심이 되는 것은 필연적이다. 이를 살펴보기 위해서, 우리가 먼저 보아야 할 것은 '의도'로 파악되는 '상카라'에 대한 내용이다.

> 비구들이여, 상카라란 무엇인가? 비구들이여, 여섯 가지 의도의 무리가 있다. 색에 대한 의도, 소리에 대한 의도, 냄새에 대한 의도, 맛에 대한 의도, 접촉에 대한 의도, 법에 대한 의도이다. 비구들이여, 이것들이 상카라라고 불린다. 접촉의 발생으로부터 상카라의 발생이 있고, 접촉의 소멸로부터 상카라의 소멸이 있다.(SN. III, Upādānaparivattasutta, p.60)

위 경문에서 상카라는 곧 '의도(sañcetanā)'임을 알 수 있다. 말하자면 상카라는 감각대상이 되는 6경에 대한 의도를 말하는 것으로 이해된다. 그럼 구체적으로 이러한 6경에 대한 의도인 상카라로 인해 야기되는 것들이 무엇인지 보자.

비구들이여, 여섯 가지 의도의 무리가 있다. 색에 대한 의도, 소리에 대한 의도, 냄새에 대한 의도, 맛에 대한 의도, 접촉에 대한 의도, 법에 대한 의도이다. 비구들이여, 이것들이 상카라라고 불린다. …… (이들) 상카라들을 근거로 하여 육체적 행복과 정신적 안락이 발생하는 것, 이것이 상카라들의 달콤함이다. (이들) 상카라들은 무상하고 둑카이며 변화의 성질인 것, 이것이 상카라들의 위험이다. (이들) 상카라들에 대해서 욕탐을 제어하고, 욕탐을 버리는 것, 이것이 상카라들의 벗어남(出離)이다.(SN. III, Sattaṭṭhanasutta, p.63)

SN.의 두 경전은 모두 오온에 대한 가르침을 전하고 있는데, 상카라에 대해서 설명하는 방식은 모두 동일하다. 즉 여섯 가지 의도의 무리(cetanā-kāyā)로 설명한다. 그런데 「삿따타나숫따(Sattaṭṭhana-sutta)」에서는 이를 보다 구체적으로 설명하고 있다. 번역에서 '(이들) 상카라'라고 한 것은 '색성향미촉법에 대한 상카라'를 의미하는 것이다. 경전에서는 먼저 6경에 대한 의도를 근거로 할 때, 육체적이고 정신적인 행복과 안락을 경험한다는 것을 밝히고 있다. 이는 달리 표현하면 행온은 경험 내용의 근거라고 할 수 있다. 우리가 일상에서 경험하는 것의 배경에 놓여 있는 것이 상카라, 즉 행인 것이다. 상카라가 경험 내용의 근거라고 한다면, 이는 대상지향성을 갖는다고 할 수 있다. 이에 대한 내용을 좀 더 살펴보자.

위 두 경전에서 '수(vedanā)'와 '상(saññā)'에 대한 기술을 보면, 수는 6근의 접촉을 통해 발생하는 것[51]으로, 상은 6경에 대한 지각(인식)[52]으로 설명된다. 이후 식(viññāṇa)은 6근에 의한 의식[53]이다. 즉 수와 식은 6근의 접촉으로, 상과 행은 6경과의 관계에서 설명되는 것이다. 말하자면 수와 식은 육내입처의 작용이고, 상과 행은 육외입처와 관련된 것이다. 이를 좀 더 해석하면 수와 식은 무엇인가를 받아들여서 내적 지향성을 갖는 것이고, 상과 행은 대상지향성을 갖고 있는 것으로 이해할 수 있다. 그리고 수와 식은 대상의 내재화, 즉 정보는 대상에서 얻지만 정보처리는 대상과 관련 없이 내적 과정을 통해 처리한다. 반면 상과 행은 대상 지향성을 갖고 있어, 정보를 처리하는 것은 대상을 향해 있다고 이해할 수 있다.[54]

행이 대상을 향해 있다는 것은 앞서 인용한 경문 '색에 대한 의도' 등과 정확하게 일치한다. 그럼 대상에 대한 의도가 어떻게 전개되는지에 대해서 알아보자.

> 비구들이여, 의도하는 것(ceteti), 기획하는 것(pakappeti), 경향을 갖는 것(anuseti), 이것이 의식의 확립으로 이끄는 조건(ārammaṇam)이다. 조건이 있을 때 의식의 머무름이 있다. 의식의 머무름과 성장이 있을 때 명색의 나타남이 있다.[55]

---

51 SN. III, Upādānaparivattasutta, p.60. "cakkhu-samphassajā vedanā.(눈의 접촉에서 생기는 느낌)"

52 SN. III, Upādānaparivattasutta, p.60. "rūpa-saññā(색에 대한 지각)"

53 SN. III, Upādānaparivattasutta, p.60. "cakkhu-viññāṇaṃ(눈에 의한 의식)"

54 이필원, 「느낌, 감정의 다양성을 여는 코드」(『느낌, 축복인가 수렁인가』, 운주사, 2019), p.52.

55 SN. 2 12:39, Dutiyacetanāsutta, p.66.

SN. II에는 세 편이 「의도의 경」이 있다. 이들 경전은 기본적으로 연기의 구조 속에서 설해지고 있지만, 무명으로부터 시작되지는 않는다. 위 경문에서도 확인할 수 있듯이 '식'이 발생하게 되는 기반, 즉 조건이 무엇인지에 대한 가르침으로 시작된다. '의도', '기획', '경향' 등은 기본적으로 외부 대상에 대한 작용이거나 그 결과로 형성된 것이라고 볼 수 있다. 그것들을 조건으로 하여 '의식'이 발생하게 되고, 그 의식으로 말미암아 명색이 등장하게 된다는 것이 요지라고 할 수 있다.

결국 '의도', '기획', '경향'은 달리 표현하면 '행(saṅkharā)'이라고 할 수 있다. 이는 앞서 살펴본 바와 같이, '(~에 대한) 의도, 기획, 경향'이라고 이해하는 것이 가능하다. 그렇기에 이는 까르마를 형성하는 기제로서 이해될 수 있다. 까르마를 분석해 보면 다음의 세 가지로 구분할 수 있다.

> 우리는 (1) 어떤 것을 하기로 한 결정, (2) 그것을 실행하는 행위, (3) 그럼으로써 이루어낸 것 또는 행위의 결과, 각각을 전혀 별개의 것으로 생각하는 데 익숙할지 모른다. 그러나 불교에서는 이 셋을 동일한 전체의 부분들로 이해한다. 의도는 까르마의 끝단에 있는 그것의 형성물이나 성향을 축적해 온 방식대로 신체·언어·마음의 활동이 행위를 하도록 지휘하는 그 앞단이다.[56]

---

56 앤드류 올렌즈키 지음, 박재용·강병화 옮김, 『붓다 마인드』, 올리브그린, 2018, p.201. 이는 앞서 미즈노 코겐의 세 번째 내용을 정리한 것과 같은 내용이라고 할 수 있다.

사실 우리는 어떤 행위를 할 때, 그것을 (내가 의지를 갖고) 결정한 것으로 이해하지만, 그렇지 않은 경우가 더 많을 수 있다. 앤드류 올렌즈키가 말한 (1)의 내용은 그렇기에 의식된 결정(의도)과 의식되지 않은 결정(의도)으로 구분되는 것이 더 좋을 것 같다. 만약 우리가 이를 자유의지의 입장에서 이해하고자 한다면, 선결과제가 있다. 그것은 무의식적으로 결정하는 내용에 대한 것도 어떻게든 자유의지의 범위 안에서 이해될 수 있어야 하는 것이다. 우리의 잠재되어 자각되지 못한 경향성에 자신도 모르게 자동 반응하여 어떤 신구의가 작용한다면, 이는 일종의 결정론에 가깝기 때문이다. 불교가 결정론을 비판한 것은 그것을 극복할 수 있는 메커니즘이 있기 때문이다. 말하자면 불교의 까르마 이해는 이전의 조건에 저항하고 새로운 유형의 행동을 정립하는 자유의지를 인정한다(D. Keown 2007: 22)는 것에 우리는 유의해야 한다. 바로 이 점이 상카라 속에 내포된 의도(cetanā)이고, 까르마에 대한 불교적 이해라고 할 수 있을 것이다.

그렇다면 자신이 만들어 온, 그래서 이미 조건 지어져 있음도 자각하지 못한 조건에 저항하여, 새로운 유형의 행동을 정립하는 것은 어떻게 가능할까. 그것을 가능케 하는 것이 바로 '수행'이다.

4. 수행과 행의 관계

수행에 대한 원어는 브하와나(bhāvaṇā)인데, 이는 동사 브하와띠(bhāvati)에서 파생된 명상이다. 동사 브하와띠는 기본적으로 '~이 되다'란 의미이다. 즉 수행이란 어떤 상태에 도달하는 과정과 결과를 포괄하는 용어인 것이다.

앞서 살펴본 바와 같이 오온에서의 행은 '원인들의 조합에 의해 만들어진 것을 만드는 작용', 즉 '재조작'의 작용을 하고, 연기에서는 '생명의 맹목적 의지'로 이해됨을 살펴보았다. 또한 업과 관련해서는 습관력 혹은 경향성을 갖는 것으로, 흔히 우리의 행동 범주인 신구의의 구체적인 행동의 근저에 놓인 기반으로서의 의미를 갖는 것임을 고찰하였다.

이러한 맥락에서 수행과 행의 관계를 논해야 할 것이다.

1) 번뇌와 '행'

불교의 수행은 기본적으로 번뇌를 지멸하는 것이다. 그것이 선정 수행이든 염처 수행이든 관계가 없다. 그런데 번뇌는 왜 지멸되어야 하는가. 그것이 우리에게 괴로움(dukkha)을 야기하기 때문이다. 만약 어떤 번뇌가 있는데 그것이 괴로움을 야기하지 않는다면, 그것을 우리가 굳이 지멸할 이유가 있을까. 따라서 번뇌는 필연적으로 괴로움과 직결되는 것이다. 그렇다면 행이 괴로움의 원인이라고 한다면, 행(saṅkhāra) 역시 지멸되어야 할 것이 될 것이다. 이를 『숫따니빠따』에서는 이렇게 설하고 있다.

> 어떤 괴로움이 생겨나더라도 모두 상카라(行)를 조건으로 한다는 것이 하나의 관찰이고, 그러나 상카라(行)를 남김없이 사라지게 하여 소멸시켜 버린다면, 괴로움이 발생하지 않는다고 하는 것이 두 번째 관찰이다.[57]

『숫따니빠따』의 위 경문은 「두 가지 관찰의 경」에 나오는 것으로, 연기의 지분 각각을 설명한 것으로 보아도 무방한 경전이다. 이 경의 특징은 12연기의 지분 중 여섯 가지가 동일한데, 각 지분들은 괴로움을 야기하는 것으로 설명되고 있다는 점이다.[58]

그러면, 상카라를 제거하게 되면 괴로움이 사라지게 된다는 것은, 달리 표현하면 번뇌가 사라지게 된다는 것을 의미하기도 한다.[59] 이에 대한 내용이 『담마빠다』에 나온다.

> 집짓는 자여, (그대의 정체는) 알려졌네. (그대는) 다시는 집을 짓지 못하리.
> 이들 모든 서까래들은 파괴되었고, 지붕도 부서졌네.
> 조건 지어진 것이 제거된 마음은 모든 갈애의 파괴에 이르렀네.(Dhp.154)

위 경문에서 '조건 지어진 것이 제거된(visaṃkhāragataṃ)'이란 것은 직역하면 '상카라가 없는 상태에 도달한'이란 의미가 된다. 즉 우리의 마음이 상카라가 없는 상태에 도달하게 되면, 온갖 갈애들(taṇhānaṃ)[60]이 파괴된다는 것이 경문의 내용이다. 갈애는 무명과 함께 대표적

---

57 Sn. p.142; 번역은 전재성, 『숫타니파타』, 한국빠알리성전협회, 2004, p.372.

58 집착(upadhi), 무명(avijjā), 행(saṅkhāra), 의식(viññāṇa), 접촉(phassa), 갈애(taṅhā), 집착(upādāna), 동기(ārambha), 자양분(āhārā), 동요(iñjita)가 언급되고 있다. 그 외에도 의지 등이 언급되고 있지만, 그것들은 '괴로움'과 연결되지 않는다.

59 Dhp.203G. "saṅkhārā paramā dukkhā." "상카라들이 가장 큰 괴로움이다."

60 taṇhā가 복수로 쓰인 것은 kāmataṇhā, bhavataṇhā, vibhavataṇhā를 모두

인 번뇌이다. 결국 상카라의 지멸은 번뇌의 지멸로 연결된다고 할 수 있다.

그런데 번뇌는 우리에게 인지되는 측면과 인지되지 않는 측면이 있다. 이는 번뇌와 행의 관계를 살펴보는 데 있어서 중요한 의미를 갖는데, 우선 경전에서 번뇌에 대한 기술을 살펴보자.

> 비구들이여, 시각과 형체를 조건으로 시각의식이 생겨나서, 이 세 가지가 만나는 것이 접촉인데, 접촉을 조건으로 즐겁거나 괴롭거나 즐겁지도 괴롭지도 않은 느낌이 생겨난다. 그 즐거운 느낌에 닿아 그것을 기뻐하고 환영하고 탐착하면 탐욕에 대한 경향이 잠재하게 된다. 그 괴로운 느낌에 닿아 슬퍼하고 우울해하고 비탄해하며 가슴을 치며 통곡하면서 미혹에 빠지면 분노의 경향이 잠재하게 된다. 즐겁지도 괴롭지도 않은 느낌에 닿아 그 느낌의 생성과 소멸과 유혹과 위험과 여읨에 있는 그대로 분명히 알지 못하면 무명의 경향이 잠재하게 된다.[61]

이 경문에서 우리가 주목할 것은 '탐욕(분노, 무명)에 대한 경향(anusayo)이 잠재하게 된다(anuseti)'라는 내용이다. 아누사야(anusaya)는 보통 '수면隨眠'으로 번역되는 말로, 번뇌를 뜻하는 대표적인 용어 가운데 하나이다.[62] 바로 이 아누사야는 우리에게 인지되지 않거

의미하기 때문일 것이다. 이 세 가지 땅하에 대한 경전은 MN. I, p.49, 299; III, p.250; DN. II,p.61, 308; SN. III, p.26 등에서 확인할 수 있다.

61 MN. III, Chachakasutta, p.285; 전재성(2009: 1592).

나 명확하게 인지되지 않는 번뇌를 지칭하는 것으로 이해할 수 있다.[63] 이렇듯 잠재된 탐진치는 물론 명확하게 인지되는 번뇌를 모두 해결하고자 하는 것이 수행의 목적이라고 할 수 있다.

그런데 탐진치 삼독 가운데 가장 근원적인 것은 치(어리석음) 혹은 무명이라고 할 수 있다. 무명에 휩싸여 있기에 탐욕과 분노에 사로잡혀 고통에서 벗어나지 못하는 것이다. 그렇다고 하면, 앞서 연기에서 살펴보았듯이 무명은 '크게 어두운 상태'로서 아누사야에 가장 적합한 번뇌가 될 수 있다. 여기에서는 경전에서 이 무명에 대한 설명을 구체적으로 정리해 보도록 하자.[64]

우선 SN. III, avijjāsutta에서 붓다는 오온의 발생과 소멸에 대해 분명히 알지 못하고 소멸로 이끄는 방법에 대해 알지 못하는 것을

---

62 anusaya: 동사 anuseti(생각을 되풀이하다. 생각에 사로잡히다. 잠재하다)에서 파생된 명사이다. '잠재해 있는 성향이나 기질'을 의미한다. 삼수면(탐욕, 분노, 어리석음), 혹은 칠수면(욕탐, 분노, 견해, 의심, 자만, 유탐, 무명)으로 사용된다. 이필원, 「번뇌, 알아야 끊을 수 있다」(『번뇌, 끊어야 하나 보듬어야 하나』, 운주사, 2020), p.44.

63 김한상, 「초기 인도불교의 고행」(『불교학보』 제87집, 2019), p.15. "여기서 '잠재성향'이라 번역되는 '아누사야(anusaya)'는 세 가지 느낌과 대를 이루는 것으로서 무한한 과거부터 중생의 잠재의식 속에 잠복해 온 정신적 성향을 말하는 전문용어이다. 이것은 언제라도 튀어나올 준비를 갖추고 있다가 적절한 자극이 가해지면 겉으로 나오고, 자극을 주는 힘이 사라지면 다시 잠복상태로 돌아간다."; Bodhi, Bhikkhu(2016), *Dhamma Reflections: Collected Essays of Bhikkhu Bodhi*(Onalaska, WA: Pariyatti Publishing), p.5.

64 아래의 경전을 제시한 것은 이필원, 「초기불교 문헌에 나타나는 깨달음의 다원적 양상」(『불교학연구』 제54호, 2018), p.25의 내용을 정리한 것이다.

무명이라고 정의하고 있다.[65] 이는 SN. III. Khemakasutta[66]의 내용과 비교해 보면 이해가 쉽다. 케마까 존자가 중병이 들어 있을 때 닷사까라는 존자를 통해 장로스님들과의 대화가 기록되어 있다. 케마까 존자는 오온에 대해서 그 어느 것에 대해서도 '나' 혹은 '나의 것'이라고 여기지는 않지만, 번뇌를 부순 아라한은 아니라고 말한다. 케마까 존자는 부연설명하면서, "나는 오취온과 관련해서 '나'라는 것을 뿌리 뽑지는 못했지만, 오취온과 관련해서 어느 것 하나라도 '나'라고 여기지는 않습니다"라고 말한다. 즉 이는 무아를 완전히 체득했느냐 그렇지 않느냐의 문제로 요약된다. 그래서 존자는 "어떤 성제자는 오하분별을 끊었다고 해도, 오취온 가운데 미세하게 발견되는 '나'라는 자만, '나'라는 욕망, '나'라는 경향을 아직 끊지 못한 자가 있다"라고 말한다.

한편 SN. V, Dutiyadhāraṇasutta에서는 사성제에 대해 알지 못하는 것을 무명이라고 정의하고 있다.[67] SN. IV, Avijjāpahānasutta에서는 6근, 6경, 6식을 무상하다고 알고 보면 무명이 제거되고 명지가 일어난다고 설명된다.[68] SN. V, Avijjāsutta에서는 무명이 무엇인가에 대한 질문에 사리뿟따 존자는 4성제를 알지 못하는 것이 무명이라는 내용이 나온다.[69]

또한 무명을 제거하는 방식으로 AN. I, Bālavaggo에서는 '사마타를

---

65 SN. III, p.162ff.

66 SN. III, p.128ff.

67 SN. V, p.429.

68 SN. IV, p.30.

69 SN. IV. p.256.

수행하면 마음이 닦아지고, 마음을 닦으면 탐욕이 버려지고(rāgo so pahīyati), 위빠사나를 수행하면 지혜가 닦아지고, 지혜가 닦아지면 무명이 버려진다(avijjā sāpahīyati)'라는 내용이 나온다. 즉 무명을 버리는 방법으로 위빠사나가 제시되고 있는 것이다.

무명은 다른 말로 어리석음이라고도 한다.[70] 따라서 아라한이 되기 위해서는 어리석음인 무명을 밝혀 명지(vijjā)로 전환시켜야 하는 것이 관건이 된다.

이렇듯 가장 강력한 번뇌이자, 잠재된 상태로 다른 번뇌들을 야기하는 무명과, 그로 인해 파생되는 번뇌들을 어떻게 처리할 것인가가 문제가 된다. 또한 연기적 관점에서 행은 바로 무명에 물든 행으로서, 자신의 신행, 언행, 의행이 어떻게 이루어지는지 모르는 상태에서의 행인 것이다. 그렇기에 '행'은 철저하게 번뇌에 물든 '행'일 수밖에 없는 것이고, 이로 인해 파생되는 일련의 과정 역시 필연적으로 번뇌의 결과가 되는 것이다.

2) 선정과 '행'

번뇌에 물든 '행'의 지멸은 선정 수행이나 위빠사나 수행과 깊은 관련이 있다. 사실 불교의 모든 수행은 번뇌를 대치하는 방법이다. 그런 의미에서 보면, 행의 지멸이 굳이 선정에 국한될 필요는 없다. 그렇지만 앞서 2. 2)에서 살펴본 바와 같이 연기의 두 번째 지분으로서의 '행'은 신행, 언행, 의행으로 구성된다. 이때 신행은 호흡, 언행은 각覺과

---

70 AN. I, Sāḷhasutta, p.193에는 '어리석음(moho)이 있는가'라는 질문에, 무명이 그 의미라는 설명이 나온다.(avijjhāti kho ahaṃ, sāḷhā, etamatthaṃ vadāmi)

관觀, 의행은 지각(想)과 의도(思)로 설명됨을 보았다.

사선정 혹은 구차제정은 사마타 행법의 대표적인 수행법인데, 이들 선정 수행법은 단순히 고요함을 추구하는 수행법이 아니다. 선정 수행을 통해 계발하고자 하는 것은 결국은 번뇌의 지멸과 지혜의 계발인 것이다.

『상윳따 니까야』의 「라호가따 숫따(Rahogata sutta)」에는 구차제정의 각 선정 단계에서 어떠한 선지禪支들이 소멸하여 가는지가 소개되어 있다. 그리고 이 경은 명확하게 선정의 각 단계에서 일어나는 혹은 사라지는 선지들을 행(saṅkhāra)라고 밝히고 있어, 선정과 행의 관계를 알 수 있는 경이기도 하다.

> 비구들이여, 나는 차례로 행(saṅkhāra)의 소멸(nirodha)을 설했다. 첫 번째 선정을 획득한 자에게 언어가 소멸한다. 두 번째 선정을 획득한 자에게 생각(尋)과 지속적 사유(伺)가 소멸한다. 세 번째 선정을 획득한 자에게 정신적 희열(喜)이 소멸한다. 네 번째 선정을 획득한 자에게 들숨과 날숨이 소멸한다. 공무변처(정)를 획득한 자에게 물질에 대한 지각이 소멸한다. 식무변처(정)를 획득한 자에게 공무변처정에 대한 지각이 소멸한다. 무소유처(정)를 획득한 자에게 식무변처정에 대한 지각이 소멸한다. 비상비비상처(정)를 획득한 자에게 무소유처정에 대한 지각이 소멸한다. 상수멸(정)을 획득한 자에게 지각과 느낌이 소멸한다. 모든 번뇌를 소멸한 비구에게 탐욕이 소멸되고, 분노가 소멸되고, 어리석음이 소멸된다.[71]

---

71 SN. IV, 36:2, Rahogata sutta, p.217. 이 경에서는 각 선정에서 사라지는 것을

이를 이해하기 쉽게 도표로 제시하면 다음과 같다.

선정단계	소멸하는 행	연기의 행과의 비교
초선	언어(vācā)	언행
이선	尋伺(vitakka, vicārā)	
삼선	喜(pīti)	
사선	호흡(assāsa-passāsā)	신행
공무변처정	물질에 대한 지각(rūpa-saññā)	의행
식무변처정	공무변처에 대한 지각(Ākāsanañ-āyatana-saññā)	
무소유처정	식무변처에 대한 지각(Viññāṇañ-āyatana-saññā)	
비상비비상처정	무소유처에 대한 지각(Ākiñcaññ'āyatana-saññā)	
상수멸정	상과 수(saññā ca vedanā)	

이를 통해 알 수 있는 것은 선정과 관련해서 '행'이란 작용하는 것을 의미한다. 결국 작용하는 것들인 행들이 소멸해 가는 과정이 선정의 높은 단계로 진행해 가는 과정이라고 할 수 있다.[72] 그리고 이는 선정의 단계가 깊어질수록 우리의 의식적, 무의식적 행들의 소멸로 이끌림을 알 수 있다. 이는 연기에서 무명에 근거한 삼행(三行: 신행, 언행, 의행)의 지멸로 무명을 밝히는 것과도 연결될 수 있다. 즉 행의 멸은 무명의 멸로 이어지는 연기적 구조가 그대로 선정의

세 가지로 구분하여 설하고 있다. 첫째 niruddhā(소멸), 둘째 vūpasama(고요), 셋째 paṭippassaddha(지멸)로 동일한 내용이 설해지고 있다.

72 정준영, 「상수멸정想受滅定의 성추에 관한 일고찰」(『불교학연구』 vol.9, 2004), p.245. "여기서 흥미로운 것은 선정을 통한 지속적인 중지의 과정이 상수멸정을 거쳐, 탐, 진, 치의 중지(소멸)로 연결되어 있다는 것이다. …… 그러므로 탐, 진, 치의 소멸을 위해서는 삼행의 과정이 가라앉거나 고요해지는 것이 아니라 '중지(nirodha)'해야 한다."

구조에서도 적용되고 있음을 확인할 수 있는 것이다.

앞서 SN. 36:2에서 상수멸의 획득은 번뇌의 소멸로 이끎을 확인했다. 번뇌의 소멸, 구체적으로 탐진치 삼독이 제거된다는 것은 결국 열반의 획득이 된다.[73] 연기적 관점에서 본다면, 무명의 제거가 열반의 획득이 되는 것이다. 10결의 관점에서 보더라도 이는 확인된다.[74]

<table>
<tr><th colspan="2">번뇌</th><th>제거 상태</th><th>성자</th><th>삼독</th></tr>
<tr><td rowspan="5">오하분결
五下分結
pañcimāni orambhāgiyāni saṃyojāni</td><td>유신견(sakkāya-diṭṭhi, 有身見)</td><td rowspan="3">완전제거</td><td rowspan="3">예류</td><td rowspan="3">치</td></tr>
<tr><td>의심(vicikicchā, 疑)</td></tr>
<tr><td>계금취견(sīlabbata-parāmāsa, 戒禁取見)</td></tr>
<tr><td>욕탐(kāma-chanda, 欲貪)</td><td>욕탐과 분노가 열어지면</td><td>일래</td><td>탐</td></tr>
<tr><td>분노(byāpāda, 瞋恚)</td><td>욕탐과 분노를 제거하면</td><td>불환</td><td>진</td></tr>
<tr><td rowspan="5">오상분결
五上分結
pañcimāni uddhambhāgiyāni saṃyojāni</td><td>색탐(rūpa-rāga, 色貪)</td><td rowspan="5">완전제거</td><td rowspan="5">아라한</td><td rowspan="2">탐</td></tr>
<tr><td>무색탐(arūpa-rāga, 無色貪)</td></tr>
<tr><td>만(māna, 慢)</td><td rowspan="2">탐</td></tr>
<tr><td>도거(uddhacca, 掉擧)</td></tr>
<tr><td>무명(avijjā, 無明)</td><td>치</td></tr>
</table>

73 SN. IV, 38:1, Nibbāna sutta, p.251. "탐욕의 소멸, 분노의 소멸, 어리석음의 소멸, 이것이 열반이다."; 그 외, SN. IV, p.261; SN. IV, p.371 등을 참조하라. 한편 SN. I, p.39에서는 "감각적 쾌락의 떠남을 열반이라고 한다네"라고 설하고 있다. 탐진치의 소멸을 열반으로 규정하는 것과는 다소 다른 정의를 볼 수 있다

74 오하분결은 SN. V, p.69; p.285; p.314 등에서 확인할 수 있고, 오상분결은 SN. V, p.61; 137; 192 등에서 확인할 수 있다.

10결을 탐진치와 배대하면 위 표와 같다. 여기서 유신견, 의심, 계금취견, 만, 도거는 사실 '무명' 즉 어리석음과 관련된 내용이라고 이해할 수 있다.[75] 그렇다면 10결은 전체가 3독에 대한 내용이라고 이해할 수 있다. 그런 이유로 10결을 제거한 수행자는 아라한이 되는 것이고, 열반을 성취한 자가 되는 것이다.

10결의 내용에서도 궁극적 해탈을 얻기 위해서는 '무명'이 완전하게 제거되어야만 한다. 그렇지 않으면 안 된다. 10결이 보여주는 내용은 우리가 겪는 고통의 현실은 번뇌로 야기된 것이고, 이들 번뇌의 뿌리는 무명에 근거한다는 것을 의미한다. 그렇기에 선정의 수행을 통해 무명의 소멸을 성취해야 근원적 문제가 해결된다고 할 수 있다.

5. 의지의 과정이 만들어 낸 레고의 세상

우리가 사는 세상은 이미 확정적으로 주어진 세상이란 관점이 있고, 이 세상은 확정적이지 않으며 만들어져 가고 있는 세상이란 관점이 있다고 한다면, 불교는 후자의 입장이라고 할 수 있다. 우리는 확정된 세상에 내던져진 존재라기보다는, 자신이 만든 세상에 갇힌 존재라고 하는 편이 더 적절할 듯싶다.

앞서 살펴본 바와 같이, 불교에서 '상카라(행)'는 매우 다양한 맥락 속에서 사용되고 있다. 그런 만큼 이를 하나의 번역어로 제시하는

---

75 유신견, 의심, 계금취견은 확실히 '치', 즉 무명과 관련이 깊다. 하지만 만과 도거는 '탐'과 보다 관련이 깊지 않을까 생각된다. 그래서 표에서는 이들을 옅은 글씨로 했다.

것 또한 용이하지 않다. 오온에서의 행이 있고, 연기에서의 행이 있으며, 삼법인에서의 행이 있다. 또한 까르마 관점에서의 행도 있다. 그 외에도 다루지 못한 용법들이 있다. 오온에서의 행은 자신을 포함한 다른 4온이 작용할 수 있도록 하는 중요한 기반을 제공하는 역할을 한다. 이를 재조작 혹은 창조라고 불러도 된다. '수-상-식'의 과정이 구분될 수 없다는 경문을 살펴보았는데, 이것은 마치 거대한 물결에 휩싸여 자신의 의지와는 상관없이 흘러가 버리는 것을 연상케 한다. 그렇게 우리는 느낌과 지각과 의식의 흐름에 내맡겨진 존재라고 할 수 있다. 그런데 이것들이 바로 행이라고 하는 것에 의해 이루어진다는 것이다.

이는 연기에서의 행과 다시 연결되는데, 연기에서의 행은 무명으로 인한 '행'이다. 무명은 크게 어두운 것이며, 알지 못하는 것이다. 혼돈이며 카오스라고 해도 무방할 것이다. 그것에 연유한 행이기에 이 행 역시 우리의 의지와는 무관하게 작용하는 것이라고 할 수 있다. 오온이든 연기든 이는 내가 살아가는 삶의 내용이 어떻게 구성되어 가는지에 대한 가르침이다. 이 안에 12처, 18계의 내용이 포함됨은 이 때문이다. 결국 우리는 우리의 삶이 이루어지는 세계를 맹목적 의지를 통해 흘러가는 대로 만들어 가고 있고, 그 안에서 고통을 받고 있다고 할 수 있다. 그런데 우리는 커다란 어둠에 있기에, 이 세계가 큰 어둠을 원인으로 다양한 조건들이 얽혀져 만들어진 것임을 알지 못한다. 그래서 존재하는 것을 실체화하고, 그것을 자신과 동일시하거나, 자신에 속한 것이라고 망상하게 되는 것이다. 삼법인에서 행은 바로 이 점을 지적하고 있다.

까르마에서의 행 역시 마찬가지인데, 우리의 신구의로 이루어지는 행위들은 모두 '의도(cetanā)'에 의해 조건 지어진 상태에서 이루어지는 행위들이다. 이 세상은 이러한 신구의가 구체적으로 구현된 세상인데, 그것이 의도에 기인한다는 것은 우리가 의도를 통제할 수 있다면 이 세상을 달리 구성할 수 있다는 의미가 되기도 한다. 그런데 문제는 우리의 의도는 알려진 것보다는 알려지지 않은 것이 훨씬 많으며, 알려진 것이든 알려지지 않은 것이든, 이것은 무명이란 커다란 어둠에 기인하는 것이기에 나의/우리의 의도는 사실 모호하고 명확하지 않으며, 제대로 의식되지 않는다. 그 상태에서 우리의 신구의의 행위들이 이루어지고 있는 것이다.

이렇듯 나의/우리의 세상은 어둠에 기반한 무질서의 상태에서 이리저리 묶여 있는 매듭[76] 안에 갇혀 있는 세상이라고 할 수 있다. 이 매듭은 무질서 속의 질서라고 할 수 있으며, 레고 조각을 이어 만든 세상이라고 할 수 있다. 이 세상은 무명에서 비롯한 온갖 번뇌로 물든 세상인데, 우리는 그 만들어진 세상이 본래부터 존재해 오고 있는 세상이라고 착각하고, 그 안에서 고통을 받으며 살고 있는 것이다.

그렇기 때문에 우리는 수행이란 방법을 통해 이 어둠을 밝혀 번뇌에 물들지 않은 행으로 이 세상을 조건 지워지지 않은 열반의 세계로 만들어 가야 한다. 어둠을 크게 인식하여 어둡고 어두운 줄 알아야

---

76 SN. I, p.13. "안으로 묶이고 밖으로 묶여 있네. 사람들은 매듭에 묶여 있네. …… 탐욕과 분노와 어리석음에 물들지 않고 번뇌가 다한 성자에게 이 얽매인 매듭은 풀리네."(전재성, 『상윳따니까야』 1권, 한국빠알리성전협회, 1999, pp.48~49).

이를 밝힐 수 있게 되는데, 그것을 경전에서는 선정 수행단계로 설명하고 있음을 보았다. 나를 매듭짓고 있는 것들이 하나씩 벗겨지는 과정을 통해, 잘못 연결되어 엉망인 레고 조각을 해체하여, 결국 모든 매듭과 조각들이 풀리면 크게 밝은 세상을 보게 되는 것이다. 그것이 무명이 명지로 바뀌는 순간이며, 번뇌에 물들지 않은 행(行, 상카라)을 통해 세상을 다시금 올바로 만들어 가는 출발점이 되는 것이다.

결국 깨달음이란 이러한 무명을 크게 밝히는 순간인데, 이는 종착점이 아니라 출발점이 된다. 그 출발점에서 번뇌에 물들지 않은 행으로 세상을 크게 이롭게 하고자 한 것이 붓다가 만들고자 한 레고의 세상이 아닐까. 우리는 무명의 매듭으로 이어진 레고를 해체하고, 명지로 밝게 빛나는 지혜로 이루어진 상카라로 연결된 레고의 세상을 만들어 가야 할 것이다.

참고문헌

원전류

AN = Aṅguttara Nikāya, PTS

DN = Dīgha Nikāya, PTS

Dhp = Dhammapada, PTS

MN = Majjhima Nikāya, PTS

SN = Saṃyutta Nikāya, PTS

Sn = Suttanipāta, PTS

Ud = Udana, PTS

T = Taisho Shinshu Daizokyo

PTSD = Pāli Text Society Dictionary

단행본 및 연구논문

각묵 스님 옮김, 『상윳따 니까야』 3권, 초기불전연구원, 2009.

김한상, 「상좌부의 삼상(三相, ti-lakkhaṇa)과 대승의 법인(法印, dharma-uddāna)에 대한 비교연구」, 『보조사상』 41집, 2014.

______, 「초기 인도불교의 고행」, 『불교학보』 제87집, 2019.

리처드 곰브리치 지음, 송남주 옮김, 『곰브리치의 불교 강의』, 불광출판사, 2018,

안옥선, 「불교덕윤리에서 성품의 중심개념으로서 행」, 『불교학연구』 23호, 2009.

앤드류 올렌즈키 지음, 박재용·강병화 옮김, 『붓다 마인드』, 올리브그린, 2018.

우동필, 「십이연기에서 오온」, 『불교학보』 63집, 2012.

이진경, 『불교를 철학하다』, 한겨레출판, 2016.

이필원, 「초기불교의 연기이해」, 『불교학보』 72집, 2015.

______, 「초기불교 문헌에 나타나는 깨달음의 다원적 양상」, 『불교학연구』 제54호, 2018.

______, 「느낌, 감정의 다양성을 여는 코드」, 『느낌, 축복인가 수렁인가』, 운주사, 2019.

_____, 「앙굴리말라 에피소드를 통해 본 붓다의 교육체계와 깨달음」, 『종교교육학 연구』 제61권, 2019.

_____, 「번뇌, 알아야 끊을 수 있다」, 『번뇌, 끊어야 하나 보듬어야 하나』, 운주사, 2020.

전재성 역주, 『쌍윳따니까야』 4권, 한국빠알리성전협회, 2000.

__________, 『상윳따니까야』 1권, 한국빠알리성전협회, 1999.

__________, 『숫타니파타』, 한국빠알리성전협회, 2004.

__________, 『맛지마니까야』, 한국빠알리성전협회, 2009.

__________, 『이띠붓따까』, 한국빠알리성전협회, 2012.

정준영, 「상수멸정想受滅定의 성추에 관한 일고찰」, 『불교학연구』 vol.9, 2004.

한자경, 『불교철학의 전개』, 예문서원, 2010.

Ānalayo(2014), 이필원·강향숙·류현정 공역, 『Satipaṭṭhāna, 깨달음에 이르는 알아차림 명상 수행』, 명상상담연구원, 2014.

Anālayo, Bhikkhu(2006). "Saṅkhārā." In W.G. Weeraratne, ed., Encyclopaedia of Buddhism, Vol VII Fascicle 4.

Johansson 저, 허우성 역, 『초기불교의 역동적 심리학』, 경희대학교출판부, 2017.

Joseph Marino(2017), "Metaphor and Pedagogy in Early Buddhist Literature: An Edition and Study of Two Sūtras from the Senior Collection of Gāndhārī Manuscripts", dissertation of PhD, University of Washington.

Mathieu Boisvert(1997), *The Five Aggregates-Understanding Theravāda Psychology and Soteriology*, Delhi: Sri Satguru Publications.

Rune E.A. Johansson(1979), *The Dynamic Psychology of Early Buddhism*, London: Curzon Press.

{선불교에서의 의지}

수행이 내 의지대로 되는가

김호귀(동국대학교 불교학술원 한문불전번역학과 교수)

선종에서 의지는 발심으로 시작된다. 발심－수행－증득－전법－교화에서 발심은 지고지순한 의지가 바탕을 이룬다. 발심의 출발점에서 작용하는 의지야말로 가장 순수하고 청정하여 수행과 깨달음과 보림과 교화에 이르기까지 두루 작용하고 있다. 이 의지가 발심에서는 고뇌하는 문제의식으로, 수행에서는 보리심을 성취하려는 각오로, 깨달음에서는 번뇌를 벗어나는 대분지와 지관타좌로, 보림에서는 정진의 지속성으로, 그리고 교화에서는 정혜일체와 신심일여로 작용한다. 선종에서 의지는 수행과 결부되어 다양하게 작용한다. 소위 깨달음을 성취하려는 자리행으로는 위법망구의 신심으로 철저화되고, 일체중생에게 회향하려는 이타행으로는 중생을 잊지 않고 저버리지 않는 자비로 승화되며, 곤충 등 미물에 이르기까지 제도하려는 원력으로 보편화된다.

이러한 의지는 선종에서 다양한 의미를 지니고 있다. 첫째는 선수행의 출발점으로서 발심이다. 둘째는 선수행의 기능으로 작용한다. 간화선의 수행에서는 의지가 대분지의 덕목으로 작용한다. 그리고 묵조선의 수행에서는 좌선을 중심으로 진행되는 지관타좌의 덕목으로 작용한다. 셋째는 깨달음은 의지의 결과로 가능하지만 그 충분조건은 아니다. 넷째는 수행과 깨달음과 오후보림을 거쳐 중생교화에 이르기까지 끝내 성취하고야 말겠다는 각오로서 자리의 완성에 그치지 않고 이타의 원력으로 향한다. 이처럼 선종에서 의지의 기능은 발심을 형성하는 근본으로 시작하여 본격적으로 선수행을 통하여 깨달음에 나아가게 해주는 속성을 지니고 있다. 그래서 의지는 선수행이 깨달음에만 그치지 않고, 지속적인 보완으로서 오후보림의 정진으로 계승되며, 궁극에는 이타행의 보살행으로 성취되는 근거로 작용한다.

1. 불교에서 의지의 속성

1) 교리적인 바탕

불교의 출발은 붓다의 자기 고뇌와 그 자각에서 찾아볼 수가 있다. 이런 점에서 보면 불교의 출현과 관련하여 주목되는 것은 최소한 두 가지 이상의 근본적인 요소가 없어서는 안 된다. 첫째는 인간으로 태어나고 나이를 먹어 가며 늙고 갖가지 병고에 시달리며 끝내 죽어간다는 것을 몸소 알아차리는 행위, 곧 자신에 대한 각성으로서 소위 깨달음에 해당한다. 이것은 바로 신체적인 인간이 정신적인 인간일 수 있는 근거가 된다. 둘째는 그 각성을 통하여 분명하게 드러난 문제점을 설정하고 해결하며 증명하고 타인에게도 자신과 마찬가지의 각성을 권장하는 것으로 소위 교화에 해당한다. 이것은 후대에 대승불교의 이념으로 전개됨으로써 소위 자리이타自利利他의 개념으로 보편화되었다.

이들 깨달음과 교화의 이면에는 항상 주체로서 붓다 자신의 의지가 바탕을 이루고 있다. 붓다는 누구의 권유를 받고 자신에 대한 문제를 시작한 것은 아니었다. 곧 자신의 인생에 대한 근본적인 문제해결을 위한 자유의지로부터 비롯되었다. 이 경우의 의지는 모종의 행위를 일으키는 근원적인 마음을 가리킨다. 이와 같은 의지는 선수행에서 다양한 용어 내지 개념으로 표출되고 있지만, 가장 보편적으로는 발심發心과 서원誓願으로 제기되어 있다.

발심은 궁극적으로 자신의 깨달음을 성취하려는 마음이고, 서원은 자기로부터 연유된 발심이 타인으로 확장해 나아가 중생을 교화하려는 마음이다. 따라서 일체의 불보살에게 발심과 서원은 항상 자발적인 동기를 지니고 있다. 다만 자발적인 동기를 지니게 되는 인연의 형성이 무엇인가 하는 것은 구체적으로 정의할 수가 없다. 나아가서 이러한 발심과 서원은 그것을 실천으로 완성하기 위한 구체적이고 개별적인 수행이 필수적으로 수반된다. 그 수행에 대해서도 또한 자발적인 의지가 필요하다는 점은 물론이다. 『출요경』에서는 "만약 처음에 의지를 일으켜서 불도를 숭상하는 사람은 사의지·사의단·사신족·오근·오력·칠각의·팔현성도를 얻는데, 이것을 삼십칠품이라고 일컫는다"[1] 라고 말한다.

그런 만큼 붓다의 일생은 사고四苦에 대한 번민, 출가의 결행, 고행이 수반된 수행의 여정, 중생을 위한 설법의 결심, 열반에 이르기까지 지속적인 교화 등으로 점철되어 있다. 이들 가운데는 어느 경우에도 모두 붓다의 의지, 이를테면 자비심이 깃들어 있지 않은 것이 없다. 이에 붓다의 이미지는 자비를 벗어나지 않는다. 소위 자신에 대한 자비는 물론이고 타인에 대한 자비로 어우러진 일생이었기 때문에 붓다는 중생에게 붓다일 수가 있었다. 자신에 대한 자비가 천상천하

---

1 『出曜經』 卷17(大正藏 4, p.701上) "若初發意志崇佛道者, 復得四意止 四意斷 四神足 五根 五力 七覺意 八賢聖道, 是謂三十七品."

유아독존天上天下唯我獨尊으로 표출되어 있다면, 타인에 대한 자비는 일체중생 실유불성一切衆生悉有佛性으로 설파되어 있다. 불교의 우주관에서 천상과 천하는 모두 중생세간에 속한다. 유아唯我는 가아假我가 아닌 진아眞我로서 깨달음을 성취한 자신이다. 중생계에서는 이와 같은 진아야말로 그 무엇보다도 가장 뛰어난 독존일 수밖에 없다. 이것은 소위 자신에 대한 자비가 각성으로 승화된 것에 해당한다. 나아가서 일체중생이란 나 자신을 포함한 그 밖의 모든 중생이다. 더욱이 내 몸을 구성하고 있는 일체의 생명적인 요소를 가리킨다. 궁극적으로 실유불성은 나와 나 이외의 일체중생에게는 본래 법신이 평등하고 무차별하며 편만하고 있기 때문에 그대로 여래의 종자가 아닐 수 없다는 의미이다.[2] 이것은 소위 타인에 대한 자비가 각성되는 근원적인 이치이다. 따라서 자타에 대한 자비는 중생에 대한 붓다의 무연자비의 의지가 구현된 속성일 뿐만 아니라 시대적인 추이를 통해서 자리와 이타의 모습으로 유형의 경전 및 무형의 보살관념을 통해서 지속적으로 계승되어 왔다.

2) 대승불교 신앙 형성의 근거

초기불교 및 아비달마불교에 비하여 대승불교는 몇 가지 특징을 보여주고 있다. 먼저 대승이라는 말은 소승이라는 용어의 상대어로 출발했듯이 소승의 자리에 비하여 이타의 정신을 강조한다. 소위 모든 사람을 구제의 대상으로 삼는다. 그러기 위해서 일체중생은 깨달아야 한다.

---

2 小川一乘,『佛性思想』, 東京: 文榮堂, 1982, pp.31~41.

그 근거로 일체중생의 실유불성을 말하고 나아가서 실개성불悉皆成佛을 말하였다. 그러나 일체중생은 중생심으로 살아가는 까닭에 모두가 스스로 깨닫는다는 것은 현실적으로 불가능하다. 그래서 중생이 구원되기 위해서는 강력한 불보살의 구원이 없어서는 안 된다. 그것이 소위 타력신앙의 출현이었다. 여기에서 구원자로서 설정된 불보살은 중생 자신이 구원되고 궁극에 보살이 되어야 한다는 개념으로 보살관념을 내세웠다.

보살이야말로 기존의 아라한이라는 이념에 상대한 새로운 개념으로서 가장 이상적인 인간상의 설정이었다. 그리고 나아가서 이들 보살의 이상으로 상구보리 하화중생이라는 기치를 내걸어 일체중생이 더불어 성불로 나아간다는 점을 구체화시켰다. 그것이 소위 보살의 서원 내지 원력으로 출현하였다. 따라서 대승불교의 보살관념에는 무엇보다도 강력한 타력신앙의 의미가 가미되었다. 소위 관음·미타·미륵·지장·약사·보현·문수·대세지 등 수많은 대승보살의 관념으로 구체화되었다. 이들 대승보살의 이념에는 반드시 별원別願이 근거하고 있는데, 그것은 바로 각 보살의 의지가 표현된 것이었다. 삼십삼관음보살을 비롯하여 미타의 전생으로 법장보살의 사십팔대원, 보현보살의 십대원, 지장보살의 대원, 약사여래가 보살의 시절에 세웠던 십이대원 등은 오늘날에도 가장 왕성한 신앙으로 중생의 구원을 담당하고 있다.

더욱이 의식意識의 문제에 깊이 천착하여 내면의 자신을 이해하려는 일환으로 제팔식에 이르는 심층의식을 탐구함으로써 대승불교의 심리적인 학문적인 영역뿐만 아니라 그것을 바탕으로 종교적인 실천을 도모하였다.[3] 기타 진언비밀의 행법을 위시하여 염불과 좌선 등을 내세우는 불도의 실천을 강조하는 종파로 출현하였다.

한편 기존의 교법이 상대적으로 분석적인 측면에 기울어 있었던 까닭에 대승불교에서는 직관적으로 불법을 파악해야 할 것이라고 강조하였다.[4] 이와 같은 이념은 초기의 반야계통의 경전으로부터 비롯하여 후기의 밀교계통의 경전에 이르기까지 대승경전의 전반적인 경향이었다. 그러나 직관적인 사유가 여의치 못했던 대다수 중생의 입장에서는 그들 직관적인 사유를 바탕으로 하면서도 오히려 가장 보편적으로 대중화할 수 있는 신앙에 관심을 기울였다. 그래서 소위 대승불교의 신앙에서 크게 발현한 대략적인 경향은 소승의 치밀하고 분석적인 사유보다도, 그리고 대승교의의 직관적인 취향보다도 오히려 굳건한 신심을 바탕으로 한 보편적인 타력의 구원이었다. 기타 탑사나 유적지 등에 대해서도 이들 신앙과 결코 무관하지 않은 것이 없을 정도로 보편성을 확보해 나아갔다.

대승불교에서 이와 같이 다양하게 흥기한 이타 위주의 실천을 강조했던 수많은 신앙관념 내지 자리 위주의 수행을 강조했던 심오한 교의의 이면에는 모두 자리와 이타를 막론하고 그 성취를 향한 의지로써 발심과 서원의 개념이 갖추어져 있었다. 따라서 대승불교 신앙의 특징으로는 불법의 시대적인 추이와 더불어 다양한 보살들의 원력을 근거로 하여 자력적인 구원보다는 타력적인 구원의 경향으로 나아갔다.

---

3 竹村牧男,『禪と唯識』, 東京: 大法輪閣, 2006, pp.16~20.

4 마스다니 후미오 지음, 박경준 옮김,『근본불교와 대승불교』, 대원정사, 1988, pp.110~116.

2. 선수행의 출발점으로서 발심

1) 발심의 형성과 의미

주지하듯이 선의 시작은 붓다가 깨달음을 얻는 수행방법의 채택으로부터 연유한다. 이후로 선은 인도불교에서는 불교의 전반에 공통적인 개념이었지만, 중국의 불교에서는 사뭇 다른 양상으로 전개되어 갔다. 인도에서 전승된 선은 더욱더 특화되어 수행법으로서 중국불교에서는 선의 수행 영역에 머물러 있지 않고 좌선을 위주로 하는 종파로서 교단을 형성하였다. 소위 선종이라는 개념은 한자문화권에서 형성되고 전개되어 온 불법의 자취에 해당한다. 그로 말미암아 다양한 사상과 문화의 측면으로 전개되었다.

이처럼 선의 변용으로 선종이 형성되고 발전하면서 선종은 수행과 깨달음과 인가와 전법과 교화의 구조를 형성시켰다. 그 출발점에 해당하는 발심은 발보리심發菩提心 곧 발아뇩다라삼먁삼보리심發阿耨多羅三藐三菩提心인데, 어떤 상황에 대하여 자신의 마음을 일으킨다는 말이다. 마음을 일으키는 바로 그 근원은 다름 아닌 자신에게서 비롯된 결정적인 의지의 결과이다. 그렇다면 어떤 마음을 무엇에 대하여 일으키는 것인가. 그것은 마음에 믿음과 서원을 일으킨다는 말이다. 사람들은 대개의 경우 자기 자신에 대하여 보잘것없다고 절망하고 그 존재에 불안을 느낄 때 그 불안과 절망에서 벗어나기 위하여 어떤 절대라든가 마음과 합일하여 그것에 귀의하고 싶다든가 하는 참기 어려운 상황에 내몰리는 경우가 있다. 이로부터 자신의 전부를 내맡길 수 있는 초월적인 대상을 추구하고 그에 대한 믿음을 부여하기 시작한다. 이 경우의 믿음이란 아직 온전하게 성취되기 이전의 믿음이다. 막연하게 그런 경지에 들어가고픈 심정으로 시작되는 이 믿음이 끝내 발심發心 내지 회심回心으로 이어지지 않으면 믿음(信)은 성취되지 않는다. 그래서 올바른 믿음은 필연적으로 무엇을 성취하겠다는 적극적인 서원으로 이어져야 한다.

이 경우 사람들이 발심하게 되는 까닭에 대하여 대승규기(大乘窺基, 632~682)는 부처님 등의 공덕과 위신력을 견문하고, 보살장의 가르침을 들으며, 법을 주지하여 대고大苦를 제거하고, 오탁악세에 악번뇌를 일으키는 중생에 대하여 보리의 서원을 일으키도록 하려는 것이라고 말한다.[5] 이를 위해서는 다시 열 가지 덕을 갖추고 세 가지 묘관妙觀을 일으켜야 비로소 발심이 가능하다고 말한다. 열 가지 덕은 하나는 선우를 가까이하고, 둘은 제불께 공양하며, 셋은 선근을 모아서 닦고, 넷은 마음으로 수승한 법을 추구하며, 다섯은 마음을 청정하고 부드럽게 지니고, 여섯은 괴로움을 마주해도 인내하며, 일곱은 자비심으로 순후淳厚하고, 여덟은 사람을 평등하게 대하며, 아홉은 대승법을 믿어 좋아하고, 열은 부처님의 지혜를 추구하는 것이다. 세 가지 묘관이란 하나는 유위를 멀리하고, 둘은 보리를 추구하며, 셋은 중생을 잊지 않는 것이다.[6]

그런데 믿음은 무턱대고 무엇을 믿는다고 해서 마음대로 형성되는 것이 아니다. 믿음은 그 주체인 자신에게 백퍼센트 긍정을 통한 행위가 되지 않으면 안 된다. 그렇지 못한 믿음이라면 심지어 이전에 자신이

5 『金剛般若經贊述』 卷上(大正藏 33, p.130中).

6 『金剛般若經贊述』 卷上(大正藏 33, p.130中~下).

지니고 있었던 믿음에 대하여 적대적으로 변하기도 하고, 새로운 믿음에 대하여 맹목적으로 접근하여 자신을 제대로 추스르지 못해 자신과 타인에게까지 불행을 초래하기도 한다. 그 때문에 믿음에는 반드시 지혜가 없어서는 안 된다. 지혜란 정견正見, 곧 올바른 가치관이다. 그래서 믿음이 없는 지혜는 허무맹랑하고 단편적이며 가식적이고 메마르며 지나치게 변화무쌍할 수밖에 없어 신뢰성을 상실하고 만다. 그리고 지혜가 없는 믿음은 막무가내의 행위로서 어설프고 조잡하고 협소하며 브레이크가 없는 자동차처럼 위험하여 그 끝을 알 수가 없다.

따라서 믿음은 우선 대상을 설정하기 이전에 자신의 출발점을 바르게 살피지 않으면 안 된다. 그 출발점이 딱히 정해져 있는 것은 아니다. 단지 믿음이 어떻게 시작되었는지, 그리고 왜 시작되었는지를 분명하게 살피고 나면 이후에 무엇을 믿어야 하는지 분명해진다. 그래서 어떻게 믿음을 유지하고 전개시켜 나아갈 것인가 하는 것이 필요할 뿐이다. 이런 까닭에 우선 진정으로 발심이 필요한데, 그것은 자신에게서 나온다. 이미 자기 속에 있었던 것을 드러내는 행위이다.

이에 강렬한 발심의 계기가 없이는 발심의 성취를 맛볼 수가 없다. 그것은 경전을 통해서도 남의 언설을 통해서도 자신의 명상을 통해서도 자연을 통해서도 어디서든지 언제든지 무엇에서든지 가능하다. 굳이 다른 무엇으로부터 찾을 필요가 없이 그대로 자각하면 된다. 그 발심은 바로 대개의 경우 무상無常의 체험에서 온다. 무상에 대한 깊은 각성이 없이는 발심이 없다. 무상에 대한 그 자각의 체험이야말로 무엇을 하지 않고는 배겨낼 수 없는 강렬한 의지의 발현이다.

이처럼 믿음(信)의 시작이 발심이라면 그 성취는 다름이 아니라 자기의 확인이고 자기의 성취로서 주체성의 확립이다. 자기의 확인이 소위 깨달음이라면 자기의 성취는 공덕을 성취하는 것이다. 전자는 지혜의 터득이고 후자는 지혜의 실천으로서 자비의 활동이다. 그래서 그 믿음의 완성을 위하여 수행을 강조하기 때문에 믿는다는 것은 수행하는 것이고, 믿음의 완성은 바로 깨달음으로 이어진다. 따라서 올바른 믿음은 반드시 발심으로 이어지고, 발심은 수행으로 나타나며, 수행은 깨달음으로서 지혜를 수반하여 자비심이 작용한다. 곧 올바른 믿음이야말로 올바른 발심이 형성되고 그 바탕에서 바야흐로 바른 깨달음이 가능하며, 깨달음에서 발현하는 지혜와 자비를 통한 자기의 완성이 성취된다. 그러므로 어떻게 그리고 왜 믿어야 하는가의 문제는 무엇을 믿고 성취하는가 하는 점이기도 하다. 이것이 곧 『금강경』에서 말하는 수보리의 질문으로, 어떻게 청정심을 유지하고 어떻게 번뇌심을 다스려야 하는가에 해당한다.[7] 이에 대하여 부처님은 발심한 보살이라면 일체법에서 반드시 이와 같이 알고(如是知), 이와 같이 보며(如是見), 이와 같이 믿고(如是信), 이와 같이 제법의 상에 집착하지 말라(如是不住法相)고 말한다.[8] 이것은 이미 발심한 선남자 선여인에 대해 발심의 형성과 그 유지를 위하여 절실한 의지력이 필요함을 설파한 것에 해당한다.

---

7 『金剛般若波羅蜜經』(大正藏 8, p.748下).

8 『金剛般若波羅蜜經』(大正藏 8, p.752中).

2) 발심의 지속과 궁극

선종에서 불조佛祖의 좌선은 초발심부터 일체제불의 불법을 겨냥한다. 이에 보살은 좌선에서 중생을 잊지 않고 중생을 버리지 않으며 내지 곤충 등 미물에 이르기까지 항상 자비의 마음을 내어 맹세코 그들을 제도하려는 원으로 모든 공덕을 일체중생에게 회향한다. 그래서 자각종색自覺宗賾은 「좌선의坐禪儀」에서 반야를 추구하는 자는 먼저 중생제도의 자비를 지녀야지 일신상의 해탈만 추구하려 해서는 안 된다고 전제한다.[9] 그래서 불조는 항상 욕계에 있으면서 좌선변도坐禪弁道하려는 의지를 잊지 않는다. 이것은 바로 좌선 곧 수행의 힘에 의거하여 인간으로서 주체성을 확립하고, 문화 피로에서 오는 스트레스와 열등감 내지 노이로제를 극복하며 현세를 최대한도로 살아가면서 온힘을 기울여 살아가지 않으면 안 된다는 것을 드러낸 말이다.

이와 같은 입장에서 발심은 지금·여기·나를 진정으로 추구하고 살피며 성취할 것을 강조한다. 현실에서 생생하게 살아 작용하는 자신을 중시한다. 스승이 제자에게 가르치는 것도 지금을 떠난 미래를 제시하는 것이 아니라 즉금의 자신을 파악할 것을 지시한다. 당대의 선자로서 경청도부(鏡淸道怤, 868~937)는 일찍이 현사사비(玄沙師備, 835~908)의 문하에서 열심히 수행하였다. 그러나 무슨 까닭인지 아무리 해도 선에 들어가는 단서조차 만나지 못하였다.

> 도부 상좌는 조용한 밤에 입실하여 칭명하고 예배하였다. 그리고 자신이 특별히 찾아뵌 것은 화상의 자비로 깨달음에 들어가는

---

9 『緇門警訓』 卷1(大正藏 48, p.1047中).

길을 지시해 달라고 간청하기 위함이라고 말씀드렸다. 그러자 현사가 말했다. "그대는 흘러가는 냇물 소리가 들리는가." 도부가 말했다. "들립니다." 현사가 말했다. "그 소리를 따라 물속에 들어가 보라."[10]

계곡의 졸졸 흐르는 물소리 속에 무한한 자신을 자각하는 소식이 들어 있다는 말인지, 아니면 졸졸 흐르는 물소리에 귀를 기울인 그 순간에 영원한 것을 터득했다는 것인지를 알아차려야 한다. 그것은 다름이 아니라 소리를 통해서 자각하려는 의지를 확인해 보라는 것이었다. 가령 임제는 종종 즉금卽今·목전目前·청법저聽法底라고 말했다.[11] 즉금이란 시간적으로 현재의 지금이고, 목전은 공간적으로 바로 여기이며, 청법저는 주체적으로 듣고 있는 바로 나 자신이다. 지금과 여기와 자신에 대한 깨달음의 의지를 결코 결여하지 말라는 것이다. 그래서 임제가 말한 소위 즉금·목전·청법저에서 지금·여기·나 자신으로 구체화하려는 의지가 없으면 현실적으로 약동하는 생명이 될 수가 없다.

그렇다고 해서 또한 단순한 지금·여기·나 자신뿐이라면 개나 고양이 등의 미물의 세계 어디에나 존재하는 충동적이고 찰나적인 삶의 방식과 다를 것이 없다. 거기에는 인간으로서 존엄성과 인격적인

---

10 『玄沙師備禪師廣錄』 卷上(卍新續藏 73, p.5上) "道怤上座夜靜入室. 稱名禮拜. 某特與麼來. 乞和尚慈悲. 指箇入路. 師云. 你還聞偃溪水聲麼. 進云. 聞. 師云. 從者裏入."

11 『鎭州臨濟慧照禪師語錄』(大正藏 47, p.497中).

자유성 등은 털끝만치도 없다. 지금의 순간에 어느 때나 영원성이 빛나고, 여기의 유한한 곳에 어느 곳에서나 무한성이 현성하며, 나 자신의 살아있는 몸(個)에 누구에게나 보편성(全)이 약동하는 곳이야말로 비로소 발심을 통한 자신의 진정한 세계가 존재한다. 곧 시간적으로는 생사가 없는 영원한 생명으로서 한없는 무량수無量壽와 공간적으로 끝없이 어디나 누구에게나 걸림이 없는 무애광無碍光을 현실의 바로 이 내 육신을 통하여 일여一如한 것으로 체험하여 거기에서 진실한 자기의 모습을 이끌어내는 것이지 않으면 진정으로 발심이라 말할 수 없다.

발심의 실마리도 발견하지 못하고 고뇌하는 젊은 날의 경청에게 현사사비가 몸소 체득하고 관찰해 볼 것을 지시한 것은 그러한 소식이었다. 따라서 의지의 표출로서 발심은 지혜에 근거하고, 자비를 배경으로 하며, 무상의 체험으로 비롯되고, 수행으로 구체화되어 관상觀想으로는 흘러가는 것을 제어해 준다. 이처럼 발심은 자신에게 내일을 기대하지 말고 오늘·지금·이 시간에 몸소 불법을 따라 실천해야 할 것을 가르쳐 준다. 때문에 발심은 이후 반드시 수행으로 이어지지 않으면 무의미하다. 발심에 근거한 수행은 반드시 깨달음으로 이어진다. 이로써 그 깨달음이야말로 올바른 교화를 행해 나아간다. 곧 지혜에 근거한 교화야말로 그 어떤 구제보다도 올바른 행위이기 때문이다.

3. 선수행에서 의지의 기능

1) 간화선 수행의 대분지

선수행에서 등장한 숱한 일화 내지 의도적으로 스승이 제자를 제접하기 위해서 내세운 정형적인 가르침에 화두話頭라는 의문방식이 있다. 따라서 제자가 스승으로부터 받은 화두는 단순한 의문의 대상만은 아니다. 의문의 대상임과 동시에 믿음의 대상이다. 따라서 예로부터 간화선 수행에서 대신근大信根·대의문大疑問·대분지大憤志의 세 가지가 필수적인 요소로 언급되었다.[12] 이것은 간화선의 수행을 올곧하게 진척시키려는 방식으로 제기된 일종의 기관機關인데, 그 이면에는 모두 화두를 타파하여 깨달음을 성취하려는 강력하고 절실한 결심으로 의지가 근거하고 있다.

대신근은 불법을 믿고 화두를 제시해 준 선지식을 믿는 것이다. 자신이 화두수행을 통해서 반드시 깨달음에 이른다는 사실, 그리고 화두수행을 이루어낼 수 있다는 자기 자신에 대하여 통째로 믿는 의지이다. 그래서 화두의 참구에서 대신근이야말로 불교의 인과법만큼이나 명확한 명제이기도 하다.

대의문은 대신근의 바탕 위에서 화두 자체에 대한 의문을 지니는 것이다. 자신이 해결해야 할 지상의 과업으로 화두를 들어 그것을 투과할 때까지 내 머리를 내어줄 것인가 화두의 의문을 해결할 것인가 하는 치열한 행위이다. 여기에서의 의문은 단순한 의문이 아니다.

---

12 『高峰原妙禪師語錄』(卍新續藏 70, p.687中).

자신의 본질적인 문제에 대한 의문으로서 그 누가 대신 해답을 제시해 줄 수 있는 것이 아니다. 자신의 철저한 체험을 통하여 스스로 냉난자지冷暖自知하는 수밖에 없다. 그래서 크게 의심하면 크게 깨친다고 말한다. 의문이 더 이상 의문에 머물러 있지 않고 확신을 자각하게 되는 순간까지 잠시도 방심하지 않고 오매불망 화두에 집중하는 것이다. 좌선수행을 하는 데에는 절대불가결한 조건, 곧 근본적인 조건이 하나 있다. 그것은 바로 유명한 혜가단비慧可斷臂의 고사에서 볼 수 있는 것처럼 맹렬불퇴猛烈不退·불석신명不惜身命의 구도심이다.

보리달마菩提達磨는 스승인 반야다라般若多羅 존자의 유언을 받들어 부처님의 마음 곧 불심인佛心印에 해당하는 대승선법의 생생한 진수를 중국에 전하기 위하여 늙은 육신을 이끌고 바다를 건너 중국에 도착하였다. 이때가 6세기 초반이었다. 그러나 중국에서 막상 마주친 상황은 너무나 달랐다. 아직은 시절인연이 도래하지 않았음을 알고 양자강을 건너 위나라 숭산 소림사에 들어갔다. 그리고 거기에서 세상 사람들이 흔히 말하는 면벽구년面壁九年의 좌선삼매의 생활을 시작하였다. 그러나 홀로 좌선삼매에 들어 있는 행위는 결코 단순히 소승에서 말하는 나한의 경계라고 치부할 것이 아니다. 달마가 중국에 도래한 목적은 자신이 받은 불심인佛心印을 중국에서 누가 전해 받을 만한 사람이 나타나기를 마음속으로 조용히 기다리는 행위였다.

한편 인생을 어떻게 살아야 할 것인가 하는 대문제에 당면하여 그 해결을 유교儒敎와 노장학老莊學에서 추구하였으나 여의치 못하여 번민하고 있던 신광神光이라는 청년이 있었다. 그때 신광에게는 숭산의 소림사에 벽관바라문壁觀婆羅門이라 불리는 인도의 승려 보리달마라는 사람이 있다는 소문이 들렸다. 신광은 그 사람이야말로 내 번민을 해결하고 인생을 사는 방법에 대하여 명쾌한 지침을 줄 수 있는 사람이 아닌가 하는 기대를 갖고 곧바로 숭산의 소림사를 방문했다.

그러나 달마는 벽을 향해 묵묵히 좌선만 하고 있을 뿐 돌아보지도 않았기 때문에 신광은 자기의 뜻을 알리지도 못했다. 신광은 그대로 돌아갈 수밖에 없었다. 이후 몇 차례나 방문했지만 언제나 마찬가지였다. 그러나 번뇌가 더욱 치성해지자 마침내 음력 납월에 '오늘이야말로 결단코 대사를 친견해야지. 그리고 내 인생의 대의문을 해결할 때까지 절대로 물러나지 말아야지' 하는 굳은 결심을 하고 다시 소림사를 방문했다. 그러나 달마는 변함없이 반석과 같이 올올하게 좌선만 하고 있었다.

역시 신광도 묵연히 동굴 밖에서 서서 미동도 하지 않았다. 그러는 가운데 눈이 내리고 쌓여 마침내 황혼이 되었다. 한기가 스며들어 뼈가 에이는 듯이 춥고, 사방은 어둠으로 적막하여 때때로 눈보라에 실려 오는 원숭이 울음소리와 나뭇가지 끝에서 쌓인 눈이 떨어지는 소리만 들려왔다. 그래도 달마는 한 번도 되돌아보지 않고 묵묵히 좌선을 하였다. 신광도 무릎이 파묻히는 눈 속에서 꼿꼿하게 서서 긴 겨울밤을 보내고 마침내 아침을 맞이하였다.

그때서야 비로소 달마는 푸른 눈빛으로 신광을 바라보고 '그대는 오랫동안 눈 속에 서 있었다. 도대체 뭘 원하는가'라고 입을 떼었다. 신광은 자못 기뻐하면서 자신의 절실한 의문과 번뇌를 솔직하게 말씀드렸다. '제가 원하는 것은 대사께서 자비의 감로문甘露門을 열어 널리 중생을 구제해 주십사 하는 것입니다.' 이 한마디는 결코 틀리거나 거짓이 아니었다. 그러나 신광이 마치 남의 일처럼 널리 중생을 구제해 주시기를 청하는 것은 아직 철저하게 자기화되어 있지 않은 증거이다. 달마는 바로 이 틈을 놓치지 않고 아직 신광의 근기가 성숙되어 있지 않음을 파악하였다. 그리하여 달마는 그리 쉽사리 신광을 인정하지 않았다.

달마는 신광을 타이르고는 다시 등을 돌려 좌선에 들어갔다. 이것이 바로 법에서는 인정을 눈곱만치도 베풀지 않는다든가, 혹은 날카로운 칼날에서 사람의 목숨을 구한다는 선 특유의 방식으로서 철저친절徹底親切한 모습이다. 이것이 진정한 대자비이다. 진지한 구도심이 없는 사람에게는 법을 설하고자 해도 백해무익한 일이다. 신광은 달마에게서 이와 같이 악랄하고 냉혹한 취급을 받고나서 비로소 얄팍한 자신의 구도심에 대하여 반성을 하였다.

신광은 그 옛날 설산동자의 이야기를 떠올리고는 진지한 구도심 내어 마침내 자신을 팔을 잘라 새빨간 피가 새하얀 눈 위에 선명하게 아로새겨지는 것을 보면서 그것을 달마 앞에 내밀었다. 자신의 일편단심 구도심을 보임으로써 달마의 제자가 되기를 원하였다. 달마는 밤새 내리는 눈 속에 서 있었던 신광의 불퇴전의 태도와 위법망구爲法忘軀의 구도심에 드디어 마음이 움직였다. 그리하여 마침내 굳게 닫혀 있던 감로의 법문을 열고 그의 입문을 허락하였다.[13]

신광은 후에 달마의 법을 이어 중국선종의 제이조가 된 태조혜가太祖慧可이다. 위의 인연을 흔히 혜가단비慧可斷臂라고 한다. 이처럼 선수

13 『景德傳燈錄』 卷3(大正藏 51, p219中~下).

행에서 반드시 필요한 자세가 절대 물러나지 않는 불퇴전의 결심이다. 현대와 같이 분주한 생활에서 살아가는 사람들에게는 쉬운 일이 아니다. 그러나 바로 이와 같은 사람들이야말로 진정으로 자신을 되돌아보는 여유가 필요하다. 그 여유는 당장 이 자리에서 깨달음을 얻어야 한다든가 당장 부처가 되어야 한다든가와 같은 조바심이 아니다.

깨달음은 본래부터 자신 가운데 있었음을 자각하여 그대로 익혀 자기 것으로 만들어 나아가는 것이지, 어디서 빌려오거나 한순간에 퍼뜩 다가오는 것이 아니다. 그래서 깨달음을 기다리는 마음은 특별히 경계의 대상이 된다. 그대로 앉아서 화두를 든다든가 좌선을 하면 그것만으로도 훌륭하다. 화두를 통해서 좌선을 통해서 깨달음이 얻어지기를 기다려서는 안 된다. 곧 대오지심待悟之心을 가져서는 안 된다. 깨달음을 법칙으로 삼되(以悟爲則) 그것을 기다리는 마음으로 하지 말라는 것이다. 깨달음을 기다리는 마음은 대의단이 아니라 한낱 쓸데없는 분별심일 뿐이다.

그래서 고려시대 진각혜심은 간화참구에 있어서 대오지심을 갖지 말 것을 거듭 강조하고 있다. 대오지심은 모든 지해의 근원을 이루고 있기 때문이다. 다시 말해서 깨달음을 기다리는 마음을 갖는다는 사실 자체가 자신을 아직 깨닫지 못한 중생으로 미혹 가운데에 자승자박해버리는 것이다. 그리고 깨달음을 얻기 위해서 갖가지 계교나 사량분별 및 허망한 노력을 하게 만드는 근원처이기 때문이다. 바로 이 대오지심의 부정은 철저하게 지해를 타파하여 대오지심이 없이 자신이 곧 부처임을 확신하고 드는 간화, 즉 더 이상 깨달음에 있어서까지도 얽매이지 않는 대의단의 행위이다. 이것은 곧 자신이 곧 부처라는 확고한 신심을 바탕으로 하여, 일체 지해의 근원인 대오지심을 타파한 상태에서 오로지 화두에 전념하는 것이다.

주의해야 할 것은 그 지해의 근저에 다름이 아니라 대오지심이 도사리고 있다는 것을 알아차리는 것이다. 알아차리고 나면 더 이상 그에 대한 집착이 없어 깨달음에 대한 번뇌가 사라진다. 일찍이 진각혜심은 화두를 드는 방편문에 대하여 "이 밖에 간화일문이 있는데 최고로서 지름길이다. 지관과 정혜가 본래 그 가운데 있다"[14]라고 말했다. 이것은 무심하게 화두를 들라는 것이다. 간화선법의 기본정신은 곧 무심이다. 무심의 상태가 깨달음을 얻는 데에는 무엇보다 중요하지만 무심이라는 생각까지도 없어야 참다운 무심이라 하였다. 무심한 후에도 간화를 해야 하며, 또한 간화를 통하지 않고는 무심할 수 없다.

간화선의 수행법은 어떤 문제를 제시하여 그 문제에 대한 해답을 스스로 제시하는 방법으로서 무심합도無心合道를 드러내는 것이다. 때문에 하나의 화두 이외에 어떤 화두가 다시 필요하지는 않다. 화두에서는 진리는 온 우주에 편재하므로 항상 우리 주변에서 이를 체득해야 함을 강조한다. 그래서 화두를 드는 것은 일상생활에서 항상 가능하다. 만일 일상생활에서 떠나 따로 나아가는 길이 있다면 찾으면 찾을수록 더욱 멀어지고 만다. 자신의 삶이 곧 통째로 하나의 화두이다. 그래서 자신을 깨닫는 것은 곧 화두를 깨닫는 것이고 화두를 깨닫는 것은 자신을 깨닫는 것이다.

나아가서 화두가 자신에게 매달리는 경험을 하고, 궁극적으로는

---

14 『曹溪眞覺國師語錄』(韓佛全 6, p.40上) "此外有看話一門 最爲徑截 止觀定慧自然在其中."

자신과 화두가 하나가 되는 경험이 화두일념話頭一念의 경지이다. 화두일념을 통하여 더 이상 자신과 화두라는 분별과 그에 대한 의문이 사라지는 순간까지 지속적으로 밀고 간다. 여기에서는 화두 이외에 부처도 조사도 용납되지 않는다. 오로지 화두만 있을 뿐이다. 그 속에서 화두를 들고 있는 자신은 항상 성성역력惺惺歷歷하게 그리고 공적영지空寂靈知하게 깨어 있는 것이 중요하다. 그러기 위해서 항상 요구되는 것이 간절한 의지의 표출이다. 마치 닭이 달걀을 품듯이 하고, 고양이가 쥐를 잡듯이 하며, 배고플 때 밥 생각하듯이 하고, 목마를 때 물을 찾듯이 하며, 어린아이가 엄마 생각하듯이 간절해야 한다고 말한다.[15] 이처럼 간절한 마음을 지니되 기필코 완성하지 않으면 안 된다는 의지가 필요한데, 그것이 바로 대분지이다.

옛날 어떤 사람은 속가에 있으면서 도를 구하는 마음이 간절하여 7권 『법화경』을 외우기 시작하였다. 4권까지 줄줄 외우고 나자 무엇인가 자신감이 붙어 출가를 결심하게 되었다. 속가에 있으면서도 4권을 외웠는데 출가를 하고 나면 나머지는 쉽게 외울 수 있을 것이라 생각하였다. 정작 출가를 하고 나니 모든 여건이 구비되어 있어 간절한 마음이 사라져버렸다. 그리하여 20년이 지나도록 나머지 3권을 외우지 못하였다. 게다가 이전에 외웠던 4권마저도 몽땅 잊어버리고 말았다.

항상 있을 법한 이야기다. 자신이 가지지 못한 부족함을 느끼는 것만큼 간절한 경우는 드물다. 무언가를 기대하는 사람은 마음속으로 뭔가 부족하다고 여기게 마련이다. 반대로 목적을 달성한 사람은

---

15 『禪關策進』(大正藏 48, p.1009中); 『禪家龜鑑』(韓佛全 7, p.634中~下).

마음이 편안하다. 그러나 구도심을 내는 사람이라면 그 목적의 달성에 안주해서는 안 된다. 마음속으로 항상 무언가 부족하다는 생각을 지니고 있어야 한다. 부족하다고 느끼는 마음에서 구도심이 끝없이 지속될 수 있기 때문이다. 마음이란 제아무리 편안하고 목적에 도달했다고 하여도 인연 따라서 청정해지기도 하고 더러워지기도 한다. 한 찰나에 온갖 것을 갖추기도 하고 잃어버리기도 한다. 그래서 마음의 이러한 도리를 깨닫지 못하면 한 순간의 목적 달성이란 공염불이 되고 만다. 정작 자신이 그 조건을 구비하고 나면 이제는 게으름에 빠지고 만다. 더욱이 안하무인의 마음이 생긴다.

대분지는 위의 화두를 줄기차게 진행시켜 나아가는 정진이다. 단순하게 의문만 가지고는 오래 계속하지 못한다. 그 의문을 해결하기 위한 맹세 내지 오기가 필요하다. 이 세상에 한 번 태어나지 않은 셈치고 화두를 들다가 죽을지언정 화두에서 물러나지 않으려는 고심참담한 노력이다. 가령 임제의현(臨濟義玄, ?~867)은 황벽희운(黃檗希運, ?~850)에게 입실하여 불법의 근본적인 의미(佛法的的大意)에 대하여 세 번 질문하였지만 번번이 방棒을 얻어맞은 이후에 대분지를 발휘하여 마침내 깨달음을 체험할 수가 있었다.[16]

그런 만큼 대분지는 수행에 임하는 납자 자신의 간절한 염원으로부터 발휘되는 것이 되지 않으면 안 된다. 그 누구도 자신을 대신할 수 없는 줄 자각하고 끝내 그것을 해결하지 않으면 안 된다는 각오야말로 수행에 임하는 진정한 의지의 표현이다. 그와 같은 간절한 의지가

---

16 『鎭州臨濟慧照禪師語錄』(大正藏 47, pp.504中~505上).

없어서는 깨달음은커녕 수행에 발도 붙일 수가 없다. 이처럼 간화선의 수행에서 깨달음에 대한 철저한 의지는 대분지를 통해서 형성되고 전개되며 완성되는 대오철저의 근본이다.

2) 묵조선 수행의 지관타좌

묵조선 수행의 근본은 붓다가 깨달음을 성취한 이후에 열반에 이르기까지 수행으로 일관했던 경우의 좌선과 마찬가지로 이미 깨달음의 상황에서 지속적으로 이루어 가는 수행에 근거하고 있는 까닭에 새로운 깨달음을 지향하지 않는다. 그 까닭은 모든 사람에게 깨달음이 이미 성취되어 있다는 본래성불의 입장에 근거하여 자신이 본래불성의 소유자임을 깊이 믿는 이불성理佛性으로부터 붓다를 그대로 닮아가는 행위의 연습인 행불성行佛性의 완성을 지향하기 때문이다. 이것은 붓다가 성도 이후에 보여주었던 수행방식으로 좌선을 통하여 납자 자신이 직접 경험하는 과정에서 붓다의 행위를 영위하는 것이다.

그러므로 묵조선의 수행은 새삼스럽게 깨달음을 목표로 설정하지 않는다. 다만 이미 깨달음의 존재임을 자각하는 행위에 목표를 두고 그것을 좌선으로 표출하는 것이다. 따라서 이와 같은 묵조선 수행의 특징은 일찍부터 본증에 대하여 자각할 것이 강력하게 요구되었는데, 그 실천방식이 바로 지관타좌只管打坐이다. 이 지관타좌야말로 묵조선 수행의 강력한 의지의 표출로서 수행이고 깨달음이며 전법을 상징한다. 그래서 묵조선 수행의 모습은 좌선으로 시작하여 좌선으로 드러내고 좌선으로 전개하며 좌선으로 완성된다. 이처럼 묵조선 수행에서 좌선은 그대로 깨달음의 모습이고 깨달음의 성취이며 깨달음의 작용이고 깨달음의 수단이면서 동시에 궁극이다. 이것이 바로 묵조선 수증관의 특징이다.[17] 그래서 묵조선에서 행하는 좌선은 사위의四威儀 가운데 가부좌를 하고 앉아 있는 의미를 초월하여 일체처에서 분별상을 일으키지 않고 취사분별을 벗어나며, 걷고 머물며 앉고 눕는(行住坐臥) 일상의 일체 행위에서 본래의 마음(直心)을 지니고 나아가는 마음의 자세라는 의미를 지니고 있다. 바로 여법한 수행의 자세가 다름이 아니라 좌선으로 현성되어 있다.

그러므로 묵조선의 수증관에서 좌선이야말로 수행의 모습으로는 올곧하게 앉아 있는 몸의 완성이고, 깨달음의 모습으로는 성성하게 깨어 있는 마음의 완성이며, 전법傳法과 인가印可의 모습으로는 스승과 제자가 의기투합된 모습이고, 교화의 모습으로는 어디에서나 누구에게나 언제나 앉음새 그대로 변함이 없는 모습이다. 바로 이와 같은

---

17 여기에서 修證이라는 용어에 대하여 간화선과 묵조선에 차이를 보인다. 간화선에서 말하는 修의 의미는 깨달음을 향해 나아가는 과정, 곧 화두참구라는 의미가 강하기 때문에 이것을 熏修 내지 增上의 修라고 말한다. 그러나 묵조선에서 말하는 修의 의미는 이미 깨달음이 완성되어 있다는 의미이기 때문에 이것을 本修 내지 妙修라고 말한다. 修의 경우와 마찬가지로 證의 경우에도 熏修의 證과 本修의 證으로 구분된다. 첫째는 깨달음이 본래부터 갖추어져 있다는 입장이다. 본래부터 갖추어져 있는 깨달음이지만 아직 熏修를 거치지 않은 깨달음이므로 미완성의 證, 곧 가능태인 깨달음을 이치적으로 설정해 놓은 깨달음이란 의미에서 因證이라 말한다. 둘째는 깨달음이 본래부터 現成되어 있다는 입장이다. 전자와 마찬가지로 깨달음이 본래부터 갖추어져 있는 입장이라는 점은 동일하지만 그것이 목전에·지금·이렇게 온전하게 현성되어 있는 證이다. 이에 활용태로서 깨달음이 이미 현성되어 있는 깨달음이라는 의미에서 本證 혹은 現證이라 말한다.

좌선을 가리켜서 지관타좌라고 말한다. 이에 지관타좌는 묵조선에서 수행일 뿐만 아니라 깨달음으로 전개되는 까닭에 불법즉위의佛法卽威儀이다. 불법 곧 깨달음이란 바로 좌선의 모습을 벗어나 있지 않다는 말이다. 그런 까닭에 지관타좌는 발심의 완성일 뿐만 아니라 발심의 의지가 고스란히 현성된 모습이다.

그래서 묵조선의 수증관은 수행과 깨달음이 구별되어 있지 않고 좌선으로 현성되어 있는 지관타좌에 다름이 아니다. 그러므로 지관타좌의 좌선은 몸의 자세만을 의미하지는 않는다. 나아가서 좌선에 임하는 굳건한 의지가 무엇보다도 중요하게 취급된다. 수행에 들어가는 마음 곧 발심의 의지가 좌선이고, 좌선의 모습이 바로 현성공안現成公案으로 간주되기 때문에 묵묵히 앉아 자신의 본구불성本具佛性을 자각하는 것이 강조된다.[18] 그런 까닭에 좌선의 위의가 고스란히 깨달음의 불법으로 통해 있다. 따라서 묵조는 본증本證의 자각自覺이라는 마음의 내용이면서 가부좌하고 있는 몸의 행위이다. 그래서 묵조의 묵은 본증의 본이고, 조는 본증의 증이다. 이것이 바로 '수행과 증득은 없지 않다. 다만 염오되지 않을 뿐이다'[19]는 말에 통한다. 그러나 본래

---

18 묵조선의 수증관에서 공안의 의미는 간화선의 수증관에서 말하는 공안의 의미와 구별된다. 간화선 수행에서 공안이 '화두'의 의미로 전용되고 있는 것과 달리 묵조선 수행에서 공안은 '깨달음'의 의미로 전용되기 때문이다. 따라서 現成公案이란 깨달음이 현성되어 있다는 의미로서 본래성불의 현성이고 본래불의 성취이다.

19 『宏智禪師廣錄』 卷9(大正藏 48, p.119上) "修證不無 汚染不得." 이 말은 『宗寶本壇經』(大正藏 48, p.357中) "修證卽不無汚染卽不得"에서 慧能과 懷讓의 대화를 그대로 인정한 것으로 보인다.

지니고 있는 본증 그대로를 묵조라고 말할 수는 없다. 묵조가 묵과 조로서 본증을 드러내기 위해서는 바로 좌선이라는 행위를 필요로 한다.

> 묵묵하고 자재하며 여여하게 반연을 떠나 있어서 훤칠하게 분명하여 티끌이 없어서 그대로 깨달음의 현성이다. 본래부터 깨달음에 있었던 것이지 새롭게 지금 드러난 것이 아니다. 깨달음은 광대겁 이전부터 확연하여 어둡지 않고 신령하게 우뚝 드러나 있다. 비록 그렇지만 부득이 수행을 말미암지 않으면 안 된다.[20]

여기에는 여법한 자세의 몸으로서 묵默과 성성하고 훤칠한 마음으로서 조照가 완전宛轉의 관계로 현성되어 있다. 이처럼 묵과 조가 완전의 관계로 형성된 좌선은 바로 시비를 떠나 묘용으로 나타나지만 유有가 아니고, 공空으로 숨어 있지만 무無가 아닌 원리이다. 굉지정각(宏智正覺, 1091~1157)은 이것을 현성공안現成公案의 의미로 파악하여 깨달음이 일상의 안전에 편재함을 강조하였다. 그래서 묵조선 수행에서는 마음의 수행 못지않게 몸의 수행이 강조되고 있기 때문에 정혜관에 있어서도 정과 혜가 동시에 드러나 있다. 곧 앉아 있는 그 자체를 깨달음의 완성으로 보기 때문에 정이 혜의 형식뿐만 아니라 혜의 내용이고, 혜는 정의 내용뿐만 아니라 정의 묘용이다. 이 점에서 정과

---

20 『宏智禪師廣錄』 卷6(大正藏 48, p.74中) "默默自在 如如離緣 豁明無塵 直下透脫 元來到箇處 不是今日新有底 從舊家廣大劫前 歷歷不昏 靈靈獨輝 雖默恁麽 不得不爲."

혜는 다르지 않다. 곧 정은 수행의 측면으로 제시된 개념이라면 혜는 깨달음의 측면으로 제시된 개념이다. 나아가서 정은 혜가 바탕이 된 수행이어야만 본래의 정이 가능하다. 이런 점에서 정은 오후수행의 정이다. 그리고 혜는 정이 완성된 상태의 혜라야만 본래의 혜가 가능하다. 이런 점에서 혜는 즉금에 실천되고 있는 지혜로 교화행위이다. 따라서 정은 지혜의 작용이고 혜는 정의 실천이다.

이와 같은 입장에서는 달리 의지할 하나의 가르침도 없고, 달리 닦을 만행도 없으며, 달리 벗어날 삼계도 없고, 달리 알아야 할 만법도 없다. 그러므로 만약 깨달음이 삼계를 벗어난즉 삼계가 없어지고, 깨달음이 삼계에 있으면 삼계에 걸림이 되며, 만약 만법 깨닫기를 기다리면 만법은 분연하고, 만법을 굴리기를 기다리면 만법이 소란하다. 이것이 바야흐로 묵조의 공능인 팔불八不이다.[21] 이를테면 벗어나 있지도 않고, 남아 있지도 않으며, 없어지지도 않고, 걸림도 없으며, 굴리지도 않고, 알려고도 않으며, 분연도 없고, 소란함도 없는 묘용의 공능이다. 그래서 문득 확연히 드러난 몸을 보게 된다. 그 몸은 소리와 색깔 속에서도 방해받지 않고 잠을 자며, 소리와 색깔에서도 앉고 누우며 모든 상대적인 것들을 단절한다. 그리고 항상 광명이 현전하여 깨달음을 열어 알음알이의 경계를 초탈하는 그때가 되면 원래 닦아서 지닐 것이 없고, 일찍이 염오된 적이 없어서, 무량겁 동안 본래부터 구족되어 원만한 모습으로서 일찍이 털끝만치도 모자람이 없고, 일찍이 털끝만치도 남음이 없음을 믿게 된다.

---

21 『宏智禪師廣錄』 卷1(大正藏 48, p.17下) "到此直須 不出不在不壞不礙不轉不了不紛不擾."

그리하여 묵조선 수행에서 깨달음은 필연적으로 심신深信을 수반한다. 묵조를 참구한다는 것은 납자가 무분별지인 깨달음의 자각을 통하여 그것을 자신의 것으로 만들어 가는 행위이다. 이것이 곧 자기에 대한 자각으로서 깨달음이다. 그렇다면 범부의 경우 어떻게 해야만 초심으로부터 심원한 깨달음의 세계에까지 도달할 수 있을까 하는 것이 문제가 된다. 이런 점에서 묵조의 참구는 바로 범부가 곧 제불과 동체同體라는 것을 표방한다.[22] 여기에서 범부의 개념은 천친(天親, 4~5세기)의 설명을 빌리면 성체중생聖體衆生이고 범부보살凡夫菩薩이다. 이미 발심을 통하여 보살행에 진입해 있는 범부이고 보살행을 통하여 구비되어 있는 성체를 실현하고 있는 대승범부이다. 이에

---

22 『金剛般若論』 卷下(大正藏 25, p.793中) "무슨 까닭에 '수보리야, 그들은 衆生도 아니고 不衆生도 아니다'고 말했는가. 게송에서는 '그들 非衆生과 衆生이란 聖人도 아니며 非聖人도 아니다'고 말했다. 왜냐하면 만약 이 경전을 믿는 사람이 있다면 그 사람은 중생이 아니기 때문이다. 중생이 아니라는 것은 聖體가 없지 않다는 것이다. 성체가 없지 않다는 것은 범부의 體가 아니기 때문이다. 不衆生이 아니라는 것은 성체가 있기 때문이다. 그 사람은 범부중생도 아니고 성체중생 아님도 없다. 그래서 저 경문에서는 '왜냐하면 수보리야, 중생 중생이라는 것은 여래가 중생이 아닌 것을 중생이라 말한다고 설했기 때문이다'고 말했다. 여래가 설한 중생이 아니라는 것은 범부중생이 아니라는 것이다. 이런 까닭에 중생 중생이라 설한다. 곧 聖人衆生이기 때문에 중생이 아니라고 설하는 것이다(何故言須菩提非衆生非不衆生者 偈言 非衆生衆生 非聖非不聖故 此以何義 若有信此經 彼人非衆生 非衆生者 非無聖體 非無聖體者 非凡夫體故 非不衆生者 以有聖體故 彼人非凡夫衆生 非不是聖體衆生 如經 何以故 須菩提 衆生衆生者 如來說非衆生 是名衆生故 如來說非衆生者 非凡夫衆生 是故說衆生衆生 以聖人衆生是故說非衆生)."

대하여 굉지정각은 무분별지를 지탱하고 있는 입장에 대하여 "우리 출가수행자의 본분사에는 원래부터 한 오라기의 실만큼의 부족함도 없고, 한 오라기의 실만큼도 벗어남이 없다. 그래서 근본으로부터 텅 비고 확철하다"[23]고 말한다. 이것은 모든 사람에게 불심이 본구本具되어 있음을 전제로 삼은 것이다. 그래서 범부가 바로 이 불심의 본구성을 모르고 밖의 경계에 대한 취사분별에 얽매이는 것으로부터 본래부터 갖추고 있는 깨달음의 본원本源을 원만하게 드러내는 과정이 바로 초심부터 닦아가는 수행과정이다. 각자 수행을 통해서 깨달음으로 부처를 닮아가는 행위가 참구에 해당한다.

묵조의 입장은 그 근저에 불심의 본구라는 신심을 기본적으로 두고 있다. 때문에 그것이 자기에게 있어서는 불심의 본구성과 무분별지 있어서 묵조의 참구 그 자체가 무매개無媒介·비간격非間隔·비시간非時間인 것으로 자기에 대한 현재·여기·자신이라는 사실로 향한다. 그래서 불심의 본구성으로 회귀하고 그 현성을 통한 자각을 수용하는 것은 단순한 적정퇴영寂靜退嬰의 모습과 엄밀하게 구별된다. 그럼에도 불구하고 당시에 대혜종고(大慧宗杲, 1089~1163)는 화두를 참구하지 않는다는 점을 핑계로 삼아 묵조선의 수행을 비판하였다.[24] 묵조선

---

23 『宏智禪師廣錄』 卷1(大正藏 48, p.1下) "我衲僧家本分事 元無一絹頭缺少 無一絹頭分外 從本已來 虛明廓徹."

24 왜냐하면 대혜는 묵조선 수행의 지관타자에 대하여 화두를 참구하지 않고 바로 그 당체를 威音那畔의 일과 空劫已前의 마음자리로 대신하여 無事寂靜한 것으로 잘못 알고 있었기 때문이다. 항상 어디서나 一行三昧와 一相三昧로 일관해야 할 치열한 구도심을 접어둔 채 현실을 무시한 안이한 모습으로 오해한 까닭이다. 대혜는 이러한 것을 가리켜 아무것도 모르는 흑산귀굴의 귀신들에

수행에서는 이와 같이 깨달음의 입장에서 수행과 깨달음을 말하고 있기 때문에 새삼스럽게 다른 깨달음을 목표로 삼지 않는다. 깨달음이란 지관타좌의 행위가 그대로 불성의 성취임을 믿고 그대로 실천하는 것이기 때문이다. 따라서 붓다의 좌선을 자신이 그대로 흉내를 내면서 좌선하는 가운데 자신이 깨달아 있음을 자각하고 그것을 좌선으로 드러내는 것이다. 나아가서 좌선을 통해서만 깨달음이 저절로 드러난다는 입장이다. 그래서 굉지정각은 "항상 광명이 현전하여 깨달음을 열어 알음알이의 경계를 초탈한다. 이처럼 될 때 비로소 믿음은 원래 닦아서 지닐 것이 없고, 일찍이 염오된 적이 없어서, 무량겁 동안 본래부터 구족되어 있고 원만하여, 일찍이 털끝만치도 모자람이 없고, 일찍이 털끝만치도 남음이 없음을 믿게 된다"[25]라고 말한다.

이처럼 만약 본래의 것(正位)에 대한 심신深信은 심심心心·염념念念·법법法法·진진塵塵이 모두 정위正位로부터 건립되는 것이기 때문에 일체의 심이 다 진리의 심이고, 일체의 법이 다 진리의 법이다. 따라서 불법 곧 본증자각과 심신深信은 서로가 불일불이不一不二의 관계로 구족되어 있다. 그리하여 과果가 충만하여 보리가 원만해지고

비유하고 있다. 묵묵히 좌선하는 그 자체를 바르게 파악하지 못하고 망상에 빠져 있는 모습으로 본 것이다. 이것이 바로 대혜가 「答李郎中」에서 '가장 하열한 무리는 默照無言과 空空寂寂으로 귀신굴에 빠져 있으면서 그곳에서 구경의 안락을 구하는 것이다'(『大慧普覺禪師語錄』 卷29, 大正藏 47, p.935上~中)라는 말처럼 묵조선을 비판한 빌미였다.

25 『宏智禪師廣錄』 卷1(大正藏 48, p.17中~下) "常光現前 開發覺華 超脫情境 始信元不修持 不曾染汚 無量劫中 本來具足 圓陀陀地 曾無一毫頭許欠少 曾無一毫頭許盈餘."

꽃이 피어 세계가 일어나는 것을 현성공안이라고 하였다. 곧 과가 원만하다는 것은 정위에 들어간 도리로서 제불과 제조사가 증득한 바이기 때문이다. 그리고 꽃이 핀다는 것은 정위로서 과가 철두철미하게 원만해지면 시방세계에 응물현현應物顯現하여 온천지를 두루 뒤덮게 되는 것을 말한다. 이와 같은 묵조의 종지를 가리켜서 텅 비어 있지만 신령하고 미묘하다고 말한다.

결국 묵조선 수증관의 의지는 지관타좌로 요약된다. 왜냐하면 지관타좌는 본증자각의 바탕일 뿐만 아니라 현성공안의 증좌이기 때문이다. 그래서 지관타좌는 본래성불이 현성되어 있는 앉음새의 모습이면서 그대로 형성공안에 통한다. 이를테면 간화선의 수행에서 대신근과 대의단과 대분지로 이루어지는 화두참구가 핵심이라면, 묵조선의 수증관은 지관타좌에 수행과 깨달음과 전법과 교화가 고스란히 담겨 있다. 그래서 화두는 공안이고 공안은 간화이며 간화는 깨달음을 지향하는 것에 반하여, 지관타좌는 묵조이고 묵조는 현성공안이며 현성공안은 깨달음이다.

4. 깨달음에서 의지의 속성

1) 의지의 결과로서 깨달음

선수행의 근본적인 목적은 깨달음이다. 선은 깨달음을 추구하는 종교이다. 이 경우에 깨달음의 본질은 지혜를 터득하는 것이다. 불교가 시작된 이래로 불교의 모든 가르침은 일관되게 깨달음의 추구를 위한 행위였다. 불교를 구축하고 있는 두 가지 축을 지혜와 자비로 요약할 경우 자비에 중점을 둔 것이 중생제도의 비원이라면 지혜에 중점을 둔 것은 깨달음을 위한 수행이다. 따라서 이후에 불교는 부파불교뿐만 아니라 대승의 각 종파에서도 깨달음을 궁극의 목표로 삼았다. 이것을 목표로 삼지 않는 가르침은 불교가 아니었다. 그리고 선의 가르침은 고행주의가 아니다. 자연주의도 아니고 쾌락주의도 아니다.

그런데 이러한 깨달음은 자신이 성취하고 싶다고 하여 자신의 의지력으로 그것이 저절로 완성되는 것은 결코 아니다. 곧 자신의 의지만으로는 불가능하다는 것이다. 그렇다고 해서 의지가 없어서는 또 불가능하다. 순수한 의지만으로 가능하다면 제반의 수행은 무의미해지고 관념만으로도 충분하다. 따라서 그 의지를 마음에만 한정시켜서는 안 된다. 제아무리 의지를 굳건하게 지니고 있어도 몸이 받쳐주지 못하면 망상에 그치고 만다. 그래서 의지력의 당체인 마음은 반드시 몸과 함께하지 않으면 안 된다. 그래서 반드시 몸과 마음에 동시에 적용해야 하는데 그것이 소위 기필코 깨쳐야 하겠다는 마음으로, 소위 각오覺悟이다.

이런 까닭에 깨달음을 성취하는 데에는 몸과 마음을 경쾌하게 유지하여 몸은 언제나 바르게 그리고 마음은 언제나 곧게 유지하면서 적절한 잠을 자고 적절한 밥을 먹으며 적절한 건강을 유지할 것을 강조한다. 그래서 선을 달리 안락법문이라고도 한다. 그래서 좌선수행의 원칙으로서 몸에 집착해서도 안 되지만, 좌선을 한답시고 지나치게 몸을 혹사하지 말라고 가르친다. 몸은 마음을 담고 있는 그릇이면서 동시에 마음의 모양을 올바르게 형성시켜 주는 그릇의 형태이기도 하다. 나아가서 마음은 몸을 근거하여 존재하고 몸을 따라 작용한다.

그래서 선의 수행에서는 언제나 신심일여身心一如의 입장을 취한다. 몸과 마음의 비중을 따로 간주하지 않는다. 몸과 마음을 별개의 것으로 보는 것은 중생이다. 그런데 여기에서 바로 중생이면서도 중생의 속성에 빠지지 않고 깨달음에 도달할 수 있는 길이 있다. 그것은 곧 자신이 본래부터 깨달음을 구비한 존재라는 것을 믿는 것이다. 그 믿음은 이미 자신이 깨달음을 소유한 존재로서 이미 부처를 향해 나아가는 존재라는 것을 말해 준다. 이제 더 이상 중생이 아니다. 깨달음을 구비한 중생이기 때문에 그 깨달음을 드러내어 자각하면 된다.

그런데도 깨달음을 추구하고 깨달음을 지향한다는 것은 무엇인가. 그것은 곧 자신이 지니고 있는 깨달음을 자기의 것으로 만들어 가는 행위를 말한다. 우리는 누구나 몸을 지니고 있다. 자신이 지니고 있는 몸이면서도 정작 그것이 온전히 자신의 것이 되어 있는 것은 결코 아니다. 자신의 것이라면 자신이 주인이 되어 행동할 수 있어야 한다. 그런데도 자신의 몸을 자기 마음대로 작용할 수가 없다. 몸이 자기의 것이면서도 자기의 것이 아니다. 그것을 자기의 것으로 만들어 가는 행위는 꾸준한 노력을 통하여 운동하고 단련하여 평소뿐만 아니라 유사시에도 자기가 필요할 때 자기의 것으로 활용할 수 있게 만들어 놓지 않으면 안 되는 경우와 마찬가지이다.

불교의 많은 종파는 본래 깨달음을 목적으로 하고 있지만 선종만큼 단적인 경우는 드물다. 그도 그럴 것이 이미 갖추어져 있는 깨달음의 내용이 모종의 예비단계를 거친다고 해서 달라지는 것은 아니기 때문이다. 내용이 달라진다면 그것은 깨달음의 속성으로부터 이미 벗어나 있기 때문이다. 단지 깨달음의 양상과 작용이 변용될 뿐이다. 마치 옷을 걸친 몸이 옷에 따라 달라져 보이는 것은 사실이지만 몸의 내용까지 통째로 옷 때문에 달라지는 것은 아니다. 단지 옷과의 조화를 통하여 여러 가지로 간주되고 대접받을 뿐이다. 옷이 몸은 아니다. 그러나 옷은 몸을 위해서 반드시 필요하다. 마찬가지로 깨달음이 이미 갖추어져 있을지라도 수행의 예비단계 내지 그 실천이 반드시 필요하다. 그것은 바로 인연의 법칙에 따라 이루어진다. 인연이란 업보의 결과만 가리키는 것은 아니다. 과거의 업보를 토대로 하면서 동시에 현재와 미래로 부단히 엮어 나아가는 자신의 행위가 어우러져 있다. 그래서 인연은 단순한 과거의 결과만도 아니고 미래의 원인만도 아니다. 항상 어디서나 어떤 상황에서도 고정되어 있지 않는 무상의 법칙이다. 『금강경』에서는 이것을 무유정법無有定法이라고 말하였다.[26] 그래서 불교에서 어리석은 사람이 깨달음을 얻을 수 없다는 말은 인과법칙을 모르는 행위로는 결코 불가능하다는 것을 보여준 것이다.

그 깨달음에 대하여 이미 본래부터 갖추어져 있다는 경우와 그것을 자신의 것으로 현실화시켜 자각해 나아가야 한다는 것은 바로 인연의 법칙을 기반으로 하고 있음을 일러준다. 그 인연이란 다름이 아니라 자각의 행위이다. 경전의 가르침에 의거한 자각을 통해서 깨달음이 비로소 완전한 자기의 것으로 현성되기 때문이다. 그래서 『열반경』에서는 제중생이 불성을 분명하게 알고자 하면 반드시 일심으로 경전을

---

26 『金剛般若波羅蜜經』(大正藏 8, p.749中) "如我解佛所說義 無有定法名阿耨多羅三藐三菩提 亦無有定法 如來可說."

수지하고 독송하며 서사하고 해설하고 공양하며 공경하고 존중하고 찬탄하라고 하였다.[27] 그 인연의 법칙을 통해서 본래구비한 깨달음이 현성한다. 아무리 시절인연이 다가온다 해도 이미 갖추어져 있지 않은 깨달음은 알맹이 없는 씨앗일 뿐이다. 이와 같은 깨달음을 추구하는 행위가 바로 선정禪定이다.

바로 이 경우에는 이제 그 선정의 상태를 굳건한 신심과 정진을 통해서 지속적으로 유지해 가는 의지가 더욱 필요하다. 왜냐하면 지속성이 없는 것은 깨달음이 아니기 때문이다. 곧 깨달음은 지속성을 바탕으로 타인에게 표현되고 교화의 장으로 전개되어야 하기 때문이다. 바로 깨달음이야말로 수행하는 사람이 직접 체험하고 가르치며, 동시에 교화로 실천을 이루어 가는 행위가 되기 위해서는 반드시 필요한 조건이기 때문이다. 끝없는 자기개발로써 계속 전진하는 까닭에 깨달음의 전기轉機를 얻고도 결코 거기에 머무르지 않는다. 그 과정에서 해탈의 경험으로 안신입명安身立命 내지 안심입명安心立命이 성취된 연후도 또한 은둔을 지향하기도 하고, 혹은 고답염담高踏恬淡을 중시하기도 하며, 혹은 중생사회에 직접 참여하기도 하는 등 갖가지 형태로 나타난다. 이것을 깨달음의 전개라는 입장에서 말하자면, 오로지 향내적向內的인 입장에 머무는 경우와 그것을 되살려 향외적向外的인 행위를 지향하는 경우가 있다. 가령 향내적인 원시불교의 깨달음과 향외적인 대승반야의 실천이 그것이다. 원시불교에서 『사문과경沙門果經』의 경우에 불교의 가르침과 외도의 가르침이 대비되어 있다.[28]

---

27 『大般涅槃經』 卷32(大正藏 12, p.557上) "若諸衆生欲得了了知佛性者, 應當一心受持讀誦、書寫解說、供養恭敬、尊重讚歎是涅槃經."

예를 들어 아지타 케사캄발라와 같이 단멸론을 주장하는 외도는 자기는 부모로부터 태어나 지·수·화·풍의 사대로 이루어져 있어 결국 파괴되고 소멸된다고 말하는데, 불교도 또한 똑같은 것을 주장한다는 점에서 양자는 차이점이 없다. 그러나 외도는 그 점에 근거하여 결국 자아는 단멸된다고 결론을 내리지만, 불교는 그러한 결론에 이르지 않고 그다음의 주장으로 전진해 나아간다. 또한 상주론을 주장하는 외도는 선정에 들어서 무한한 과거의 생존을 상기하고 생을 바꾸고 죽음을 바꾸어 현재의 생존에 이르는 과정을 직관하는데, 이 점에 한해서도 불교와 외도의 구별은 없다. 그런데 외도는 이 직관에 근거하여 그것으로 자아와 세계는 상주한다고 결론을 내리지만, 불교는 그 직관은 단지 선정의 결과로서만 간주하고 더 나아가 천안통으로 나아간다.

이처럼 외도는 불교와 같은 가르침의 내용을 주장하면서 거기에서 인생관 내지 세계관의 결정적인 결론을 이끌어 낸다. 그러나 불교는 외도와 같은 내용을 설하면서도 그것은 세계관의 하나의 결과로서만 인정할 뿐이고 다음의 내용으로 전진해 간다. 이리하여 불교는 어떠한 내용에서도 세계관의 결정론을 이끌어내지 않고 끝없이 개발시켜 나아간다. 그것은 깨달음의 전기에 이르러서도 마찬가지인데, 이것을 가리켜 해탈로부터 해탈한다고 말한다. 해탈에서만 해탈이 추구되는 것이지 해탈 밖에서 달리 해탈을 구하려 한다면 영원히 해탈을 맛보지 못한다. 다만 해탈인 줄을 알고 느끼며 맛보는 것이다. 그래서 초기불교

---

28 『長阿含經』 卷17(大正藏 1, pp.107~109).

의 가르침에서는 허물어진 탑에는 흙을 바를 수 없다고 하였다. 처음부터 진리에 이르는 올바른 길을 선택해야 그 올바른 결과에 다다른다는 것이다. 호남선을 타고 부산에 가려고 한다면 참으로 어리석은 일이기 때문이다.

여기에서 불교와 외도의 차이는 미미하다. 그러나 그 미미한 차이가 결정적인 의미를 지니고 있다. 그것은 세계관의 내용에 관계하는 것만이 아니라 궁극적인 결론에 다다른다든가 끝없는 개발로 나아간다든가 하는 문제와 관련되어 있다. 이것은 나아가서 불교와 외도만의 문제가 아니라 현재의 선을 수행하는 사람에게도 무한한 충고를 주고 있다. 이것은 대승경전 가운데서도 반야계통의 경전에서 크게 부활했다. 반야는 깨달음이지만 그 자리에 머물러 있지 않고 무한히 확산한다. 『반야경』에 보이는 자리행과 이타행은 지속적으로 전진하여 궁극적으로 반야바라밀에 도달한다.

이처럼 깨달음은 지속성을 특징으로 한다. 그 깨달음은 단 일회성의 깨달음으로부터 다회성의 깨달음으로 나아가고, 다회성의 깨달음에서 영원한 깨달음으로 나아가며, 궁극에는 애당초 깨달음이 완성되어 있다는 견해로 전개되어 왔다. 그런데 자세히 살펴보면 그 지속은 다름이 아니라 전체로서 지속이지 부분으로서 지속이 아니다. 따라서 깨달음의 지속은 끊어졌다가 다시 계속되는 지속이 아니라 중간에 찰나의 단절도 없는 지속이다.

이런 까닭에 지속적인 깨달음이 되어야 원만하다. 원만한 깨달음은 수평이라든가 일직선적인 사고방식이 아니다. 순환적循環的인 사고방식이다. 이 순환循環은 순환順環과 역환逆還이 완전宛轉하게 이루어지는 행위방식이다. 따라서 깨달음은 과거만의 흔적 곧 숙오宿悟도 아니고, 현재만의 체험 곧 현오現悟도 아니며, 미래만의 바람인 대오待悟도 아니다. 언제나 어디서나 보편타당하게 현성되어 있는 순환작용의 방식이다. 이것은 저 유명한 설산동자의 구법행각을 보여주고 있는 무상게無常偈에 잘 나타나 있다.

일체의 존재는 무상하다.
이것은 생멸의 법칙이다.
그래서 생멸을 초월하면
그게 적멸의 즐거움이다.[29]

제행은 무상하다. 무상하지 않은 제행은 없다. 때문에 제행이 무상하다는 것은 생멸법일 수밖에 없다. 왜냐하면 생멸법은 모두 무상하기 때문이다. 그런데 그 생멸법이라는 것은 무상하기 때문에 반드시 소멸하게끔 되어 있다. 어느 것 하나 영원하게 지속적인 것이 없다. 따라서 생멸 자체도 또한 영원하지 않으므로 멸해 없어지고 만다. 왜냐하면 생멸법도 예외일 수는 없기 때문이다. 그래서 생멸은 소멸해 없어지는 속성이기 때문에 그 생멸은 필연적으로 적멸일 수밖에 없다. 이처럼 이미 적멸이 되고 나면 필경 그것은 상常·락樂이지 않을 수 없다. 이런 까닭에 생멸은 곧 적멸이다.

곧 제행은 무상하다. 때문에 생멸법이다. 그런데 생멸법은 언젠가 어떤 형태로든가 소멸해 간다. 생멸이 소멸해 가면 그것은 이미 더

---

29 『大般涅槃經』 卷下(大正藏 1, p.204下) “諸行無常 是生滅法 生滅滅已 寂滅爲樂.”

이상 생멸이 아니라 적멸이 되고 만다. 그 적멸은 곧 열반의 즐거움이다. 따라서 모든 것이 생멸조차도 애당초부터 적멸의 즐거움으로 현성해 있다. 이것이 곧 열반의 눈이다.

그래서 중생의 입장으로 보면 제행무상이고 일체개고이며 제법무아이고 사바예토이지만, 열반의 눈으로 보면 제행유상이고 일체위락하며 제법유아이고 상적정토이다. 그러므로 본래부터 선이 행위로서 작용하여 깨달음으로 현성되어 있는 경우라면 곧 그것은 일체 행위의 지속성에 해당한다. 그런데 그 지속성은 선의 행위로서 지속한다. 그 선의 지속적인 행위가 깨달음으로 드러나 있는 까닭에 일체의 행위는 곧 깨달음의 지속으로 현성되어 있다.

바로 이와 같은 선의 지속은 깨달음의 지속적인 현성이면서 수행의 지속이고, 수행도 다름이 아니라 깨친 이후의 수행이다. 이 경우 수행은 무엇을 얻는다든가 깨달으려는 수행이 아니라 본래부터 깨달음이 완성되어 있는 입장의 수행이다. 곧 본수本修이고 묘수妙修이기 때문이다.

그래서 일체의 행위는 본수행의 행위이고 묘수행의 행위이다. 본수행이고 묘수행의 행위는 이미 완성되어 있는 깨달음의 작용이다. 굳이 새롭게 깨달음을 향하는 향외적인 행위가 아니다. 본래부터 향내적인 행위일 뿐이다. 왜냐하면 일체 행위의 작용인 깨달음이 간단없이 지속적으로 현성되어 있는 까닭에 향외일 필요가 없다. 굳이 향외가 되어야 한다면 그것은 보살행의 방편일 뿐이다. 보살행은 어디까지나 방편이고 그 본질은 깨달음에 있다. 왜냐하면 수행의 본질적인 시작 내지 종교의 본질적인 시작은 깨달음에 있었기 때문이다. 그 깨달음이 보편성을 획득하여 널리 영원히 유지되기 위해서는 부득불 보살행이라는 방편에 의지할 수밖에 없었다. 그러나 그 방편마저도 실은 일체 행위의 지속적인 작용일 뿐이다. 그 지속적인 작용이 올바르게 이루어져 있을 때 그것은 선이 된다. 그리고 올바른 선은 다름이 아니라 올바른 깨달음이다. 올바른 깨달음은 올바른 행위 이외에 그 어떤 것도 아니기 때문이다. 바로 깨달음의 지속성을 담보해 주는 근거는 바로 깨달으려는 자리의 의지와 아울러 깨달음을 타자화하는 전개와 교화에 대한 이타의 의지로부터 가능하기 때문이다.

2) 의지의 속성으로서 신심일여

조사선祖師禪의 수증관은 수행과 깨달음을 일여하게 간주한다. 이 점은 인도선의 경우에 비하여 중국의 조사선풍이 지니고 있는 가장 큰 특징이다. 바로 그 수행과 깨달음을 다르게 취급하지 않는 모습이 선에 참여하는 사람의 몸과 마음의 관계에도 동일하게 적용되어 있다. 소위 몸의 수행과 마음의 수행은 마음의 깨달음과 몸의 깨달음에 통하는 까닭에 구태여 몸과 마음을 따로 분별하지 않는다. 이것은 기존에 인도선의 경우에 신체보다는 마음에 치중하여 온전한 사유를 중심으로 전개되던 상황과 큰 차이점이기도 하다. 조사선풍에서는 몸으로 진행하는 좌선과 마음으로 깨닫는 지혜 사이의 간극을 사실상 부정하고 있다. 그래서 좌선하고 있는 몸의 자세야말로 어떤 유혹에도 흔들리지 않는 올바른 마음의 표출이다. 달마의 면벽구년의 모습이 바로 그것이다. 달마는 깨달음을 얻기 위하여 좌선한 것이 아니었다. 이미 깨달음을 얻은 이후에 좌선을 통하여 그것을 드러내고 나아가서 자신의 정법안장을 계승할 제자를 기다리는 행위였다. 이것은 달마로부터 연원하는 조사선풍에서 몸을 여법하게 유지하는 좌선의 행위가 그대로 올바른 지혜의 마음에 통한다는 신심일여身心一如의 의지력을 여실하게 보여주고 있는 증좌이다.

그래서 어떤 행위에 대한 입장의 차이는 같은 사물에 대하여 견해의 차이를 수반하게 마련이다. 조사선은 바로 모든 문제에 있어 개괄적으로 취급하기보다는 자신에게 수용된 생생한 입장에서 취급하고 있다. 의문해의依文解義의 방식으로는 아무리 심원하다 해도 그것은 이해의 차원에 머무르기 쉽기 때문에 생명력이 넘치는 불법으로 파악되기가 그리 용이한 일이 아니다. 그런데 깨달음을 경험한다면 바로 이와 같은 행行의 불법에 철저하게 마련이다. 그래서 깨달음의 좌선은 행의 불법이지 않으면 안 된다. 곧 몸(身)의 좌가 그대로 마음(心)의 깨달음으로 통하게 되면 그것은 물심이원론物心二元論에 기초한 좌선을 초월한다. 그래서 깨달음을 얻는 데에는 몸으로써 얻으며, 몸에 의한 좌坐에 전일해야 한다는 말은 좌선이 곧 신체를 통한 행불위의行佛威儀이기 때문이다. 이러한 예는 일찍이 조계혜능에게서 그 근원을 찾아볼 수가 있다. 혜능은 선정과 지혜가 궁극적으로는 둘이 아니라 하나라는 것을 다음과 같이 말한다.

> 선지식들이여, 내 법문은 선정과 지혜가 근본이다. 대중들이여, 어리석게도 선정과 지혜가 다르다고 말하지 말라. 선정과 지혜는 일체一體로서 둘이 아니다. 선정은 곧 지혜의 본체이고, 지혜는 곧 선정의 작용이다. 다만 지혜 자체를 따를 때는 선정이 지혜에

있고, 선정 자체를 따를 때는 지혜가 선정에 있다. 만약 이와 같은 뜻을 이해하면 곧 선정과 지혜를 평등하게 닦는 것이다. 모든 수행납자들은 선정을 통해서 지혜가 발생된다든가 지혜를 통해서 선정이 발생되는 것처럼 각각 다른 것이라고 말하지 말라. 그와 같이 생각하는 것은 법에 분별상을 일으키는 것이다. 입으로는 선어善語를 말하지만 마음이 선하지 못하면 공연히 선정과 지혜가 나뉘어 선정과 지혜가 평등하지 않다. 만약 마음과 입이 모두 선하면 안과 밖이 동일하고 선정과 지혜는 곧 평등하다.[30]

혜능의 이와 같은 정혜관定慧觀은 몸의 행위로서 정과 마음의 작용으로서 혜이다. 이에 대한 더욱 구체적인 모습은 좌선에 대한 혜능의 견해에 나타나 있다. 곧 "무엇을 선정이라 말하는가. 밖으로는 형상을 초월하는 것이 선禪이고, 안으로는 산란하지 않는 것이 정定이다. 만약 밖으로 형상에 집착하면 안으로 마음이 곧 산란해지고, 만약 밖으로 형상을 초월하면 마음이 곧 산란하지 않게 된다"[31]라고 하여, 여기에서 혜능이 말하는 좌선의 의미는 좌라는 본래의 앉음이라는 의미를 일체의 행위로까지 확대시키고 있음이 주목된다. 그리하여 혜능에게 있어서 좌선의 의미는 일행삼매一行三昧의 좌선이다. 어묵동정語默動靜에 대하여 밖으로 상에 걸림이 없고 안으로 움직임이 없는 경지가 곧 좌선으로 설정되어 있다. 이러한 좌선의 의미는 후에 간화선 수행에서 화두일념의 경지로 승화되는 경우에는 행역선行亦禪 좌역선

30 『六祖大師法寶壇經』(大正藏 48, p.352下).

31 『六祖大師法寶壇經』(大正藏 48, p.353中).

坐亦禪으로 통한다.

그리고 나아가서 좌선의 의미는 앉음새 그 자체를 의미한다. 좌가 단순한 좌가 아니라 앉음새의 좌에 철저한 좌라면 지관타좌가 된다. 상식적으로 보자면 신身과 심心은 각각 다른 존재이지만 신과 심·신체와 정신은 원래 동일한 현실체現實體인데 다만 그 구별은 현실체에 대한 견해의 차이에서 온 것이다. 그것을 선에서는 본래부터 신심일여身心一如이고 성상불이性相不二라고 한다. 더욱이 상주常住를 말하는 입장에서는 만법이 모두 상주하며, 몸과 마음을 구별하지 않고, 적멸을 말하는 입장에서는 제법이 모두 적멸로서 따로 성과 상을 구별하지 않는다.

그럼에도 불구하고 몸은 소멸하고 마음은 상주한다고 말한다면 그것은 선니외도先尼外道에 불과하다. 선니외도는 신심분리身心分離를 말한다. 곧 집에 불이 났을 때 집주인은 밖으로 뛰쳐나와 죽음을 면한다. 그러나 집은 불타 없어진다. 여기에서 집주인은 정신이고 불에 타버린 집은 신체라는 것이다. 이에 대하여 혜능의 제자인 남양혜충(南陽慧忠, ?~775)은 통렬하게 신심분리를 주장하는 선니외도를 나무라고 있다.[32] 이러한 입장에서 보면 또한 심心과 성性을 나누어 성을 심의 본체로 그리고 심을 성의 현상으로 보는 이원론적인 견해도 부정된다. 왜냐하면 신身의 학도學道는 심心의 탈락이기 때문이다. 곧 신심일여·성상불이가 되어야 비로소 타좌의 불법에 철저할 수 있기 때문이다. 이와 같이 주관과 객관의 대립을 일심으로 통일시킨

---

32 『景德傳燈錄』 卷28(大正藏 51, pp.437下~上438).

것이 곧 삼계유심三界唯心이다. 그러므로 삼계유심에서 삼계는 유심의 소산이라는 의미가 아니라 삼계가 그대로 유심이라는 의미이다. 여기에서 삼계도 일심도 엄연하게 자기의 존재성이다. 삼계라고 볼 때는 삼계뿐이고 일심이라고 볼 때는 일심뿐이다. 이것을 양자의 대립으로 보는 것은 사유의 추상일 뿐이고 구체적으로는 일체불이一體不二이다. 일심이 주가 되어 삼계가 따르는 것도 아니고, 주관이 먼저이고 객관이 나중이라는 것이 아니다. 양자가 상의상자相依相資의 존재로서 일심이 일체법이고 일체법이 일심인 까닭이다.

이것은 진시방세계盡十方世界가 곧 자기라는 의미에도 통하는 말이다. 이러한 이치가 타좌로 심화되면 바로 본래의 깨달음에서 몸의 수행이 이루어지는 묘수妙修가 되어 단순한 좌선이 아니다. 이 바탕에서 전개된 불법이 곧 수증불이修証不二이다. 여기에서 수는 오롯하게 지관타좌로 실천되고 있는 경우를 말하고, 증은 바로 이 수에 의해서 나타나는 대오이다. 굳이 상대적인 개념을 붙여 설명한다면 오는 좌선이라는 수행의 이상이고, 좌선은 그 목적을 구현하기 위한 방법이라 할 수 있을 것이다.

> 대저 수修와 증證이 하나가 아니라고 생각하는 것은 바로 외도의 견해이다. 불법에서는 수와 증이 하나이다. 지금 깨달은 분상의 수행이기 때문에 초심의 변도辨道는 바로 본증의 전체이다. 그렇기 때문에 수행의 용심을 가르침에 있어서 수 이외에 증을 바라는 생각을 하지 말라고 한다. 직지의 본증이기 때문이다. 이미 수에 증이 있으므로 증은 끝이 없고, 증에 수가 있으므로 수는 시작이

> 없다. 그러므로 석가여래와 가섭존자도 모두 깨달음의 분상에서 수를 수용하였고, 달마대사와 대감혜능도 역시 깨달음의 분상에서 수를 굴렸다. 불법주지佛法住持의 발자취는 모두 이와 같다. 이미 증을 떠나지 않은 수이다. 우리들은 다행스럽게도 자신에게 갖추어져 있는 묘수를 단전單傳하였다. 초심의 변도는 바로 자신의 본증을 무위의 경지로써 얻는 것이다. 알아야 한다. 수행을 여의지 않는 깨달음을 오염시키지 않으려고 불조는 계속하여 수행의 고삐를 늦추지 말라고 가르친다. 묘수를 놓아 버리면 본증이 손안에 가득하고, 본증을 초월해 버리면 묘수는 온몸에 가득하다.[33]

이것은 곧 좌선을 하여 깨달음을 얻는다는 것을 극력 배제하고 있다. 왜냐하면 몸을 통하여 마음의 깨달음을 얻는다는 것은 몸과 마음의 불일치를 의미하기 때문이다. 그와는 선은 달리 몸의 행위가 그대로 마음의 행위라는 입장이기 때문에 좌선수행은 대오待悟도 아니고 작불도 아니기 때문이다. 수 가운데 증이 본래 갖추어져 있고 증상에서 수가 걸림이 없이 작용하고 있기 때문이다. 곧 증의 수이면서 동시에 수의 증이다. 좌선이 진실한 것이 되기 위해서는 아我와 불佛이라는 분별념을 버려야 한다. 혜능은 이것을 '깨닫지 못하면 부처도 곧 중생이고, 일념을 깨달으면 중생도 곧 부처이다'[34]고 말한다. 그래서 중생 그대로가 부처이고 부처 그대로가 곧 중생이기 때문에 중생은 부처의 중생이고, 부처는 중생의 부처이다. 다시 말하자면 중생과

---

33 『正法眼藏』「辨道話」(大正藏 82, p.18中~下).

34 『六祖大師法寶壇經』(大正藏 48, p.351上).

부처가 하나(生佛一如)인 도리로서 일체一切는 중생衆生이고, 중생은 실유悉有이며, 실유는 불성佛性이라는 구조가 가능하다.

바로 그 근저에는 철저한 신信이 자리하고 있다. 그래서 『화엄경』에서는 불법의 대해는 믿음(信)을 통해서 들어간다고 말한다. 그러니 무릇 신信이 현성하는 곳에 곧 불조가 현성하는 것이다. 곧 불조에 대한 신이 바탕이 되어 그것을 정신正信하는 대기大機가 되어야 좌선변도하여 수증불이가 된다. 그 정신이란 좌선은 불법이고 불법은 타좌를 말한다. 그리하여 보리달마는 일찍이 심신深信할 것을 강조하였다.[35]

보리달마의 여러 가지 가르침 가운데 「이입사행론二入四行論」은 달마의 선관이 가장 잘 드러난 문헌으로 이해되고 있다. 이입二入은 이입理入과 행입行入을 가리키는 말로서 여기 이입理入의 이법은 진여의 이법이다. 인위人爲를 버리고 분별을 잊고 스스로 진眞으로 돌아가는 것이다. 달리 말하면 망妄을 버리고 진으로 돌아가는 것인데, 나아가서는 진과 망이 서로 은밀하게 부합하는 것을 말한다. 행입行入은 이입의 구체적인 실천을 의미한다.

그러나 단순히 이입의 실천적인 측면만이 드러나 있는 것은 아니다. 여기에서의 '입入'이라는 말은 깨달음이라는 뜻이다. 그래서 이입은 행입의 원리이고 행입은 이입의 실천이다. 그러나 달마의 가르침은 단순히 이입과 행입이라는 각자의 입장으로만 끝나는 것이 아니다. 그 이면에는 형이상학적인 이법으로서의 이입은 곧 철저하게 행위로 드러나는 행입과 혼동되지 않고 그 자체가 뚜렷한 영역을 지니면서

---

35 『景德傳燈錄』 卷30(大正藏 51, p.458中).

그것이 동시에 깨달음의 원리로서 확대되어 행입의 하나하나에 이입의 실상이 자리하고 있다. 곧 이입이 없는 행입은 바른 자칫 무모한 행위로 나아가기 십상이고, 행입이 없는 이입은 공리공론에 빠지기 쉽다. 이러한 의미에서 달마는 행입이라는 구체적인 실천성을 이입이라는 원리성으로 재정립한 것이다. 왜냐하면 달마의 행입은 이전에 벌써 부파불교의 선수행에서 치탐욕법문治貪欲法門, 치진에법문治瞋恚法門, 치우치법문治愚癡法門, 치사각법문治思覺法門, 치등분법문治等分法門의 다섯 가지 대치법문에 해당하는 오정심관五停心觀에서 드러나 있었으며,[36] 『화엄경』에서도 그 상세한 실천이 나타나 있었기 때문이다.[37]

달마는 실천적인 수행을 그 자신이 이입이라는 원리성에 입각하여 서로의 불가분리적인 회호성回互性을 인정하고 있었다. 이처럼 달마가 행입의 원천으로 내세운 이입의 발상은 안심에서 찾아볼 수가 있는데, 『화엄경』의 내용도 그 일례와 관계가 있다. 달마는 이입의 성격에 대하여 제자들에게 다음과 같이 가르치고 있다. "이입이란 경전(教)에 의지하여 종지를 깨닫는 것이다"[38]라고 말한다. 여기에서 경전에 근거하여 종지를 깨닫는다는 자교오종藉教悟宗은 표현된 그대로 교教에 의지하여 종지宗旨를 깨닫는다는 뜻이다. 그 교란 것은 다름이 아니라 부처님의 일대시교一大示教를 말한다. 그 가르침을 심신深信함으로써 깨달음을 얻는 것이다. 이 심신은 곧 일체중생 실유불성을 자각하는

---

36 『坐禪三昧經』 卷上(大正藏 15, pp.271下~277中).

37 『華嚴經』 卷18(大正藏 10, p.97).

38 『傳燈錄』 卷30(大正藏 51, p.458中) "理入者 謂藉教悟宗."

것인데, 그 자각의 한 가운데는 중생과 부처의 자타가 없고 성인과 범부의 구분이 없다. 그 활용태가 곧 벽관壁觀[39]이다. 여기에서 벽관이 경전의 형태라면 경전은 벽관의 내용으로, 경전과 벽관이 다른 것이 아니다. 이와 같은 확신에 가득 차 있는 입장이 곧 달마 이입의 성격이다.

이처럼 오로지 정신 곧 심신의 대기만이 충분히 깨달을 수가 있다. 믿지 않는 사람들은 설사 가르쳐 주어도 알기가 어렵다. 그래서 이와 같은 증상만을 지닌 사람에 대하여 『법화경』에서는 '퇴역가의退亦佳矣'라고 말한다.[40] 부처님이 설법을 하려고 하자 그 자리에 모였던 많은 대중들이 자리를 떠났다. 그러자 부처님은 그들을 말리지 않고 조용히 지켜보았다. 그리고는 자신의 설법을 이해할만한 대중들만 남아 있음을 알고 물러갈 사람은 모두 물러갔다고 말한 연후에 비로소 설법을 하였다. 대저 발심(信)의 의지력에 의거하여 좌선으로 참학하여(行) 반드시 그 마음이 좌선하고 있는 몸에 믿음의 당체로 구현되는 경험(證)이 없어서는 안 된다. 이와 같은 믿음의 바탕에서 깨달음에 들어가는 정문이 바로 좌선이다. 그래서 신심일여는 결국 신信·해解·행行이 믿음의 마음과 좌선의 신체 사이에 여법한 조화로 성취되어 있는 깨달음의 구조이다.

---

39 壁은 밖으로부터 객진과 작위적인 망념이 침입하지 않는 것으로 心의 비유이다. 이러한 의미에서 벽을 관찰한다든지 벽이 되어 관찰한다든지 하는 것은 바로 벽을 마주 한다든가 벽을 등진다든가 하는 의미와 동일하다. 벽을 등지지 않고서는 벽을 마주할 수가 없기 때문이다.

40 『妙法蓮華經』 卷1(大正藏 9, p.7上) "如是增上慢人 退亦佳矣."

5. 의지의 표출로서 수행법과 오후보림

1) 다양한 수행법의 출현

선종에서 수행과 깨달음과 인가와 전법의 근원으로 제시되어 있는 마음먹기, 곧 어떤 행위를 끝내 성취하고야 말겠다는 각오의 의지야말로 발심으로서는 초발심시 변성정각의 경우처럼 자리의 완성이라면, 교화로서는 입전수수入廛垂手하여 이류중행異類中行의 경우처럼 이타의 원력에 이른다. 그것은 선종사에서 내세우는 수증관이 항상 궁극의 지향점을 속세로 나와서 중생을 구제하는 보살행으로 귀착되는 이유이다. 이러한 모습은 조사선풍이 크게 발전을 구가하던 당대 말기부터 더욱더 활성화되어 갔다.

수행과 깨달음이 일상생활에서 강조되고 실천되면서 더 이상 출가수행자들만의 전유물이 아니라 일반의 문화코드로서 정착되는 기반을 마련하였다. 그것은 수많은 선어록의 출현과 더불어 생활 가운데서 필수적인 교양으로서 보급되어 갔다. 그런 와중에서 조사선풍의 발전과 보급으로 말미암아 수행과 깨달음은 자체의 틀에 갇혀 있지 않고 일반 민중의 생활에까지 깊이 파고들었다. 그리하여 필연적으로 불법의 구극究極으로 모든 사람들을 향한 보살행의 이념이 더욱 강화됨에 따라 선풍의 취향도 그에 맞추어 전개되고 전승되며 평가되었다. 이와 같은 모습은 점차 조사의 계보를 체계적으로 정립하여 수많은 전등사서의 출현을 초래하였고, 선원의 수행문화로 인한 공안집의 편집과 그 활용을 말미암아 선수행의 방식에서도 공안선과 문자선과 간화선과 묵조선으로 전개되었다.

공안선公案禪은 공안에 대하여 기록하고 사유하며 참구하고 전승하는 것으로써 선수행의 방법으로 활용하는 것을 말한다. 그 공안은 경론 내지 선어록 등에서 발췌한 일화를 중심으로 형성된 일단의 내용을 일컫는다. 이 경우에 공안은 납자 자신이 개인적으로 임의로 만들어 내는 것이 아니라, 고래로부터 수많은 사람들이 선지식과 납자 사이에서 문답의 주제로 활용하거나 가르침의 소재로 활용하면서 여러 지역 내지 오랜 세월 동안 유행되어 오면서 보편적인 의미가 확보된 경우에 해당한다. 곧 불조가 개시해 준 불법의 도리 그 자체를 의미하는 까닭에 납자가 분별식정分別識情을 버리고 참구하여 깨닫지 않으면 안 되는 문제로 정착되었다. 따라서 공안은 일정한 시대성이 반영되어 있는 것이 있는가 하면, 더불어 초시대적인 생명을 가지고 있는 경우도 빈번하다. 그런 만큼 공안은 사사롭게 정의하거나 조작할 수 있는 것이 아니라 권위가 부여된 법칙과 같은 기능을 담보하고 있는 일정한 내용의 글 내지 문답으로 구성되어 있는 선문의 법어 내지 문답에 해당한다. 그래서 공안은 공공문서로서 공부公府의 안독案牘에 비유되어 법칙의 조항과 같은 의미를 지니고 유행되어 왔다.

그 모습은 당대唐代에 시작되어 송대宋代에 크게 성행하였는데, 선문헌으로 『운문광록』에서는 현성공안現成公案이라는 표현으로 등장해 있다.[41] 이 경우 현성공안은 공안이 안전에 드러나 있다는 의미로 활용되었다. 그래서 공안은 납자가 반드시 해결해야 할 문제의식의 수단에 해당하는 화두의 측면과 더불어 깨달음 자체의 측면이라는

---

41 『雲門匡眞禪師廣錄』 卷上(大正藏 47, p.547上) "睦州和尚見僧入門來便云. 現成公案. 放爾三十棒. 自餘之輩合作麼生."

두 가지 의미를 지니고 유행되었다.

송대에는 당대부터 출현하기 시작한 수많은 공안을 중심으로 그것을 정리하고 체계화하며 일종의 수행방법으로까지 활용하게 되었는데, 그로부터 공안의 기능이 다양하게 전개되었다. 공안을 채택하여 그것으로써 그 의미를 확인하고 체험하며, 타인에게 가르침의 수단 내지 불조의 가르침을 파악하는 기관機關으로 활용하게 되면서 공안 본래의 기능이 점차 보편적인 수행법으로 정착되어 갔다. 그 가운데서 형성된 공안선은 반드시 고래로부터 전승해 온 공안에 근거하여 그것을 수행방식으로 삼는다는 점에서 공안의 선수행이고, 공안에 대한 선수행이기도 하다.

그러면서 점차 보편성이 확보되면서 그 공안에 대하여 각 어절마다 또는 구절마다 짤막한 주석을 붙이기도 하고, 내용 전체에 대하여 자세한 설명을 붙이기도 하며, 전제적인 대의를 제시하기도 하고, 공안 내용을 독립적인 게송으로 표현하는 등 기타 유행을 창출해 내기에 이르렀다. 이 경우에 짤막한 주석은 착어著語라고 말하고, 자세한 설명은 평창評唱이라고 말하며, 전체적인 대의를 제시한 것을 수시垂示라고 말하고, 공안에 붙이는 게송을 송頌이라고 말한다. 이처럼 불조가 개시한 공안을 가지고 수행하는 납자가 나름대로 자기의 견해를 붙이기도 하고, 그것으로 타인에게 다른 견해를 구하기도 하며, 그것으로써 선지식에게 자기의 견해를 점검받기도 하고, 납자를 지도 내지 교화해 주는 방편으로 활용하기도 하는 유행이 널리 번져갔다. 이와 같은 방식을 수행방법으로 활용하는 경우를 문자선文字禪이라고 말한다. 곧 문자선은 공안을 바탕으로 거기에 문자를 활용하여 자신의 깜냥을 발휘하여 비평하는 것으로 수행법을 삼는다는 점에서 공안선에 대한 진일보한 모습을 보여주고 있다. 그러나 문자선의 경우 공안에 대하여 갖가지 분별을 부여하고, 또 다른 분별을 유도해 준다는 점에서 제방에서는 많은 비판이 제기되었다. 공안에 대한 납자의 견해를 피력하고 후인을 위한 참고로 활용하도록 안내해 준다는 점에서 선수행의 역사에서 송대에는 공안선과 더불어 크게 유행하였다. 그 결과 수많은 선문헌이 등장하였고, 공안만 선별하여 공안집으로 엮어내기도 하였으며, 납자의 견해를 점검하고 새로운 방향을 제시해 주는 교화 내지 교육의 기능을 가지고 지속적으로 발전하고 전개되어 왔다.

따라서 선문에서는 문자선이 가지고 있는 순기능과 역기능에 대하여 논의가 진행되기도 하였다. 그 가운데 문자선의 순기능적인 측면을 충분히 활용하는 경우에는 기존에 이미 제시되어 있는 수많은 선문답을 제시함으로써 납자의 경지를 점검하는 일종의 시험 내지 통과의례의 수단으로 활용하기도 하였다. 이로써 문자선에서 공안은 선지식에게는 일종의 시험문제이기도 하였는가 하면, 납자에게는 반드시 통과하지 않으면 안 되는 필수적인 관문의 역할로 부여되었다. 그 가운데 하나로 곧 묵조선默照禪의 수행에서는 공안이 다양하게 그리고 널리 활용되기에 이르렀다. 그러나 문자선으로 인하여 드러난 역기능은 공안으로 분별심을 조장하고 점차 형해화되며 도그마적인 모습을 갖추어 가게 됨으로써 처음에 공안이 출현했을 때의 참신한 측면이 점차 사리지고 경력 쌓기 내지는 언어유희의 측면으로 흘러가게 되었다는 점에서 찾아볼 수가 있다.

이로써 문자선의 분별적인 병폐를 극복하기 위하여 점차 공안에 대한 반성이 일어나게 됨으로써 공안을 더 이상 문자놀음의 대상으로만 파악하지 않고 그 자체를 정신집중의 방법, 그리고 제반의 번뇌를 타파하는 무기의 측면으로 활용하는 방법을 창출하기에 이르렀다. 그것이 소위 간화선看話禪의 수행법으로 출현하였다. 따라서 간화선은 한편으로는 공안선이 지니고 있는 공안 전체에 대한 사유와 참구라는 기능을 벗어나 있고, 또 한편으로는 문자선이 지니고 있는 언어문자의 분별과 도그마라는 기능을 극복하는 방안으로 출현하였다. 그것은 바로 일찍이 불조에 의하여 개시되었던 공안 가운데서 특수한 대목만 끌어내어 그 언구를 중심으로 그 어떤 견해도 가하지 않고, 오로지 언구 그대로 두고 그것만 참구하여 '이것이 무엇인가?' 하는 마음으로 정신을 집중하여 참구하는 방법이었다.

이로써 간화선은 단출한 언구를 채택하여 그 언구에 대한 분별의 사유를 가하지 않고 언구 그것에만 집중하는 까닭에 대단히 특수한 수행법으로 알려졌다. 더욱이 공안에서 채택된 언구에 대하여 일체의 질문과 답변, 경전의 인용과 사유, 선지식의 안내와 설명 등에도 의거하지 않은 채, 자신이 채택한 언구를 언구가 지니고 있는 자체의 의미까지도 부정하고 일종의 이미지로 삼아 거기에 집중적으로 참구하는 방법을 활용하게 되었다. 이와 같은 수행의 방식으로 인하여 간화선의 수행법은 대단히 특수한 양상을 지니게 되었다. 곧 간화선에서는 특정한 해답이 주어지지 않는 까닭에 정해진 답변이 없고, 그 어떤 사람과 동일한 답변이 없으며, 반면에 동일한 언구에 대해서도 무수한 답변이 가능하고, 언구 자체에 맛이 없고 색이 없으며 냄새가 없고 소리가 없어 몰자미沒滋味한 상태를 보여주기도 한다. 그러면서 누구에게나 올바른 답을 끌어내 주는 기관으로 활용된다는 점에서 활구活句로 통한다.

이에 선종사에서는 공안선과 문자선과 묵조선 및 간화선의 순서로 형성되어 왔는데, 이들 선수행의 방법은 오늘날에도 여전히 유효하다. 가령 공안선은 불조가 개시해 준 공안을 통째로 들어 사유하고 참구하는 것으로 공안을 전제全提하는 방식이라면, 문자선은 공안에 대하여 문자를 동원하여 능력껏 개인의 견해를 가하여 비평하는 자세로 수행 및 접화의 수단으로 활용하는 방식이고, 묵조선은 공안에 대한 자유로운 사유를 바탕으로 좌선으로 체험하는 방식이고, 간화선은 공안 가운데서 특수한 부분의 언구를 선택하여 그 언구를 중심으로 언구 자체에 대해서만 '이것이 무엇인가?' 하는 마음으로 참구하는 것으로 공안을 단제單提하는 방식이라는 점에서 각각 구별된다.

예를 들어본다. 한국과 중국과 일본 등 간화선의 전통을 지켜온 선종사에서 공통적으로 가장 보편적인 화두로써 제기되어 있는 무자화두無字話頭에 대하여 『굉지선사광록』에서 다음과 같이 말한다.

> 한 승이 조주종심(趙州從諗, 778~897)에게 물었다. "강아지에게도 불성이 있습니까." 조주가 말했다. "유有." 승이 물었다. "그렇다면 어째서 강아지의 가죽 속으로 들어간 것입니까." 조주가 말했다. "그것은 알고 있으면서도 고의적으로 개의 몸을 받은 것이다." 또 승이 조주에게 물었다. "강아지에게도 불성이 있습니까." 조주가 말했다. "무無." 승이 물었다. "일체중생 개유불성一切衆生皆有佛性

이라는데 어째서 강아지에게는 무無라고 하는 것입니까." 조주가 말했다. "강아지한테는 업식이 있기 때문이다."[42]

위에 인용한 공안이 전체에 대하여 그것을 대상으로 사유하고 문답하며 참구하는 수행법은 공안선에 해당한다. 그런데 위의 공안에 대하여 굉지정각(宏智正覺, 1091~1157)은 "조주는 유라고도 말했고 또 조주는 무라고도 말했다. 그러나 강아지의 불성은 천하에 널리 분포되어 있다. 얼굴이 반반해도 말이 곧은 것만 못하니, 마음이 진실하면 말이 거칠어도 괴이하게 여길 것이 없다. 칠백 갑자를 살았던 노련한 선백인 조주종심도 때로는 사람에게 속아 눈동자를 나귀 똥과 바꾸는 경우가 있다"[43]라고 비평하였다. 위의 글은 고스란히 고려시대 진각혜심(眞覺慧諶, 1178~1234)에게 인용되어 『선문염송』에 수록된 이래로 한국의 선문헌에서 무자화두의 전형으로 오늘날까지 계승되어 오고 있다. 그리고 무문혜개(無門慧開, 1183~1260)는 "강아지가 가지고 있는 불성은 불법을 온전히 드러내고 있다. 만약 자칫하여 유무에 걸리면 그대로 목숨을 상실하게 된다"라는 송을 붙여서 비평하였다. 굉지정각 및 무문혜개와 같이 공안에 대하여 비평을 붙이는 경우를 가리켜 문자선이라고 말한다. 한편 위의 공안 가운데서 '무'라는 글자만 끌어내어 '무자無字, 이것이 무엇인가?'라고 참구하는 경우는 간화선

---

42 『宏智禪師廣錄』 卷1(大正藏 48, p.17中) "復擧僧問趙州. 狗子還有佛性也無. 州云有. 僧云. 爲甚撞入者箇皮袋. 州云. 爲他知而故犯. 又僧問. 狗子還有佛性也無. 州云無. 僧云. 一切衆生皆有佛性. 爲甚狗子却無州云. 爲他有業識在."

43 위와 같음.

이라고 말한다.

그런데 무자화두의 경우에도 조주의 일화에 등장하는 경우에는 아직 화두話頭라고 말하지 않는다. 조주의 일화는 단지 무자화두의 연원에 불과할 따름이다. 조주의 그 일화가 본격적인 화두로서 생명과 기능을 가지고 출현한 것은 북송시대 오조법연(五祖法演, 1024~1104)이 조주의 일화를 공안으로 삼아 납자들에게 문제의식을 불러일으키는 기관으로 활용하게 됨으로써 가능하였다. 이렇게 보면 간화선에서 가장 보편적으로 활용하고 있는 무자화두가 탄생한 역사는 아직 천년이 채 되지 않은 셈이다. 이후로 원오극근(圓悟克勤, 1063~1135) 및 그의 제자 대혜종고에 이르면서 무자화두는 선종사에서 대표적인 화두로 기능을 하게 되었다.

궁극적으로 깨달음과 교화로 나아가는 이들 다양한 수행방식의 표출은 발심으로부터 시작된 순전한 수행의 의지가 점차 다져지고 분화되며 정밀화되어 가면서 수많은 납자들의 근기에 부합되는 방향으로 전개된 결과이다. 따라서 선종의 수행방식이 역사적으로 이처럼 점차 전문화되고 근기에 따라 분화된 방식의 발전에 따라 새로운 문화가 형성된 것은 지극히 자연스러운 모습이다. 거기에서 처음에는 출가자의 전문적인 선원문화로부터 새롭게 창출되기도 하였지만, 시대의 추이에 따라서 출가와 재가 모두에게 적용되는 보편적인 수행문화로 정립되어 갔다. 그것은 처음에 자기 인생의 고뇌로부터 비롯된 붓다의 번민이 마침내 붓다를 성취한 이후에는 점차 일체중생을 향한 이타행으로 나아가게 되었듯이, 지극히 자리적인 개인의 수행으로부터 끝내 이타의 보살행을 겨냥하는 방향으로 전개된 것은, 애초에 마음먹었던 발심의 의지가 점차 정형화되고 확대되어 가면서 필연적으로 보편성이 확보되면서 도그마적인 문화현상으로 굳어져 가게 된 것은 초발심의 각오인 의지가 변질되었다기보다 종교성의 발현으로 말미암아 보살도의 실천으로서 이류중행으로 승화된 것이라고 말할 수 있다.

2) 깨달음의 완성으로서 오후보림

선수행에서 궁극적인 목표를 깨달음으로 설정하고 있으면서 깨달음의 지속성을 강조한 결과, 소위 깨달음의 사회화 곧 보살행으로 승화하지 않으면 안 되는 상황을 맞이하였다. 그것은 선수행에 대한 의지가 깨달음에 그치지 않고 깨달은 경험에 대하여 그 완성이라는 점에서 반드시 오후보림悟後保任이 필요하기 때문이다.[44] 여기에서 선의 수증관에 대한 발심으로서 의지는 비로소 깨달음의 찰나적인 경험에 그치지 않고 이후로 깨달음의 완성을 위한 지속적인 보림에 이르는 속성을 완성하게 된다. 이처럼 깨달음에 대한 최초의 경험 이후의 지속적인 수행에 크게 관심을 기울인 선풍이 바로 조사선이었는데, 그 연원은 중국선의 시작에 해당하는 보리달마이다. 때문에 이후로 달마는 관음보살의 화현으로 간주되었다.[45] 6세기 초에 달마가 중국에 도래한

---

44 선수행에서 깨달음에 대한 용어로서 가장 보편적으로 활용되는 것이 悟와 證이다. 悟는 미혹한 마음으로부터 지혜를 얻는 깨달음의 마음으로 轉回하는 찰나의 경험에 대한 것이고, 證은 오랜 수행을 쌓아 그 결과로서 성취되는 경험에 대한 것이다. 따라서 悟는 돈오의 측면이 강조된 것이라면 證은 점수의 측면이 강조된 용어에 해당한다.

이후로 선법은 새로운 양상으로 전개되었다. 선이 인도에서 발생하여 불교의 수행법으로서 중요한 역할을 해온 것은 분명하다. 그러나 인도의 선은 주로 수행적인 측면에 머물러 있었던 것도 사실이다. 그것이 바로 돈오頓悟의 오悟보다도 점수漸修의 수修의 측면이 강조되었다. 그 수행일변도의 선이 하나의 종파로서 교단을 형성하여 명실상부하게 체계화되고 발전한 것은 중국에 전해진 이후부터다. 그 선봉장에 서 있는 사람이 다름이 아닌 달마였다.

이후에 달마조사를 위시하여 전개된 일군의 선풍을 소위 조사선이라고 불렀다. 보리달마의 도래 이후에는 거의가 그 후손들에 의하여 전승된 까닭에 중국불교에서 전개된 보리달마 이전의 선법을 통칭 습선習禪으로 간주하여 본격적인 선종의 범주에서 제외하였다. 그리고 달마선은 이들 습선과 차별되는 점이 강하였다. 소위 달마선은 의도적이고 조작적으로 무엇이 되는 것(爲)이 아니었다. 그와는 달리 유형 내지 분별의 그 무엇이 되지 않는 것, 다시 말하자면 무엇도 아닌(非) 입장에서 그 어떤 것이 되는(卽) 것이었다. 그래서 선은 분별이 아닌 것이 되는 것이었다(禪非). 분별심이 없는 사량(非思量)이 그렇고, 계교의 사량을 하지 않는 마음(非心)이 그러하며, 당체의 사량(卽思量)이 그렇고, 망상과 번뇌가 없는 생각(無念)이 그러하며,

45 『祖堂集』 卷2(大藏經補編 25, p.334中) "志公云: 陛下見之不見, 逢之不逢. 梁武帝問曰: 此是何人? 志公對曰: 此是傳佛心印觀音大士."; 『林間錄』 卷上(卍新續藏 87, p.256上) "楞嚴曰. 此方眞敎體. 淸淨在音聞. 故舊說多言達磨乃觀音應身. 指楞伽可以印心. 則其旨盖嘗曰佛語心爲宗故也."; 『天目中峰廣錄』 卷11(大藏經補編 25, p.811上) "西天皆化佛化菩薩應身爲祖以傳命燈故達磨謂是觀音應身."

현실 그 자체인 마음(卽心)이 그렇고, 사량을 초월하여 자각하고 작용하는 마음(平常心)이 그것이다.

소위 인도적인 선의 개념은 자세하고 단계적이며 분별적이고 사유적인 측면이 강하다. 이것은 본질을 강조하는 데서 유래한 것이다. 현실이 그대로 진리라는 자각을 강조하는 선험적인 본질을 추구하는 인도적인 선은 현실의 자신보다도 자신의 현실을 내세우는 중국적인 선의 특징인 실존實存과는 달리 이존理存의 측면이 강조되었다. 자각이 그대로 현실이기는 하지만 자각을 강조하는 선은 이존의 특징을 지니게 마련이다. 현실을 자각의 현실로 추구하는 선이란 지금의 일상을 강조하는 실존의 특징을 지닌다. 그래서 실존과 이존의 사이에는 간격이 없는 틈새가 자리하고 있다. 그 무분별의 틈새를 메우려는 노력과 결실이 보리달마에 의하여 이루어졌다. 보리달마는 이존의 자각과 더불어 실존의 작용을 통하여 새로운 개념을 창출하였다. 이존적인 자각이 본질의 실현이었다면 실존적인 작용은 실체의 구현이었다. 보리달마의 경우 자각이 동시同時에 동간同間에서 동각同覺되는 것이었다. 이와 같은 이존의 자각과 실존의 작용을 아우른 것이 소위 조사祖師였다. 그래서 조사는 이존이면서 실존을 무시하지 않고 실존이면서 이존을 바탕으로 한 궁극적인 인간상이었다. 이에 대하여 가장 전형적인 가르침을 보리달마의 가르침에서 선비禪非의 요소를 찾아볼 수가 있다. 이 경우 조사에 대한 직접적인 언급은 달마의 어록에 등장한다.[46]

---

46 『少室六門』「二種入」(大正藏 48, p.370上) "감각은 갖가지 반연을 버리고, 호흡은 고요히 흔들림 없으며, 마치 마음이 장벽과 같아져야 바로 깨달음에 들었다 하리라. 부처님 심법의 종지를 깨우쳐 평등하여 차별과 그릇됨 없고, 이해와

이러한 조사선풍이 형성되고 전개되어 가면서 혜능을 거쳐 마조 무렵에는 그 절정에 달하였다. 곧 일상의 걷고 머물며 앉고 눕는(行住坐臥) 행위에 불성의 작용 아님이 없었고 불성의 실천 아님이 없었다. 그 전통의 형성에 크게 공헌한 경전 가운데 하나는 『원각경』이었고, 그것을 중시한 인물 가운데 한 사람은 달마였다. 이들의 공통적인 기반은 모든 중생들이 이미 깨달음을 구비하고 있다는 본래성불本來成佛의 사상에 기초한 내용이었다. 본래성불은 보리달마가 도래한 이후 그 사상에 근거하여 후대에 형성된 소위 조사선[47]의 기본적인 바탕이다. 이에 대한 사상적인 내용은 『원각경』에서 찾아볼 수 있다.

> 세존이시여, 만약 모든 중생이 본래성불이라면 무슨 까닭에 다시 일체의 무명이 있다고 하십니까? 중생에게 무명이 본유라면 무슨 인연으로 여래께서는 다시 본래성불이라고 설하시는 것입니까? 시방세계의 기타 중생들이 본래성불이면서 후에 무명을 일으키는 것이라면 일체의 여래에게도 언젠가는 다시 일체의 번뇌가 발생되는 것입니까?[48]

한편 이러한 의미로 활용된 본래성에 대한 긍정적인 표현은 마조도

실천이 서로 계합되면 그것을 바야흐로 조사라 하네(外息諸緣 內心無喘 心如牆壁 可以入道 明佛心宗 等無差誤 行解相應 名之曰祖)."

47 祖師禪에서 조사의 근원적인 의미는 보리달마를 가리킨다.

48 『大方廣圓覺修多羅了義經』(大正藏 17, p.915中) "世尊 若諸衆生本來成佛 何故復有一切無明 若諸無明 衆生本有 何因緣故 如來復說本來成佛 十方異生 本成佛道 後起無明 一切如來 何時復生一切煩惱."

일(馬祖道一, 709~788)의 "본유는 금유이다. 때문에 달리 수도라든가 좌선에 의거되지 않는다. 곧 수행도 없고 좌선도 없는 그것이야말로 여래청정선이다"[49]라는 말에도 나타나 있다. 경문에서 말하는 본래성불本來成佛과 본래성불도本來成佛道, 그리고 마조도일이 말하는 불수不修와 부좌不坐는 조작적이고 분별적인 것을 초월해 있는 본래적인 것에 대한 강한 긍정이다. 이와 같은 본래성불의 개념은 선종에서 더욱 크게 전개되어 갔다.

보리달마는 중생이 부처님과 동일한 성품을 구비하고 있음을 심신深信할 것을 강조하였고,[50] 혜능은 본래부터 지니고 있는 그 깨달음의 성품을 그대로 작용할 것을 강조하는 단용차심但用此心을 말하였으며,[51] 남악회양은 수행과 깨달음은 본래부터 없었던 적이 없으므로 개개인은 단지 번뇌에 물들지 않아야 할 것을 강조한 단막염오但莫染汚를 말하였고,[52] 마조도일은 천연적인 깨달음의 작용이 몸소 자신에게 이미 드러나 있다는 것을 강조하는 도불용수不用修를 말하였으며,[53]

---

49 『景德傳燈錄』 卷28(大正藏 51, p.440中) "本有今有 不假修道坐禪 不修不坐卽是如來淸淨禪."

50 『景德傳燈錄』 卷30 「菩提達磨略辨大乘入道四行」(大正藏 51, p.458中) "理入者謂藉教悟宗 深信含生同一眞性 但爲客塵妄想所覆不能顯了."

51 『六祖大師法寶壇經』(大正藏 48, p.347下) "菩提自性 本來淸淨 但用此心 直了成佛."

52 『六祖大師法寶壇經』(大正藏 48, p.357中) "師曰 還可修證否 曰 修證卽不無 汚染卽不得."

53 『景德傳燈錄』 卷28(大正藏 51, p.440上) "道不用修但莫汚染 何爲汚染 但有生死心造作趣向皆是汚染 若欲直會其道平常心是道 謂平常心無造作無是非無取捨無斷常無凡無聖."

백장회해는 깨달음의 진리가 우리네 일상의 행위와 작용에 그대로 미치고 있다는 체로진상體露眞常을 말하였다.[54] 이와 같은 당대唐代의 생기발랄한 선풍은 오대五代에 계승되면서 더욱더 숱한 어록의 등장과 다양한 기관機關의 창출로 등장하였다.

당대 선어록의 출현 및 그 보편적인 전개는 조사선풍의 발전과 전개에 따른 조사의 역할 내지 개념에 대한 최대한도의 성과로 나타났다. 그 어록에 등장하는 다양한 제접방식은 기관 내지 이치理致로 나타났다. 이치는 선지식이 제자를 제접하는 방식에서 경론의 도리에 근거한 것으로 보편적이고 교의적인 측면이 주류를 형성하고 있음에 비하여, 기관은 각각의 근기에 따른 교화방식으로 보다 구체적이고 형식적인 것으로 작략 내지 수단이다. 그것이 송대에 들어와서는 새로운 선풍의 창출의 측면 내지 사상의 발전적인 측면보다는 오히려 당대에 유행되었던 기존의 방식을 답습 및 재현 내지는 응용적인 측면으로 전개되어 갔다.

그 가운데 하나가 새로운 수행법의 창출이었다.[55] 이와 같은 모습은 곧 첫째는 선종법맥의 폭넓은 상전수수相傳授受와 그 방식, 둘째는 총림생활에 대한 청규의 보편적이고 세분화된 모습, 그리고 셋째는

---

54 『景德傳燈錄』 卷9(大正藏 51, p.268上) "師登座擧唱百丈門風 乃曰 靈光獨耀逈脫根塵 體露眞常不拘文字 心性無染本自圓成 但離妄緣卽如如佛."

55 송대에 새롭게 창출된 선수행법으로 默照禪과 看話禪을 언급할 수 있다. 이들 묵조선과 간화선의 성립 배경은 각각 唐代에 발생하고 전개되었던 조사선풍의 순수했던 모습을 자각 내지 회복시키려는 데에 있었다. 김호귀, 「看話禪의 성립배경」(『普照思想』 제19집. 보조사상연구원, 2003); 김호귀, 「默照禪의 성립배경」(『韓國佛敎學』 제34집. 한국불교학회, 2003).

선수행 방식의 다양한 창출 등으로 나타났다. 이 가운데서 법맥이 폭넓게 상전수수되었다는 것은, 당대에는 단일한 스승에 대하여 그 종맥과 법맥이 단일하게 일치하였지만 송대에 들어와서는 종맥과 법맥이 다른 경우도 나타났다는 의미이다.

이로써 주로 당대 선어록의 출현 및 그 보편적인 전개는 조사선풍의 발전과 전개에 따른 조사의 역할 내지 개념에 대하여 최대한도의 성과를 창출하였다. 그러한 어록에 등장하는 다양한 교화방식은 기관機關 내지 이치理致로 나타났다. 이치는 선지식이 제자를 제접하는 방식에서 경론의 도리에 근거한 것으로 보편적이고 교의적인 측면이 주류를 형성하고 있음에 비하여, 기관은 각각의 근기에 따른 제접 방식으로 보다 구체적이고 형식적인 것으로 작략作略 내지 수단이다.

이들 이치와 기관이 더욱더 활발하게 전개되면서 선종에서는 번뇌의 단제와 깨달음의 완성이라는 점에 대하여 분명한 입장을 취하였다. 일반적으로 하는 말 가운데 견혹見惑은 돈단頓斷으로서 돌멩이를 부수는 것과 같고, 사혹思惑은 점단漸斷으로서 연근의 실과 같다는 말이 있다. 제아무리 크고 단단한 바위일지라도 망치로 지속적으로 때려 부수면 언젠가는 두 쪽이 나고 만다. 곧 견혹은 간화선의 화두 내지 묵조선의 좌선을 통하여 어느 한 순간에 마음이 열리는 견혹의 타파로서 견성이다. 견혹은 지성적知性的인 미혹으로서 돈단이 가능하다. 그러나 사혹은 정의적情意的인 미혹으로서 한 찰나에 제거되지 않는다. 곧 감정과 의지에 관련된 미혹은 돈단이 불가능하기 때문에 점단일 수밖에 없다. 깨달음의 경험은 깨달음의 완성이 아니라 진정으로 깨달음을 완성하는 계기일 뿐이다. 그래서 오후보림悟後保任이 중요하게 취급되었다. 이에 오후보림의 성격에 대하여 그것을 깨달음의 실천이자 일상화로 다루어 갔다. 곧 일상생활에서 실천되는 깨달음은 조사선의 전체를 통하여 전개되어 왔는데 그 깨달음의 실천이 바로 오후보림이었다.[56]

따라서 오후보림은 필연적으로 깨달음에 대한 실천의 모색을 그 속성으로 한다. 이 점이 바로 의지의 출발점에 해당하는 발보리심에 그치지 않고 지속적인 정진을 수반하여 깨달음의 성취인 오후보림에 도달해야 하는 근거로서, 선종이 자리의 깨달음으로부터 이타의 보살행으로 나아가게 된 연유이다. 선의 수행은 일상의 번거로움을 벗어나서 적정처에서 홀로 사유와 명상을 중심으로 연유한 까닭에 처음부터 독각과 같은 이미지의 성격이 강하였다. 그와 같은 모습은 선종으로 교단을 구성하고 선원을 중심으로 집단적인 수행의 모습을 유지하는 데에 이르러서도 크게 달라진 것은 없었다. 따라서 생태적으로 깨달음을 우선적으로 추구하는 이상 그와 같은 전통은 당연한 것이었지만, 선종이 대승불교의 시대에 출현하고 전승되는 과정에서 이타행을 도외시할 수가 없었던 것은 물론이다. 그래서 선종의 궁극은 수행으로 성취한 깨달음을 회향하는 모습에서 추구하였다. 그것이 곧 발심과 수행과 증득과 인가와 전법과 교화의 추이를 지니게 된 선종의 구조였다.

56 오후보림을 특별히 강조한 수행법이 묵조선의 입장이었다. 묵조선의 수행은 깨달음에서 출발하여 그것을 자각하는 깨달음으로 귀결하는 까닭이었다.

6. 수행과 의지의 상의상관

선리禪理에는 회호回互와 불회호不回互라는 말이 있다. 회호는 일체와 더불어 교섭하면서 서로 융즉하는 방식으로 성취해 가는 개념으로서 열려 있는 관계이고, 불회호는 일체와 교섭하되 철저하게 본위를 고수하면서 차별되는 방식으로 성취해 가는 개념으로서 닫혀 있는 관계이다. 나아가서 이들 회호와 불회는 다시 때로는 회호하면서도 때로는 불회호하는 관계로 작용한다. 그런 속성을 지니고 있는 까닭에 열린 관계와 닫힌 관계는 언제나 상호 유동적으로 기능하면서 궁극에는 일체를 성취한다. 발심의 출발점에서 작용하는 의지야말로 수행과 깨달음과 보림과 교화에 이르기까지 두루 작용하고 있지만 그 전체로서 완전하기보다는 항상 필요조건으로 기능하고 있다. 발심에서는 고뇌하는 문제의식으로, 수행에서는 보리심을 성취하려는 각오로, 깨달음에서는 번뇌를 벗어나는 대분지와 지관타좌로, 보림에서는 정진의 지속성으로, 교화에서는 정혜일체와 신심일여로 작용하고 있다.

선종에서 이와 같은 의지가 구도심으로 승화된 경우는 비일비재하다. 그들의 공통점은 명백하다. 정법안장을 얻어서 불조의 혜명을 계승하는 것이었다. 달마에게서 위법망구했던 태조혜가(太祖慧可, 487~593), 풍질에 걸렸다가 죄와 병의 공성을 깨달았던 감지승찬(鑑智僧璨, ?~606), 구속과 해탈의 이치를 터득했던 대의도신(大醫道信, 580~651), 불성의 이치를 체험했던 대만홍인(大滿弘忍, 601~674), 경전의 일구를 듣고 발심했던 대감혜능(大鑑慧能, 638~713)의 일례

기타가 그것이었다. 발심의 의지는 이와 같은 구도심으로부터 대오의 경지를 체험한 이후에도 교화의 방식으로 다양하게 전개되었다.

청원행사(靑原行思, ?~740)는 언설의 표현을 초월한 깨달음인 성제제일의聖諦第一義의 수행에조차 집착이 없는 것이라 말했다. 석두희천(石頭希遷, 700~790)은 '내 가르침은 예전부터 부처님께서 전수해주신 것이다. 그래서 선정과 정진에 집착이 없이 불지견佛知見을 통달하면 곧 그 마음이 부처가 된다. 그래서 본래의 청정한 마음과 부처와 중생과 보리와 번뇌가 이름만 다르지 그 본체는 동일하다'고 말했다. 약산유엄(藥山惟儼, 751~834)은 몸소 좌선의 모습으로 항상 그것을 실천하였다. 운암담성(雲岩曇晟, 780~841)은 '오직 딱 하나뿐'이라 말했다. 동산양개(洞山良价, 807~869)는 성제제일의조차 추구하지 않는 것이라 말했다. 남악회양(南嶽懷讓, 677~744)은 수행과 깨달음은 다른 것이 아니므로 단지 본래심을 오염시키지 않을 뿐이라 말했다. 마조도일(馬祖道一, 709~788)은 깨달음이란 조작적인 수행과는 아무런 상관이 없이 그대로 완성되어 있고 작용하고 있다고 말했다. 백장회해(百丈懷海, 749~814)는 진리의 바탕이 현재의 모습 그대로 드러나 있다고 말했다. 황벽희운黃檗希運은 본래심이란 본래부터 그렇게 갖추어져 있고(大機) 언제나 누구에게나 현금에 작용하고 있다(大用)고 말했다. 임제의현(臨濟義玄, ?~867)은 본래심이란 수행의 유무에 상관이 없으므로 가는 곳마다 그대로 완전하고(隨處作主) 행하는 작용마다 그대로 진리(立處皆眞)라고 말했다.

이들 선자들이 보여주고 있는 수행과 깨달음에 대하여 경험한 일련의 내용들은 한결같이 강렬한 발심의 계기가 노출되어 있다. 그것은 어찌되었건 자신의 문제를 해결하려는 자각으로부터 시작되었고 그것을 끝까지 놓지 않고 자강불식하며 지속적으로 밀고 나아가는 정진력이 바탕하고 있었다. 곧 모든 생사에 걸쳐서 셀 수 없는 겁 동안 난행難行을 견디고 버텨내면서 무량무변 백천만억 나유타 항하사 아승지겁에 걸쳐 불도를 성취하면서도 마음에 전혀 피곤과 게으름이 없는 불해장엄정진不懈莊嚴精進, 삼천대천세계에 겁화가 일어나더라도 부처님을 친견하기 위하여, 불법을 듣기 위하여 중생을 선법에 안주하도록 하려고 마땅히 그 겁화를 뚫고 나아가 마침내 중생심을 극복하고 대비심에 안주하는 용건정진勇健精進, 보살이 선근을 닦아 정진하여 일체선근을 일으키고 나아가서 아뇩다라삼먁삼보리로 회향하여 일체지一切智를 성취하는 수습선근정진修習善根精進, 보살이 중생을 교화하려고 정진을 일으키는 데 있어 중생의 성품이 참으로 다양하고 허공계처럼 무량무변하지만 그 중생을 남김없이 모두 제도하기 위하여 정진하기를 서원하는 교화정진敎化精進이었다.

의지의 일반적인 정의는 어떤 목적을 설정하고 그것을 성취하려는 의도적인 정진을 말한다. 이 의지가 선의 수행과 결부될 경우에는 사뭇 다양하게 작용한다. 그것은 깨달음을 성취하려는 자리행으로서 위법망구하는 신심으로 철저화되고, 일체중생에게 회향하려는 이타행으로서 중생을 잊지 않고 중생을 버리지 않으며, 내지 곤충 등 미물에 이르기까지 항상 자비심을 내어 맹세코 그들을 제도하려는 원행으로 보편화된다. 그래서 임제의현은 이르는 곳마다 주인이 되고 처하는 곳마다 모두 참되다고 말했고, 조주종심은 그대들은 하루 종일 부림을 당하지만 나는 하루 종일 부리면서 산다고 말했으며,

서암사언瑞巖師彦은 매일 자기 자신을 향하여 주인공을 찾으면서 성성적적醒醒寂寂하게 살아갈 것을 주의하면서 스스로 그렇다고 다짐한 것은 그 좋은 예이다. 따라서 이들 내용은 다음과 같이 정리할 수가 있다.

첫째로 불교에서 의지의 속성으로, 선종에서 의지의 기능과 속성은 어떤 모습이었는가. 의지는 우선 교리적인 속성으로 제기되었다. 그것은 불교의 시작에서부터 찾아볼 수가 있다. 불교는 붓다의 자기고뇌와 그 자각으로부터 비롯되었다. 그것은 바로 자신에 대한 각성인 깨달음과 타인에게도 각성을 권장하는 교화로 귀결되었다. 그런데 이와 같은 붓다의 자리이타의 행위에는 주체로서 붓다 자신의 커다란 의지가 바탕이었다. 소위 자신의 인생에 대한 근본적인 문제해결을 위한 자유의지로서 발심과 서원이 그것이다. 발심으로는 자신의 성취를 위한 수행의 출발점이 되었고, 서원으로는 일체의 중생을 구제하는 교화의 사업이었다. 발심에 대한 자비는 천상천하 유아독존이었고, 타인에 대한 자비는 일체중생 실유불성이었다.

의지의 기능으로서 가장 보편적으로 형성된 것은 대승불교에서 다양하게 형성된 신앙의 모습이었다. 일체중생의 실개성불의 사상을 바탕으로 하여 중생이 구원되는 근거가 확립되었다. 그 가운데는 보살관념이 작용함으로써 강력한 타력신앙의 의미가 가미되었는데, 관음·미타·미륵·지장·약사·보현·문수·대세지 등이 그것이다. 이들 신앙에는 반드시 보살을 중심으로 다져진 큰 원력을 중심으로 형성되어 오늘날까지도 가장 왕성한 신앙이 되어 중생의 구원을 담당하고 있다.

둘째로 선수행의 출발점으로서 발심은 수행을 하고 깨달으며 교화를 하는 불교의 근본적인 행위의 시작으로서 거기에는 반드시 강력한 자유의지가 근거를 이루고 있다. 그것은 붓다가 수행방법으로 채택한 선을 중심으로 하였는데, 중국으로 전래되면서 더욱더 크게 작용하여 좌선을 위주로 한 선종으로 확립되었다. 따라서 발심은 수행의 출발이면서 거기에 그치지 않고 궁극에 깨달음으로 향하는 근원이기도 하다. 그러나 그와 같은 의지로서 발심이라고 해도 강력한 계기가 필요한데 그것은 열 가지 덕을 쌓아야만 가능하다. 이로써 발심은 믿음의 시작일 뿐만 아니라 자기의 확인이고 자기의 성취로서 주체성의 확립이다.

자기의지의 발현인 발심은 지속적으로 계승되지 않으면 의미가 없다. 그와 같은 발심의 지속은 자기의 성취일 뿐만 아니라 궁극에 일체중생을 구원하려는 교화에 이른다. 우선 자신의 성취는 깨달음의 성취이고, 나아가서 중생의 구원으로 올바른 교화를 행해 나아가지 않으면 발심의 완성은 이루어지지 않는다.

셋째로 선수행에서 의지의 기능으로서 의지력의 표출인 발심은 선수행의 양상으로 제시되어 갔다. 우선 간화선의 수행에서는 의지가 대분지의 덕목으로 작용한다. 대분지는 수행의 궁극인 깨달음에 나아가는 지속적인 에너지이다. 그래서 대분지는 대신근과 대의문과 함께 간화선을 수행을 여법하게 완수하는 필수적인 요소이다. 여기에서 대분지는 강렬한 구도심에 근거한 정진이다. 달마의 정법안장을 계승한 혜가를 비롯하여 임제의 수행에서 볼 수가 있듯이 위법망구하는 자세를 유지하는 근거이다. 그리고 후대에 출현한 소위 간화선의 화두참구에서 특히 중요한 덕목으로 자리매김하였다. 대분지는 자신의 의지를 줄기차게 진행시켜 나아가는 간절한 염원으로부터 발휘되지 않으면 안 된다. 그것은 깨달음에 대한 자각을 성취하는 각오이다.

한편 묵조선의 수행에서는 좌선을 중심으로 진행되는 지관타좌의 수행 간덕목이 바로 자신의 의지를 고스란히 보여주고 있다. 묵조선의 수행이 새로운 깨달음을 지향하지 않는 것은 이미 깨달음에서 출발하고 있는 까닭에 그것을 자각한 좌선의 모습에 드러나 있기 때문이다. 따라서 지관타좌는 수행일 뿐만 아니라 깨달음의 표현으로서 이불성에 그치지 않고 행불성으로서 부처를 닮아가는 습불의 개념이다. 바로 그와 같은 지관타좌는 다름이 아니라 깨달음에 현전성취되어 있는 현성공안이기도 하다. 이에 지관타좌는 올바른 몸의 자세가 그대로 깨어 있는 마음의 해탈이다. 이로써 수행과 깨달음이 다르지 않는 정혜일체로서 설정되어 있다. 따라서 지관타좌는 일체법이 모두 진리의 법으로 본증자각의 바탕일 뿐만 아니라 현성공안의 증좌이다.

넷째로 깨달음에서 의지의 속성에서 깨달음은 의지의 결과로 가능하지만 그 충분조건은 아니다. 선수행의 근본적인 목적은 깨달음으로서 지혜의 터득이다. 그러나 깨달음은 자신이 성취하고 싶다는 바람대로 의지에 따라 저절로 완성되는 것은 아니지만 그 의지가 없어서도 불가능하다. 이에 발심의 의지와 그 의지의 성취인 깨달음에는 반드시 굳건한 신심과 지속적인 정진이 필요하다. 그 까닭은 자리행과 이타행의 지속적인 정진으로 말미암아 반야바라밀에 도달하기 때문이다. 깨달음은 지속성을 특징으로 하는데, 그 깨달음은 단 일회성의 깨달음으로부터 다회성의 깨달음으로 나아가고, 다회성의 깨달음에서 영원한 깨달음으로 나아가며, 궁극에는 애당초 깨달음이 완성되어 있다는 견해로 전개되어 간다. 그 과정은 일직선적인 사고방식이 아니라 순환적인 완전으로 이루어진다. 그래서 깨달음은 과거와 현재와 미래에 속하는 것이 아니라 항상 원만하고 보편적인 순환작용의 방식으로 작용한다. 그 작용은 본수행이고 묘수행으로 이미 완성되어 있는 깨달음이다. 때문에 누구에게나 언제나 본래성과 보편성을 획득한 보살행으로 나아갈 수가 있다.

이처럼 보살행에는 신심일여라는 의지의 속성이 내재하고 있다. 조사선에서는 몸으로 진행하는 좌선과 마음으로 깨닫는 지혜 사이의 간극을 부정한다. 좌선하고 있는 몸의 자세는 그대로 마음의 표출인 까닭에 거기에는 신심일여의 의지력이 여실하게 작용하고 있다. 수증일여에 속하는 혜능의 정혜관을 비롯하여 남양혜충의 선니외도에 대한 비판은 그 좋은 사례이다. 그래서 좌선을 하여 깨달음을 얻는다는 것이 아니라 이미 성취되어 있는 깨달음을 극현성시켜 나아가는 것은 자신의 몸과 마음의 일치로서 가능하다. 곧 수 가운데 증이 본래 갖추어져 있고, 증상에서 수가 걸림이 없이 작용하고 있다는 것이 그것이다. 신심일여는 결국 신·해·행이 믿음의 마음과 좌선의 신체 사이에 여법한 조화로 성취되어 있는 깨달음의 구조이다.

다섯째로 의지의 표출로서 수행법과 오후보림에 대해서는 불법의 성취를 위한 첫걸음으로 발심을 통해서 궁극에 깨달음 나아가서 중생교화에 이르기까지 끝내 성취하고야 말겠다는 각오의 의지는 자리의 완성에 그치지 않고 이타의 원력으로 향한다. 그래서 선종에서는 보살행의 이념이 더욱 강화되었고 선풍의 취향도 그에 맞추어 전개되고 전승되며 평가되었다. 그와 같은 선종의 수증관에서 공안선과 문자선과 묵조선과 간화선이라는 새로운 수행방식을 출현시켰다. 그 결과 선종사에서는 공안선과 문자선과 묵조선 및 간화선의 순서로 형성되어 왔다. 공안선은 불조가 개시해 준 공안을 통째로 들어 사유하고 참구하는 것으로 공안을 전제全提하는 방식이고, 문자선은 공안에 대하여 문자를 동원하여 능력껏 개인의 견해를 가하여 비평하는 자세로 수행 및 접화의 수단으로 활용하는 방식이며, 묵조선은 공안에 대한 자유로운 사유를 바탕으로 좌선으로 체험하는 방식이고, 간화선은 공안 가운데서 특수한 부분의 언구를 선택하여 그 언구를 중심으로 언구 자체에 대해서만 '이것이 무엇인가?' 하는 마음으로 참구하는 것으로 공안을 단제單提하는 방식이다. 궁극적으로 깨달음과 교화로 나아가는 이들 다양한 수행방식의 표출은 발심으로부터 시작된 순전한 수행의 의지가 점차 다져지고 분화되며 정밀화되어 가면서 수많은 납자들의 근기에 부합되는 방향으로 전개된 결과이다.

그런데 선수행은 깨달음을 지속적으로 보완해 가는 오후보림에 주목하였고, 더욱이 깨달음의 지속성을 강조한 결과 깨달음의 사회화 곧 보살행으로 승화되어 갔다. 이를테면 선수행에 대한 의지가 깨달음에 그치지 않고 깨달은 경험에 대하여 그 완성을 겨냥한 것이 오후보림이었다. 그리고 깨달음의 완성으로서 조사선은 다시 선법의 일상적인 실천을 강조함으로써 보살행에 초점을 맞추어 갔다. 이처럼 오후보림은 깨달음에 대한 실천의 모색을 그 속성으로 하여 의지의 출발점에 해당하는 발보리심에 그치지 않고 지속적인 정진을 수반하여 이타의 보살행으로 나아가게 되었다. 그러한 과정에서 관음보살의 화현으로 간주되었던 달마의 경우처럼 선종이 지니고 있는 독각과 같은 이미지를 탈피하고 이타행을 향하여 깨달음을 회향하는 모습으로 전개되었다.

이처럼 선종에서 의지의 기능은 불법의 출현을 가능하게 해준 발심을 형성하는 근본이면서 본격적으로 선수행을 통하여 깨달음에 나아가게 해주는 근원의 속성을 지니고 있다. 그러한 의지는 선수행이 단지 깨달음에만 그치지 않고 지속적인 보완으로서 오후보림의 정진으로 계승되면서 궁극에는 신심일여의 수증관에 근거한 이타행으로서 보살행으로 성취되는 근거로 작용하고 있다.

참고문헌

『長阿含經』, 大正藏 1.
『出曜經』, 大正藏 4.
『金剛般若波羅蜜經』, 大正藏 8.
『妙法蓮華經』, 大正藏 9.
『華嚴經』, 大正藏 10.
『大般涅槃經』, 大正藏 12.
『坐禪三昧經』, 大正藏 15.
『大方廣圓覺修多羅了義經』, 大正藏 17.
『金剛般若論』, 大正藏 25.
『大慧普覺禪師語錄』, 卷29.
『金剛般若經贊述』, 大正藏 33.
『鎭州臨濟慧照禪師語錄』, 大正藏 47.
『雲門匡眞禪師廣錄』, 大正藏 47.
『六祖大師法寶壇經』, 大正藏 48.
『緇門警訓』, 大正藏 48.
『禪關策進』, 大正藏 48.
『宏智禪師廣錄』, 大正藏 48.
『少室六門』, 大正藏 48.
『景德傳燈錄』, 大正藏 51.
『正法眼藏』, 大正藏 82.
『高峰原妙禪師語錄』, 卍新續藏 70.
『玄沙師備禪師廣錄』, 卍新續藏 73.
『林間錄』, 卍新續藏 87.
『祖堂集』, 大藏經補編 25.
『天目中峰廣錄』, 大藏經補編 25.
『曹溪眞覺國師語錄』, 韓佛全 6.

『禪家龜鑑』, 韓佛全 7.

小川一乘, 『佛性思想』, 東京: 文榮堂, 1982.

竹村牧男, 『禪と唯識』, 東京: 大法輪閣, 2006.

마스다니 후미오 지음, 박경준 옮김, 『근본불교와 대승불교』, 대원정사, 1988.

김호귀, 「看話禪의 성립배경」, 『普照思想』 19, 보조사상연구원, 2003.

______, 「默照禪의 성립배경」, 『韓國佛教學』 34, 한국불교학회, 2003.

{심리학에서의 의지}

우리는 무엇을 추구하며 살아가는가?

조긍호(서강대학교 심리학과 명예교수)

심리학에서 의지의 문제는 주로 목표지향적인 동기 행동으로 다루어져 왔다. 욕구 또는 동기는 바라는 대상을 얻으려 하거나 싫어하는 대상으로부터 멀어지려는 목표지향적인 행동을 유발하는 유기체 내적인 힘을 가리킨다. 그러므로 동기 행동의 가장 기본적인 특징은 목표지향성이다. 이렇게 동기 행동의 제일의 특징을 목표지향성이라고 보면, 동기 행동은 어떤 목적을 이루기 위해 행위자가 의식적·주도적으로 진행하는 행동, 곧 의지적 행동이라고 할 수 있다.

서구심리학에서는 이러한 욕구를 생물체로서의 유기체 내적인 결핍상태로부터 연유하는 생리적 욕구(예: 배고픔·목마름·성욕), 주변 세계의 신기함과 새로움으로부터 호기심을 충족시키고 이를 탐색하고자 하는 심리적 욕구(예: 탐색·인식·자율성 욕구) 및 사회에서 중시하는 가치나 대상들을 목표 대상으로 하는 사회적 욕구(예: 성취·권력욕)의 세 유형으로 구분하여 연구하고 있다. 이 셋 가운데 서구인들이 인간 삶의 중심적인 욕구 체계로 받아들여 온 것은 개인적 발전의 근거가 되는 심리적 욕구(개인적 욕구)였다.

오랫동안 동아시아인들의 삶의 지도이념이었던 유학의 체계에서는 사람의 욕구를 생물체적 생존욕구, 자기중심적인 이기적 욕구, 사회적으로 높은 평가를 받는 대상을 추구하려는 사회적 욕구 및 자기 수양과 도덕적 지향성의 욕구로 대별하여 제시하고 있다. 이 가운데 앞의 세 가지는 서구심리학에서도 제시하는 욕구이지만 도덕적 지향성의 욕구는 유학의 체계에서 독특하게 제시하고 있는 것으로, 삶의 과정에서 덕을 이루는 일, 곧 성덕成德을 삶의 목표라고 간주하는 유학자들은 이를 인간의 중심 욕구로 상정하고 있다.

현대 서구심리학에서는 추구하던 욕구의 대상이 획득되면 행복감과 쾌락을 가져온다는 점에서 동기 행동은 기본적으로 쾌락추구적인 행동이라고 보아, 개체 중심적인 쾌락 추구를 긍정적으로 받아들인다. 서구 사회에서는 이성 주체로서의 인간의 존재 의의를 개체성을 기반으로 하여 인식하므로, 개체로서의 행복의 추구를 삶의 목적으로 삼는 경향이 다분하다는 점에서 이는 자연스러운 일이다. 이에 비해 사회성에서 도덕 주체로서의 인간의 존재 의의를 찾으려 하는 유학의 체계에서는 생물체적 욕구와 개인적 욕구(이기적 욕구와 사회적 욕구)의 추구는 조화로운 사회관계의 형성과 유지에 해악을 끼치는 원동력이라고 간주하여, 이의 충족을 억제하려는 경향을 강하게 드러낸다.

서구심리학이나 유학의 체계 모두 인간 욕구의 위계적 질서와 발전을 중시한다. 서구심리학에서 마슬로우는 인간의 욕구가 "생리적 욕구—안전 욕구—소속과 사랑 욕구—존중 욕구—자기실현 욕구"의 단계로 발전해 간다고 보고 있다. 이는 개체로서의 자기 발전의 단계를 제시한 것으로, 개체성을 중심으로 하여 인간 삶을 이해하려는 서구인들에게 있어서 그럴 법한 귀결이다. 이에 비해 유학의 핵심 경전인 『대학』에서는 "격물格物—치지致知—성의誠意—정심正心—수신修身—제가齊家—치국治國—평천하平天下"의 팔조목 욕구위계설을 제시하고 있다. 이 팔조목 위계설은 자기 수양 및 도덕적 지향성 욕구의 위계만을 제시한 것으로, 이는 개인적 욕구의 향악성向惡性을 강조하여 이의 억제를 강조하고 도덕적 지향성의 욕구를 중시하는 유학의 체계에서 당연한 이론적 전개인 셈이다.

앞에서 목표지향적인 동기 행동을 의지적 행동이라고 간주한 근거는 이러한 목표추구적인 행동이 의식적·주도적으로 이루어진다는 사실에 있었다. 그러나 최근의 사회심리학 및 진화심리학의 동기 관련 연구에서는 생리적 욕구나 심리적 욕구 또는 도덕적 지향성 욕구에 의해 발동되는 행동의 원천이 반드시 행위자에게 인식되는 것은 아님이 밝혀지고 있다. 이러한 결과는 동기 행동을 일률적으로 의지적 행동이라고 보는 관점 또는 의지적 행동의 근거를 의식성에서 찾는 관점에 의문을 가지게 하는 사실이다.

인간이 무엇을 추구하며 살아가고 있는가 하는 문제에 대해서는 인간이 신체적이거나 심리적인 조건으로 인해 적극적으로 접근하고자 하거나 회피하고자 하는 대상에는 어떤 것이 있는가 하는 문제를 중심으로 하여, 심리학에서는 이러한 유기체 내적인 행동의 원인 상태를 주로 동기, 욕구, 또는 추동이라는 제목으로 탐구해 왔다.[1]

현대심리학이 철학으로부터 독립하여 개별과학으로 출범한 지 이미 140여 년이 지났지만,[2] 아직까지 심리학자들 사이에 동기라는 개념에 대한 일치되는 견해는 없다. 프로이트(Freud, S.) 같은 정신역동론자들은 행동 배후의 내적인 긴장 상태를 동기라 하고, 마슬로우(Maslow, A.) 같은 인본주의자들은 행동의 내적 지향성을 동기라 하며, 스키너

---

1 유기체(有機體, organism) 내적인 행동의 원인 상태를 drive, need, motive, motivation이라 하는데, 이들은 그 내포하는 의미가 약간씩 다르다. 보통 drive(趨動)는 신체생리적인 상태에 근원을 두고 있는 행동의 원인 상태를 말하고, motive나 motivation(動機)은 심리적인 근원을 갖는 원인 상태를 말하며, need(欲求)는 이 두 가지 측면을 모두 포괄하여 지칭하는 용어로 사용된다. 이 글에서는 특별한 경우를 제외하고는 일반적으로 널리 사용되는 욕구와 동기라는 용어를 별 구분 없이 사용하기로 한다.

2 보통 독일의 Wilhelm Wundt가 Leipzig 대학에 심리학 실험실을 창설한 1879년을 현대 과학적 심리학의 출범연도로 잡는다. Boring(1950)은 최초의 심리학사 교과서인 『실험심리학사』(A History of Experimental Psychology)에서 "오늘날 모든 심리학자들이 알고 있듯이 1879년 세계에서 최초의 공식적인 심리학 실험실을 창설하였다"(pp.323~324)는 점에서, "빌헬름 분트는 실험심리학의 '창설자'라고 불리는데, 이는 그가 독립과학으로서의 심리학이라는 관념을 처음으로 제기한 최초의 '심리학자'라는 사실을 의미하는 것"(p.316)이라 기술하여, 이러한 사실을 밝히고 있다.

(Skinner, B.) 같은 행동주의자들은 인간 행동을 이해하는 데 자극에 대한 반응체계인 습관 이외에 겉으로 관찰되지 않는 동기라는 개념은 불필요하다고 주장하기도 한다.

이렇게 동기에 대하여 일치된 견해를 가지고 있지 못한 이유 중의 한 가지는 이것이 전적으로 추론에 의지하여 이끌어질 수밖에 없는 것이기 때문이다. 즉 동기란 어떠한 경우에도 직접적으로 관찰될 수는 없으며, 외부 대상에 접근하거나 이를 회피하려는 행동이나 언어 표현 또는 안면 표정과 같은 정서적 표현에 대한 관찰을 통하여 추론될 수밖에 없다는 데에서 동기에 대한 개념화가 힘든 근원의 일단을 찾아볼 수 있는 것이다.[3]

이와 같이 동기 또는 욕구에 대한 개념을 정확히 규정하는 것은 매우 어려운 일이기는 하나, 이를 유기체 내적인 행동의 원인 상태라고 보는 것은 모든 동기이론가들의 공통적인 의견이다. 즉 동기 또는 욕구는 좋아하는 대상(예: 맛있는 음식)을 가지려고 접근하거나 싫어하는 대상(예: 타인의 비난)에서 멀어지려고 회피하는 반응을 유발하는 유기체 내적인 상태를 말한다. 이렇게 동기 또는 욕구란 좋아하거나 싫어하는 대상을 추구하거나 회피하려는 목표지향 행동을 활성화하

---

3 심리학을 포함한 과학의 역사에서는 직접 관찰할 수는 없지만 인간의 행동을 이해하기 위해서 꼭 필요하다고 간주되는 내적인 상태를 상정하고, 이를 다양한 은유(metaphor)를 사용하여 설명하려는 경향을 띠어 왔는데(Gentner & Grudin, 1985; Leary, 1990), 이러한 맥락에서 McReynolds(1990)와 Weiner(1991)는 겉으로 직접 관찰되지 않는 내적 상태인 동기에 대한 설명에서도 역사적으로 다양한 은유가 사용되어 왔다고 주장한다.

여, 이러한 행동을 어느 정도의 강도를 가지고 지속하게 하는 유기체 내부에 갖추어진 힘을 말한다. 이러한 목표의 획득 또는 회피는 그 자체 쾌락을 유발하므로, 동기적 행동은 그 자체 쾌락추구적인 행위이다.

동기 행동을 통해 쾌락이 얻어지면 이러한 행동을 유발한 동기 또는 욕구 상태가 감소되는 등의 변화가 나타난다. 그렇지만 그 후 다시 어떤 조건이 갖추어지면(예: 음식을 섭취한 지 네 시간쯤 지나면) 또다시 같은 동기 상태가 유발되어, 똑같은 목표지향 행동을 또다시 하는 순환적 과정이 반복된다. 이렇게 동기 행동은 목표지향성, 지속성 및 순환성의 특징을 갖는다는 것이 동기이론가들의 일반적인 견해이다.[4]

1. 동기의 종류: 우리는 무엇을 추구하는가?

인간의 동기 또는 욕구의 수는 인간이 추구하는 목표 대상의 수만큼이나 무한하다고 할 수 있다. 그러나 이러한 동기 또는 욕구를 그 유발조건이 비슷한 것끼리 묶어 보면, 대략 세 가지로 분류할 수 있다는 것이 서구 현대심리학의 일반적인 관점이다. 이들은 생물체적 존재로서의 인간이 갖추고 있는 생리적인 욕구들(예: 배고픔·목마름·성욕 등), 인간 본성을 이루고 건전한 발달을 추구하는 과정에 개재하는 심리적인 욕구들(예: 탐색·인식·자율 욕구 등) 및 사회적 존재로서 사회생활

4 Bargh, Gollwitzer, & Oettingen, 2010, p.268; Geen, 1995, pp.1~5; Petri, 1996, pp.5~7; Pittman, 1998, p.549; Reeve, 2005, pp.6~7.

과정에서 습득되는 사회적 욕구들(예: 성취·권력욕 등)이다.[5]

1) 생리적 욕구

생리적 욕구는 어떤 상황적 요인(예: 장시간의 음식이나 수분 결핍)으로 인해 생물체로서의 유기체의 신체 생리적 조건이 균형을 잃는 데에서 유발된다. 인간의 신체를 포함한 모든 유기체는 신체 내적인 생리적 과정에서 안정된 균형을 유지하려는 경향이 있는데, 이를 항상성恒常性 또는 동질정체(同質停滯, homeostasis)라 한다. 이러한 동질정체는 생명 유지에 절대적인데, 유기체가 제대로 적응하며 기능을 발휘하기 위해서는 좁은 한계 내에서 평형상태가 유지되어야 한다. 삶의 과정에서 만일 이러한 동질정체의 평형상태가 깨지면, 원래의 평형상태로 되돌아가기 위한 노력을 하게 되는데, 이러한 과정에서 나타나는 것이 바로 생리적 욕구들이라는 것이 동질정체 이론가들의 주장이다.[6]

예를 들면, 모든 유기체의 체온은 매우 좁은 범위 내에서 벗어나지 않고 유지되어야 한다. 체온이 정상 범위에서 약간만이라도 이탈되면, 정상으로 복귀하려는 동질정체의 기제機制가 작용된다. 즉 유기체는 차가운 환경에 노출되면 체온 유지를 위하여 몸을 움츠려 노출 부위를

---

5 Reeve, 2005, p.103, Figure 5.1; 이 세 가지 동기 중 생리적 욕구와 심리적 욕구는 인간 본성 속에 내재한 것으로서 누구에게나 공통적이지만, 사회적 욕구는 성장 과정에서 학습된 것으로 그 내용이나 강도에 문화 간 및 개인 간에 차이가 있을 수 있다는 것이 동기이론가들의 공통된 의견이다(Reeve, 2005, pp.103, 71~288).

6 Cannon, 1932; Dempsey, 1951.

적게 하며, 동시에 체표면의 혈관을 수축시켜 혈액의 따뜻함을 잃지 않게 하고, 몸을 떨어 열이 나게 한다. 더운 날씨에는 말초혈관이 팽창되어 열이 밖으로 나가게 하고, 땀을 흘려 기화열로 몸을 냉각시킨다. 이러한 방식으로 동질정체라는 자동적 균형 유지 기제는 체온을 정상 범위 내에 유지하게 만든다.

이외에도 혈당의 농도, 혈액 내 산소 및 탄산가스의 수준, 세포 속의 수분함유량, 호르몬 분비로 인한 체내 화학적 성분의 변화 등 수없이 많은 조건을 조절하는 자동적 기제가 있다. 이러한 신체 생리적 조건의 변화에 의해 유발되는 욕구들에는 배고픔, 목마름, 체온 유지, 산소 흡입, 수면, 성추동 등 생물체로서의 생존에 직결되는 다양한 욕구들이 있다. 이러한 생리적 욕구들에 관한 연구는 이러한 욕구를 유발하는 신체 내적 변화의 내용, 이러한 신체 생리적 변화를 받아들여 통제하는 대뇌중추(brain center)와 대뇌 신경 생리 기제 등에 관한 과학적 분석을 중심으로 하여 진행되고 있는데, 여러 생리적 욕구 중에서 배고픔과 목마름 및 성추동에 관한 연구가 가장 많이 이루어졌다.

(1) 배고픔

음식물의 섭취 및 섭취 중지와 관련된 대뇌중추는 유기체의 활동성을 관장하는 중뇌中腦에 속해 있는 시상하부(視床下部, hypothalamus)인데,[7] 시상하부의 두 부분이 배고픔 및 음식 섭취 행동과 관계가 있는

7 시상하부는 중뇌의 가운데쯤 있는 아주 작은 기관으로, 인간의 경우에는 아몬드 크기만 하여 대뇌 전체의 대략 1% 정도 되는 작은 부분인데(Reeve, 2005, p.53),

것으로 밝혀지고 있다. 그 하나는 섭식중추攝食中樞라고 불리는 외측 시상하부(LH)로, 이 영역이 자극되면 유기체는 음식물을 찾아 먹는다.[8] LH 영역에 전기 자극을 계속 통해 주면 배불리 먹은 동물도 먹는 행동을 지속하며, 또 이 부분을 외과적 수술을 통해 떼어내면 동물들은 음식 섭취를 중단하는데, 이런 동물들은 특별한 조처를 취하지 않는 한 굶어 죽을 때까지 먹지 않는다. 또 하나는 포만중추飽滿中樞라고 불리는 복내측 시상하부(VMH)로, 이 영역이 자극되면 음식물을 먹는 행동을 중단한다. 이 VMH 영역을 손상시킨 동물들은 음식 섭취를 계속하여, 결국 비만증을 일으키기도 한다.[9]

이렇게 배고픔의 욕구와 관련된 대뇌중추는 외측 시상하부(LH)와 복내측 시상하부(VMH)이다. 신체 내적 조건이나 기타 여러 가지 요인에 의해 LH가 자극을 받으면 배고픔을 느껴 음식물을 찾아 먹게

배고픔·목마름·성욕 등 유기체의 생리적 욕구를 관장하는 대뇌중추이다. 시상하부의 각 부분은 여러 생리적 욕구와 관련이 있는 것으로 알려지고 있는데, 시상하부 양쪽의 표피 부분인 외측外側 시상하부(lateral hypothalamus: LH)는 음식물의 섭취 행동을, 시상하부 안쪽의 앞부분인 복내측腹內側 시상하부(ventromedial hypothalamus: VMH)는 음식물 섭취의 중지를, 시상하부의 앞쪽 표피 부분인 전측前側 시상하부(anterior hypothalamus: AH)는 물 마시는 행동을, 시상하부의 뒤쪽 표피 부분인 후측後側 시상하부(posterior hypothalamus: PH)는 성 행동을 유발하는 것으로 밝혀지고 있다.

8 특정 대뇌 영역의 기능을 연구하는 방법 중 대표적인 것의 한 가지는 대뇌의 특정 부위에 미세전극(微細電戟, micro-electrode)을 삽입한 후 전기 자극을 흘려보낸 다음 피험동물의 행동이 어떻게 변화하는지를 관찰하는 뇌자극화(腦刺戟化, brain-stimulation)의 방법이다.

9 Reeve, 2005, pp.82~88.

되지만, VMH가 자극을 받으면 포만감을 느껴 먹는 행동을 중단하게 되는 것이다. 그렇다면, 배고픔과 관련된 이 두 대뇌중추를 자극하는 신체 생리적인 요인에는 어떠한 것들이 있는가? 대체로 혈당 수준, 위장 충만도 및 체온의 세 요인이 시상하부의 식욕 조절에 영향을 미치는 것으로 밝혀졌다.

혈액 속의 당분이나 포도당 수준이 낮아지면 식욕을 일으키고, 당분 수준이 높아지면 식욕이 떨어진다. 고양이를 사용한 실험에서 인슐린 주사(혈당 수준을 낮춤)를 해주면 VMH보다 LH의 신경 활동이 증가한 반면, 포도당 주사(혈당 수준을 높임)를 해주면 VMH의 신경 활동은 증가하지만 LH의 세포는 활동이 감소된다는 사실이 밝혀졌다.

VMH에 있는 세포들은 위장의 충만감에 반응함으로써 음식물을 과잉 섭취하지 않도록 작용한다. 음식물이 입과 식도를 거치지 않고 배고픈 동물의 위장 속으로 직접 주입되어도 동물의 VMH는 이에 반응하며, 주입된 음식물을 튜브를 통해 위장으로부터 제거해 내어 위장 충만감을 없애면 동물은 이 손실을 보충하기 위해 다시 먹기 시작한다. 이러한 결과는 VMH가 위장의 팽창에 반응한다는 사실을 시사한다.[10]

더운 환경에 있을 때 대개의 동물과 인간은 추운 환경에 있을 때보다 더 적게 먹는다. 온도에 반응하는 기제는 분명치 않으나, 머리를 뜨겁게 하면 식욕이 떨어지고 머리를 차갑게 하면 식욕이 늘어나는 것으로 볼 때, LH가 대뇌 온도의 감소에 반응하고 VMH가 대뇌 온도의 증가에

---

10 Deutsch, Young, & Kalogeris, 1978.

민감하게 반응함을 알 수 있다.[11]

인간과 인간이 키우는 가축이나 반려동물을 제외한 자연 상태 동물들의 섭식 행동은 전적으로 이러한 신체 생리적인 요인이나 환경 조건의 변화에 의존하여 LH와 VMH의 작용으로 이루어진다. 그러므로 자연 상태에서 생활하고 있는 동물들의 체중은 정상적인 범위 안에서 유지될 뿐, 절대로 비만증에 이르지 않는다. 동물들 가운데 정상체중의 범위를 벗어나 비만증에 이르는 것은 인간과 인간이 키우는 가축과 반려동물밖에 없다.

이는 인간의 섭식 행동이 전적으로 신체 생리적인 조건에 의지해서 이루어지는 것만은 아니라는 사실을 시사한다. 정상체중보다 14~75% 더 나가는 비만인들의 섭식 행동을 관찰해 보면, 이들의 섭식 행동은 정상체중을 유지하는 사람들과 다소 다르다는 사실을 알 수 있다.[12] 정상체중인들이 배고픔을 느끼고 먹게 되는 것은 주로 내적 단서(신체 생리적 변화와 포만감)에 의해 영향을 받으나, 비만인은 외적 단서(예: 맛있게 보이는 시각적 단서와 후각적 단서 또는 점심시간이라는 시간 단서 등)나 심리적 단서(예: 근심·걱정·불안 등의 스트레스)의 영향도 많이 받는다. 즉 비만인의 섭식 행동은 시간·시각·냄새·맛 또는 음식에 대한 이야기 등 음식과 관련된 단서에 의해 결정되는 경우가 매우 빈번한 것이다.

이러한 결과는 인간에게 있어서 배고픔은 전적으로 동질정체 유지 기제에 의해 촉발되고 지속되는 생리적 동기이기만 한 것은 아니라는

---

11 Brobeck, 1960.

12 Nisbett, 1968; Petri, 1996, pp.111~118; Schachter, 1971.

사실을 암시한다. 말하자면 "인간에게 있어 섭식 행동은 신체 생리적인 평형상태가 깨어진 조건에서만 나타나는 것이 아니라, 음식과 관련된 외적인 단서와 학습된 섭식 행동의 경험에 의해 촉발되는 것"[13]으로서, 인간의 배고픔은 생리적 동기일 뿐만 아니라 심리적 동기이거나 학습된 동기이기도 한 것이다.

(2) 목마름

물 마시는 행동과 관련된 대뇌중추는 시상하부의 앞쪽 표피 부분인 전측 시상하부(AH)이다. AH를 자극하여 물을 마시게 하는 물질은 두 가지가 있는 것으로 알려져 있다. 그 하나는 신장腎臟에서 분비되는 레닌(renin)이란 효소이고, 또 하나는 뇌하수체(腦下垂體, pituitary gland)에서 분비되는 항이뇨抗利尿 호르몬(antideuretic hormone: ADH)이다. 혈액 속에 레닌과 ADH의 성분이 높아지면, AH가 자극되어 물을 찾아 마시게 되는 것이다.[14]

그렇다면 레닌과 ADH를 분비하게 만드는 신체 생리적인 조건에는 어떠한 것들이 있는가? 그 하나는 세포 안의 수분의 상실(탈수)이며, 다른 하나는 피를 많이 흘려 혈액의 양이 감소하는 것이다.

오랜 시간 동안 수분의 섭취가 중지되거나 또는 땀과 오줌으로 인한 지나친 배설에 의해 세포 내에 탈수 현상이 나타나면, AH에 있는 삼투압 수용기라는 신경세포가 흥분하게 되고, 이는 뇌하수체를 자극하여 여기서 ADH를 방출하도록 한다. 이 호르몬은 신장에 작용해

13 Petri, 1996, pp.117~118.

14 Petri, 1996, pp.118~122.

서 그곳에 차 있는 오줌의 배설을 억제하고, 이 중에서 수분을 체내에 재흡입하도록 작용한다. 그런데도 세포의 탈수가 원상회복되지 않으면 물을 찾아 마심으로써 세포의 탈수를 막으려 하는 것이다.

피를 많이 흘려 체내에 혈액의 양이 줄어들면 혈압이 낮아지는데, 이렇게 되면 신장이 자극을 받아 신장에서 혈액 속으로 레닌이라는 효소가 방출된다. 그렇게 되면 혈관이 수축되어 혈액의 유출을 줄이도록 하는 한편, 여러 단계의 화학작용을 거쳐 안지오텐신(angiotensin) II라는 물질이 형성되는데, 이 물질이 AH를 자극하여 물을 마시도록 유도한다.

이렇게 세포의 탈수와 혈액량의 감소가 AH에 작용하여 목마름을 일으킨다는 사실은 비교적 분명하지만, 아직까지 수분의 섭취를 멈추게 하는 생리적 기제는 분명하지 않다. 목마를 때 마신 물에 의해 세포의 탈수가 원상회복되기도 전에 물 마시기를 중지하는 기제는 아직 밝혀지고 있지 않은 것이다.

인간을 제외한 동물들의 수분 섭취 행동은 전적으로 신체 생리적으로 통제되지만, 인간의 경우에는 배고픔과 마찬가지로 목마름도 신체 생리적으로만 통제되지는 않는다. 인간은 목마를 때 순수한 물만을 마시는 것이 아니라 여러 가지 화학 성분과 풍미를 가미한 음료를 선호하며, 체내에서 필요한 수분보다 훨씬 많은 양의 음료를 습관적으로 섭취하기도 한다. 이러한 사실은 인간의 경우에는 목마름도 전적으로 신체 생리적인 욕구라기보다는 심리적 및 학습적 요인도 개재하여 발생하는 욕구임을 시사하는 것이다.

(3) 성추동

하등 포유류의 성 행동과 관련된 대뇌중추는 시상하부의 뒤쪽 표피 부분인 후측 시상하부(PH)로 알려져 있다. 쥐의 PH를 전기적으로 자극하면, 쥐는 구애로부터 교미까지의 일련의 성 행동을 한다. 숫쥐의 LH와 PH의 두 곳에 미세전극을 삽입한 다음, 음식과 암쥐를 앞에 놓아두고 두 곳을 번갈아 전기 자극해 줄 경우, LH를 자극하면 음식으로 다가가 먹는 행동을 하지만, PH를 자극하면 암쥐에게로 다가가 교미 행동을 한다. 이러한 결과는 하등 포유류의 성추동의 대뇌중추는 PH임을 시사하는 결과이다.[15]

하등 포유류에게 있어서 PH라는 성 행동의 대뇌중추를 작동시키는 신체 생리적인 조건은 성 호르몬(sex hormon)인 것으로 밝혀졌다. 하등 포유동물은 발정기 동안에 암놈에게서는 에스트로겐(estrogen)과 프로게스테론(progesteron)이라는 여성 호르몬이 분비되고, 수놈에게서는 테스토스테론(testosteron)을 위주로 하는 안드로겐(androgen)이라는 남성 호르몬이 분비된다. 하등 포유류에게 있어 이러한 성 호르몬의 분비는 PH를 자극하여 성 행동을 유발한다. 이들에게서는 폐경기가 되거나 거세로 인해 성 호르몬의 분비가 중지되면 성 행동이 나타나지 않는다.[16] 이렇게 하등 포유류의 성추동은 전적으로 성 호르몬의 분비에 의해 PH가 자극됨에 따라 좌우되는 생리적인 욕구이다.

영장류나 인간의 성 행동도 이러한 생리적 수준의 변화에 의해 나타나기는 하지만, 영장류 이상, 특히 인간에게서 성 행동은 대체로

---

15 Caggiula, 1967.

16 Petri, 1996; Reeve, 2005.

인식과 학습의 중추인 대뇌피질의 영향을 받는 것으로 알려져 있다. 영장류 이상의 고등 포유류에게서는 성 행동이 성 호르몬의 분비에 의존하는 경향이 매우 줄어든다. 특히 인간에게서는 폐경기가 지나 성 호르몬의 분비가 중지된 이후에도 성에 대한 관심이 지속적으로 높고, 성 행동도 계속 유지된다. 이는 인간에게 있어 성추동은 생리적 수준의 욕구이기만 한 것이 아니라, 경험과 학습 요인의 영향을 많이 받는 심리적 및 사회적 욕구이기도 하다는 사실을 의미하는 것이다. 침팬지나 보노보 같은 영장류 유인원에게 있어서는 성 행동이 자손의 번식만을 위한 것이 아니라 동맹의 형성을 위한 사회적 행동이기도 하다는 사실이 밝혀지고 있다.[17]

2) 심리적 욕구

앞에서 살펴본 바와 같은 "음식·물·이성 등에 대한 생리적 욕구들은 모두 생물적인 결핍에서 기인하는 욕구들이다. 이러한 종류의 동기 행동은 기본적으로 신체 조건의 결핍에 대항하여 이를 제거하기 위한 목적에서 수동적으로 나오는 것이라는 점에서 반사적인(reactive) 반응일 뿐이다."[18] 이렇게 생물체적 결핍으로부터 벗어나려는 욕구들의 경우에는 이러한 결핍이 채워지면 만족감(예: 포만감)을 느껴 그 욕구 상태로부터 벗어나게 되고, 어느 정도의 시간이 지나면 다시 그 욕구가 유발되어(예: 음식을 먹은 다음 몇 시간이 지나면 다시 배고픔이 나타난다) 그 결핍 상태로부터 벗어나고자 하는 반사적인 반응이 순환적으로

17 이러한 사실은 de Waal(2016/2017) 같은 영장류 학자들에 의해 거듭 관찰되었다.

18 Reeve, 2005, p.102.

반복된다. 이러한 생리적 욕구를 충족하기 위한 행동들에서 인간의 능동성과 주도성은 찾아보기 힘들다.

인간에게는 이렇게 생물체로서의 결핍 상태로부터 벗어나려는 행동을 유발하는 욕구와는 무관한 욕구들도 본성적으로 갖추어져 있다. 인간은 흥미와 즐거움을 느끼기 위해 외부 환경 세계를 탐색하고, 외부 세계에 대한 지식이나 그 현상에 대한 설명 양식을 추구하려고 하며, 환경 세계에서 부딪치는 어려움을 스스로의 노력에 의해 극복하려는 주도적인(proactive) 행위를 능동적으로 추구하기도 한다. 이러한 행동의 동기를 심리적 욕구라 하는데, 이에는 탐색 욕구, 인식 욕구 및 자율성 욕구 등이 있다.

이러한 심리적 욕구의 충족은 생리적 욕구의 경우와는 달리 전혀 불가능한 것은 아닐지라도 매우 어려운 것이 사실이다. 왜냐하면 이는 외부 자극이나 대상에 대한 결핍에서 유발되는 것이 아니라, 끊임없이 새로운 것을 추구하려는 욕구를 근간으로 하고 있기 때문이다. 새로운 대상을 추구하고자 하는 욕구는 일단 충족되고 나면 사라지는 것이 아니라, 곧바로 다른 새로운 대상을 추구하려는 욕구로 치환되는 것이다. 어떤 의미에서 인간이 이룩한 위대한 업적 뒤에는 이러한 심리적 욕구들이 있으며, 그런 점에서 이들은 모두 개체로서의 자기발전을 도모하려는 욕구들이라고 할 수 있다.[19]

---

19 이러한 욕구들은 개인적 욕구(personal needs) 또는 일반 욕구(general needs)라 불리기도 한다. Deci(1975; Deci & Ryan, 1985)는 인간의 동기를 외재적 동기(extrinsic motive)와 내재적 동기(intrinsic motive)로 구분하여 제시하고 있는데, 전자는 외부 자극의 결핍을 충족시키기 위한 동기로서 앞에서 논의한 생리적

(1) 탐색 욕구

인간은 일상생활의 상당히 많은 시간을 주변 세계를 탐색하는 데 사용하며, 걷고 말할 줄 알게 되기 이전부터 아무런 보상이 주어지지 않을지라도 이러한 탐색 활동을 지속적으로 수행한다. 어린아이들은 주변의 물건을 탐색하고 만지작거리면서 오랜 시간 동안 혼자서도 재미있게 잘 논다. 이러한 탐색 욕구는 주변 세계에서 신기하고 새로운 것을 찾아 호기심(curiosity)을 충족시키고, 새로운 감각 자극을 추구하고자 하는 활동을 유발한다.

인간뿐만 아니라 대부분의 동물들은 새로운 환경에 놓였을 때, 돌아다니며 눈으로 보고 냄새 맡는 등의 다양한 탐색 활동을 한다. 미로迷路에 넣어진 쥐는 생리적 결핍이 전혀 없고 자신의 행동에 대해 아무런 보상이 주어지지 않는 상황일 때도 이리저리 돌아다닌다. 이러한 행동이 바로 호기심을 충족시키기 위한 탐색 활동이라고 볼 수 있다. 어떤 실험에서 밖을 내다볼 수 있는 작은 창틈을 낸 밀폐된 우리 속에 원숭이들을 가두고 이들이 밖을 내다보는 시간을 측정하여 보았더니, 창틈으로 계속 똑같은 그림만이 보이도록 한 조건의 원숭이(통제 조건)는 날이 지날수록 밖을 내다보는 시간이 줄어들었으나, 매일 새로운 자극이 보이도록 한 조건의 원숭이(실험 조건)는 밖을 내다보는 시간이 점차로 증가함이 밝혀졌다.[20]

동기는 모두 이러한 외재적 동기에 해당되지만, 후자는 그 자체 흥미와 즐거움을 유발하는 대상이나 활동을 추구하고자 하는 욕구로서 이 항목에서 논의할 심리적 욕구들은 모두 이러한 내재적 동기에 해당되는 것이다.

20 Butler, 1953.

이 실험에서는 두 조건의 원숭이들에게 음식과 물 등 생리적 욕구는 완전히 충족시켜 주었으므로, 통제 조건과 실험 조건의 원숭이들의 차이는 창틈으로 똑같은 그림이 보이느냐 아니면 매번 새로운 그림이 보이느냐 하는 것밖에 없었다. 그러므로 실험 조건의 원숭이들이 통제 조건의 원숭이들보다 능동적으로 더 많이 밖을 내다보았다는 결과는 이들이 새로운 그림으로부터 호기심을 충족시키는 보상을 얻고 있었다고 해석할 수밖에 없다. 이러한 결과는 이들 원숭이들에게도 인간에게와 마찬가지로 새로운 자극으로부터 호기심을 충족시키려는 욕구가 본유적으로 갖추어져 있음을 의미하는 것이다.

어린아이의 하루는 먹고 자는 시간을 제외하고는 주변 세계를 탐색하는 일로 채워졌다고 해도 과언이 아니다. 이제 갓 기기 시작한 어린아이를 많은 장난감이 있는 방에 놓아두면, 새로운 환경에 두려움을 느끼지 않는 한 이리저리 기어다니면서 여러 물건을 만져보고 조작해 본다. 아이는 한 물건에 대한 신기함이 사라지면 계속 다음 물건으로 옮겨 다닌다. 경우에 따라 어떤 물건은 입으로 가져갈 것인데, 아이에게 있어 입은 주변 세계를 파악하는 데 손이나 눈 못지않은 도구인 것이다. 이때 장난감을 치워버리면 아이는 탐색 욕구의 좌절을 경험하여, 울거나 떼를 쓰는 등 욕구좌절을 나타내는 반응을 보인다.

이렇게 신기한 것에 대한 호기심은 새로운 감각 자극을 얻으려고 하는 활동과 연결된다. 어떤 면에서는 감각 자극의 추구 욕구가 기본적이고, 탐색과 호기심은 이의 두 가지 표현 방법에 불과한 것일는지도 모른다. 1950년대에 캐나다에서 수행된 어떤 연구에서는 대학생들을 피험자로 하여 식사와 화장실에 가는 시간을 제외하고 나머지 시간은 계속 편안한 침대에 누워 있게 하였다. 실험실은 냉난방 및 방음 장치가 되어 있어 쾌적한 분위기였으며, 피험자들은 빛은 볼 수 있으나 물체는 볼 수 없는 반투명 안경을 쓰고, 손에는 두터운 장갑을 껴 손동작을 할 수 없도록 되어 있었다. 피험자들에게는 이 실험에 참가하는 대가로 당시의 대학생들에게는 엄청난 금액인 하루에 20$씩을 보상으로 제공하였다.[21]

이 실험은 모든 감각 자극을 차단한 상황에서 인간이 얼마나 버틸 수 있는지를 확인하기 위한 감각 탈핍(sensory deprivation)에 관한 최초의 실험이었다. 이 실험의 피험자들은 동질정체의 측면에서는 아주 안락한 그곳에서 오래 있으면 오래 있을수록 매우 많은 돈을 받을 수 있었는데도, 대부분(90% 이상) 하루 이상 머무르려 하지 않았다. 48시간 이상 머물렀던 소수의 피험자들(10% 미만)에게서는 환각이나 망상 같은 부적응 반응이 나타났다. 이는 인간이 감각 탈핍의 상황을 견디지 못하고, 환경 세계로부터 감각적 자극을 계속 추구하려 한다는 사실을 알려준다.

이러한 결과는 인간에게는 새로운 자극을 탐색하여 호기심을 충족시키며, 이로부터 새로운 감각 자극을 추구하려는 욕구가 본유적으로 갖추어져 있음을 시사하는 것이다. 즉 인간은 외적 결핍으로부터 오는 긴장에서 해방되고자 하는 존재만이 아니라, 환경 세계로부터 많은 감각 자극을 받아 호기심을 충족시키고 새로운 흥분과 흥미를 얻음으로써 새로운 긴장을 추구하기도 하는 존재인 것이다.

---

21 Bexton, Heron, & Scott, 1954.

(2) 인식 욕구

사람들은 주변 세계를 탐색하여 새로운 것에 대한 호기심을 충족시킨 다음, 주변 세계와 그 속에서 이루어지는 일들에 대해 이해하려 한다. 주변 세계에 대한 탐색 욕구는 이렇게 주변 세계를 이해하고 세상사에 대한 지식 체계를 구성하려는 인식 욕구와 이어진다.[22] 동기에 대한 연구는 본질적으로 행동의 원인 상태에 관한 물음이라는 점에서 근본적으로 인식 욕구에 대한 연구는 인간의 동기에 관한 탐구에서 중심적인 중요성을 차지한다.[23]

어린아이 때부터 시작하여 사람들은 주변 세계를 탐색하여 다양한 사물과 그들 사이의 관계에 대해 이해하게 되고, 이러한 이해를 바탕으로 해서 외부 환경 세계에 적응하면서 살아간다. 주변 세계에 대한 탐색 활동을 통해, 봄 다음에는 여름이 오고 여름 다음에는 가을과 겨울이 이어진다는 등 자연 현상에서부터 나무는 돌보다 가벼워 물에 뜬다는 등 사물 사이의 관계에 이르기까지 모든 세상사에 대한 지식을 획득하는 것이 바로 인식 욕구의 작용 결과이다.

이러한 인식 욕구를 충족시키려는 활동이 환경 세계의 사물들이나 세상사에 대한 이해에만 머무르는 것은 아니다. 이러한 인식 욕구가 더욱 두드러지게 나타나는 것은 주변 사람들과 인간사에 관한 이해의 분야이다. 전통적으로 이러한 인간사에 관한 이해의 분야에서 많은 연구가 이루어진 것은 스스로에 대한 이해의 문제와 나와 다른 사람의 행동의 원인에 관한 탐색의 문제이다.

---

22 Berlyne, 1966.

23 Pittman, 1998, pp.549~550.

인간이 가지게 되는 세상사에 대한 다양한 이해와 지식 가운데 개인의 삶의 과정에서 가장 중요한 것은 바로 자기 자신에 대한 이해와 지식 내용으로, 이렇게 세상사에 대한 인식의 욕구는 우선 자기 자신을 정확하게 평가하고 이해하고자 하는 활동으로 나타난다. 이것이 바로 페스팅거(Festinger, L.)가 제시한 사회비교이론(social comparison theory)의 핵심 내용으로,[24] 그에 따르면 이러한 자기 평가와 이해는 어떤 타당한 기준에 비추어 자신을 평가하는 일로부터 비롯되는데, 이때 만일 자기 자신을 평가할 수 있는 객관적인 기준이 있으면 이에 비추어 자신을 평가하고 이해하려 하지만, 만일 그런 객관적인 기준이 없는 경우에는 다른 사람과 자신을 비교해 봄으로써 자신에 대한 평가와 이해를 이루려 한다는 것이다. 예를 들면, "내가 키가 큰 사람인지?"에 대한 평가는 자신의 키를 동일 연령층의 한국 남자 또는 여자의 키와 비교해 보면 알 수 있지만, "이 상황에서 내가 느끼는 감정이 옳은 것인지?"의 문제는 객관적인 기준이 없으므로 그 상황에서 다른 사람들의 감정 반응과 자신의 감정을 비교해 보아야 정확한 평가가 가능해진다는 것이다.

세상사에 대한 인식의 욕구는 이러한 자신에 대한 평가와 이해 이외에도 다른 사람이나 자기 자신의 행동을 보고 그 원인을 정확하게 추론하려는 활동으로도 나타난다는 것이 이 분야 연구자들의 주장이다. 이들은 자연과학자들이 자연 현상의 원인을 객관적인 자료 수집과 추론의 과정을 통하여 분석하듯이, 다른 사람이나 자기 자신의 행동의

---

24 Festinger, 1954.

원인에 대해서도 그 행동이 벌어지고 있는 상황과 그런 행동을 하고 있는 행위자의 상태나 내적 요인들에 관한 자료들을 객관적으로 수집하고 분석하여 그 원인을 추론하게 된다고 본다. 그런 점에서 일상생활을 하고 있는 사람들은 모두 자연과학자들이나 마찬가지로 '일상적 과학자(naive scientist)'라고 볼 수 있다는 것이다.[25] 이 분야의 연구자들은 이러한 행동 원인의 분석 문제를 귀인(歸因, attribution) 과정으로 체계화하여 제시하고 있다.[26]

이러한 사회비교 과정과 귀인 과정은 모두 세상사에 대한 인식의 욕구에서 유도되어 나오는 활동으로, 1960년대 인지혁명(cognitive revolution) 이후의 동기에 대한 연구에서 핵심을 이루는 탐구의 주제였다.[27] 이러한 사실은 인식 욕구가 인간의 행동을 이해하는 과정에서 핵심적으로 중요한 문제 영역임을 시사하는 것이며, 따라서 서구인들이 인간을 파악하는 기본자세, 곧 인간은 이성적 존재라는 관점을 잘 드러내 주고 있다 하겠다.

(3) 자율성 욕구

자율성의 욕구는 삶의 과정에서 부딪치는 다양한 선택과 의사결정 장면에서 다른 사람의 간섭이나 외적 조건의 강제력에 굴복하지 않고 스스로의 힘이나 바람에 따라 선택과 결정을 하고자 하는 욕구이다.

---

25 Fiske & Taylor, 1991, pp.9~14.

26 Heider, 1958; Jones & Davis, 1965; Kelley, 1967; Weiner, 1979; Weiner, Frieze, Kukla, Reed, Rest, & Rosenbaum, 1972.

27 Pittman, 1998, p.549.

사람은 누구나 자신의 행동이 스스로의 흥미, 선호, 소망 및 원망에 의해 이루어지기를 바란다. 누구나 자신의 목표를 자유롭게 설정하기를 바라고, 이를 추구하는 과정에 놓여 있는 다양한 선택지 가운데 자신에게 맞는 것을 자유롭게 결정하기를 바란다. 이러한 자유 선택과 결정을 추구하는 욕구가 바로 자율성의 욕구이다. 이렇게 "자율성은 곧 자기결정성"[28]을 의미하는 것이다.

이러한 자율성의 주관적 체험 과정에는 세 가지 요인이 함께 작동하는 것으로 밝혀지고 있다. 그것은 인과 원인의 소재 지각, 의지 및 자기 행위에 대한 선택성의 지각이다.[29]

인과 원인의 소재 지각은 행위자가 자신의 동기적 행동의 원인이 어디에 있다고 인식하느냐의 문제이다.[30] 귀인 이론가들은 보통 어떤 행동의 원인이 성격이나 의도, 동기 같은 행위자 내적인 요인에 있거나, 타인의 압력이나 상황 조건 같은 행위자 외적인 요인에 있다는 식으로 양극적 연속체 상에서 그 원인을 찾으려 한다. 이때 행위자가 자신의 행동이 자신의 흥미나 가치 또는 성격 요인 같은 데에서 발생한 것으로 생각하는 것이 내부 귀인이고, 자신의 행동이 상사의 명령이나 어쩔 수 없는 상황적 강제력의 영향으로 이루어진 것으로 받아들이는 것이 외부 귀인이다. 자율성은 행위자가 자신의 행동에 대해 내부 귀인을 할 때 체험된다. 그러므로 사람들은 자신의 행위에 대해, 특히 긍정적이거나 좋은 결과를 가져오는 행동에 대해 내부 귀인을 하려는 경향이

28 Reeve, 2005, p.106.

29 Reeve, 2005, pp.106~114.

30 Heider, 1958.

강한데, 이는 자율성 욕구의 발현이다.

의지는 어떤 활동에 참여하려는 강제되지 않은 자발성을 말한다.[31] 개인이 어떤 행동을 하거나(예: 놀이, 공부) 또는 하지 않거나(예: 금연, 금식) 간에 다른 사람의 간섭이나 외적 강제력에 의해서가 아니라 스스로 자발적으로 자유롭게 한다는 느낌이 이러한 의지의 핵심이다. 외적인 압력이나 강제력에 의하지 않고 스스로의 자유에 의해 움직이고 있을 때 의지력이 높아지는 것이다.

자기 행위에 대한 선택성의 지각은 다양한 선택의 가능성이 열려 있는 장면에서 의사결정의 유연성이 개인에게 달려 있어서 개인이 스스로 선택을 할 수 있다는 사실을 인식하는 것이다. 미리 규정된 방향으로 어쩔 수 없이 떠밀려가거나 다른 가능성이 없이 의무감 때문에 어떤 행동을 하는 경우에는 개인적 선택성을 전혀 인식하지 못한다. 다른 사람이 제시해 준 선택지 안에서만 선택이 가능할 때도 역시 개인적 선택성을 인식하지 못한다. 선택의 가능성이 완전히 개인에게 맡겨져 있다는 느낌이 중요한 것이다.[32]

이와 같이 자율성은 어떤 행동의 원인이 완전히 개인의 내부(예: 흥미, 태도, 성격, 감정 등)에 갖추어져 있어서 스스로 자유롭게 선택하여 어떤 일을 수행하거나 또는 하지 않을 때 높아진다. 인간은 바로 이러한 자율성을 추구하려 하며, 그러한 자율성을 발휘할 수 있는 일을 즐겨 추구한다는 것이 자율성의 욕구 이론가들이 주장하는 바이다.

---

31 Deci, Ryan, & Williams, 1995.

32 Reeve, Deci, & Ryan, 2003.

3) 사회적 욕구

지금까지 논의한 생리적 욕구와 심리적 욕구는 모두 사람에게 본유적으로 갖추어져 있는 욕구들이다. 전자는 생물체로서의 생존과 직결되는 욕구들이고, 후자는 심리적인 자기 발전과 관련되는 욕구들이다. 인간에게는 이 두 가지 이외에 사회생활을 하면서 후천적으로 학습된 욕구들도 있다. 이는 사회에서 중시하는 가치나 대상들을 목표 대상으로 하는 사회적 욕구들로서, 성취 욕구와 권력 욕구가 대표적이다.

생리적 욕구와 심리적 욕구는 태어날 때부터 갖추어져 있는 욕구로서, 대체로 누구에게나 똑같이 나타나고, 누구에게나 똑같은 과정을 거쳐 작동한다. 그러나 사회적 욕구는 후천적으로 사회생활을 하면서 학습된 것이기 때문에 사람마다 그 크기도 다르고, 목표 대상도 다르며, 그것을 추구하는 과정에도 차이가 있게 마련이다. 예를 들면, 사회에서 중시하는 가치나 대상을 획득하여 가지고자 하는 경우, 어떤 사람은 돈을 중시하여 더 많이 가지려고 노력하는 반면, 다른 사람은 돈은 거들떠보지도 않고 오로지 명예만을 추구하기도 하는 것이다.

(1) 성취 욕구

성취 욕구란 사회적으로 바람직한 어떤 일을 찾아 이를 이루기 위해 도전하고 노력하는 활동을 유발하는 경향성이다.[33] 이러한 성취 경향성(Ta)은 성공에의 접근 경향성(Ts)과 실패 회피 경향성(Taf)으로 구성되는데, 이는 전자에서 후자를 뺀 값(Ta=Ts-Taf)으로 계산할 수 있다

33 McClelland, Atkinson, Clark, & Lowell, 1953; Reeve, 2005, pp.167~184.

는 것이 이 분야 이론가들의 주장이다.[34]

이러한 성취 욕구는 사회적으로 학습된 동기이기 때문에 그 크기에 커다란 개인차가 있는데, 초기의 연구자들은 성취 욕구가 큰 사람과 작은 사람, 그리고 성취 욕구가 큰 집단/사회와 작은 집단/사회의 차이를 밝히는 데 관심을 집중하였다.[35] 이러한 연구들에서 밝혀진 성취 욕구가 큰 사람들은 과업지향성, 모험성, 성취에 대한 자신감, 활동성, 책임감과 미래지향성의 경향이 높은 사람들이었다. 또한 개신교 집단이 천주교 집단보다 성취 욕구가 높은 것으로 드러나고 있으며, 남성이 여성보다 성취 욕구가 높고, 서구 경제선진국 국민들의 성취 욕구 수준이 저개발국 국민들의 성취 욕구 수준보다 높은 것으로 밝혀지기도 하였다.

이러한 연구들에서는 개인의 성취 욕구 수준에 따른 제반 행동의 차이들이 밝혀지기도 하였는데, 성취 욕구가 낮은 사람들은 과제곤란도에 따라 선택 행동에 아무런 차이가 나타나지 않음(이들은 어려운 일이나 쉬운 일이나 가리지 않고 수행하려 한다)에 비해, 성취 욕구가 높은 사람들은 과제곤란도가 낮은 일이나 매우 높은 일은 피하고 중간 정도로 어려운 일을 선택해서 수행하는 경향이 있음이 드러나고 있다.[36] 과제곤란도가 낮은 일은 성취를 한다고 해도 성취감을 맛보기 힘들고, 과제곤란도가 매우 높은 일은 성취의 가능성 자체가 낮아서 성취감을 맛볼 기회가 그만큼 줄어들기 때문이다.

---

34 Atkinson, 1957, 1964, pp.240~268.

35 한덕웅, 2004, pp.57~89; McClelland, 1961, 1962.

36 McClelland, 1962.

이러한 성취 욕구의 개인차의 근원은 아동기의 독립심 훈련이 중요한 요인의 하나인 것으로 밝혀지고 있다.[37] 독립심 훈련은 부모가 자녀에게 자기주장을 하게 하고, 밖에 나가 또래들과 함께 놀게 하며, 스스로 어떤 일이든지 하게 허용하고, 집 주변의 길을 익히게 하는 것과 같이 자율성을 발휘할 사소한 기회를 많이 제공하는 일을 통해 이루어진다. 높은 성취 욕구를 갖는 사람들이 어떤 방식으로 양육되어 왔는지를 추적해 보면, 독립심 훈련과 성취 욕구 사이의 상관이 매우 높음을 알 수 있다. 이러한 독립심 훈련에서 중요한 것은 아주 어릴 때부터 그러한 기회를 가능한 한 많이 제공한다는 것이다.

종교집단 간의 성취 욕구의 차이에 대한 문화비교 연구에서 이러한 사실들이 지지받고 있다.[38] 천주교 신자들의 성취 욕구 수준은 유대교나 개신교 신자들의 그것보다 낮은 것으로 밝혀지고 있는데, 그 근거는 개신교나 유대교를 믿는 부모들이 천주교 신자인 부모들보다 자녀들이 더 어릴 때부터 독립적 행동을 하도록 요구하는 경향이 높다는 사실에서 기인한 것일 가능성이 있다.

이러한 독립심 훈련이 성취 욕구를 증진시키는 까닭은 독립심 훈련 자체가 일종의 성취 훈련이기 때문이다. 부모들은 보상과 처벌을 통하여 자녀가 어떤 일을 어떻게 수행해야 하는지를 가르치는데, 아무리 사소한 일일지라도 성취에 대해 보상을 해 주면 아이는 자기 자신에 대해 자신감을 얻게 되고, 또 다른 일을 찾아 하게 될 것이다. 이러한 과정의 반복은 여러 종류의 일들에 대하여 일반화될 것이며,

---

37 McClelland, 1962; Winterbottom, 1958.

38 McClelland, 1955.

더욱 강화되어 지속적인 성격의 일부로 굳어지게 될 것이다. 따라서 성인의 성취 욕구 수준은 아동기 동안에 부모나 주변 사람들로부터 받은 독립심 훈련에서 그 뿌리를 찾을 수 있는 것이다.

(2) 권력 욕구

권력 욕구는 한 개인이 다른 사람들을 통제하고자 노력하는 데서 잘 나타난다. "타인에 대해서 영향력을 미치거나 통제하려는 생각으로 시간을 보내며, 논쟁에서 이기려 하고, 다른 사람의 행동을 변화시키려 하며, 권위와 지위를 얻기 위해서 자신의 영향력을 행사할 방도를 찾는 데 시간을 보내는 사람"[39]이 권력 욕구가 높은 사람이다.

권력 욕구도 후천적으로 학습된 욕구의 한 가지이므로 그 크기에 있어서 개인차가 심하며, 이를 충족시키는 양상에도 개인차가 크게 나타난다. 이를 충족시키는 데에는 다음과 같은 네 가지 방법이 있다.[40]

첫째로 자신의 외부에서 권력과 강인하다는 감정을 얻을 수 있는 일을 하는 것이다. 예를 들면, 스포츠에 대한 이야기를 읽기 좋아한다든가 강인함을 느낄 수 있는 지도자에게 애착을 갖는 것 등이다.

둘째로 자신의 내부로부터 권력과 강인함을 느낄 수 있는 일을 하는 것이다. 예를 들면, 육체미 운동을 하든가 욕구와 충동을 극복(예: 금연)하는 것이다. 또한 소유는 자신의 연장이라고 받아들여, 여러 가지 사물(예: 크레디트 카드, 자동차, 골프용품 등)을 소유하는 것을 통하여 표현할 수도 있다.

---

39 한덕웅, 1985, p.312.

40 McClelland, 1975.

셋째로 타인에게 영향을 미치는 일을 즐겨 하는 것이다. 예를 들면, 타인과 논쟁을 하거나 다른 경쟁적인 일을 하여 그에게 영향력을 행사하고자 하는 것이다.

넷째로 한 조직체의 일원으로서 충성심을 가지고 활동하는 것이다. 예를 들면, 기업에서 관리자는 기업조직을 통하여, 군대에서 장교는 명령계통을 통하여, 정치가는 정당을 통하여 타인에게 영향을 미치는데, 권력 욕구가 높은 사람들은 이렇게 남에게 영향을 미칠 수 있는 조직체의 일원으로 활동하는 것을 즐긴다.

이러한 권력 욕구는 그 질적 차이에 따라 두 가지로 크게 묶을 수 있다. 그 하나는 개인화된 권력이고, 다른 하나는 사회화된 권력이다.[41] 개인화된 권력에서는 지배나 복종, 이해득실 등이 관심의 초점이 되어, 이의 충족은 다른 사람을 정복함으로써 얻어진다. 사회화된 권력에는 권력의 요구와 금지가 기묘하게 복합되어, 보통 집단의 구성원으로서의 활동을 통해 충족되는 경향이 있다. 위의 권력 욕구 충족 양상 중 두 번째와 세 번째는 개인화된 권력의 유형에 속하고, 첫 번째와 네 번째는 사회화된 권력의 유형에 속하는 것이다.

권력 욕구의 강도와 표현 방식은 성별과 연령 같은 개인적 특성에 따라 달라진다는 사실이 밝혀지기도 하였다. 일반적으로 여성의 권력 욕구는 남성보다 약하며, 표현 방식도 남성처럼 직선적이지 않다. 여성은 보통 상담자나 간호사 등 남을 보살피는 직업에 종사하는 것으로 권력 욕구를 표현하기도 한다.

---

41 McClelland, 1975, p.263.

2. 동기 행동의 기제: 목표 대상의 획득은 어떠한 결과를 가져오는가?

동기 또는 욕구는 목표추구 행동을 유발하는 유기체 내적인 상태를 말한다. 이렇게 동기 또는 욕구란 목표가 되는 대상을 추구하거나 회피하려는 목표지향 행동을 활성화하고, 이를 어느 정도의 강도를 가지고 지속하게 하는 유기체 내부에 갖추어진 힘이다. 이러한 목표 대상은 생물체로서의 생존에 필요한 대상(생리적 욕구의 경우)이거나, 심리적인 호기심을 충족해 줄 수 있는 새로운 대상(심리적 욕구의 경우)이거나, 또는 사회적으로 높은 평가를 받는 가치 있는 대상(사회적 욕구의 경우)이다.

이러한 목표의 획득은 쾌락을 유발하므로, 동기적 행동은 그 자체 쾌락추구적인 행위이다. 배고플 때 음식을 찾아 먹으면 배고픔이 사라지고 나른한 충족감이 몰려온다. 주변 세계에서 새롭고 신기한 대상을 찾아내면 이에 대한 흥미와 함께 즐거움이 솟아난다. 중간시험에서 평소에 바라던 좋은 성적을 받으면 자존감이 높아지면서 성취감이 샘솟는다. 이렇게 모든 동기 행동 곧 목표 추구 행동은 그 자체 목표 획득으로 인해 얻어지는 쾌락을 얻기 위한 도구적인 행동이다.

이렇게 목표 획득으로 인해 쾌락이 얻어지면, 그 직후에 동기 상태와 목표 추구 행동은 어떻게 되는가? 이 문제에 접근해 보기 위해서는 동기 상태와 관련된 몇 가지 은유 또는 인간에 관한 몇 가지 인식의 틀을 살펴보는 것이 도움이 될 것이다.[42]

---

42 Gentner & Grudin, 1985; Leary, 1990; McReynolds, 1990; Weiner, 1991.

1) 기계로서의 인간: 긴장 감소

다윈(Darwin, C.)의 진화론이 제시되기 이전에는 인간의 행동을 설명하는 데에는 물질과 정신의 이원 구조로 우주의 본질을 설명하는 이원론二元論이 적용되고, 인간 이하 동물의 행동을 설명하는 데에는 물질적 구조로만 우주의 본질을 설명하는 일원론一元論이 적용되는 것이 보통이었다. 인간은 신이 자기의 형상대로 창조한 존재로서(이때 인간은 동물이 아닌 신과 동격이라고 간주됨), 동물들과는 창조의 근거가 본질적으로 다른 존재라고 생각했기 때문이었다.

인간은 영혼, 곧 정신을 소유한 합리적인 존재이므로 이에 의해 스스로의 신체를 통제할 수 있음에 반해, 동물은 영혼이 없으므로 순전히 물질적인 원리에 의해서 기계적으로 작동하는 존재라는 것이 이 당시의 관념이었다. 그러나 다윈의 진화론에 의해 인간과 동물의 차이에 관한 이러한 관념은 여지없이 무너졌다. 모든 생물체는 자연선택自然選擇의 원리에 따라 점차 진화하여 오늘날의 상태에 이르렀으므로, 인간과 인간 이하 동물 사이에는 양量적인 정도의 차이가 있을 뿐 질質적인 차이가 있는 것은 아니라고 간주하는 정신적 연속성連續性의 관념을 제시한 사람이 바로 다윈이었던 것이다.

생물학 연구자들에 의해 객관적 증거들이 쌓여 이러한 진화론, 곧 정신적 연속성의 관점이 과학계의 정설로 받아들여짐에 따라, 인간 행동은 이원론적으로 그리고 동물 행동은 일원론적으로 설명하려는 관행은 더는 받아들여질 수 없게 되었다. 이제 인간 행동도 동물의 행동과 마찬가지로 어느 정도는 반사反射와 본능本能 같은 신체적 힘에 의해 직접적으로 결정되는 것으로 볼 수 있는 길이 열리게 되었던 것이다.

이렇게 되면 인간을 포함하는 모든 유기체의 행동을 하나의 관점으로 설명하자는 관념이 등장하며, 여기서 인간 행동을 설명하는 기계적 은유(machine metaphor)가 나오게 되었다. 이는 심리학의 연구를 종교나 철학으로부터 생물학의 영역으로 끌어내렸으며, 인간 이하의 동물도 비록 양적으로는 차이가 있을지라도 인간과 마찬가지로 어느 정도 지능과 합리성을 보유한 것으로 보게 되었다. 그러므로 모든 유기체의 행동은 마음과 신체를 포괄하는 이원적 체계에 의해 설명될 수 있게 된 것이다.[43]

"인간은 하나의 기계 체계"라고 보는 기계적 은유는 1920년대부터 1950년대까지의 동기에 관한 연구의 흐름을 주도하였다. 이러한 관점에서는 인간은 에너지 저장 기계로서, 이렇게 저장된 에너지의 동력에 따라 기계적·고정적·불수의적으로 반응을 하며, 이러한 반응에 따라 저장 기계에 쌓인 긴장이 발산되어야 하는 존재라고 본다. 만일 쌓인 에너지가 발산되지 않으면, 이 기계 체계에 여러 가지 문제가 생길 수밖에 없다는 것이 이 관점의 기본 전제이다.

기계적 은유에 따라 인간의 동기 행동을 설명하는 대표적인 이론은 프로이트의 정신역동 이론[44]과 헐(Hull, C.)의 행동주의적 학습 이론[45]을 들 수 있다. 이들 이론의 모형이 되고 있는 것은 수력학水力學 모형인데, 이 모형에서는 인간은 물이나 증기 저장소와 같은 기계

43 Weiner, 1991, pp.921~922.

44 Freud, 1915/1957.

45 Hull, 1943.

체계로서 여기에 증기나 물이 꽉 차면 압력이 높아져 폭발할 수 있으므로, 맨 밑에 있는 수도꼭지와 같은 배출 장치를 열어 가끔씩 차 있는 증기나 물을 뽑아주어야 한다는 것이다. 이 은유에서는 생리적 결핍 등으로 인한 욕구는 인간 기계 체계에 긴장으로 쌓이는데, 욕구 충족을 통해 이를 해소해 주지 않으면 인간이라는 기계 체계가 제대로 기능을 하지 못하게 된다고 본다.

이 모형에서는 이렇게 욕구는 인간 유기체에 긴장을 조성하고, 욕구 충족은 이러한 긴장을 해소하여 인간이라는 기계 체계가 제대로 작동하게 된다고 개념화한다. 즉 욕구 충족으로 인해 긴장 해소가 이루어져 욕구의 긴장 상태로부터 벗어나는 것이 인간이 욕구 상태에서 목표 대상을 획득함으로써 얻어지는 쾌락의 본질이라는 것이다. 그러므로 긴장 해소가 동기 행동이 지향하는 목적이 된다는 것이 인간에 대한 기계적 은유의 핵심 주장이다.

이 모형은 생리적 욕구의 작용 기제로 제시된 동질정체 이론(homeostatic theory)의 논리적 근거이다. 프로이트의 정신역동 이론에서는 충족되지 않은 욕구로 인해 긴장이 계속 쌓이게 되면, 긴장 해소가 이루어지지 않아 인간 유기체가 제대로 작동을 하지 못하게 되므로 신경증 같은 부적응의 상황이 조성된다고 주장한다. 즉 욕구 충족으로 인한 긴장의 해소는 인간에게 있어서 정화淨化 기제로서 작용하여, 욕구의 구속으로부터 인간이 잠시나마 해방되는 계기가 된다는 것이다.

2) 신의 모상模像으로서의 인간: 자극 추구

이렇게 인간을 수동적인 자동기계自動機械라고 개념화하는 기계적 은유가 1950년대까지의 동기 연구를 주도하고 있었으나, 1950년대 후반에 들어서면서 이에 대한 비판이 등장하고 서서히 인간의 능동성과 주도성을 강조하는 "신의 모상(Godlike)으로서의 인간" 이해의 관점이 세력을 넓혀 가는 변화가 나타났다. 이는 기본적으로 행동의 결정요인으로서 고등정신 개념의 포괄 필요성에 대한 헐과 톨만(Tolman, E.) 사이의 때 이른 갈등에서부터 싹트기 시작하였다. 두 사람의 이 대립은 어떻게 보면 기계적 은유의 적절성에 관한 것이었던 셈이다.

톨만의 주도 아래 진행된 잠재학습潛在學習의 연구에서는 보상을 통한 강화는 학습 그 자체를 위해 필수적인 것은 아니고, 다만 학습된 내용이 겉으로 드러나는 수행遂行의 결정요인일 뿐이라는 사실이 밝혀졌다.[46] 즉 학습되는 것은 단순히 자극-반응의 습관이 아니라, 특정 도구적 행위에 대해 주어지는 보상에 대한 기대라는 것이 이 실험의 골자였다. 그 결과 동기심리학자들은 점차로 수행의 결정요인으로서 목표기대 또는 특정 반응이 목표 획득을 이끈다는 지각이라는 인지적 개념, 곧 고등정신 개념을 포괄하게 되었던 것이다.

이외에도 동기의 연구에서 기계적 은유를 쇠퇴하게 만든 요인들에 여러 가지가 있었다. 우선 기계적 은유를 너무 글자 그대로 받아들여, 인간의 고등정신 기능과 능동적 계획성을 도외시하고 그야말로 인간을

---

46 Tolman, 1925.

야수화野獸化하여 이해하고자 하는 경향에 대한 반대가 있었다. 이어서 1950년대에서 1960년대에 이르는 기간 동안 진행된 인지 혁명으로 인하여 인간의 행동을 인지적 관점에서 이해하고자 하는 방향으로의 시대정신의 이행이 있었다. 게다가 기계적 은유로는 설명할 수 없는 실험 증거들이 쌓이고, 목표 획득에 대한 기대를 동기의 결정요인으로서 받아들이는 이론가들이 많아지게 되었다.[47]

이러한 요인들이 쌓이면서 기계적 관점으로는 인간의 행동을 이해하기 힘들고, 능동적이며 합리적인 인지적 활동을 도외시하고는 인간의 동기 행동을 이해할 수 없다는 사실이 분명해졌다. 이렇게 인간을 합리적 인지자로 파악하여 인간의 행동을 이해하는 전통적인 관점이 다시 각광을 받게 되면서, 기계로서의 인간 대신에 합리적 사고자思考者로서 인간을 이해하려는 관점이 재등장하였던 것이다.[48] 이러한 경향은 동기에 관한 연구에서도 마찬가지였다.

신의 모상으로 인간을 이해하려는 이러한 관점에서는 인간을 포함한

47 Weiner, 1991, pp.924~925.

48 이러한 경향이 고전적인 이원론으로의 복귀를 의미하는 것은 아니다. 고전적인 이원론에서는 인간의 행동은 이원론으로, 그 외 동물들의 행동은 일원론으로 이해하고자 하는 것이었는데, 새로 등장한 관점에서는 다윈의 정신적 연속성에 기반을 두고, 인간 이외의 동물, 특히 영장류 동물들도 세상사에 대한 인지적 이해가 가능하다는 사실을 전제로 하는 것이었다. 따라서 동물들의 동기도 인간의 동기와 마찬가지로 정신 과정의 개재에 의해 이해할 수 있다고 인식하게 되었던 것이다. 앞에서 언급한 심리적 동기들에 관한 논의에서 탐색 및 인식 욕구에 대한 연구가 영장류 동물들에게서도 이루어졌다는 결과들은 이러한 사실을 잘 드러내 주고 있다.

동물들, 특히 영장류 이상의 동물들에게는 주변 세계를 탐색하여 새로운 자극을 추구함으로써 호기심을 충족시키고 세상사에 대한 지식을 형성하려는 욕구가 갖추어져 있다고 본다. 이러한 탐색과 인식의 활동은 자연과학자들이 자연 현상을 이해하듯이 객관적·합리적인 사고 과정을 통해 이루어진다는 것이 동기에 대한 신의 모상적 은유의 핵심 논점이다. 이렇게 동기에 대한 신의 모상 은유는 심리적 및 사회적 욕구의 이해에 잘 적용되는 모형이다.

이렇게 신의 모상 은유에 의해 주변 세계에 대한 능동적 주도적 탐색과 합리적 이해를 위주로 하여 동기 활동을 이해하게 되면, 동기 활동으로 인한 목표 획득의 결과 얻어지는 쾌락은 새로운 것과 모르던 것에 대한 호기심의 충족에서 얻어지는 것이 된다. 이러한 관점에서 보면, 동기 행동은 긴장의 해소를 목적으로 하는 것이 아니라 새로움에 대한 계속적인 추구, 곧 새로운 감각 자극의 추구를 목적으로 하는 것이다. 즉 동기는 충족되어 해소되는 것이 아니라 항상 새로운 대상에의 추구로 지속되는 것이다.

3) 자기개발 지향자로서의 인간[49]: 욕구 위계

마슬로우(Maslow, A.)는 인간의 욕구가 위계 구조를 가지고 있다는

---

49 Weiner(1991)는 동기 연구가 취하고 있는 은유를 앞에서 제시한 두 가지(기계적 은유와 신의 모상 은유)로 들고 있다. 그러나 여기에서는 Maslow가 제시한 욕구위계설이 욕구 및 동기의 발전 과정에 관해 가장 널리 인용되는 중요한 이론이라는 점에서, 그의 이론에서 개념화하는 대로 "발전 지향자로서의 인간"을 전자의 두 가지와는 다른 또 하나의 동기 이해를 위한 은유로 보고자 한다.

욕구위계설欲求位階說을 제시하고, 그 최상의 목표인 자기실현의 욕구에 의해 개인의 삶이 지배되는 상태를 이상적 인간의 상태로 간주하는 입장을 표명하였다. 그는 자기실현(self-actualization)을 "자기가 가지고 있는 자질·역량·가능성의 충분한 사용과 개발"[50]이라 보고, 이러한 자기실현인自己實現人은 "자기 자신을 충분히 성취하여 할 수 있는 최상의 것을 해내는 사람"[51]이라는 관점에서, 자기실현의 상태에 도달하는 과정을 욕구의 위계질서 속에서 찾으려 하였던 것이다. 이러한 욕구위계설은 욕구 체계의 상위 위계로 발전하려 지향해 가는 것을 인간의 본성으로 간주한다는 점에서 "인간은 자기개발 지향자"라는 은유를 통해 인간의 동기를 이해하려 하는 것으로 볼 수 있다.

마슬로우는 인간의 욕구가 "생리적 욕구－안전 욕구－소속과 사랑 욕구－존중 욕구－자기실현 욕구"의 위계 구조를 갖는데, 하위 단계의 욕구가 충족되어야 그 다음 단계의 욕구가 출현하게 된다고 보았다.[52] 그는 "욕구의 단계는 모든 종에게 적용되는 것으로, 한 개인이 더 높은 단계에 올라갈수록 그는 더 많은 개성, 인정, 심리적 건강을 나타내게 될 것이라고 전제하고 …… 일반적으로 낮은 욕구 단계일수록 그 강도와 우선순위가 강해지는 경향이 있다"[53]고 주장하였다. 이제 마슬로우의 욕구 위계를 낮은 단계부터 순서대로 살펴보면 다음과 같다.

---

50 Maslow, 1954, p.260.

51 김성태, 1976, p.13.

52 Maslow, 1954, 1967, 1968, 1970, 1971.

53 Hjelle & Ziegler, 1981/1983, pp.416~417.

첫째, 가장 낮은 단계의 욕구는 음식물, 수분, 산소, 성, 활동과 잠, 추위나 더위로부터의 보호 등 생리적 수준의 욕구들이다. 이러한 생리적 충동들은 유기체의 생물학적 생존과 직접적으로 관련되어 있는 것으로, 개인은 이러한 기본적인 생리적 욕구가 충족되어야 그다음 단계의 욕구를 충족하기 위한 시도를 하게 된다.

둘째, 일단 생리적 욕구가 충족되면, 개인은 주변 환경과의 관계에서 안전을 추구하려는 데에 관심을 갖게 된다. 이러한 안전 욕구가 생기는 주요한 이유는 "개인의 환경 내에서 확실성·정돈·조직, 그리고 예측성을 알맞은 정도로 보장받고자 하기 때문"[54]이다.

셋째, 생리적 욕구와 안전 욕구가 잘 충족되면, 타인들과 관계를 맺고 이들과 사랑을 주고받으려는 욕구가 강해진다. "이 단계에 동기부여된 개인은 남들과의 애정적인 관계, 자기 가족 내에서의 위치, 준거집단 등을 갈망"하여, "집단의식이 개인의 주요 목표가 된다."[55]

넷째, 소속과 사랑의 욕구가 제대로 충족되면 이 동기의 힘은 사라지고, 존중의 욕구가 나타난다. 이 욕구는 스스로 자기를 존중하고자 하는 자기 존중의 욕구와 남들로부터 존중과 인정을 받고자 하는 욕구의 두 가지 형태로 나타나는데, 전자는 "강해지고 유능해지려는 노력, 자유와 독립의 추구로 나타나고", 후자는 "흔히 명예와 지위 추구로 나타난다."[56]

다섯째, 이상의 모든 욕구가 충족되고 나면, 마지막으로 자기실현의

---

54 Hjelle & Ziegler, 1981/1983, p.418.

55 Hjille & Ziegler, 1981/1983, p.420.

56 홍숙기, 2004, p.311.

욕구가 등장한다. 자기실현 욕구는 "자기 증진을 위한 개인의 갈망이며, 잠재력으로 지닌 것을 실현하려는 욕망이다. 간단히 말해서 자기를 실현한다는 것은 자기가 원하는 종류의 사람이 되는 것, 즉 자신의 잠재력을 최고로 발휘하는 것이다."[57] 마슬로우는 자기실현이 자신의 본성에 진실하고 자신과 조화를 이루는 일이라고 보아, 이를 삶의 목표로 추켜올리고 있다.[58]

마슬로우는 욕구 위계에서 하위 단계의 네 욕구, 즉 "하위 욕구"는 모두 무엇인가 외적 조건이 결핍되어 나타나는 결핍 동기라고 보았다. 이러한 결핍 동기의 작용은 대체로 긴장감소 모형을 따른다. 즉 생리적 필요, 안전, 소속과 사랑, 자기 및 타인으로부터의 존중의 결핍은 불쾌한 긴장을 유발하고, 그것의 충족은 긴장을 감소시키고 만족을 가져오므로, 그 결핍으로부터 오는 긴장을 해소시키려는 방향으로 동기화된다는 것이다. 이러한 욕구들의 결핍 상태가 오래 지속되면, 신체적 정신적으로 건강이 악화되어 신체적 질병이나 신경증·성격장애와 같은 부적응의 증상이 유발되기도 한다.

이에 비해, 최상위의 자기실현 욕구는 자기의 성장을 도모하려는 성장 동기이다. 이는 "그 자체 결핍 상태에서 생겨나기보다는 존재(being) 자체에서 나오며, 긴장 감소보다는 긴장 증가를 추구한다."[59] 따라서 이를 존재 동기라 하는데, 이는 "개인의 잠재력을 실현하려는 선천적 충동과 연관된 원격의 목표"를 추구하여, "경험을 넓힘으로써

57 Hjelle & Ziegler, 1981/1983, pp.422~423.

58 Maslow, 1970, p.46.

59 홍숙기, 2004, p.309.

삶을 풍요롭게 하고, 그럼으로써 삶의 기쁨을 증가시키려는 것"[60]이다. 즉 결핍동기, 곧 "하위 욕구의 충족은 하위의 기쁨, 만족과 현상 유지, 질병 없는 상태"를 가져오지만, 존재동기, 곧 "상위 욕구의 충족은 상위의 기쁨, 행복과 성장, 긍정적 건강을 가져온다"[61]는 것이다. 이러한 존재 동기가 충족되지 않으면, 완전한 성장에 이르지 못한 데서 오는 무감각·소외·우울·냉소 등과 같은 상위 병리가 나타나게 된다.[62]

마슬로우에 따르면, 그들의 삶이 존재 동기에 의해 지배되는 사람은 결핍 동기에 의해 지배되는 사람과 세상을 보는 양식과 추구하는 가치에서 차이가 난다.[63] 즉 결핍 동기에 의해 주도되는 사람은 자기에게 결핍된 것을 중심으로 세상을 인식(D-인지)하게 되지만, 존재 동기에 의해 그 삶이 주도되는 사람은 전체성과 통일성을 기초로 세상사를 인식(B-인지)하게 되는 것이다. 여기서 B-인지로 세상을 인식하는 사람, 말하자면 존재 동기에 의해 주도되어 자기실현을 위해 노력하는 사람은 그렇지 않은 사람과 세상을 보는 차원이 달라진다는 것이 마슬로우의 주장이다. 이들에게 있어서 "경험이나 대상은 그 유용성·편의성 및 용도로서의 관련성과는 분리된 전체로서, 그리고 완전한 단위로서 인식"되어, "비교적 자아초월적, 자기망각적, 자아상실적으로 세상사를 지각"하게 된다. 그리하여 이들은 "전체성·완전성·완성·정의·생동감·풍부함·단순성·진·선·미·독특성·무위·즐거

60 Hjelle & Ziegler, 1981/1983, p.426.

61 차례대로 홍숙기, 2004, pp.309, 313, 309.

62 Maslow, 1967.

63 Maslow, 1968, p.26.

움·자족성"[64] 등 존재가치(B-가치)를 추구하는 삶을 살아가게 된다. 이러한 존재인지와 존재가치의 추구는 자기실현인의 삶의 기본적인 양식이라는 것이 마슬로우의 견해인 것이다.

마슬로우에 따르면, 이렇게 자기실현을 이루어 이상적 인간형의 상태에 도달한 사람은 극소수뿐이어서, "인구의 1% 이하"[65]만이 이러한 상태에 도달한다고 한다. 그 까닭은 "많은 사람들이 자신의 잠재력을 인식하지 못할뿐더러, 자기 증진이 주는 보상에 대해서도 이해하지 못하고", "억압적인 사회적 환경이 자기실현을 방해"함으로써 "안전 욕구가 가져다주는 강한 부정적 영향"[66]에 휘둘리기 때문이라는 것이다.

이렇게 자기실현의 성취는 매우 어려운 일이고, 따라서 이는 인간으로서 이루어야 할 가장 고귀한 목표이며, 이러한 목표를 달성하는 것이 바로 이상적 인간이 되는 길이라고 마슬로우는 본다. 이상적 인간이 된다는 이러한 삶의 목표는 욕구 위계에서 하위 욕구들이 모두 충족된 다음에 출현되는 최상위의 욕구인 자기실현 욕구에의 상태에서 성취된다는 것, 즉 욕구 위계를 통해 이상적 인간형에 도달하는 단계를 제시하고자 한 것이 바로 마슬로우 욕구위계설의 기본 논지인 것이다.

욕구 충족이 가져오는 쾌락의 관점에서 보면, 마슬로우의 욕구위계설에서는 낮은 단계의 욕구를 충족한 이후에 그다음 단계의 욕구

---

64 차례대로 Maslow, 1968, p.74, p.79, p.83.

65 민경환, 2002, p.202; Hjelle & Ziegler, 1981/1983, p.424.

66 민경환, 2002, p.202; Hjelle & Ziegler, 1981/1983, pp.424~426.

상태로 이행하는 데에서 쾌락이 얻어진다고 보는 것이라 추정할 수 있다. 곧 목표 욕구의 지속적 상향화가 인간이 추구하는 쾌락의 본성이라는 것이다.

3. 동아시아의 욕구 이론: 성리학의 인심도심설人心道心說을 중심으로

현대심리학의 태동 배경이 된 서구의 자유주의 체계에서는 인간의 존재 의의를 개인의 개체성에서 찾고, 여타 동물과 다른 인간의 고유 특성을 합리성의 근거인 이성이라고 보며, 인간을 안정적이고 비교적 달라지지 않는 실체성을 갖추고 태어나는 존재로 인식한다. 이러한 배경에서 현대 서구심리학은 개인중심주의, 이성중심주의, 현상중심주의의 경향을 띤다.

그러나 오랫동안 동아시아 사회를 지배해 온 유학의 체계에서는 인간의 존재 의의를 사회성에서 찾고, 여타 동물과 다른 인간의 고유 특성을 다른 사람에 대한 관심과 배려의 체계인 도덕성이라고 보며, 인간은 소인小人의 상태에서 군자君子의 상태로 지향해 가는 무한한 가변성을 갖추고 있는 존재로 인식한다. 그러므로 유학 사상에 바탕을 두고 구축될 심리학은 사회중심주의, 도덕성중심주의, 미래지향성중심주의의 경향을 띨 수밖에 없다.[67]

이렇게 동·서 두 사회를 지배해 온 사상체계가 다르고 이에 따라 인간을 파악하는 관점이 다른 만큼, 인간의 심성을 이해하는 관점이

67 조긍호, 2017a, pp.32~135; 2021a, b, c.

다를 것은 불문가지이다. 지금까지는 서구심리학에서 욕구와 동기를 이해하는 기본적인 관점에 대해 살펴보았다. 이제 여기에서는 유학 사상에서 인간의 욕구를 이해하는 관점에 대해 살펴보기로 하겠다.

유학자들도 인간의 욕구가 다양하다는 사실을 인정한다. 이 중에는 생물체로서의 존재 특성에서 연유하는 것도 있고, 심리적인 근거 또는 사회적인 근거에서 연유하는 것도 있으며, 도덕적 지향성에서 발생하는 욕구도 있다. 이러한 사실은 공자·맹자·순자 같은 선진先秦 시대 유학자들로부터 비롯되는 유학 사상의 전통이다. 유학자들은 이러한 욕구의 다양한 유형에 관한 파악에 기초하여, 유학 사상 특유의 욕구 이론을 제시하고 있다.

이러한 유학의 욕구 이론이 가장 집약적으로 드러나고 있는 것은 성리학자들의 인심도심설人心道心說에 관한 논의이다.[68] 여기서 인심人心은 생물학적 기원을 갖는 자기중심적 동기 체계를, 도심道心은

68 성리학性理學은 남송 시대 정호程顥와 정이程頤 등에 의해 기초가 닦인 다음, 주희(朱熹, 1130~1200)에 의해 완성된 신유학新儒學의 주요 갈래이다. 신유학은 이기론理氣論을 통해 유학에 형이상학形而上學의 정초를 놓은 사상체계로서, 중국 사상의 핵심임은 말할 것도 없고, 우리나라에도 고려 중엽 도입된 후 조선조에서는 관학으로 선양되어 배타적으로 우리나라의 정신사를 지배해 왔다. 그러므로 성리학은 한국인, 나아가서는 동아시아인을 심리학적으로 연구하는 데 있어 필수적인 이론이다. 특히 조선조 성리학자들은 16세기 초부터 18세기 말까지 거의 300여 년에 걸쳐 진행된 인심도심논변人心道心論辨, 사단칠정논변四端七情論辨, 인물성동이논변人物性同異論辨을 통해 특유의 심성론心性論을 전개하였다(윤사순, 1994, pp.21~22; 1997, pp.313~314). 이 중 인심도심설은 성리학의 욕구 이론으로, 유학의 욕구심리학을 정리하는 데 필수적으로 고려해야 할 이론체계이다.

사회적 기원을 갖는 도덕적 동기 체계를 가리킨다. 유학의 체계에서는 초기부터 전자를 억제하고, 후자를 권장하는 자세를 굳게 지키고 있다.

1) 욕구의 유형과 그 충족 조건

유학자들이 열거하는 욕구의 유형들을 확인하기 위하여 우선 선진시대 유학의 경전들에서 욕欲이란 글자가 어떤 내포를 가지고 어떻게 사용되고 있는지를 살펴보고, 이어서 욕구란 어떤 방향성을 가지고 특정 대상을 지향하는 것이라는 관점에서 식食·색色·생生·부富·귀貴·이利 등 그 추구 대상이 분명히 욕구 또는 동기적인 함축을 가지고 있는 내용을 찾아 정리해 보아야 한다. 또한 유학자들이 인성에 본유한 것으로 보는 특성들 가운데 도덕적 지향성 같이 욕구 또는 동기적인 특징이 강한 내용도 분석에 포함시켜야 한다.

(1) 욕구의 유형

이러한 분석을 근거로 삼으면, 공자·맹자·순자 등 선진시대 유학자들이 직접적으로 제시하고 있거나 암묵적으로 인정하고 있는 인간의 욕구 또는 동기의 종류는 상당히 다양한데, 다음 네 가지 유형의 욕구가 인간에게 모두 갖추어져 있다는 사실에 대해서는 이들 유학자들의 생각이 일치하고 있다.

첫째는 생물체로서의 생존 욕구이다. 여기에는 배고픔(食), 목마름(飮), 성욕(色), 편안하게 거처함(居), 생명 유지(生·壽), 감각적 쾌락 및 편안함의 추구(安佚) 같은 욕구들이 포함된다. 이들은 모두 생물체로서의 생존과 관련되는 욕구들이거나, 이목구비나 사지 같은 감각기관들의 쾌락을 추구하려는 욕구들이다. 이러한 생존 욕구의 본유성에 대한 유학자들의 생각은 다음의 인용문에 잘 드러나 있다.

무릇 사람에게는 한가지로 똑같은 바가 있다. 굶주리면 배불리 먹기를 바라고, 추우면 따뜻해지기를 바라며, 피로하면 휴식을 취하기를 바란다. 또한 이익을 좋아하고, 손해를 싫어한다. 이것은 사람이 태어나면서부터 갖추고 있는 바로서, 그렇게 되기를 기다려서 그러한 것이 아니다. 이는 성인인 우禹나 악인인 걸桀이나 똑같다.[69]

무릇 같은 종끼리는 모두 서로 비슷한 법이다. 어찌 다만 사람에게서만 그렇지 않다고 의심할 수 있겠는가? …… 입으로 즐기는 맛에는 똑같이 좋아하는 것이 있고, 귀로 즐기는 소리에도 똑같이 좋아하는 소리가 있으며, 눈으로 즐기는 아름다움에도 똑같이 좋아하는 아름다움이 있는 법이다.[70]

둘째는 자기의 이익을 추구하고자 하는 이기적 욕구이다. 여기에는 부자가 되는 것(富), 귀하게 되는 것(貴), 이익을 보는 것(利), 빈천貧賤

---

69 凡人有所一同 飢而欲食 寒而欲煖 勞而欲息 好利而惡害 是人之所生而有也 是無待而然者也 是禹桀之所同也(『荀子』, 榮辱 31; 非相 8−9에도 凡人有所一同을 제외한 똑같은 구절이 나온다).

70 凡同類者 擧相似也 何獨至於人而疑之 …… 口之於味也 有同耆焉 耳之於聲也 有同聽焉 目之於色也 有同美焉(『孟子』, 告子上 7).

회피 및 탐욕(慾·得) 같은 욕구들이 포함된다. 이들은 모두 개체로서의 자기의 이익을 다른 사람의 이익보다 앞세우고 먼저 추구하고자 하는 욕구들이다. 이러한 이기적 욕구가 인간에게 갖추어져 있다는 사실을 유학자들은 다음과 같이 진술하고 있다.

> 무릇 귀貴하기로는 천자가 되고 싶고, 부富하기로는 천하를 소유하고 싶은 것, 이는 사람의 본성으로 모두 똑같이 바라는 것이다.[71]

> 부富와 귀貴는 사람들이 누구나 바라는 바이다. 그러나 올바른 도道로써 얻은 것이 아니면, 이에 머무르지 말아야 한다.[72]

셋째는 사회적 존재로서 다른 사람과의 관계에서 비롯되는 사회적 욕구이다. 여기에는 자기표현과 자랑(言·辭·伐), 투쟁(勝人·很·鬪爭), 지배(王·制人), 지위 추구(爵), 명예 추구(功名), 친애와 모임(群) 및 타인의 인정 추구 같은 욕구들이 포함된다. 이들은 사회관계에서 자기를 표현하고 제시함으로써 타인으로부터의 수용을 추구하거나, 사회적 자원에 대해 타인과 직접 경쟁하고 있는 장면에서 작용하는 욕구들이다. 이러한 사회적 욕구의 본유성에 대해서는 다음 인용문에 잘 드러나 있다.

> 맹자는 "땅을 넓히고 백성의 수를 불리는 일은 군자가 바라는 바이

---

71 夫貴爲天子 富有天下 是人情之所同欲也(『荀子』, 榮辱 39).

72 富與貴 是人之所欲也 不以其道得之 不處也(『論語』, 里仁 5).

나, 즐거워함은 여기에 있지 않다"고 말하였다.[73]

뜻이 굽고 사사로우면서도 남들이 자기를 공평하다고 인정해 주기를 바라고, 행실이 더럽고 방탕하면서도 남들이 자기를 도덕적인 수양이 이루어졌다고 인정해 주기를 바라며, 어리석고 비루하면서도 남들이 자기를 지혜롭다고 인정해 주기를 바라는 것, 이것이 바로 보통 사람들이다.[74]

넷째는 동물과는 달리 인간을 진실로 인간답게 하는 근거로서의 자기 수양과 도덕적 지향성의 욕구이다.[75] 여기에는 선善의 지향(欲仁·欲義·欲禮·欲善), 도덕 체득 및 실천, 역할 수행, 인정仁政을 펼침 같은 욕구들이 포함된다. 이들은 동물들과는 달리 인간만이 본유적으로 갖추고 있는 도덕성을 체득하고, 이를 실생활 장면에서 실천하려는 의지를 낳는 욕구들이다. 이러한 도덕적 지향성 욕구의 본유성에

---

73 孟子曰 廣土衆民 君子欲之 所樂不存焉(『孟子』, 盡心上 21).

74 志不免於曲私 而冀人之以己爲公也 行不免於汙漫 而冀人之以己爲脩也 其愚陋溝瞀 而冀人之以己爲知也 是衆人也(『荀子』, 儒效 37).

75 유학자들이 제시하는 이러한 자기 수양과 도덕적 지향성의 욕구에는 외계 사물의 이치와 인륜의 도리에 대한 이해의 욕구가 포괄된다. 군자가 되는 길을 제시하고 있는 경전인 『대학大學』에서 사물의 이치를 궁구하여 외계에 대한 지식 및 인륜의 근거에 대한 지식을 확충하는 격물格物과 치지致知를 성의誠意−정심正心−수신修身의 자기 수양 욕구 및 치국治國−평천하平天下의 도덕적 지향성 욕구가 이루어지는 바탕으로 제시하고 있다는 점은 이러한 사실을 잘 드러내 준다.

관한 공·맹·순의 주장은 다음 인용문들에 잘 드러나고 있다.

> 인仁이 멀리 있는가? (그렇지 않다.) 내가 인을 행하고자 하면 곧바로 인이 이르는 것이다.[76]

> 군자가 인간의 성품이라고 여기는 것은 인간의 마음속에 뿌리박고 있는 도덕적 지향성(仁義禮智)이다.[77]

> 의(義: 도덕적 욕구)와 이(利: 이기적 욕구)는 사람이 함께 가지고 있는 것이다. 비록 요堯·순舜 같은 성인도 사람들의 이익 추구 욕구를 다 없앨 수는 없지만, 이익 추구 욕구가 의를 좋아하는 마음(도덕적 욕구)을 이기지 못하게 할 수는 있다.[78]

(2) 각 욕구의 충족 조건: 재외자在外者와 재기자在己者

이상에서 보듯이, 유학자들은 인간에게는 누구에게나 생물학적 생존 욕구, 이기적 욕구, 사회적 욕구 및 도덕적 지향성 욕구의 네 가지가 본유적으로 갖추어져 있다는 사실에 대해 견해가 일치하고 있다. 그런데 이 네 가지 욕구들은 그 충족 조건에서 차이가 있다는 것이 유학자들의 생각이다. 곧 이러한 욕구들은 욕구 당사자 외부의 환경

---

76 子曰 仁遠乎哉 我欲仁 斯仁至矣(『論語』, 述而 29).

77 君子所性 仁義禮智根於心(『孟子』, 盡心上 21).

78 義與利者 人之所兩有也 雖堯舜 不能去民之欲利 然而能使其欲利不克其好義也(『荀子』, 大略 20).

조건이나 상황 또는 타인에 의해 그 충족 여부가 결정되는 것들(在外者·在天者·在人者)과 욕구 당사자 스스로가 하기에 따라 그 충족 여부가 결정되는 것(在己者·在我者)의 두 종류로 나뉜다는 것이다. 유학자들의 욕구 이론은 이러한 욕구 충족 조건의 차이에 관한 기본 전제에서 출발한다.

위의 네 가지 욕구들 가운데 생물학적인 생존 욕구, 이기적인 자기이익 추구 욕구, 그리고 사회적인 경쟁의 욕구의 세 가지는 모두 외적인 조건에 의해 그 충족 여부가 결정되는 재외자在外者들이라는 것이 유학자들의 생각이다. 다음 인용문들은 그들의 이런 관점을 잘 드러내주고 있다.

> 생명 유지의 문제(死·生)는 외적 조건(命)에 달려 있고, 부富와 귀貴도 외적 조건(天)에 달려 있다.[79]

> 입의 맛에 관한 것, 눈의 색깔에 관한 것, 귀의 소리에 관한 것, 코의 냄새에 관한 것, 사지의 안일에 관한 것, 이들은 누구에게나 갖추어져 있는 타고난 본성(性)이기는 하다. 그러나 이들은 외적 조건(命)에 의해 충족 여부가 결정되는 것이니, 군자는 이를 인간에게만 고유한 본성이라 일컫지 않는다.[80]

---

79 死生有命 富貴在天(『論語』, 顏淵 5).

80 口之於味也 目之於色也 耳之於聲也 鼻之於臭也 四肢之於安佚也 性也 有命焉 君子不謂性也(『孟子』, 盡心下 24).

높은 지위에 올라 공물과 봉록을 많이 받고, 위세가 당당하며, 위로는 천자나 제후가 되고, 아래로는 재상의 지위에 오르는 것, 이것은 자기의 외부로부터 오는 영예로, 이를 외부 조건적 영예(勢榮)라고 한다.[81]

이에 비해 도덕적 지향성 욕구는 개인 스스로의 수양 정도에 따라 그 충족 여부가 결정되는 재기자在己者이다. 이러한 사실은 다음 인용문들에 잘 드러나 있다.

인仁을 행하는 것은 자기에게 달려 있는 일이지, 어찌 남에게 달려 있는 일이겠는가?[82]

인仁의 부자에 관한 것, 의義의 군신에 관한 것, 예禮의 손님과 주인에 관한 것, 지智의 현명한 사람에 관한 것, 성인聖人의 천도天道에 관한 것, 이들은 하늘이 부여해 준 본유적인 것(命)이다. 거기에는 사람이 고유하게 할 일(性)이 있으므로, 군자는 이를 외적인 근거를 갖는 일이라 일컫지 않는다.[83]

하고자 하는 바가 훌륭하게 닦여지고, 덕의 행실이 두터워지며,

---

81 爵列尊 貢祿厚 形勢勝 上爲天子諸侯 下爲卿相士大夫 是榮之從外至者也 夫是之謂勢榮(『荀子』, 正論 29).

82 爲仁由己 而由人乎哉(『論語』, 顔淵 1).

83 仁之於父子也 義之於君臣也 禮之於賓主也 智之於賢者也 聖人之於天道也 命也 有性焉 君子不謂命也(『孟子』, 盡心下 24).

지혜와 사려가 명석해지는 것, 이것은 모두 자기 자신의 내부로부터 우러나온 영예로, 이를 도덕적 영예(義榮)라고 한다.[84]

이렇게 사람의 욕구에는 그 충족 여부가 외부 상황이나 환경 또는 다른 사람 같은 외적 조건에 달려 있는 재외자와 그 충족 여부가 스스로가 하기에 달려 있는 재기자의 두 가지가 있는데, 전자는 아무리 열심히 추구하더라도 충족하지 못하는 경우가 다반사이지만, 후자는 열심히 추구하기만 하면 항상 충족할 수 있다는 것이 유학자들의 의견이다.

충족 여부가 스스로에게 달려 있는 것은 구하면 얻어지고, 내버려 두면 없어지는 것이어서, 애써 노력하면 반드시 얻어지게 마련이지만, 충족 여부가 외적 조건에 달려 있는 것은 구하는 데 방법이 따로 있고, 또 얻어지느냐의 여부는 외적 조건에 달려 있으므로 애써서 구하려 해도 별로 잘 얻어지지 않는다.[85]

그러나 재외자 대신 재기자를 추구하는 것은 사람에게 있어 그리 쉬운 일이 아니다. 이는 도덕적 수양을 이룬 군자에게서나 가능한 일이다. 이러한 사실은 다음과 같은 지적에서 잘 드러나고 있는데, 바로 이 점이 후속되는 유학적 욕구 이론의 토대가 되는 논점이다.

---

84 志意修 德行厚 知慮明 是榮之由中出者也 夫是之謂義榮(『荀子』, 正論 28~29).

85 求則得之 舍則失之 是求有益於得也 求在我者也 求之有道 得之有命 是求無益於得也 求在外者也(『孟子』, 盡心上 3).

비루한 사람들은 이기적 욕구가 충족하지 못하면 어떻게 하면 이를 충족할 수 있을까 걱정하고, 이미 충족하고 나면 혹시 이를 잃어버리지 않을까 걱정한다. 그들이 이렇게 한번 얻은 것을 잃어버리지 않을까 걱정하게 되면, 아무 짓이나 마구 하게 된다.[86]

군자는 그 충족 여부가 자기에게 달려 있는 것을 삼가 행하고, 외적 조건에 달려 있는 것에 연연해하지 않는다. 그렇기 때문에 군자는 날로 발전한다. 이에 비해 소인은 그 충족 여부가 자기가 하기에 달려 있는 것은 버려두고, 외적 조건에 달려 있는 것에 연연해한다. 그렇기 때문에 소인은 날로 퇴보하는 것이다. 그러므로 군자가 날로 발전하고, 소인이 날로 퇴보하는 이치는 한 가지로서, 군자와 소인의 차이가 큰 것은 바로 여기에 그 까닭이 있는 것이다.[87]

2) 성리학의 욕구 이론: 인심도심설

이상에서 보았듯이, 『논어論語』·『맹자孟子』·『순자荀子』·『예기禮記』 같은 선진유학의 경전들에서는 현대심리학에서 다루는 거의 모든 욕구들이 언급되고 있다. 이러한 욕구들에는 식·색·감각적 쾌락 추구와 같은 생존 욕구, 부·귀·이익 추구 및 자기 제시 같은 이기적 욕구,

---

86 其未得之也 患得之 旣得之也 患失之 苟患失之 無所不至矣(『論語』, 陽貨 15).

87 故君子敬其在己者 而不慕其在天者 小人錯其在己者 而慕其在天者 君子敬其在己者 而不慕其在天者 是以日進也 小人錯其在己者 而慕其在天者 是以日退也 故君子之所以日進 與小人之所以日退一也 君子小人之所以相縣者在此耳(『荀子』, 天論 28-29).

지배·지위·명예 추구와 같은 사회적 욕구, 그리고 선의 추구·도덕 체득과 실천 및 역할 수행과 같은 도덕적 지향성의 욕구들이 포괄된다.

이러한 욕구들 가운데 유학자들이 가장 중요하게 여겨 권장하는 것은 도덕적 동기이다. 이는 성덕成德을 지향하는 유학의 체계에서 당연한 논리적인 귀결이다. 유학자들은 이러한 도덕적 지향성의 욕구는 재기자在己者에 속하는 것이어서, 그 충족 여부가 개인의 수양 수준에 달려 있다고 본다. 곧 도덕적 지향 욕구는 그 충족 조건이 개인의 노력에 달려 있으므로, 실생활에서 사람이 스스로 통제할 수 있기 때문에 유학자들이 중시하고 권장하는 것이다. 유학자들에 따르면, 도덕적 지향 욕구 이외의 다른 욕구들은 모두 그 충족 여부가 외적 환경 조건에 달려 있는 재외자在外者이다. 그러므로 이는 사람이 노력한다고 해서 충족되는 것이 아닐 뿐만 아니라, 이러한 외적 욕구는 인간이 올바른 길에서 벗어나 악으로 향하게 만들 가능성이 있기 때문에 억제하고 조절해야 할 필요가 있다고 유학자들은 본다.

유학의 욕구 이론은 이렇게 재기자인 도덕적 지향 욕구를 적극 권장하고, 재외자인 그 밖의 욕구를 억제해야 한다는 주장을 중심으로 성립되고 있다. 이러한 동기의 통제와 조절은 자기 수양의 요체로서, 자기개선과 자기향상을 이루어 군자가 되는 길에서 중핵적인 과제가 된다는 것이 유학의 경전들에서 도출되는 욕구 이론의 핵심 내용인 것이다.

이러한 선진유학자들의 욕구 이론은 성리학자들이 그대로 이어받고 있다. 성리학자들, 그 가운데서도 특히 조선조의 성리학자들이 제시하는 욕구 이론의 핵심은 두 가지인데, 그 하나는 권장하거나 억제해야 할 동기의 내용에 관한 인심도심설人心道心說이고, 또 하나는 욕구와 정서 통제의 방법론인 거경居敬 사상이라고 볼 수 있다.

(1) 존천리存天理: 도심道心의 권장

인심도심설이 기대고 있는 첫 번째 논거는 인심은 사람의 생물적 특성에서 나오는 이기적 욕구의 근거이고, 도심은 사람의 본성에 뿌리를 두고 있는 바른 도덕적 욕구의 근거로서, 이 두 가지는 성인과 어리석은 사람을 가릴 것 없이 사람이면 누구나 다 가지고 있다는 주장이다. 이러한 사실을 퇴계는 "인심은 욕구에 눈을 뜬 것이고, 도심은 의義와 리理에 눈을 뜬 것"[88]이라고 하여, 인심은 생물적 욕구와 이기적 욕구의 근원이고, 도심은 도덕적 욕구의 근원임을 주장하고 있다. 이러한 사실을 율곡은 다음과 같이 더욱 분명하게 제시하고 있다.

> 사람의 정情이 발동할 때에는, 도의道義를 위해서 발동하는 경우가 있다. 예를 들면, 어버이에게 효도하려 하거나, 군주에게 충성하려 하거나, 어린아이가 우물에 빠지려는 것을 보고 측은해하거나, 옳지 않은 일을 보고 부끄러워 싫어하거나, 조상의 사당을 지날 때에 공손하고 삼가는 것 등이 이런 종류로서, 이를 도심이라 한다. 이에 비해 몸의 쾌락을 위해서 발동하는 경우가 있다. 예를 들면, 배고프면 먹을 것을 바라고, 힘들면 쉬기를 바라고, 정기가 성하면 여자를 생각하는 것 등이 이런 종류로서, 이를 인심이라 한다.[89]

---

88 人心覺於欲者 …… 道心覺於義理者(『退溪全書 一』, 聖學十圖, 心學圖說 208).

이 밖에도 율곡은 "무릇 좋은 소리·색깔·냄새·맛에 대한 욕구를 인심이라 하고, 인의예지에 대한 지향을 도심이라 한다"[90]거나 "군주에게 충성하고 어버이에게 효도하는 것 같은 종류는 도심이고, 배고프면 먹기를 바라고 추우면 옷 입기를 바라는 것 같은 종류는 인심이다"[91]라는 등으로 똑같은 생각을 여러 곳에서 표현하고 있다.

이 가운데에서 "도심은 순전히 천리天理일 뿐이어서, 이에는 선善만 있고 악惡은 없지만, 인심에는 천리도 있고 인욕人欲도 있어서, 이에는 선도 있고 악도 있다"[92]는 것이 이들의 생각이다. 이렇게 도심이 순수한 선(純善)인 까닭은 도심이 곧 인성人性의 중핵인 사단四端이기 때문이다. 따라서 선악 혼재 상태인 인심(생물적·이기적 욕구)보다 순선 상태인 도심(도덕적 욕구)이 중핵적인 인간의 욕구 상태가 되어야 한다는 것이 조선조 성리학자들의 관점이었는데, 이 점은 선진유학자들의 견해와 동일한 것이다.

이렇게 성리학자들의 관점에서 도심은 곧 순선純善인 사단과 같은 것이다. 퇴계는 "도심은 마음의 본체를 가지고 말하여, 시종始終과

---

89 情之發也 有爲道義而發者 如欲孝其親 欲忠其君 見孺子入井而惻隱 見非義而羞惡 過宗廟而恭敬之類 是也 此則謂之道心 有爲口體而發者 如飢欲食 寒欲衣 勞欲休 精盛思室之類 是也 此則謂之人心(『栗谷全書 一』, 說, 人心道心圖說 282).

90 夫聲色臭味之類 所謂人心也 仁義禮智之類 所謂道心也(『栗谷全書 一』, 聖學輯要, 修己上 窮理章 453).

91 忠於君 孝於親之類 道心也 飢欲食 寒欲衣之類 人心也(『栗谷全書 二』, 語錄上 231).

92 道心純是天理 故有善而無惡 人心也 有天理也 有人欲 故有善有惡(『栗谷全書 一』, 說, 人心道心圖說 282).

유무有無를 관통하는 것이고, 사단은 마음의 단서를 가지고 말하여, 마음이 발현되는 데에 나아가 그 단서를 가지고 말한 것이다"[93]라고 하여, 사회적 대상인 다른 사람을 대상으로 도심이 발하여 나타난 정情이 곧 사단임을 지적하고 있다. 사단은 대인관계에서 다른 사람을 지향 대상으로 하여 나타나는 사회적 정서이다.[94] 그러므로 도심은 사회관계에서 다른 사람을 목표 대상으로 하여 나타나는 욕구와 정서의 본체가 되는 마음 상태라고 볼 수 있다. 율곡은 "도심은 군주에게 충성하고, 어버이에게 효도하려는 종류의 마음"[95]이라고 하여, 이러한 사실을 직접 표현하고 있다.

이상에서 보듯이, 도덕적 욕구가 인간의 가장 중핵적인 욕구이고, 그 근원인 도심이 실생활에서 함양되고 권장되어야 할 마음의 본체라는 인심도심설의 제1의 주장(存天理: 도심의 권장)은 선진유학자들이 내세워 온 "도덕적 지향 욕구의 권장"이라는 욕구 이론의 제1교의와 맥을 같이하는 것이다.

(2) 알인욕遏人欲: 인심人心의 억제

인심도심설에 따르면, 인심이란 사람의 생물적 특징에서 나오는 이기적인 욕구의 근원이다. 이를 퇴계는 "인심은 욕구에 눈을 뜬 것"[96]이라거

93 道心以心言 貫始終而通有無 四端以端言 就發見而指端緒(『退溪全書 二』, 書, 答李平叔 259).

94 정양은, 1970, pp.86~90.

95 『栗谷全書 二』, 語錄 231.

96 『退溪全書 一』, 聖學十圖 心學圖說 208.

나, "인심이란 사람 욕구(人欲)의 근본이고, 인욕人欲이란 인심이 흘러내린 것"[97] 또는 "인심이란 말은 이미 도심과 상대해서 성립되는 것으로, 자기 몸의 이기적 측면에 속하는 것"[98]이라고 하여, 인심이 생물적 욕구와 이기적 욕구의 근원임을 확실히 하고 있다.

이렇게 인심은 생물적·이기적 욕구의 근원으로서, 이를 추구하면 여러 가지 폐단에 빠지게 되므로, 이를 억제하고 도덕적 욕구의 근원인 도심을 보존하도록 해야 한다는 것이 인심도심설의 주장이다. "사람이 착하지 못하게 되는 것은 욕구의 꾐을 받게 되기 때문인데, 욕구의 꾐에 빠졌음에도 이를 알지 못하면, 천리(天理: 도덕적 욕구·도덕성의 근거)가 모두 없어져도 돌아올 줄 모르거나"[99] 그 본심을 잃어서 뜻을 빼앗기는 지경[100]에 빠지고 마는 것이다. 이런 까닭에 인심을 억제하고 도심을 보존해야 하는데, 퇴계는 이를 다음과 같이 간결하게 표현하고 있다.

> 대체로 마음을 다잡는 공부(心學)의 방법은 비록 많지만, 그 요점을 종합해서 말하면, 사람의 욕구를 억제하고(遏人欲) 천리를 보존하는(存天理) 두 가지에 불과하다. 여기서 욕구를 억제하는 일은

---

97 人心者 人欲之本 人欲者 人心之流(『退溪全書 二』, 書 答僑姪問目 307).

98 人心之名 已與道心相對而立 乃屬自家體段上私有底(『退溪全書 二』, 書 答李平叔 259).

99 甚哉 慾之害人也 人之爲不善 欲誘之也 誘之而弗知 則至於滅天理而不反(『栗谷全書 一』, 聖學輯要修己中 矯氣質章 467).

100 欲如口鼻耳目四肢之欲 雖人之所不能無 然多而不節 未有不失其本心者 …… 凡百玩好皆奪志(『栗谷全書 一』, 聖學輯要 修己中 養氣章 469).

인심의 측면에 속하는 것이고, 천리를 보존하는 일은 도심에 속하는 것이라 할 수 있다.[101]

이것이 퇴계의 유명한 알인욕遏人欲·존천리存天理의 입장인데, 이는 본래 성학십도聖學十圖의 심학도설心學圖說에서 제시된 것이다.[102] 율곡도 "평상시에 엄숙하고 삼가함으로 자신을 지켜서, 생각이 떠오를 때마다 그것이 어디에서 연유하고 있는지를 잘 살펴야 한다. 그래서 만일 그것이 생물적·이기적 욕구(人心)에서 발동되었음을 알게 되면, 힘을 다하여 이를 이기고 다스려서, 이것이 자라나지 않도록 해야 한다. 그런데 만일 그것이 인의예지(道心)에서 발동되었음을 알게 되면, 한결같이 이를 간직하고 지켜서, 변하거나 옮겨가지 않도록 해야 한다"[103]라고 말하여, 똑같은 견해를 밝히고 있다. 이러한 관점을 그는 "대체로 인심은 마구 자라나도록 해서는 안 되며, 이를 절제하고 단속하는 일을 중히 여겨야 하고, 도심은 마땅히 간직하고 길러내야 하며, 이를 미루어 나가고 넓히는 일을 아름답게 여겨야 한다"[104]라고

---

101 大抵心學雖多端 總要而言之 不過遏人欲存天理兩事而已 …… 凡遏人欲事當屬人心一邊 存天理事當屬道心一邊 可也(『退溪全書 二』, 書 答李平叔 259).

102 自精一擇執以下 無非所以遏人欲而存天理之工夫也 愼獨以下 是遏人欲處工夫 戒懼以下 是存天理處工夫(『退溪全書 一』, 聖學十圖 心學圖說 208).

103 惟平居 莊敬自持 察一念之所從起 知其爲聲色臭味而發 則用力克治 不使之滋長 知其爲仁義禮智而發 則一意持守 不使之變遷(『栗谷全書 一』, 聖學輯要 修己上 窮理章 453).

104 大抵人心不可滋長 而節約爲貴 道心宜保養 而推廣爲美也(『栗谷全書 二』, 語錄上 232).

표현하고 있기도 하다.

이렇게 인심이란 인간의 생물적 존재 특성에 바탕을 둔 이기적 욕구의 근원이어서, 이러한 욕구의 꾐을 받게 되면, 도심(天理)이 모두 없어져도 돌아올 줄 모르고 불선을 저지르게 되거나[105] 뜻을 빼앗기게 되는[106] 폐단에 빠진다고 성리학자들은 본다. 그런 까닭에 생물적·이기적 욕구의 근원인 이러한 인심은 철저히 억제해야 한다(遏人欲)는 것이 성리학자들의 주장인데, 이 점도 선진유학자들의 관점과 동일한 것이다.

이상과 같이 생물적·이기적 욕구가 인간을 불선으로 이끄는 원천이고, 따라서 불선의 근원인 인심은 실생활에서 억제되어야 이상적 인간상에 도달할 수 있다는 인심도심설의 제2의 주장(遏人欲: 인심의 억제)은 선진유학자들이 강조해 온 "생물적·이기적 욕구의 억제"라는 욕구 이론의 제2교의와 맥을 같이하는 것이다.

(3) 거경居敬: 욕구의 승화

성리학자들은 생물적·이기적 욕구의 근원인 인심의 폐단에서 벗어나는 일은 단순히 이를 억제하거나[107] 절제하는 일[108]에만 머물러서는 안 되고, 도심으로 이를 제어함으로써 도심의 주재가 이루어지도록 해야 한다고 주장한다. 퇴계는 "인심이란 도심과 상대해서 성립하는

---

105 『栗谷全書 一』, 聖學輯要 修己中 矯氣質章 467.

106 『栗谷全書 一』, 聖學輯要 修己中 養氣章 469.

107 『退溪全書 一』, 聖學十圖 心學圖說 208; 『退溪全書 二』, 書 答李平叔 259.

108 『栗谷全書 一』, 聖學輯要 修己上 窮理章 453; 『栗谷全書 二』, 語錄上 232.

것으로, 사람 몸의 이기적 측면에 속한 것이어서, 이렇게 인심은 이미 이기적인 한 방향에 떨어져 있는 것이기 때문에, 다만 도심의 명령을 들어서 도심과 하나가 되도록 해야 한다"[109]라는 말로 이러한 논점을 전개하고 있다. 율곡은 이러한 주장을 다음과 같이 좀 더 적극적으로 표현하고 있다.

> 마음을 다스리는 사람은 어떤 생각이 발동할 때 이것이 도심임을 알게 되면, 이를 넓혀서 채워야 한다. 그러나 이것이 인심임을 알게 되면, 정밀하게 잘 살펴서 반드시 도심을 가지고 이를 제어함으로써 인심이 항상 도심의 명령을 따르도록 해야 한다. 이렇게 되면 인심도 또한 도심이 될 것이다.[110]

율곡은 이렇게 인심이 도심에 의해 제어되어 도심과 하나가 되면, "이와 의(理義: 도덕적 욕구)가 항상 보존되고, 물욕(物欲: 생물적·이기적 욕구)이 뒤로 물러날 것이니, 이로써 만사를 응대하면 중도(中)에 맞지 않는 일이 없게 될 것"[111]이라고 주장하고 있다.

이렇게 도심에 따른 인심의 제어가 이루어져서 인심 또한 도심이

---

109 人心之名 已與道心相對而立 乃屬自家體段上私有底 蓋旣曰私有 則已落在一邊了 但可聽命於道心而爲一(『退溪全書 二』, 書 答李平叔 259).

110 治心者 於一念之發 知其爲道心 則擴而充之 知其爲人心 則精而察之 必以道心節制 而人心常聽命於道心 則人心亦爲道心矣(『栗谷全書 一』, 說 人心道心圖說 282~283).

111 夫如是則理義常存 而物欲退聽 以之酬酌萬變 無往而非中矣(『栗谷全書 一』, 聖學輯要, 修己上 窮理章 453).

될 수 있는 것은 인심과 도심이 서로 다른 두 마음이 아니기 때문이다. 퇴계는 이를 "인심은 욕구에 눈을 뜬 것이고 …… 도심은 의리義理에 눈을 뜬 것이지만, 이는 두 가지 종류의 마음이 있다는 말은 아니다"[112]라고 표현하고 있다. 이렇게 인심과 도심은 선악 혼재이냐 아니면 순선이냐 하는 정도의 차이를 나타낼 뿐이어서,[113] 순선인 도심 상태로 승화되는 일이 가능한 것이다. 이러한 사실을 율곡은 다음과 같이 진술하고 있다.

> 이러므로 인심과 도심은 서로를 겸할 수 없고, 서로 처음과 끝이 되는 것이다. …… 직접 성명性命의 바름에서 나온 도심일지라도 이것을 따라 선善으로 완성시키지 못하고 여기에 이기적인 욕구(私意)가 개재되면, 처음에는 도심이었다 하더라도 끝내는 인심이 되고 말 것이다. 이에 비해, 신체적 조건(形氣)에서 나온 인심이라 하더라도 바른 이치(正理)를 거스르지 않으면 도심과 어그러지지 않을 것이다. 이때 혹시 바른 이치를 거스르는 일이 있다고 하더라도 잘못을 알아서 제압함으로써 그 욕구를 따르지 않게 되면, 처음에는 인심이었다 하더라도 끝내는 도심이 되는 것이다.[114]

---

112 人心卽覺於欲者 …… 道心卽覺於義理者 此非有兩樣心 實以生於形氣 則皆不能無人心 原於性命 則所以爲道心(『退溪全書 一』, 聖學十圖, 心學圖說 208).

113 『栗谷全書 一』, 說, 人心道心圖說 282.

114 是故人心道心不能相兼 而相爲終始焉 …… 今人之心 直出於性命之正 而或不能順而遂之 間之以私意 則是始以道心 而終以人心也 或出於形氣 而不咈乎正理 則固不違於道心矣 或咈乎正理 而知非制伏 不從其欲 則是始以人心 而終以道心也(『栗谷全書 一』, 書 答成浩原 192).

여기서 인심과 도심이 "서로 처음과 끝이 된다"는 것은 이 둘 사이의 위계 구조를 말한 것이다. 따라서 도심에 따라 인심을 제어하게 되면, 자아중심적·개체지향적인 인심이 상호의존적·대인관계지향적인 도심으로 통합되는 욕구의 승화가 이루어진다는 것이 퇴계와 율곡의 주장인 것이다.

성리학자들이 이렇게 사람의 욕심을 버리고(遏人欲) 천리를 보존함으로써(存天理) 욕구의 승화를 이루는 방법으로 제시하는 것이 경 상태에 머무르는 거경居敬이다. 『중용장구中庸章句』「서序」에 붙인 『서경書經』「대우모大禹謨」 편의 해설에서 주희는 이를 "정밀하게 살피고, 마음을 한결같이 하는 일(精一)"에서 찾고 있는데, 이러한 정일精一이 곧 거경의 상태에 해당된다.[115] 말하자면, 거경은 인심을 제어하고(遏人欲) 도심을 보존하는(存天理) 구체적인 방법인 것이다.

이러한 "경敬은 마음의 주재로서 온갖 일의 근본이 되는 것"[116]이어서, "경은 성인이 되고자 하는 학문(聖學: 유학 전체를 가리킴)의 처음이자 마지막이 되는 요체"[117]라는 데 퇴계와 율곡의 생각이 일치하고 있다. 이러한 거경은 성학聖學의 또 하나의 방법으로서 사물의 이치를 깊이

---

115 윤사순, 1997, pp.267~271.

116 敬者一心之主宰 而萬事之本根也(『退溪全書 一』, 聖學十圖 大學經 203); 蓋心者一身之主宰 而敬又一心之主宰也(『退溪全書 一』, 聖學十圖 心學圖說 208); 爲學莫如先立其主宰 曰 何如可以能立其主宰乎 曰 敬可以立主宰(『退溪全書 四』, 言行錄一 論持敬 175).

117 敬爲聖學之始終 豈不信哉 (『退溪全書 一』, 聖學十圖 敬齋箴 210); 敬之一字 豈非聖學始終之要也哉(『退溪全書 一』, 聖學十圖 大學經 203); 敬者聖學之始終也(『栗谷全書』 一, 聖學輯要 修己上 收斂章 431).

탐구하는 궁리窮理의 근본이 되기 때문에[118] 성학의 처음이자 마지막이 된다는 것이다.[119]

그렇다면, 어떻게 해야 경 상태에 머무를 수 있게 되는가? 유학에서 경이라는 개념이 본격적으로 내세워져 문제시된 것은 송대의 정이(程頤, 호 伊川, 1033~1107)부터인데, 그와 그의 제자들은 거경의 구체적인 방법을 다음과 같이 네 가지로 제시하였다.

어떤 사람이 "경 상태를 이루려면 어떻게 힘을 써야 합니까?"라고 물었다. 이에 대해 주희는 "정자程子는 일찍이 '마음을 하나에 집중시켜서 다른 곳으로 흩어지지 않도록 해야 한다(主一無適)'고 하였고, 또한 '몸가짐을 정돈하여 가지런히 하고, 마음을 엄숙하게

---

118 敬以爲主 而事事物物 莫不窮其所當然與其所以然之故 …… 至如敬以爲本 而窮理以致知 反躬以踐實 此乃妙心法 而傳道學之要(『退溪全書 一』, 疏戊辰六條疏 185~186); 持敬是窮理之本(『栗谷全書 一』, 聖學輯要 修己上 收斂章 431); 大抵敬字徹上徹下 格物致知 乃其間節次進步處 又曰 今人皆不肯於根本上理會 如敬字只是將來說 更不做將去 根本不立 故其他零碎工夫無湊泊處(『栗谷全書 一』, 聖學輯要 修己上 收斂章 433~434).

119 敬者聖學之始終也 故朱子曰 持敬是窮理之本 未知者非敬無以知 程子曰 入道莫如敬 未有能致知而不在敬者 此言敬爲學之始也 朱子曰 已知者非敬無以守 程子曰 敬義立而德不孤 至于聖人 亦止如是 此言敬爲學之終也(『栗谷全書 一』, 聖學輯要 修己上 收斂章 431); 蓋此心旣立 由是格物致知 以盡事物之理 則所謂尊德性而道問學 由是誠意正心 以修其身 則所謂先立其大者而小者 不能奪 由是齊家治國 以及乎天下 則所謂修己以安百姓 篤恭而天下平 是皆未始一日而離乎敬也 然則敬之一字 豈非聖學始終之要也哉(『退溪全書 一』, 聖學十圖 大學經 203).

지녀야 한다(整齊嚴肅)'고도 하였다. 그리고 그 문하생인 사씨謝氏는 '항상 똑똑하게 각성 상태에 머무르는 일(常惺惺法)'이라 말하였고, 또한 윤씨尹氏는 '마음을 거두어들여 다른 생각이 그 속에 들어오지 못하게 하는 일(其心收斂 不容一物)'이 그 요체라고 말하였다"라고 대답했다. 요컨대, 경敬이란 한 마음의 주재자요, 만사의 근본인 것이다.[120]

이 인용문에서는 주일무적主一無適·정제엄숙整齊嚴肅·상성성법常惺惺法·불용일물不容一物의 네 가지가 대표적인 경 공부의 방법으로 제시되고 있다. 퇴계는 이 밖에도 여러 곳에서[121] 이 네 가지 경 공부의 방법에 대해 언급하고 있으며, 율곡도 이 네 가지 경 공부의 방법을 받아들이고 있다.[122]

이러한 거경의 상태는 앞에서 보았듯이, 궁리의 근본이어서 사물의

---

120 或曰 敬若何以用力耶 朱子曰 程子嘗以主一無適言之 嘗以整齊嚴肅言之 門人謝氏之說 則有所謂常惺惺法者焉 尹氏之說 則有其心收斂 不容一物者焉云云 敬者一心之主宰 而萬事之本根也(『退溪全書上』, 聖學十圖 大學經 203).

121 蓋心者一身之主宰 而敬又一心之主宰也 學者熟究於主一無適之說 整齊嚴肅之說 與夫其心收斂 常惺惺之說 其工夫也盡而優 入於聖域而不難矣(『退溪全書一』, 聖學十圖 心學圖說 208); 敬之爲說者多端 何如不陷於忘助之病乎 曰 其爲說雖多 而莫切於程射尹朱之說矣(『退溪全書 四』, 言行錄一 論持敬 175).

122 又曰 主一之謂敬 無適之謂一 …… 程子曰 整齊嚴肅則心自一 一則無非僻之干矣 嚴威儼恪 非敬之道 但敬須從此入 上蔡謝氏曰 敬是常惺惺法 和靖尹氏曰 敬者 其心收斂 不容一物之謂 或問 三先生言敬之異 朱子曰 譬如此室 四方皆入得 若從一方入至此 則三方入處皆在其中矣(『栗谷全書 一』, 聖學輯要 修己中 正心章 476).

이치를 올바로 이해하게 하는 기능과 함께 이렇게 깨달은 도를 일상생활에서 실천하여 도덕적 완성을 이루게 하는 등 다양한 기능을 갖는다. 이에 대해 퇴계와 율곡은 각각 다음과 같이 언급하고 있다.

> 경을 간직하는 것(持敬)은 생각과 배움을 함께 달성하고, 움직이거나 정지해 있는 기거동작이 일관되며, 마음과 행동이 합일되고, 드러난 것과 숨어 있는 것이 일치하게 만드는 도이다.[123]

> 대개 도道의 묘한 것은 헤아릴 수가 없고 정해진 바가 없으나, 오직 경敬하면 능히 엉겨 모여서 이 이치가 항상 있게 된다. 마음을 경하게 하면 능히 엉겨 모여서 덕이 마음에 있게 되고, 용모를 경하게 가지면 능히 엉겨 모여서 덕이 용모에 있게 되며, 귀·눈·코·입에 이르기까지 모두 그렇지 않은 것이 없다. 그러나 경하지 않으면 마음이 방일하여 온몸이 해이하게 이지러져서, 비록 사람의 형체를 갖추고 있다 해도 실제로는 혈기를 가진 살덩어리일 뿐으로, 사물과 전혀 다를 바가 없게 된다. 이렇게 경이란 덕을 모으는 근본이고, 인간의 본성을 완성하고 실천하는 요체인 것이다.[124]

---

123 持敬者 又所以兼思學 貫動靜 合內外 一顯微之道也(『退溪全書 一』, 進聖學十圖箚 197).

124 蓋道妙莫測 靡有攸定 惟敬則能凝聚得此理常在 如心敬則能凝聚得德在心上 貌敬則能凝聚得德在貌上 以至耳目口鼻之類 無不皆然 或有不敬 則心君放逸 而百體解弛 雖曰有人之形 而其實塊然血氣之軀 與物無以異矣 此敬之一字 乃聚德之本 而爲踐形盡性之要也(『栗谷全書 一』, 聖學輯要 修己中 正心章 477).

이렇게 퇴계와 율곡은 거경의 기능을 유학적 수양론의 핵심 위치에 올려놓고 있다. 한마디로 경 상태는 주의 분산 없는 주의 집중의 인지적 기능(主一無適·不容一物)과 함께 실생활에서 도에 합치하는 목표를 선택하고 이에 적합한 행동을 활성화하는 동기적 기능(整齊嚴肅·常惺惺法)도 지니는, 심적 자기 조절의 전체 과정에 해당한다고 볼 수 있다. 거경居敬의 기능을 이렇게 심적 자기 조절이라고 보면, 경이 생물적·이기적 욕구(人心)를 제어하고 도덕적 욕구(道心)를 발양시키는 기능을 한다는 사실은 쉽게 이해된다. 이를 율곡은 다음과 같이 진술하고 있다.

> 경 상태에서는 안으로 욕구가 싹트지 않고, 밖으로 사물의 유혹이 들어오지 못한다. …… 경은 사람의 욕구(人欲)를 대적하는 방도로서, 사람이 항상 경 상태에 있게 되면, 천리가 스스로 밝아지고, 사람의 욕구는 위로 떠오르지 못하게 되는 것이다.[125]

이렇게 경敬에 힘입어 생물적·이기적 욕구(人欲)를 제어할 수 있기 때문에 "악을 버리고 선을 따르는 일은 역시 경을 위주로 하는 일(主敬)과 도에 대한 올바른 이해(明理)에 달려 있을 수밖에 없는 것이다."[126] 이렇게 욕구 통제의 기능을 통해 "경은 온갖 사악함을 다 이기게 되므로,"[127] 거경居敬은 곧 욕구 승화의 직접적인 방도가 된다는 것이 바로

---

125 敬則內欲不萌 外誘不入 …… 敬所以抵敵人欲 人常敬則天理自明 人欲上來不得(『栗谷全書 一』, 聖學輯要 修己中 正心章 476).

126 其欲去惡而從善 亦在主敬與明理而已(『退溪全書 二』, 書 答金而精 94).

조선조 성리학자들의 입장이었던 것이다.

이상과 같이, 인간을 불선으로 이끄는 원천인 인심을 거경의 과정을 통해 철저히 억제하여 인심이 도심으로 변모되도록 노력함으로써, 도심이 개인의 삶 전체를 지배하도록 해야 한다는 인심도심설의 제3의 주장(居敬: 욕구의 승화)은 선진유학자들이 제시해 온 "조절과 통제를 통한 욕구의 승화"라는 욕구 이론의 제3교의와 맥을 같이하는 것이다.

4. 동기 문제를 보는 동·서 관점의 회통會通

지금까지 서구 현대심리학과 동아시아 유학의 체계에서 전개해 온 욕구 또는 동기에 관한 연구의 내용을 살펴보았다. 이제 이 두 내용을 비교하여, 동기 문제를 보는 동·서 관점의 유사점과 차이점을 드러내고, 이를 바탕으로 동·서 욕구 이론의 회통 가능성에 대해 고찰해 보기로 하겠다.

1) 욕구의 종류에 대한 동·서의 유사성과 차이점

앞에서 보았듯이, 현대 서구심리학에서는 인간의 동기를 배고픔·목마름·체온 유지·성욕 등 신체 생리적인 결핍 상태에서 유발되는 생물체로서의 생존을 도모하려는 생리적 욕구, 새로운 대상을 찾아 호기심을 충족시킴으로써 사물들 사이의 관계와 세상사에 대한 이해를 하려 하고 스스로의 자기결정성을 증진시키려 하는 탐색·인식·자율 욕구

---

127 敬勝百邪(『栗谷全書 一』, 聖學輯要 修己中 正心章 476).

같은 개인적 및 심리적 욕구, 그리고 사회생활을 통해 학습되어 사회적으로 높은 평가를 받는 대상을 추구하려는 성취·권력욕 등의 사회적 욕구의 세 가지로 대별하여 연구하고 있다.

이들 가운데 생리적 욕구에 관해서는 주로 하등동물을 대상으로 하여 이를 유발하는 신체 생리적인 조건과 이를 통제하는 대뇌중추를 찾아내어 그 관계를 밝히려는 과학적 접근을 위주로 하는 연구가 많이 이루어졌다. 이에 비해 심리적 욕구에 대해서는 고등 영장류와 인간의 행동을 관찰하여 연구가 이루어지고, 사회적 욕구는 주로 인간의 행동을 관찰하는 연구로 이루어지고 있다. 그러므로 인간과 동물의 연속성 가정이 등장한 이후 서구심리학자들이 여타 동물과는 다른 인간의 핵심적인 욕구로 상정하고 있는 것은 개인적 심리적 욕구라고 볼 수 있다.

이러한 서구심리학의 동기 연구는 기본적으로 욕구 대상의 획득이 가져오는 쾌락이 동기 행동의 가장 기본적인 동인動因이라고 보아, 동기적 활동을 근본적으로 쾌락 추구 활동이라고 간주하는 관점에서 연구가 이루어져 왔다. 그런데 생리적 욕구의 충족 결과 얻어지는 쾌락은 결핍 대상을 추구하는 긴장이 해소하여 근본적으로 욕구의 감소를 가져오지만,[128] 심리적 욕구나 사회적 욕구의 경우에는 욕구 충족으로 인해 욕구가 감소되는 것이 아니라 새로운 대상에의 추구로 모습을 바꾸어 나타나거나 같은 대상에 대한 추구가 무한정 커지기도

---

128 생리적 욕구 충족의 경우에는, 예를 들면 배고픔의 경우 음식 섭취 후 네 시간쯤 지나 같은 신체적 결핍이 다시 나타나면, 같은 욕구가 순환적으로 다시 발생한다.

하는 등 계속적인 긴장 추구의 경향이 이어지는 것이 보통이다.[129]

동아시아 유학의 체계에서는 인간에게 생리적 욕구, 이기적 욕구, 사회적 욕구 및 자기 수양과 도덕적 욕구가 갖추어져 있다고 본다. 이 가운데 생리적 욕구는 전적으로 서구심리학의 그것과 같은 것이고, 이기적 욕구와 사회적 욕구는 서구심리학의 사회적 욕구와 같은 내용의 것이라 볼 수 있을 것이다. 그런데 서구심리학의 심리적 욕구는 유학의 체계에서 제시하는 자기 수양과 도덕적 지향성의 욕구 중 사물의 이치를 궁구하는 격물格物 욕구와 지식 체계를 넓히려는 치지致知 욕구를 포함하여 성의(誠意: 뜻을 진실되게 가짐)－정심(正心: 마음가짐을 올바르게 함)－수신(修身: 마음과 행실을 바르게 닦아 수행함)의 자기수양 욕구와 맥을 같이하는 욕구라고 볼 수 있다. 그러나 유학자들이 제시하는 도덕적 지향성의 욕구(다른 사람에 대한 관심과 배려를 추구하는 욕구)는 서구의 심리학에서는 등장하지 않는 것이다. 이 점이 욕구의 종류에 관한 동·서 관점의 핵심적인 차이이다.

유학자들은 이렇게 인간에게 갖추어져 있는 이러한 욕구들 가운데 외적 조건에 의해 충족의 여부가 결정되는 재외자在外者 욕구들(생리적 욕구, 이기적 욕구, 사회적 욕구)의 충족은 쾌락을 가져온다는 사실을 인정한다. 그러나 이러한 욕구의 충족 여부는 개인의 통제 밖에 놓여 있으므로 사람이 원한다고 해서 얻어지는 것이 아닐뿐더러, 이의

---

129 탐색 욕구 같은 심리적 욕구의 경우 또 다른 신기한 대상을 추구하는 식으로 계속적인 욕구 추구의 경향으로 나타나고, 돈을 벌려고 하는 것 같은 성취 욕구의 경우 추구하는 돈의 액수가 점차 커져 그 추구 행동이 끝없이 이어지기도 한다.

획득으로부터 얻는 쾌락은 사람을 인도人道의 바름으로부터 벗어나 악으로 향하게 하는 원동력으로 작용하므로, 적극적으로 억제해야 한다는 것이 유학자들의 관점이다. 이렇게 욕구 충족으로 인한 쾌락을 향악向惡의 근원으로 보아 억제의 대상으로 본다는 것이 동·서 욕구 이론의 또 하나의 중요한 차이이다.

이에 비해 자기 수양과 도덕적 지향성 욕구의 충족 여부는 전적으로 개인이 하기에 달려 있는 재기자在己者라는 것이 유학자들의 주장이다. 따라서 이는 사람이 사람답게 살아가려면 반드시 추구해야 할 삶의 목표라는 것이 유학자들의 관점이다. 사람의 삶의 목표는 덕을 이루는 데 있고, 이러한 성덕成德은 자기 수양과 도덕적 지향성의 추구에서 이루어지는 것이므로, 유학자들에게 이러한 자기 수양과 도덕적 지향성의 욕구는 삶의 의무인 것이다. 이러한 맥락에서 보면, 유학자들이 여타 동물과는 다른 인간의 핵심적인 욕구로 상정하고 있는 것은 자기 수양 및 도덕적 지향성의 욕구라고 볼 수 있다.

2) 욕구를 보는 기본 관점의 동·서 차이

위에서 서구심리학의 욕구 이론에서는 인간의 인간다운 핵심 욕구를 외계를 탐색하고 이해하고자 하며 스스로의 행동을 스스로의 결정에 따라 추구하고자 하는 개인적·심리적 욕구에서 찾고, 유학의 욕구 이론에서는 다른 사람과 사회에 대한 관심과 배려에 대한 지향성, 곧 도덕적 지향성의 욕구를 인간의 기본 욕구라 여겨 적극 권장한다는 사실을 살펴보았다. 또한 서구에서는 동기 행동이 기본적으로 쾌락 추구의 활동으로 이는 자연스러운 인간의 모습이라고 보지만, 유학자들은 욕구 충족으로 인한 쾌락은 향악의 근원으로 작용하므로 억제해야 한다고 본다. 이러한 욕구에 대한 관점의 동·서 차이가 나타나는 까닭은 무엇인가? 이는 두 사회에서 인간을 이해하는 관점의 차이로부터 그 근원을 찾을 수 있다.

(1) 서구의 개체성 및 이성중심주의

앞에서 언급했듯이 서구심리학은 개인의 개체성個體性에서 인간의 존재 의의를 찾으려 하고, 여타 동물과 다른 인간의 고유 특성을 합리적 판단과 선택의 근거인 이성理性이라고 간주하는 자유주의 사상체계를 배경으로 하여 태동된 과학이다. 서구인들은 이렇게 개체성에서 인간의 존재 의의를 찾으려 하므로, 주의主意의 초점이 개체로서의 개인에게 주어져 있고, 따라서 다른 사람으로부터의 독립성과 자신의 삶은 스스로가 책임지는 자기결정성 및 다른 사람과 다른 자신만의 독특성을 삶의 과정에서 추구하는 일을 매우 자연스럽고도 당연하게 여기는 개인주의個人主義적인 삶의 방식을 발전시켜 왔다.

또한 자유주의의 체계에서는 여타 동물과는 달리 인간만이 갖는 고유 특성을 이성의 능력이라고 보아, 인간을 진실로 인간답게 만드는 요인은 이러한 이성의 작용 결과인 합리적 판단과 선택에 있다고 본다. 자유주의자들에게 있어서 "이성은 본질적으로 자기 이익을 가장 효과적으로 추구할 수 있는 계산능력"을 말하는 것이다. 이성은 개인이 가진 서로 다른 욕망들이 경쟁할 때, 그리고 개인의 욕구가 타인의 욕구와 경쟁할 때 "가장 경제적인 합리적인 방법으로 최대의 만족을 얻는 방법을 가르친다."[130] 서구인들은 이렇게 인간을 이성의 주체로 인식하므로, 스스로의 이익을 합리적으로 계산하고 판단해서 자신에게 가장 유리한 선택지를 골라서 추구할 수 있는 가능성을 보유하고 있는 존재라고 간주한다. 그러므로 서구인들은 실생활 장면에서 적극적으로 자기를 드러내고 표출하는 자기주장을 당연한 행동 양식으로 받아들인다.

서구 자유주의자들이 인간의 고유 특성을 이성이라고 간주하기는 하지만, 그들이 인간에게는 다른 동물과 마찬가지로 자기중심적인 제반 욕구가 갖추어져 있다는 사실을 부정하는 것은 아니다. 다만 욕구는 인간만이 아니라 여타 동물들도 갖추고 있는 것이므로 욕구가 인간의 중핵 특성일 수는 없고, 합리적 판단과 선택의 근거인 이성은 인간만이 갖추고 있으므로 이를 인간의 고유 특성이라고 보아야 한다는 것이다.

이렇게 서구인들은 인간을 이성과 욕망의 복합체라고 간주한다.[131] 인간이 갖추고 있는 자기중심적 욕구는 제반 인간 행동의 제일의 원천으로 작용한다는 것이 서구인들의 생각이다. 그들은 개인은 기본적으로 자기중심적인 정열과 욕구에 따라 활동하고 행동하는 존재로서, 자기 자신의 행복과 쾌락 및 만족의 추구가 인간 행동의 제일 동인이라고 보는 것이다. 따라서 서구인들은 이러한 쾌락 추구를 위해 적극적으로 노력할 권리가 모든 개인에게 천부적으로 주어져 있을 뿐만 아니라, 아무런 외적인 간섭과 제재만 없다면 최대한의 쾌락 추구라는 자기 본위적 목표가 달성될 수 있다고 간주한다.

---

130 노명식, 1991, p.41.

131 노명식, 1991, p.38.

여기에서 자유주의의 욕망관과 이성관이 만나게 된다. 자유주의에서는 인간은 이기적인 쾌락 추구의 욕망과 함께 "이성의 주체"로서 자기가 가지고 있는 욕망의 내용을 인식함은 물론, 이를 자기에게 유리하게 충족시킬 수 있는 방식을 합리적으로 선택할 수 있는 존재라고 보는 것이다. 이렇게 자유주의에서는 욕구의 인식과 그 실현 방법의 선택이 전적으로 개인이 가지고 있는 이성의 결과라고 보아, 욕구에 대한 이성의 우월성을 가정한다.[132]

이러한 맥락에서 현대 서구심리학의 연구가 이성중심주의에 기울어진 배경을 찾을 수 있다. 서구심리학에서는 동기 과정뿐만 아니라 정서 과정도 인지 과정의 영향을 받을 수밖에 없는 것으로 받아들이고 심지어는 인지의 부속체계로 간주하는 경향이 있는데, 이는 인간의 고유 특성을 사고와 판단 및 선택 활동의 근거인 이성의 능력이라고 간주하는 데에 근거가 있는 것이다. 특히 1960년대에 행동주의 사조가 퇴조하고 인지 혁명으로 인해 이성 주체로서의 인간관이 다시 심리학

132 욕망이 있고, 그것을 추구하는 동력이 있는 것만으로는 그 욕망의 충족이 보장되지 않는다. 이를 자기에게 가장 적절하고 유리한 방법을 선택하여 행동으로 옮겨야 욕망의 충족 여부가 결정된다. 이성은 이러한 선택의 기능을 수행하는 인간의 본성이다. 이성은 개인이 가진 서로 다른 욕망들이 경쟁할 때, 그리고 나의 욕구와 타인의 욕구가 충돌할 때 가장 경제적인 방법으로 최대의 만족을 얻는 방법을 가르친다. 따라서 이성은 본질적으로 자기 이익을 가장 효과적으로 추구할 수 있는 계산능력(노명식, 1991, p.41)을 본질로 한다. 이렇게 욕망이 이성보다 선행하는 것일지는 모르지만, 그 충족 여부는 오로지 그 충족 방법에 대한 합리적인 계산과 선택에 달려 있게 마련이고, 이러한 관점에서 보면 인간의 삶에서 이성은 욕망보다 우월한 것이다.

계에 몰아친 이래, 이러한 경향은 더욱 심화되어 오늘날까지 이어지고 있다. 서구심리학에서 인지 활동의 근거인 탐색 욕구와 인식 욕구 같은 심리적 욕구를 인간 동기의 중심체계로 받아들이는 것은 이러한 맥락에서 이해할 수 있을 것이다.

(2) 동아시아의 사회성과 도덕성중심주의

이에 비해 동아시아 사회에서는 사회성社會性에서 인간의 존재 의의를 찾으려 하고,[133] 사회적 관계체關係體로서의 개인이 갖추고 있는 타인에 대한 관심과 배려의 체계인 도덕성道德性을 여타 동물과 다른 인간의 고유 특성이라고 간주한다. 동아시아인들은 이렇게 사회성에서 인간의 존재 의의를 찾아 인간을 사회적 관계체라고 받아들이므로, 주의의 초점이 사람들 사이의 관계 같은 외적 상황 조건에 주어져 있고, 따라서 삶의 과정에서 사람들 사이의 연계성과 상호의존성 및 사람들

---

133 Nisbett(2003, pp.8~20)은 유학과 도교 및 불교 같은 동아시아 사회의 철학 및 종교의 체계에서는 우주 삼라만상들의 상호 연관성을 강조한다는 공통성을 가지고 있다고 본다. 도교에서는 가벼운 것과 무거운 것 같이 상호 배타적인 것들은 상대의 특성을 그 자체 속에 포괄하고 있어서 상호 연관적인 관계 속에 존재한다고 주장한다. 유학은 사람은 다른 사람과의 관계 속에서(예: 부모-자식, 군주-신하, 남편-아내, 어른-아이, 친구-친구) 태어나서, 이러한 관계 속에서 살다가, 관계 속에서 죽어가는 존재들이라고 본다. 불교에서는 모든 사물들의 존재 근거는 상호 연관적인 관계, 곧 연기緣起에 있다고 본다. 즉 이것이 있으므로 저것이 있고, 저것이 있으므로 이것이 있게 된다는 것이다. 이와 같이 동아시아 사회에서는 모든 존재들의 상호 연관성을 강조하여 받아들이며, 따라서 인간을 포함한 모든 삼라만상의 존재 의의를 그들의 사회성에서 찾는다는 특징이 있다는 것이다.

사이의 공통성과 유사성을 추구하는 일을 당연하게 여기는 집단주의集團主義적인 삶의 방식을 발전시켜 왔다.

이러한 맥락에서 동아시아인의 삶의 지도이념이었던 유학 사상에서는 사회적 관계체로서의 사람들에게 있어서 중심 특성은 사회생활에 필요한 기본 특성, 곧 도덕성이라 본다. 유학자들은 다른 동물이 갖지 못하는 인간의 고유 특성을 도덕성이라고 보는데, 이러한 관점은 인간의 존재 의의를 사회성에서 찾으려는 유학 사상에서 필연적으로 도출되는 것이다. 이러한 도덕성의 근원은 타인 및 그들과 함께 삶을 영위하는 터전인 사회에 대한 관심과 배려에 있다는 것이 유학자들의 생각이다. 그들은 이러한 덕의 바탕이 인간에게 본래부터 갖추어져 있다는 전제에 따라, 사람은 스스로가 도덕의 주체라는 사실을 깨달아 이를 능동적 주체적으로 삶의 장면에서 실천함으로써, 개인적이고 이기적인 욕구와 감정 같은 나머지 인성人性 요소들이 덕에 맞추어 통제되도록 하는 것이 바른 삶의 자세라는 주장을 편다. 이렇게 유학 사상에서는 사회적 존재로서의 인간이 지향해야 할 바람직한 삶의 자세는 능동적 주체적인 도덕 인식과 실천이라고 보아, 인간을 "덕성의 주체"로 파악한다.[134]

유학자들이 인간의 고유 특성을 도덕성이라고 간주하기는 하지만, 그들이 인간에게는 다른 동물과 마찬가지로 자기중심적인 제반 욕구가

---

134 "천하의 모든 사람이 성불成佛하기 전에는 부처가 되지 않겠다"는 보살심菩薩心은 기본적으로 다른 사람들에 대한 관심과 배려를 기본으로 하는 삶의 태도로, 동아시아 대승불교에서 이를 기본 교리로 삼고 있는 것을 보면 불교도 인간을 덕성의 주체로 보고 있다는 점에서는 유학과 같은 입장이라 볼 수 있다.

갖추어져 있다는 사실을 부정하는 것은 아니다.

다만 욕구는 인간만이 아니라 여타 동물들도 갖추고 있는 것이므로 욕구가 인간의 중핵 특성일 수는 없고, 타인/사회에 대한 관심과 배려의 체계인 도덕성은 인간만이 갖추고 있으므로 이를 인간의 고유 특성이라고 보아야 한다는 것이다.[135]

인간의 고유 특성을 이렇게 타인과 사회에 대한 관심과 배려의 체계라고 인식하는 관점에서는 인간에게 갖추어져 있는 다른 심성 요소들, 특히 그 충족 여부가 외적 조건에 갖추어져 있는 생물체적 욕구와 자기중심적 욕구들은 인간을 악으로 이끄는 근원이 된다고 보아, 삶의 과정에서 적극적으로 억제하려는 입장을 취한다. 이러한

---

135 인간에게는 다른 동물들이 갖추지 못한 도덕성의 체계가 갖추어 있기 때문에 이것을 인간의 고유 특성이라고 보아야 한다는 관점을 순자는 다음과 같이 직접 표현하고 있다: "사람이 사람 된 까닭은 (동물과는 달리) 다만 두 다리로 서고, 몸에 털이 없다는 사실에서 연유하는 것은 아니다. 이는 사람이 변별함(辨)을 가지고 있다는 데에서 연유하는 것이다. 무릇 새나 짐승도 부모와 자식의 관계는 있지만 부모-자식 간의 친애함은 없고(父子之親), 암컷과 수컷은 있지만 남녀의 직분의 분별(男女之別)은 없다. 그러므로 (옳고 그름을 가려 도덕적으로 행동하는 것은 사람의 본성이므로) 사람의 도리에 옳고 그름을 가려 행동하지 않을 수 없는 것이다."(故人之所以爲人者 非特以其二足而無毛也 以其有辨也 夫禽獸有父子 而無父子之親 有牝牡 而無男女之別 故人道莫不有辨,『荀子』, 非相 9-10); "물과 불은 기氣는 가지고 있으나 생명(生)은 없다. 초목은 생명은 있으나 지각(知)은 없다. 새와 짐승은 지각은 있으나 올바름(義)은 없다. 사람은 기도, 생명도, 지각도 가지고 있을 뿐만 아니라, 또한 올바름을 가지고 있다. 그러므로 천하에서 가장 귀한 존재가 되는 것이다."(水火有氣而無生 草木有生而無知 禽獸有知而無義 人有氣有生有知 亦且有義 故最爲天下貴也, 王制 20).

욕구들은 도덕성의 통제를 받아 도덕적 지향의 욕구로 변모하여야 한다는 것이다. 이렇게 유학 사상은 사회성과 도덕성을 인간 삶을 지배하는 중심체계로 보고, 욕구 같은 심성의 여타 체계들은 모두 이에 의해 통제되어야 한다는 입장을 기본 전제로 하여 인간 삶의 문제에 접근하고 있는 이론체계인 것이다.

3) 욕구의 위계

앞에서 마슬로우가 인간은 자기개발 지향자라는 은유에서 욕구의 위계구조설을 제시하였음을 보았다. 유학 사상에서도 이러한 욕구의 위계구조설을 찾아볼 수 있다. 『대학大學』에는 다음과 같은 팔조목八條目의 욕구위계설이 제시되고 있다.

> 옛날에 자기가 가진 밝은 덕을 온 천하에 밝게 드러내고자 하는 사람은 먼저 자신의 나라를 다스렸고, 자기의 나라를 다스리고자 하는 사람은 먼저 자신의 집을 가지런히 하였으며, 자기의 집을 가지런히 하고자 하는 사람은 먼저 자신의 덕을 닦았다. 자기의 덕을 닦고자 하는 사람은 먼저 자신의 마음을 바로 잡았고, 자기의 마음을 바로 잡고자 하는 사람은 먼저 자신의 뜻을 참되게 하였으며, 자기의 뜻을 참되게 하고자 하는 사람은 먼저 자신의 지식을 넓혔다. 이렇게 지식을 넓히는 것은 사물의 이치를 궁구하는 데 달렸다. 그러므로 사물의 이치를 구명한(格物) 후에야 지식이 극진하게 되고, 지식이 극진하게 된(致知) 후에야 뜻이 참되어지고, 뜻이 참되어진(誠意) 후에야 마음이 바로잡히고, 마음이 바로잡힌(正心)

후에야 덕이 닦여지고, 덕이 닦여진(修身) 후에야 집이 가지런해지고, 집이 가지런해진(齊家) 후에야 나라가 다스려지고, 나라가 다스려진(治國) 후에야 천하가 화평하여지는(平天下) 것이다.[136]

이것이 유명한 "격물格物－치지致知－성의誠意－정심正心－수신修身－제가齊家－치국治國－평천하平天下"의 수양의 팔조목이다. 이는 하위 단계의 욕구가 충족되어야 그다음 단계의 욕구가 출현한다는 점에서, 마슬로우의 욕구위계설과 같은 논리적 구조를 가지고 있는 이론체계이다. 곧 『대학』에서는 "격물"이 가장 하위의 욕구이고, "평천하"가 최상위의 욕구라고 보는 셈이다. 이러한 팔조목의 욕구위계설에서는 천하를 화평하게 하는 "평천하"를 가장 상위의 목표로 설정함으로써, 무엇보다 인간 존재의 사회성을 강조하고 있다.

본래 『대학』은 성리학자들이 군자, 곧 이상적 인간이 되는 학문의 기본 교재로서 중시한 책이다. 이 책에는 삼강령三綱領으로 제시한 군자의 세 가지 책무(止於至善·親民·明明德)와 이를 이루는 차례와 방법이 "팔조목"으로 제시되고 있어, 도덕 인식과 실천이 유학적 삶의 핵심 목표라는 사실을 분명히 드러내고 있다.

"삼강령三綱領"으로 제시되고 있는 군자의 세 가지 책무 중 "지어지선止於至善"은 자기 인격의 수양을 가리키고, "친민親民"은 대인관계의

---

136 古之欲明明德於天下者 先治其國 欲治其國者 先齊其家 欲齊其家者 先修其身 欲修其身者 先正其心 欲正其心者 先誠其意 欲誠其意者 先致其知 致知在格物 物格而后知至 知至而后意誠 意誠而后心正 心正而后身修 身修而后家齊 家齊而后國治 國治而后天下平(『大學』, 經).

조화 달성을 가리키며, "명명덕明明德"은 사회적 책무의 자임과 수행을 가리키는 것이다. 앞의 팔조목 중 "격물－치지－성의－정심－수신"까지는 "지어지선"의 단계, "제가"는 "친민"의 단계, 그리고 "치국－평천하"는 "명명덕"의 단계를 가리키는 것이라 볼 수 있다.

여기서 자기 인격의 수양인 "지어지선"에 이르는 단계는 인지적 확충인 "격물"과 "치지"를 바탕으로 하여, "성의"와 "정심"을 거쳐 최종적으로 "수신"에 이르는 것으로 그려지고 있다는 사실에 주의를 기울여 보아야 한다. 이는 "격물"과 "치지"를 통한 도덕 인식의 단계로부터 "성의－정심－수신"을 통한 도덕 체득의 단계로 이행하는 것이 인격 수양의 절차임을 드러내는 것이다. 곧 도덕 인식이 도덕 체득의 전제라는 것으로, 이 논의를 통해 『대학』에서는 자기가 도덕 주체라는 사실에 대한 인식이 이루어지지 않고는 누구나 도덕 체득을 할 수 없다는 사실을 분명히 하고 있다.

그다음의 "제가"와 "치국" 및 "평천하"는 "격물"로부터 "수신"까지를 통해 수양된 인격을 갖춘 군자의 사회적 책무를 현실적으로 전개하는 과정이다. 이렇게 보면, 『대학』에서는 자기 수양으로부터 비롯하여, 대인관계에서의 조화의 달성을 거쳐, 사회적인 책무의 자임과 완수의 경지에 이르는 점진적 확대 과정으로 이상적 인간상의 발달 단계를 그리고 있다고 추론해 볼 수 있다.[137] 점진적 확대 과정을 통한 이상적

137 유학적 이상적 인간상인 군자君子의 특징을 "자기수양－대인관계의 조화－사회적 책무의 자임自任"이라는 삼단계의 점진적 확대론으로 제시하고 있는 것은 공자로부터 이어지는 유학의 전통이다. 이에 대해서는 다음 주 139의 본문 참조.

인간상의 추구, 이것이 바로 팔조목을 통해 제시하고 있는 유학적 욕구위계설이 가지는 심리학적인 의미인 것이다.

여기서 마슬로우의 위계설과 팔조목 위계설의 차이를 살펴볼 필요가 있다. 마슬로우는 생리적 욕구로부터 자기실현의 욕구에 이르기까지 모든 인간의 욕구는 하위 단계의 욕구가 충족되어야 그다음 단계의 욕구가 등장하는 위계 구조를 가지고 있다고 주장한다. 그러나 『대학』의 팔조목에서는 자기 수양 및 도덕적 지향성의 욕구만을 욕구 위계의 대상으로 설정하고 있다.

이러한 까닭은 유학의 체계에서는 생리적 욕구와 이기적 욕구 및 사회적 욕구는 모두 그 충족 여부가 외적 조건에 달려 있는 재외자 욕구로서, 인간을 악으로 이끌 가능성이 높은 것이기 때문에 성덕成德에 방해가 되므로, 철저히 억제해야 할 것으로 본다는 사실과 결부지어 해석해 볼 수 있다. 이는 유학은 사회성과 도덕성의 가치를 중핵으로 하여 인간의 삶을 이해하려는 사상체계라는 점에서 필연적으로 도출되는 논리적 결론인 것이다.

4) 욕구의 억제와 권장의 문제

동아시아 유학 사상이 제시하는 욕구 이론의 기본 골자는 재외자 욕구의 억제와 재기자 욕구의 권장에 있다. 서구에서도 욕구를 비하하여 이의 억제를 추구하는 관점이 전혀 없었던 것은 아니었다. 서구에서 이러한 관점은 데카르트(Descartes, R.) 이후 "마음—몸, 인지—감정, 사고—느낌, 이성—감성, 합리성—비합리성, 의식—무의식, 수의—불수의, 통제가능성—통제불능성"의 이분법으로 인간을 이해하는 양식과 맞물리면서 강화되었다고 볼 수 있다.[138] 이러한 이분법적 개념쌍 중에서 왼쪽 부분(마음, 인지, 사고, 이성, 합리성, 의식, 수의, 통제가능성)은 "인간적" 차원에 속하는 것으로 받아들여 높이 평가하고, 그 반대쪽 부분(몸, 감정, 느낌, 감성, 비합리성, 무의식, 불수의, 통제불능성)은 "동물적" 차원에 속하는 것으로 받아들여 비하하는 것이 서구 이원론의 전통이었다. 이러한 이분법적 이해에서 욕구의 문제는 동물적 차원에 속하는 것으로 간주하여, 그 반대쪽 인간적 차원의 개념들에 의해 지배되어야 한다는 것이 서구 이성중심주의의 기본교의였던 것이다.

세상사와 인간사를 "인간적—동물적" 차원으로 절대화하여 받아들이는 이러한 이원론적 이해의 틀은 다윈의 진화론에 의해 정신 과정의 연속성을 전제하는 관점으로 치환되면서 여지없이 무너져 내렸다. 이러한 정신 과정의 연속성을 받아들이게 되자 인간과 여타 동물의 차이를 더 이상 질적인 절벽과 같은 것으로 보지 않고, 단순히 양적인 정도의 차이로 보게 된 것이다. 인간에게도 여타 동물과 마찬가지로 몸—감성—비합리성—불수의—통제불능 차원에 속하는 것으로 인식되었던 욕구적 측면의 잔재가 상존하고, 인간 이하라고 비하하던 동물들에게서도, 특히 영장류의 동물들에게서는 마음—이성—합리성—수의—통제가능 차원에 속하는 인지 기능의 편린이 발견된다는 사실이 확인되었던 것이다.

게다가 인간의 삶을 좌우하는 가장 기본적인 원리가 혐오와 고통을

---

138 White, 1993, p.31.

회피하고 즐거움과 행복을 추구하는 쾌락주의라는 사실을 받아들이게 되면서 욕구의 위상은 달라질 수밖에 없었다. 더욱이 동기 행동의 기본 속성은 목표 대상의 획득으로부터 오는 행복을 추구하는 쾌락지향성에 있으므로 욕구 추구의 제일 원칙이 쾌락주의라는 사실을 인정하게 되면서, 서구 사회에서 욕구를 비하하고 타기하는 관념은 더 이상 유지되기 어려워졌다. 이제 서구인들은 생리적 욕구를 포함하는 모든 욕구를 인간의 삶에서 떼어내려 해도 떼어낼 수 없는 자연스러운 심성의 하나로서 인정하고 수용할 수밖에 없게 된 것이다.

그러나 유학을 삶의 지배이념으로 받아들여 왔던 동아시아 사회에서 인간의 삶과 욕구의 관계에 대한 입장이 서구 사회와 같을 수는 없었다. 유학은 사회성과 도덕성의 가치를 기조로 하여 삶의 과정에서 덕을 이루는 성덕을 인생의 목표로 삼는 사상체계이다. 이렇게 삶의 과정에서 덕을 이룬 사람이 바로 군자로서, 공자는 제자인 자로子路와의 문답에서 군자를 다음 세 가지 특징을 갖춘 사람으로 제시하고 있다.

> 자로子路가 군자에 대해 여쭙자, 공자는 "군자는 자기를 닦음으로써 삼가는 사람이다(修己以敬)"라고 대답하셨다. 자로가 "그것뿐입니까?" 하고 여쭙자, 공자는 "군자는 자기를 닦음으로써 사람들을 편안하게 해주는 사람이다(修己以安人)"라고 대답하셨다. 자로가 거듭 "그것뿐입니까?" 하고 여쭙자, 공자는 "군자는 자기를 닦음으로써 온 백성들을 편안하게 해주는 사람이다(修己以安百姓). 자기를 닦음으로써 온 백성들을 편안하게 해주는 일은 요·순도 이를 오히려 어렵게 여겼다"고 대답하셨다.[139]

이 인용문에서 공자는 덕을 이룬 군자의 특징을 "자기 인격의 수양(修己以敬)", "대인관계에서의 조화(修己以安人)", 그리고 "사회적 책무의 자임自任(修己以安百姓)"의 세 가지로 잡고, 이러한 상태는 수기修己－안인安人－안백성安百姓의 순서로 점진적으로 확대되는 과정을 거쳐 이루어진다는 사실을 밝히고 있다.

이와 같이 유학의 이상적 인간상인 군자는 스스로의 인격 완성에 그치지 않고, 이러한 인격 수양의 효험을 다른 사람에 대한 배려와 사회적 책무를 스스로의 책임으로 떠맡으려 하는 사람으로, 존재의의와 가치의 확대를 이룬 사람이다. 이러한 인간 존재 확대의 원동력으로 작용하는 것이 바로 인간에게 본유적으로 갖추어져 있는 도덕적 지향성의 욕구이다. 도덕성이란 다른 사람과 사회에 대한 관심과 배려의 체계이므로, 도덕적 지향성 욕구의 발현을 통해 타인과의 조화와 사회적 책무의 자임이 가능할 것이기 때문이다.

이러한 도덕적 지향성 욕구는 그 충족 여부를 스스로의 인격 수양에 근거하고 있는 재기자이다.[140] 그러나 생물체로서의 생존 욕구나 자기중심적 욕구는 그 충족 여부가 스스로의 인격 수양에 달려 있는 것이 아니라 타인의 도움이나 상황적 조건에 의존해서 달라지는 재외자이다. 뿐만 아니라 이러한 재외자 욕구의 추구는 인간을 악으로 빠지게

139 子路問君子 子曰 修己以敬 曰 如斯而已乎 曰 修己以安人 曰 如斯而已乎 曰 修己以安百姓 修己以安百姓 堯舜其猶病諸(『論語』, 憲問 45).

140 위의 인용문에서 공자는 이러한 사실을 수기이안인(修己以安人: 수기를 통해 다른 사람과의 사이에 조화를 이룬다)이라거나 수기이안백성(修己以安百姓: 수기를 통해 온 천하 사람들에게 편안함을 가져다준다)이라 표현하고 있다.

하여 안인과 안백성을 못하게 방해할 수도 있다는 것이 유학자들의 생각이다.[141] 바로 여기에서 유학자들이 이러한 재외자 욕구를 억제해야 한다고 주장하는 근거가 도출되는 것이다.

이렇게 유학자들은 생물적, 이기적 및 사회적 욕구의 향악성向惡性을 전제하고, 이를 도덕적 지향성의 욕구에 의해 제어해야 한다고 주장한다. 그러나 유학자들도 생물적 욕구나 이기적 및 사회적 욕구가 생물체로서의 존재인 인간에게 어쩔 수 없는 필요악이어서, 이를 철저히 배격해야 한다는 입장을 취하지는 않는다. 그들은 "생존 욕구의 충족은 도덕적 욕구의 충족과 마찬가지로 사람의 삶에서 소중한 것"[142] 이라고 보아, 다욕多欲을 경계하여 욕구를 줄이는 과욕寡欲[143]과 욕구 추구의 절제(節欲) 및 바람직한 방향으로의 인도(道欲)를 주장했지,[144] 욕구를 모두 없애는 무욕無欲과 거욕去欲을 주장하지는 않았던 것이다. 곧 생물적 욕구나 자기이익을 보전하려는 욕구, 그리고 타인과의 경쟁 관계에서 빚어지는 사회적 욕구들은 생존을 위해 필요한 것이므로, 이런 욕구를 가지고 있다는 사실 자체가 아니라 이런 욕구가

---

141 이에 대해서는 졸저(조긍호, 2017a, pp.262~334; 2021b, pp.174~168) 참조.

142 所重 民食喪祭(『論語』, 堯曰 1).

143 養心莫善於寡欲 其爲人也寡欲 雖有不存焉者寡矣 其爲人也多欲 雖有存焉者寡矣(『孟子』, 盡心下 35).

144 凡語治而待去欲者 無以道欲 而困於有欲者也 凡語治而待寡欲者 無以節欲 而困於多欲者也 …… 欲不待可得 而求者從所可 欲不待可得 所受乎天也 求者從所可 所受乎心也 …… 心之所可中理 則欲雖多 奚傷於治 …… 心之所可失理 則欲雖寡 奚止於亂 故治亂在於心之所可 亡於情之所欲 …… 欲雖不可盡 可以近盡也 欲雖不可去 求可節也(『荀子』, 正名 19-22).

많아서 이에 이끌림으로써,[145] 이의 노예가 되는 것이 위험한 일이라는 것이다.[146]

그러므로 욕구 추구에서 오는 이해득실을 잘 숙고해서[147] 바랄 것(所欲)과 바라서는 안 되는 것(所不欲), 해야 할 일(所爲)과 해서는 안 되는 일(所不爲)을 분별함으로써,[148] 항상 바랄 일만을 바라고 할 일만을 행하는 것[149]이 바로 욕구 억제(寡欲·節欲·道欲)의 요체라고 유학자들은 보고 있다. 이러한 논의들은 욕구의 억제라는 교의를 통해 유학자들이 펴고자 하는 근본적인 주장은 생물적 욕구와 자기중심적 욕구의 완전한 제거가 아니라, 이를 도덕적 지향성 수준으로 승화시켜야 한다는 사실을 잘 드러내 준다. 이렇게 재외자 욕구가 도덕적으로 승화한 전형적인 상태는 공자가 자기의 경험에 비추어 스스로가 일흔 살에 도달했다고 밝힌 "마음에 하고자 하는 대로 따라도 사람의 도리에 어긋나지 않는 상태"[150]를 들 수 있을 것이다.

---

145 耳目之官不思而蔽於物 物交物則引之而已矣(『孟子』, 告子上 15).

146 故欲養其欲 而縱其情 …… 夫是之謂以己爲物役(『荀子』, 正名 26-27).

147 見其可欲也 則必前後慮其可惡也者 見其可利也 則必前後慮其可害也者 而兼權之 熟計之 然後定其欲惡取舍 如是則常不失陷矣(『荀子』, 不苟 17); 凡人之取也 所欲未嘗粹而來也 其去也 所惡未嘗粹而往也 故人無動而不與權具(正名 24).

148 聖人淸其天君 正其天官 …… 養其天情 以全其天功 如是則知其所爲 知其所不爲矣(『荀子』,天論 25).

149 人有不爲也 而後可以有爲(『孟子』, 離婁下 8); 無爲其所不爲 無欲其所不欲 如此而已矣(盡心上 17).

150 七十而從心所欲 不踰矩(『論語』, 爲政 4).

5) 욕구와 의지의 문제: 동기 행동은 항상 의식적이고 자기주도적인가?

앞에서 동기 행동의 제일의 특징은 목표추구성에 있음을 보았다. 이러한 관점에서 보면, 동기 행동은 어떤 목적을 이루기 위해 행위자가 의식적 주도적으로 진행하는 행동, 곧 의지적 행동이라고 할 수 있다.[151] 동기에 대한 초기의 연구에서는 동기 행동은 목표를 획득할 수 있는 선택지의 탐색과 선택, 유발되는 흥분 상태의 인식 및 목표를 지향하는 행동의 촉발과 지속을 포괄한다는 점에서 기본적으로 의식적이고도 주도적인 행동이라는 관점이 지배적이었다. 그러나 사회심리학자와 진화심리학자들이 동기 행동의 사회성과 본유성을 강조하여 이해하게 되자, 동기 행동은 행위자에게 의식되기보다는 의식되지 않는 부분이 더 많은 인간 행동의 측면이라는 사실이 밝혀지고 있으며, 그 결과 "인간 동기의 진화 과정에서 무의식적 동기 기제가 의식적 기제보다 우선성을 갖는다"[152]는 사실을 인식하게 되었다.

몇 가지 예를 들어 보기로 하자. 전통적으로는 생리적 욕구의 경우에도 신체 생리적 변화(예: 혈당 수준의 저하, 세포의 탈수, 성 호르몬의 분비)가 대뇌중추(시상하부)를 작동시키는 과정은 인식되지 않더라도, 행위자는 그 후 배고픔·목마름·성추동 같은 욕구뿐만 아니라

---

151 의지란 "어떠한 일을 이루려는 적극적인 마음"으로서, 철학에서는 "어떠한 목적을 실현하기 위해 자발적으로 의식적인 행동을 하게 하는 내적內的인 욕구로서, 도덕적 가치 평가의 원인"인 심적 상태라는 것이 사전적 정의이다(금성판 『국어대사전』, p.2371).

152 Bargh, Gollwitzer, & Oettingen, 2010, p.276: 이에 대해서는 같은 논문 pp.289~296에 자세히 언급되고 있다.

이의 해소를 위한 노력(목표 추구의 동기 행동)은 확실하게 의식한다. 이는 생리적 욕구도 의식적 과정을 통해 행동화됨을 시사한다. 그러나 쥐를 두 집단으로 나누고, 한 집단에게는 한 달 동안 염분이 전혀 없는 음식만을 제공(염분 집단)하고 다른 집단에게는 당분이 전혀 없는 음식을 제공(당분 집단)한 다음, 이들에게 소금 접시와 설탕 접시를 제공해 주면, 염분 집단은 설탕은 거들떠보지도 않고 소금 접시로 달려가 소금만을 미친 듯이 섭취하고, 설탕 집단은 설탕 접시로 달려가 설탕만을 섭취하는 현상이 밝혀지고 있다.[153]

이를 특수기(特殊飢: specific hunger) 현상이라 하는데, 이때 각 집단의 쥐가 스스로에게 소금 또는 설탕이 부족하다는 사실을 인식하고 있었다고 볼 수 있을까? 인간에게도 평소에는 거들떠보지도 않던 음식을 갑자기 찾아 먹는 경우가 있는데, 이때 그가 그 음식이 함유하고 있는 영양소에 대한 자기 신체적 필요나 부족을 인식했기 때문이라고 볼 수 있을까? 이러한 현상은 생리적 욕구와 그 추구 행동이 전적으로 의식되는 것은 아님을 시사하는 것이다. 그렇다면 욕구 행동을 의식하느냐 아니면 의식하지 못하느냐 하는 것이 곧 동기 행동에서 의지나 주도성의 판별 기준이 될 수는 없는 것이 아닐까?

앞에서 언급한 헐과 톨만의 이론적 대립에서 고전적인 행동주의자였던 헐은 미로迷路 학습에서 피험동물이 강화를 통해 학습하는 것은 자극-반응의 습관 체계일 뿐이라고 주장하지만, 톨만은 어떤 행동을 하면 어떤 보상이 주어질 것이라는 기대, 곧 인지적 관계가 학습된

---

153 Rozin & Kalat, 1971.

다고 주장한다. 이때 학습되는 인지적 기대를 인간은 의식하겠지만, 과연 피험동물로 사용된 쥐 같은 하등동물도 이를 의식했다고 볼 수 있을까?

또 인간이라고 해서 자기 행동의 진정한 욕구를 모두 의식하고 있다고 볼 수 있을까? 예를 들어, 장갑을 사고 있는 사람을 생각해 보자. 이 사람은 장갑 수집벽을 충족시켜 행복을 증가시키기 위해서, 손을 따뜻하게 하려고, 또는 그냥 무엇인가 사고 싶어서 장갑가게에 갔을 수 있다. 이 동기들 중 어떤 것은 아주 일반적이지만(행복의 증진) 어떤 것은 아주 구체적인데(따뜻하게 함), 이 사람이 장갑을 살 때 이 모든 동기가 다 의식될까? 학자들에 따르면, 행위 실행의 복잡성이 행위자들로 하여금 자신들의 구체적인 동기를 지각하게 만들지 않는다면, 사람들은 구체적 동기는 무시하고 일반적 동기만을 의식하는 경향이 있다고 한다.[154] 이 경우 과연 행위자가 의식하고 있는 것만이 행위의 진정한 이유라고 할 수 있을까? 이때 행위자는 과연 자기의 욕구를 의식하고 있는 것일까?

다음으로 도덕적 지향성의 욕구에 대해 고찰해 보기로 하자. 도덕성이란 기본적으로 타인 및 사회에 대한 관심과 배려의 체계인데, 도덕적 지향성 욕구가 작동할 때 행위자는 자신보다 타인을 우선적으로 배려해야 한다는 사실을 의식하고 이런 행동을 하는 것일까?

모든 생물체는 자연선택의 원리에 따라 도태되거나 생존한다는 진화론은 기본적으로 생명체들의 이기성을 전제로 한다. 번식을 통한

---

154 Vallacher & Wegner, 1985.

존재의 지속은 무자비한 생존경쟁, 곧 생존 단위들 사이의 이기적인 투쟁을 바탕으로 한다는 것이 진화론의 기본 전제이다. 다윈 이래 이러한 진화론이 부딪친 가장 풀기 어려운 수수께끼 가운데 하나는 자기의 생존 기회를 희생하면서까지 동종의 타 개체를 돕는 이타성, 곧 도덕성의 문제였다.[155] 이타행동은 모든 생명체의 자기보존을 위한 이기성과는 역행되는 행동으로, 자기의 번식 가능성을 심각하게 위협할 수도 있을 것이기 때문이다.[156]

전통적으로 서구심리학에서는 도덕성은 인간에게 본유적인 심성 요소가 아니라 인지나 정서의 부속체계로서 후천적으로 학습되는 체계라고 간주해 왔다.[157] 그러나 현대 영장류학자들과 영유아발달심리학자들의 진화심리학적 연구들에 따르면, 침팬지 같은 영장류 유인원이나 태어난 지 얼마 되지 않은 영유아들도 이타성과 선善에 대한 선호행동을 보임이 관찰되어, 도덕성의 본유성에 관한 증거가 쌓이고 있다.[158]

예를 들면, 생후 14개월 된 영아들은 처음 만난 어떤 어른이 양손 가득 물건을 나르다가 한 개를 사고로 떨어뜨리면 다가가서 그것을 집어주며, 양손 가득 물건을 들고 옷장 문을 열려고 하면 다가가서

---

155 Cronin, 1991/2016, p.23.

156 표준적으로 진화심리학자들에게 "이타행동(altruism)은 행위자는 적합성 부담(fitness cost)을 지면서 수혜자는 이득을 보는 상호작용을 지칭하는 것"(Kurland & Gaulin, 2005, p.448)으로 받아들여진다. 곧 자기의 번식적 이기성은 포기하면서, 타 개체에게 이득을 주는 행위가 이타행동인 것이다.

157 이에 대해서는 졸저(조긍호, 2017b, pp.204~267) 참조.

158 이에 대해서는 졸저(조긍호, 2017b, pp.376~428) 참조.

문을 열어주었다. 이런 도움행동은 아무런 물질적 보상이나 칭찬이 없어도 자발적으로 나타났다. 그런데 어른이 들고 있던 물건을 우연히 떨어뜨리는 것이 아니라 일부러 집어던지거나 또는 옷장 문을 열려고 하는 것이 아니라 다른 일을 하다가 우연히 옷장에 부딪치는 통제조건에서는 이런 자발적인 도움행동이 나타나지 않았다. 곧 통제조건의 영아들은 떨어뜨린 물건을 집어주거나 옷장 문을 열어주지 않았던 것이다.[159]

이러한 자발적 도움행동은 인간 영아에서 뿐만 아니라 침팬지에게서도 나타나는 것으로 밝혀져, 도덕성의 인간 본유성에 관한 추론에 무게를 더해 주고 있다. 어떤 연구에서는 동물원에서 인간이 기른 침팬지의 행동을 관찰해 보았다. 이 침팬지는 사람이 물건을 잔뜩 가지고 가다가 우연히 하나가 떨어지는데도 두 손이 꽉 차 있어 떨어진 물건을 집어 올릴 수 없는 것을 보면, 그에게 다가가서 이 물건을 집어주었다. 이 침팬지는 인간 영아와 마찬가지로 물건을 가지고 가던 사람이 의도적으로 떨어뜨린 물건은 집어다 주지 않았다.[160]

동물원에서 큰 침팬지에게서 나타나는 이러한 자발적인 도움행동은 자연 상태에서 자란 침팬지(자연 상태에서 자기 엄마가 기른 침팬지)에게서도 관찰되고 있다. 연구자들은 우선 자연 상태에서 자란 침팬지에게 방문에 달린 핀을 빼면 문이 열리는 것을 시범해 보여주고, 따라하도록 훈련을 시켰다. 이어서 이 침팬지로 하여금 어떤 다른 침팬지가 자기가 여는 방법을 훈련했던 그 문을 열려고 애쓰는 광경을 목도하게

159 Warneken & Tomasello, 2006, 2007.

160 Warneken & Tomasello, 2006.

하였다. 이를 본 침팬지는 그 핀을 제거해서, 동료 침팬지가 나갈 수 있도록 도와주었다. 이때 침팬지는 아무런 보상이 없어도 같은 도움행동을 하였다. 놀랍게도 이 침팬지는 다른 동료 침팬지가 문을 열려고 애쓰는 것이 아니라 다른 일을 하다가 문에 부딪치는 통제조건에서는 문을 열어주는 행동을 하지 않았다.[161]

최근에 생후 6개월과 10개월 된 영아들도 착한 사람을 나쁜 사람보다 더 좋아한다는 사실이 매우 흥미로운 연구를 통해 밝혀지고 있다.[162] 이 연구에서는 6개월과 10개월짜리 영아들에게 언덕을 올라가려 하지만 계속 실패하는 인형에게 제3의 인형이 나타나 올라가도록 밀어주는 장면(원조자: 뒤에서 밀어 올라가게 함)과 올라오려는 인형을 밀어 떨어뜨리는 장면(방해자: 위에서 밀어 떨어뜨림)을 번갈아 여러 번 보여준 다음, 이 두 인형 가운데 하나를 선택해서 가지도록 하면, 거의 100%의 영아들이 원조자 인형을 선택한다는 사실이 밝혀졌다.

이러한 결과는 생후 10개월, 더 이르게는 6개월만 되어도 영아들은 남을 도우려는 착한 의도를 가지고 행동하는 원조자(착한 사람)를 남을 방해하려는 방해자(나쁜 사람)보다 더 선호하는 경향을 보임을 의미한다. 사실 이 연구 이전에도 생후 9개월과 12개월 된 영아들에게서도 동일한 결과가 얻어졌는데,[163] 이 연구에서는 6개월 된 영아에게서도 그러한 경향이 드러난 것이다. 언어를 습득하기 훨씬 이전인 생후 6개월만 되어도 선인善人을 악인惡人보다 선호한다는 이러한 결과는

---

161 Warneken, Hare, Melis, Hanus, & Tomasello, 2007.

162 Hamlin, Wynn, & Bloom, 2007.

163 Kuhlmeier, Wynn, & Bloom, 2003, 2004.

도덕성의 인간 본유설을 지지해 주는 확실한 증거라고 볼 수 있다.

이러한 연구들에서 침팬지에게서도 자발적 도움행동이 나타나며, 언어를 습득하기 이전인 6개월짜리 영아들에게서도 선에 대한 선호 현상이 발견되고 있는데, 이렇게 영장류 유인원이나 언어 습득 이전의 영아들에게서 도덕적 지향성에 따른 행동이 나타난다는 사실은 도덕적 지향성의 욕구에 의한 행동이 반드시 의식되는 것은 아님을 시사하는 것이다.

이상에서와 같은 논의들의 맥락에서 추론해 보면, 생리적 욕구나 심리적 욕구 및 도덕적 욕구 모두 의식적이고 주도적인 과정을 통해서만 작동되는 것은 아니라고 볼 수 있다. 곧 목표 추구적인 동기 행동이 모두 의지적인 행동인 것은 아니며, 이는 행위자에게 의식되지 않는 경우도 많이 있는 것이다. 보통 의지적 행동은 책임을 수반하는 행동일 텐데, 이렇게 의식화되지 않는 경우의 동기 행동에 대한 책임은 과연 누가 져야 할 것인가?

참고문헌

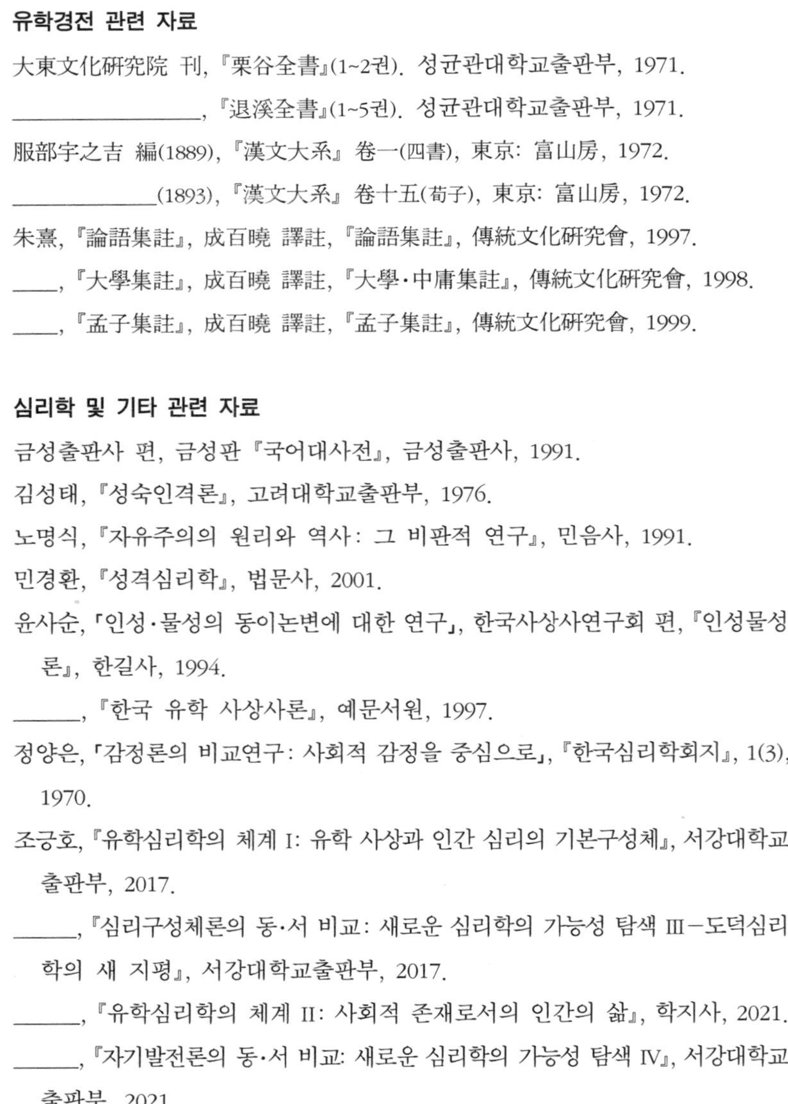

유학경전 관련 자료

大東文化硏究院 刊,『栗谷全書』(1~2권). 성균관대학교출판부, 1971.

________________,『退溪全書』(1~5권). 성균관대학교출판부, 1971.

服部宇之吉 編(1889),『漢文大系』 卷一(四書), 東京: 富山房, 1972.

____________(1893),『漢文大系』 卷十五(荀子), 東京: 富山房, 1972.

朱熹,『論語集註』, 成百曉 譯註,『論語集註』, 傳統文化硏究會, 1997.

____,『大學集註』, 成百曉 譯註,『大學·中庸集註』, 傳統文化硏究會, 1998.

____,『孟子集註』, 成百曉 譯註,『孟子集註』, 傳統文化硏究會, 1999.

심리학 및 기타 관련 자료

금성출판사 편, 금성판『국어대사전』, 금성출판사, 1991.

김성태,『성숙인격론』, 고려대학교출판부, 1976.

노명식,『자유주의의 원리와 역사: 그 비판적 연구』, 민음사, 1991.

민경환,『성격심리학』, 법문사, 2001.

윤사순,「인성·물성의 동이논변에 대한 연구」, 한국사상사연구회 편,『인성물성론』, 한길사, 1994.

______,『한국 유학 사상사론』, 예문서원, 1997.

정양은,「감정론의 비교연구: 사회적 감정을 중심으로」,『한국심리학회지』, 1(3), 1970.

조긍호,『유학심리학의 체계 I: 유학 사상과 인간 심리의 기본구성체』, 서강대학교출판부, 2017.

______,『심리구성체론의 동·서 비교: 새로운 심리학의 가능성 탐색 III-도덕심리학의 새 지평』, 서강대학교출판부, 2017.

______,『유학심리학의 체계 II: 사회적 존재로서의 인간의 삶』, 학지사, 2021.

______,『자기발전론의 동·서 비교: 새로운 심리학의 가능성 탐색 IV』, 서강대학교출판부, 2021.

______, 『유학심리학의 체계 III: 인간 삶의 목표 추구와 보편심리학의 꿈』, 학지사, 2021.

한덕웅, 『조직행동의 동기이론』(수정증보판), 법문사, 1985.

______, 『인간의 동기심리』, 박영사, 2004.

홍숙기, 『성격심리』(상, 수정판), 박영사, 2004.

Atkinson, J. W. (1957). Motivational determinants of risk taking behavior. *Psychological Review, 64,* 359-372.

Atkinson, J. W. (1964). *An introduction to motivation.* New York: Nostrand.

Bargh, J. A., Gollwitzer, P. M., & Oetingen, G. (2010). Motivation. In S. I. Fiske, D.T. Gilbert, & G. Lindzey (Eds.), *Handbook of social psychology* (Vol. 1, pp. 268~316). Hoboken, NJ: Wiley.

Berlyne, D. E. (1966). Curiosity and exploration. *Science, 153,* 25-33.

Bexton, W. H., Heron, W., & Scott, T. H. (1954). Effects of decreased variation in the sensory environment. *Canadian Journal of Psychology, 8,* 70-76.

Boring, E. G. (1950). *A history of experimental psychology.* New York: Appleton.

Brobeck, J. R. (1960). Food and temperature. *Recent Progress in Hormone Research, 16,* 439.

Butler, R. A. (1953). Discrimination learning by rhesus monkeys to visual-exploration motivation. *Journal of Comparative and Physiological Psychology, 46,* 95-98.

Caggiula, A. R. (1967). Specificity of copulation-reward systems in the posterior hypothalamus. *Proceedings of the Annual Convention of the American Psychological Association, 2,* 125-126.

Cannon, W. B. (1932). *The wisdom of the body.* New York: Norton.

Cronin, H. (1991). *The ant and the peacock: Altruism and sexual selection from Darwin to today.* Cambridge, UK: Cambridge University Press.(홍승효 역, 『개미와 공작: 협동과 성의 진화를 둘러싼 다윈주의 최대의 논쟁』, 사이언스북스, 2016).

de Waal, F. (2016). *Are we smart enough to know how smart animals are?* NewYork: Norton.(이충호 역, 『동물의 생각에 관한 생각: 우리는 동물이 얼마나 똑똑한지 알 만큼 충분히 똑똑한가?』, 세종서적, 2017).

Deci, E. L. (1975). *Intrinsic motivation.* New York: Plenum.

Deci, E. L., & Ryan, R. M. (1985). *Intrinsic motivation and self-determination in human behavior.* New York: Plenum.

Deci, E. L., Ryan, R. M., & Williams, G, C. (1995). Need satisfaction and the self-regulation of learning. *Learning and Individual Differences, 8,* 165-183.

Dempsey, E. W. (1951). Homeostasis. In S. S. Stevens (Ed.), *Handbook of experimental psychology* (pp.209-235). New York: Wiley.

Deutsch, J. A., Young, W. G., & Kalogeris, T. J. (1978). The stomach signals satiety. *Science, 201,* 165-167.

Festinger, L. (1954). A theory of social comparison processes. *Human Relations, 7,* 117-140.

Fiske, S. T., & Taylor, S. E. (1991). *Social cognition* (2nd ed.). New York: McGraw-Hill.

Freud, S. (1957). Instincts and their vicissitudes. In L. Strachey (Ed.), *The standard edition of the complete psychological works of Sigmund Freud* (Vol. 14, pp.117-140). London: Hogarth (Original work published 1915)

Geen, R. G. (1995). *Human motivation: A social psychological approach.* Pacific Grove, CA: Brooks/Cole.

Gentner, D., & Grudin, J. (1985). The evolution of mental metaphors in psychology: A 90-year retrospective. *American Psychologist, 40,* 181-192.

Hamlin, J. K., Wynn, K., & Bloom, P. (2007). Social evaluation by preverbal infants. *Nature, 450*, 557-559.

Heider, F. (1958). *The psychology of interpersonal relations.* New York: Wiley.

Hjelle, L. A., & Ziegler, D. J. (1981). *Personality theories: Basic assumption, research, and applications* (2nd ed.). New York: MaGraw-Hill.(이훈구 역, 『성격심리학』, 법문사, 1983).

Hull, C. L. (1943). *Principles of behavior.* New York: Appleton.

Jones, E. E., & Davis, K. E. (1965). From acts to dispositions: The attribution process in person perception. In L. Berkowitz (Ed.), *Advances in experimental social psychology* (Vol. 2, pp.214-216). New York: Academic Press.

Kelley, H. H. (1967). Attribution theory in social psychology. In D. Levine(Ed.), *Nebraska Symposium on Motivation* (Vol. 15, pp.192-240). Lincoln, NB: University of Nebraska Press.

Kuhlmeier, V., Wynn, K., & Bloom, P. (2003). Attribution of dispositional states by 12-month-olds. *Psychological Science, 14,* 402-408.

Kuhlmeier, V., Wynn, K., & Bloom, P. (2004, May). Reasoning about present dispositions based on past interactions. *International Conference on Infant Studies.* Chicago, IL.

Kurland, J. A., & Gaulin, S. J. C. (2005). Cooperation and conflict among kin. In D. Buss (Ed.), *The handbook of evolutionary psychology* (pp.447~482). Hoboken, NJ: Wiley.

Leary, D. E. (Ed.). (1990). *Metaphors in the history of psychology.* New York: Cambridge University Press.

Maslow, A. H. (1954). *Motivation and personality.* New York: Harper & Row.

___________, (1967). A theory of metamotivation: The biological rooting of the value-life. *Journal of Humanistic Psychology, 7,* 93-127.

___________, (1968). *Towards a psychology of being* (2nd ed,) New York: Nostrand.

___________, (1970). *Motivation and personality.* (2nd ed.). New York: Harper & Row.

___________, (1971). *The farther reaches of human nature.* New York: Viking.

McClelland, D. C. (Ed.). (1955). *Studies in motivation.* New York: Appleton.

______________, (1961). *The achieving society.* New York: Nostrand.

______________, (1962). Business drive and national achievement. *Harvard Business Review, 40,* 99-112.

______________, (1975). *Power: The inner experience.* New York: Irvington.

McClelland, D. C., Atkinson, J. W., Clark, R. A., & Lowell, E. L. (1953). *The achievement motive.* New York: Appleton-Century-Crofts.

McReynolds, p.(1990). Motives and metaphors: A study in scientific creativity. In D, E. Leary (Ed.), *Metaphors in the history of psychology* (pp.133~172). New York:Cambridge University Press.

Nisbett, R. E. (1968). Taste, deprivation, and weight determinants of eating behavior. *Journal of Personality and Social Psychology, 10,* 107-116.

Nisbett, R. E. (2003). *The geography of thought: How Asians and Westerners think differently…and why.* New York: Free Press.

Petri, H. L. (1996). *Motivation: Theory, research, and applications* (4th ed.). Pacific Grove, CA: Brooks/Cole.

Pittman, T. S. (1998). Motivation. In D. T. Gilbert, S. T. Fiske, & G. Lindzey (Eds.), *The handbook of social psychology* (4th ed., Vol. 1, pp.549~590). Boston, MA: McGraw-Hill.

Reeve, J. (2005). *Understanding motivation and emotion* (4th ed.). Hoboken, NJ: Wiley.

Reeve, J., Deci, E. L., & Ryan, R. M. (2003). Self-determination theory: A dialectical framework For understanding the sociocultural influences on student motivation. In D. M. McInerney & S. Van Etten (Eds.), *Research on sociocultural influences on motivation and learning: Big theories revisited* (Vol. 4). Greenwhich, CT: Information Age Press.

Rozin, P. & Kalat, J. W. (1971). Specific hungers and poison avoidance as adaptive specialization of learning. *Psychological Review, 78,* 459-486.

Schachter, S. (1971). Some extraordinary facts about obese humans and rats. *American Psychologist, 26,* 129-144.

Tolman, E. C. (1925). Purpose and cognition: The determinants of animal learning. *Psychological Review, 32,* 285-297.

Vallacher, R. R., & Wegner, D. M. (1985). What do people think they're doing?Action identification and human behavior. *Psychological Review, 94,* 3-15.

Warneken, F., Hare, B., Melis, A. P., Hanus, D., & Tomasello, M. (2007). Spontaneous altruism by chimpanzees and children. *PLoS Biology, 5,* 1414-1420.

Warneken, F., & Tomasello, M. (2006). Altruistic helping in human infants and young chimpanzees. *Science, 311,* 1301-1303.

Warneken, F., & Tomasello, M. (2007). Helping and cooperation at 14 months of age. *Infancy, 11,* 271-294.

Weiner, B. (1979). A theory of motivation for some classroom experiences. *Journal of Educational Psychology, 71,* 3-25.

Weiner, B. (1991). Metaphors in motivation and attribution. *American Psychologist, 46,* 921-930.

Weiner, B., Frieze, I., Kukla, A., Reed, L., Rest, S., & Rosenbaum, R. M. (1972). Perceiving the causes of success and failure. In E. E. Jones, D. E. Kanouse, H. H. Kelley, R. E. Nisbett, S. Vallins, & B, Weiner (Eds.), *Attribution: Perceiving the causes of behavior* (pp.95~120). Morristown, NJ: General Learning Press.

White, G. M. (1993). Emotions inside out: The anthropology of affect. In M. Lewis & J. M. Haviland (Eds.), *Handbook of emotions* (pp.29~39). New York: Guilford.

Winterbottom, M. (1958). The relation of need for achievement to learning experience in independence and mastery. In J. Atkinson (Ed.), *Motives in fantasy, action, and society* (pp.453~478). Princeton, NJ: Nostrand.

{서양철학에서의 의지}

'자유의지'는 정말 자유로운가?

이진우(포스텍 인문사회학부 명예교수)

현대 과학은 오랫동안 당연하게 여겨졌던 '자유의지'를 단지 허구와 환상에 불과하다고 주장한다. 모든 것이 인과적으로 결정되어 있다는 결정론의 도전에도 불구하고 '자유의지'는 우리에게 여전히 중요한 의미와 가치를 갖고 있다.

'자유의지'에 관한 현대의 논쟁은 두 가지 문제로 압축된다. 우리는 초자연적인 자유의지의 존재를 설정하지 않고서도 자유롭게 행동할 수 있는가? 과학적 타당성을 지닌 결정론에도 불구하고 자유의지라고 부를 만한 것은 무엇인가? 서양의 역사는 사실 '무엇인가를 자발적으로 시작하는 능력으로서의 의지가 어떻게 가능한가?'라는 물음에 대한 대답이었다.

인간은 자연의 법칙에 완전히 예속되어 있지도 않고 또 모든 것을 자발적으로 시작할 수 있는 것도 아니다. 완전한 결정론이나 완전한 비결정론은 모두 자유의지를 배제한다. 문제는 결정론의 도전'에도 불구하고' 자유의지의 의미와 도덕적 책임의 가능성을 해명하는 것이다. 자유의지는 과학적으로 설명해야 하는 '실체'의 문제가 아니라 인간의 도덕적 능력과 관련된 '실천'의 문제이기 때문이다.

1. 왜 '자유의지'가 문제인가?

'자유의지'는 현대인의 가장 강력한 신화이다. 현대가 특별히 자유라는 이념과 가치를 중심으로 발전한 시대이기는 하지만 인류 문명 자체가 자유의 거대한 신화에 기반한다고 해도 지나친 말이 아니다. 인류를 움직인 신화가 현대에 들어와 의식적으로 성찰되어 현실이 되었기 때문이다. 지상의 모든 생명체 중에서 오직 인간만이 자유의지를 갖고 있다. 이러한 사실은 오랫동안 당연한 진리로 여겨졌지만, 오늘날 과학과 기술에 의해 심각한 도전을 받고 있다. 인간을 다른 동물과 구별하는 본질적 특성인 자유의지는 하나의 허구와 신화에 불과하다는 것이다.

우리는 여전히 인간을 지구의 주인으로 만든 본질적인 능력인 이성과 의지를 믿지만, 과학이 발달하면서 자유의지를 부정할 근거가 차곡차곡 쌓여간다. 다윈의 진화론에 의하면 인간은 신에 의해 이성과 의지를 지닌 존재로 창조된 것이 아니라 인간이 신을 창조한 것이다. 자연계의 모든 것은 정해진 법칙의 결과라면, 인간 또한 자연의 일부이므로 우리의 행동도 개인의 의지가 아니라 정해진 자연법칙의 결과인 셈이다. 모든 것이 시작부터 끝까지 우리가 통제할 수 없는 힘에 의해 결정되어 있다면, 자유의지는 한낱 허구에 불과한 것이다. 현대의 대표적인 과학자의 말을 들어보자. 알베르트 아인슈타인은 "인간도 식물도 우주의 먼지도, 우리는 모두 저 멀리 보이지 않는 피리를 부는 사나이의 알 수 없는 곡조에 맞춰 춤을 출 뿐"[1]이라고 단호히 말한다. 우주 만물이 과학 법칙을 따르는 진화에 의해 결정되었다면,

우리는 자유의지의 주체가 될 수 없다. 아인슈타인의 생각은 이 시대를 대변한 것처럼 보인다. "나는 철학적 의미에서 인간의 자유를 결코 믿지 않는다."[2]

인간을 하나의 기계로 파악하는 세계관이 지배적인 세상에서 자유의지를 말하는 것이 무의미한 것처럼 보인다. 리처드 도킨스가 『이기적 유전자』 초판 서문에서 말하는 것처럼 인간이 미리 결정된 프로그램에 따라 움직이는 기계에 불과하다면, 자유의지는 환상이다. 도킨스는 이렇게 혹독하게 말한다. "우리는 생존 기계다. 즉 우리는 유전자로 알려진 이기적인 분자들을 보존하기 위해 맹목적으로 프로그램된 로봇 운반자들이다."[3]

"자유의지"라는 낱말이 스스로 말해 주고 있는 것처럼 '의지'는 한편으로는 '자유'와 그리고 다른 한편으로는 '자아'와 연관되어 있다. 내가 의지를 주제로 한 학술연찬회에 참여하여 글을 쓰고자 한 것은 내가 스스로 결정한 것이다. 여기서 우리는 현대사회의 핵심 가치인 자유와 자아가 '자유의지'를 중심으로 돌고 있음을 알 수 있다. 그럼에도 자유의지를 부정하는 과학적 견해가 주류가 되었다. '자유의지는 허구이고 환상이다'라는 말은 이제 이상하게 들리지 않는다. 그러나 자유의지라는 환상은 대단히 막강해서 그것을 아무리 부인하더라도 우리가 일상

---

1 Ronald W. Clark, *Einstein: The Life and Times* (New York: HarperCollins, 1984), p.422.

2 Al;bert Einstein, *The World as I See It. Einstein's views on Life, Science & Human Nature* (New Delhi: General Press, 2018), p.5.

3 리처드 도킨스, 『이기적 유전자』(전면 개정판), 을유문화사, 2010, p.28.

에서 행동하는 방식에는 거의 영향을 미치지 않는다. 우리는 여전히 자유의지에 따라 어떤 목적을 의식적으로 선택하고, 그것을 자발적으로 실행한다고 생각한다.

현대 과학이 신화를 사실로 대체한 것처럼 보이지만, 자유의지의 신화는 계속 인류를 지배하고 있다. 여기서 신화를 대체하였다고 주장하는 과학이 실제로는 또 다른 신화인지는 중요하지 않다. 만약 7만 년 전 아프리카의 한구석에서 자기 앞가림에만 신경을 쓰는 별 중요치 않은 동물이었던 호모 사피엔스가 지구 전체의 주인이자 생태계의 파괴자가 된 것이 신화를 창조할 수 있는 능력 덕택이었다는 유발 하라리의 말을 따른다면, 신화는 호모 사피엔스가 존재하는 한 가치 있는 삶을 위해 꼭 필요한 것이다.[4] 우리가 개인의 자유에 높은 가치를 두는 것은 인간이 자유의지를 가졌다고 믿기 때문이다. 자유의지 덕택에 우리의 선택과 결정은 결정론적이지도 않고 무작위적이지도 않다. 우리는 강요되지 않은 상태에서 자발적으로 결정할 수 있을 때 자유롭다고 생각한다. 인간에게 자유의지가 있다는 것은 과학자들이 착각하는 것처럼 세계에 대한 '사실적 진술'이 아니다. 그것은 바람직한 삶에 관한 '윤리적 판단'이다.

우리가 윤리적 삶을 위해 왜 자유의지라는 허구와 환상이 필요한지는 신화가 잘 말해 준다. 기원전 1000년대에 쓰인 『구약성경』의 창세기는 인간 창조뿐만 아니라 자유의지에 관한 가장 오래된 신화다. 에덴동산에서 수렵채집인으로 살았던 아담과 이브는 선악과를 먹지 말라는

---

4 유발 하라리, 『사피엔스』, 김영사, 2015, p.49.

신의 명령을 거역할 때 비로소 인간이 된다. 뱀이 이브를 유혹하는 것처럼 동물과 인간이 대화를 할 때는 인간을 비롯한 모든 생명체는 자연법칙에 예속되어 있었다. 대부분의 셈족 언어에서 '이브'가 '뱀' 또는 '암컷 뱀'을 뜻한다는 사실에서 알 수 있듯이 인간이 뱀을 포함한 동물에서 유래하고 진화하였다는 애니미즘 신앙이 존재했다. 그러나 이브는 뱀의 유혹에 굴복한다. "여자가 그 나무의 열매를 보니, 먹음직도 하고, 보암직도 하였다. 그뿐만 아니라, 사람을 슬기롭게 할 만큼 탐스럽기도 한 나무였다."[5] 외부의 강요와 압력에 굴복하는 것은 자유가 아니지만, 이브의 이러한 판단은 자유의지의 표현처럼 보인다. 그렇다면 자발적으로 외부의 유혹에 굴복하는 것도 자유인가? 신의 명령에 거역함으로써 비로소 선과 악을 구별할 수 있게 되었다는 아담과 이브의 신화는 자유의지의 핵심을 건드린다.

트로이 전쟁이 끝난 후 고향인 이타케로 귀향하는 오디세우스의 모험 이야기인 호메로스의 『오디세이아』는 자유의지의 이중성을 묘사한다. 특히 『오디세이아』의 세이렌 이야기는 자유의지와 결정론이 어떻게 뒤엉켜 있는가를 보여준다. 세이렌의 두 자매는 지중해의 한 섬에 살면서 감미로운 노래로 지나는 배의 선원들을 섬으로 유혹하여 잡아먹기도 하였다. 오디세우스는 마녀 키르케의 조언을 받아들여 밀랍으로 선원들의 귀를 막고 자신은 몸을 배에 묶은 상태였기에 섬을 무사히 지날 수 있었다. 이 이야기의 핵심은 오디세우스가 세이렌의 위험을 알면서도 노래를 듣고 싶었다는 점이다. "그들이 고운 목소리

5 『구약전서』, 창세기, 3:1-13, 『성경전서』, 대한성서공회, 2001, p.3.

로 이렇게 노래하자 내 마음은 듣고 싶어 했소."[6] 오디세우스는 신화의 법칙으로부터 벗어날 수 없다는 것을 잘 알고 있다. 세이렌의 노랫소리를 듣고서 그 노랫소리에 굴복하지 않는다는 것은 불가능하다.

그의 항로는 이미 정해져 있고, 이 항로를 따라가면 어쩔 수 없이 세이렌의 노래를 들을 수밖에 없으며, 세이렌의 유혹에 굴복하면 파멸을 피할 수 없다. 모든 것이 결정된 상황에서 오디세우스를 구하는 것은 그의 자유의지다. 오디세우스는 세이렌을 피할 수 있는 다른 항로를 선택하려고 하지 않으며, 자신이 가지고 있는 자유가 자신을 보호하기에 충분하다는 환상을 품고 자신을 결박하지 않은 채 세이렌의 노래를 들으려고도 하지 않는다. 오디세우스가 세이렌의 노래를 들으면서도 세이렌에게 빠져 죽지 않는 방법은 자기 몸을 돛대에 묶기로 자유롭게 결정한 것이다. "오디세우스는 스스로를 구하기 위해 자신을 버린다."[7] 모험하는 자아가 자신을 보존하기 위해 자신을 버리는 오디세우스의 책략은 모든 것이 결정되어 있음에도 자유로울 수 있는 가능성을 역설적으로 보여준다.

오늘날 자유의지를 허구와 환상이라고 폭로하는 과학은 결정론이 의심의 여지없이 당연한 것처럼 전제한다. 자유의지를 부정하는 것은 자연법칙을 탐구하는 과학만이 아니다. 우리의 일상 역시 자유의지보다 결정론의 손을 들어준다. 세상에는 우리가 통제할 수 없는 일들이 너무나 많다. 내가 태어나기 이전에 일어난 일들, 내가 어떤 우주에

---

6 호메로스, 천병희 옮김, 『오뒷세이아』, XII(개정판), 도서출판 숲, 2015, pp.303.

7 M. 호르크하이머/Th.W. 아도르노, 김유동·주경식·이상훈 옮김, 『계몽의 변증법』, 문예출판사, 1995, p.83.

살고 있는가의 문제는 나에게 의지하여 존재하지 않는다. 나의 것이 틀림없는 자아의 많은 특성도 나의 통제 밖에 있는 것이 너무 많다. 내가 태어나서 언젠가는 죽을 수밖에 없다는 사실은 내가 결정한 것이 아니다. 나의 피부색, 눈빛, 감정과 욕망도 나의 통제를 벗어난다. 나는 내 욕망을 선택하지 않는다. 나는 단지 그 욕망을 느끼고 그것에 따라 행동할 뿐이다.

다른 한편으로 내가 통제할 수 있는 일들이 있다. 나의 현재와 미래 행위들은 나에게 달려 있다. 우리는 크고 작은 수많은 선택을 매일매일 한다. 내가 이 글을 쓸 것인지 아니면 고통스러운 집필 대신에 영화관에 가서 한 편의 영화를 볼 것인지는 내가 결정할 문제이다. 우리는 모두 자신이 어떤 행위를 할 것인지에 관한 통제권을 갖고 있다고 생각한다. 자신의 행위를 통제할 수 있다는 생각은 우리가 모두 공유하는 이념이다. 현대 문명을 수반하는 자유의 이념은 쉽게 거부할 수 없다. 그런데 우리는 정말 행위를 스스로 결정하는가? 우리가 과연 우리 행위를 통제할 수 있는지 그리고 이러한 통제가 무엇을 의미하는지의 문제를 철학자들은 '자유의지(free will) 문제'라고 부른다.

자유의지의 존재를 증명할 수 없는 것처럼, 우리는 자유가 정말 인류의 역사를 만들어온 동인인지는 알 수 없다. 그것이 설령 허구일지라도 자유의지를 믿는 것은 우리의 삶과 행위에 영향을 미친다. 오늘날 현대 과학과 최근의 영미 철학은 자유의지를 부정하는 반대의 극단으로 나아가 우리가 어떻게 행동하는가는 의지와 아무런 관련이 없다고 주장하지만, 자유의지의 부정이 초래할 결과에 대해서는 침묵한다.

행위의 통제를 의지의 자유로부터 완전히 분리하면, 자유를 더 잘 이해하기보다는 자유를 전적으로 믿지 않는 결과를 초래할 것이다.[8] 자유의지의 문제는 결국 자유가 우리가 원할 충분한 가치가 있는가의 문제다. 이런 관점에서 우리는 모든 것이 정해졌다는 결정론에도 불구하고 보존할 가치가 있는 자유의지의 의미를 해명하고자 한다.

2. 자유의지에 대한 두 가지 도전: 뇌와 유전자

1) 신경과학의 도전: 의식적 자아는 없다

우리의 행위는 우리에게 달려 있다. 아침에 침대에서 일어날 것인지 아니면 포근한 잠자리에서 뒹굴 것인지, 오후에 산책할 것인지 아니면 작업을 할 것인지, 미래를 위해 어떤 장애도 극복하겠다고 약속할 것인지 아니면 상황에 따라 처신하겠다고 할 것인지의 결정은 우리에게 달려 있다. 내가 행위를 하기로 의도한 것은 실제로 이루어지든 아니든 나의 결정이다. 이처럼 어떤 일을 할 것인지 아니면 하지 않을 것인지가 우리에게 달려 있다는 사실은 우리의 '자유의지'를 증명하는 것처럼 보인다. 우리의 행위를 결정하는 의지가 우리의 내면에 존재한다는 사실은 오랫동안 당연한 것으로 여겨졌다.

의지 개념은 너무나 일상화되어 진부하고 보편적이어서 오히려 쉽게 규정할 수 없다. 누가 '어떠한 일을 이루고자 하는 마음'을 부정하겠는가? 내가 행위의 주체라면, 나는 필연적으로 '선택이나 행위의

---

8 Thomas Pink, *Free Will. A Very Short Introduction* (Oxford/New York: Oxford University Press, 2004), p.6.

결정에 대한 내적인 능력'을 전제할 수밖에 없다. 데이비드 흄은 자유를 "의지의 결정에 따라서 행동하거나 행동하지 않는 힘"[9]으로 정의한다. 칸트도 의지를 도덕적 행위의 전제조건으로 설정하면서 인간 존재가 선할 것인지 악할 것인지는 스스로 결정해야 할 문제라고 말한다. 어떤 행위를 하건 아니면 하지 않건 간에 그럴 수 있는 힘은 주체 안에 있다는 것이다. 그러므로 의지의 행위는 주체에 의해 의식되어야 한다. 이런 관점에서 의지는 '어떤 목적을 실현하기 위하여 자발적으로 의식적인 행동을 하게 하는 내적 욕구'이다.

이런 입장을 가장 극명하게 대변한 철학자는 데카르트이다. 데카르트는 의지의 자유만이 우리가 신의 형상과 유사한 모습을 지니고 있다는 것을 알게 해준다고 말한다. "내 안에서 그보다 더 큰 것의 관념을 포착할 수 없을 정도로 큰 것으로 경험하는 것은 오직 의지, 즉 자유의지뿐이다. …… 이는 의지는 다만 우리가 어떤 것을 할 수 있거나 할 수 없다는 데에 — 즉 어떤 것을 긍정하거나 부정하고, 추구하거나 기피하는 데에 — 존립하는 것이기 때문이다."[10] 자유의지는 우리가 행위를 선택하고 결정할 때 외부의 힘에 의해 이미 결정되어 있지 않다는 느낌을 준다.

자유의지의 존재를 의심하고 부정하는 과학자와 철학자들은 의지의 '자발적 의식적' 행위를 집중적으로 겨냥한다. 만약 우리의 행위가

---

9 David Hume, *An inquiry concerning human understanding*(1748), sec.8, (Indianapolis, Ind.: Bobbs-Merrill, 1977), p.523. 데이비드 흄, 김혜숙 옮김, 『인간의 이해력에 관한 탐구』, 제8장, 73, 지식을만드는지식, 2012, p.164.

10 르네 데카르트, 이현복 옮김, 『성찰』, IV, 문예출판사, 1997, p.85.

의식적이기보다는 무의식적이라면, 자유의지는 단순히 뇌의 생리적 현상에 부수된 환영에 불과한 것이다. 이제 우리는 18세기의 사람들에겐 신비한 블랙박스처럼 보였던 뇌의 작동 기제를 이해할 수 있게 되었다. 1980년대 초 벤저민 리벳은 우리가 어떤 선택과 결정을 의식하기 이전에 뇌가 작동을 시작한다는 사실을 밝혀냈다. 리벳은 "뇌는 그러한 결정이 이루어졌다는 주관적 의식이 있기 이전에 특정 행위를 시작하거나 적어도 시작을 준비하기로 결정한다"[11]고 주장한다.

이 실험은 어떤 행위를 선택하고 의도하는 것이 의지와 의식에서 비롯되는가를 검증한다. 내가 당신에게 마음이 내킬 때면 언제든 버튼을 누르라고 하는 상황을 가정해 보자. 특정한 시간에 버튼을 눌러야 한다는 강제는 전혀 없다. 당신은 자신의 손가락을 완전히 통제하는 까닭에 버튼을 누르는 것은 완전히 당신의 자유로운 선택이다. 리벳은 이 실험이 진행되는 동안 당신의 뇌에서 벌어지는 일을 확인한다. 당신은 자신이 버튼을 누른다고 의식적으로 생각하기 300밀리세컨드 전에 이미 의사 결정과 관련된 뇌 영역인 전전두피질이 활성화되었음을 보게 된다. 우리는 자유롭고 의식적인 선택을 했다고 생각하지만, 우리도 모르는 사이에 뇌가 먼저 결정을 끝낸 것이다. 우리는 여기서 뇌가 의식적 결정이 이루어지기 전에 이미 작동을 시작한다는 것을 알 수 있다. 이런 사실로부터 리벳은 행위가 무의식적으로 시작된다면 의식적 자유의지가 행위를 시작하는 것은 아니라고

---

11 Benjamin Libet, "Unconscious cerebral initiative and the role of conscious will in voluntary action", *Behavioral and Brain Sciences*, 8(1985), pp.529~66, p.536.

결론 내린다. 이처럼 신경과학자들은 우리가 행위를 결정할 때 의식적 선택은 우리의 행동에 어떤 기여도 하지 않는다고 거듭 주장한다. "이런저런 일을 하거나 하지 않을 의사는 의식에서 비롯된다기보다는 의식에서 드러난다고 하는 편이 적절할지도"[12] 모른다.

자유의지에 대한 신경과학의 도전은 세 가지 명제로 압축된다. 첫째, 우리의 행동은 생각이나 의지의 결정이 아닌 뇌 과정에 기인한다. 둘째, 우리가 하는 수많은 행동은 의식적으로 통제되지 않는다. 셋째, 우리는 종종 실제 행동과 다르게 행동할 수 있다고 믿지만, 우리가 그 선택권을 의식하기도 전에 이미 뇌는 주사위를 던진다.[13] 이러한 도전들은 의식은 행동에 대해 인과적 효능을 갖지 않는다는 주장으로 요약될 수 있다. 어떤 행위를 하기로 한 결정이 무의식적 과정에 의해 유발된다면, 행위 주체의 의식적 결정은 그 행위에 이르게 한 인과관계에서 아무런 역할을 하지 않는다.

자유의지에 대한 신경과학의 도전은 우리에게 두 가지 질문을 제기한다. 하나는 행동의 원인에 관한 질문이다. 우리의 생각과 의식은 정녕 행동을 변화시킬 수 없는 것인가? 이 세상에 일어나는 모든 일은 원인이 있다. 신경과학은 어떤 행위를 촉발하는 원인을 뇌의 과정에서 발견한다. 우리가 결정을 내릴 때 의식적 자아가 그 결정을 가장 늦게 알게 된다면, 자아의 의식적 결정이 행위의 원인이 아닌 것은 분명하다. 원인은 어떤 사물이나 상태를 변화시키거나 일으키게 하는 근본이 된 일이나 사건이기 때문이다.

---

12 Sam Harris, *Free Will* (New York: Free Press, 2012), p.8.

13 줄리언 바지니, 『자유의지. 자유의 가능성 탐구』, 스윙밴드, 2017, p.50/51.

행동의 원인이 생리학적이라고 해서 우리의 생각이 행동에 아무런 영향을 주지 않는 것은 아니다. 뇌에서 일어나는 원인을 모른다고 해서, 행위의 이유까지 모르는 것은 아니다. 비트겐슈타인은 두 가지 다른 사물의 질서로서 '이유(reasons)'와 '원인(causes)'을 구별한다.[14] 이제까지 전통 철학은 이유와 원인을 동일시하였다. 우리가 어떤 행위를 하는 이유가 그 행위의 원인이며, 여기서 이유는 정신적 상태를 말한다는 것이 이유에 대한 인과론적 입장이다. 신경과학은 어떤 사건이 선행되는 사건에 의해 유발된다는 사실을 밝히면서 이러한 인과관계가 정신적인 것이 아니라고 주장한다. 비트겐슈타인은 어떤 행위의 원인은 알지 못하더라도 그 이유는 알 수 있다고 말한다. 이유는 행위의 주체가 분명히 알고 있을 뿐만 아니라 확실하게 설명할 수 있는 행위의 동기다. 예를 들어 내가 불을 켠다면 불이 켜지는 원인은 내 손의 움직임이지만, 내가 손을 움직인 이유는 책을 읽고 싶었기 때문이다. 이유는 우리가 그 행동을 왜 하고 싶은지 설명하거나 확인한다.

우리의 행동이 무의식적으로 이루어진다고 해서 우리의 의식과 의지가 무의미한 것은 아니다. 우리가 하는 모든 일이 의식적으로 이루어지는 것은 아니다. 신경과학은 우리의 행동 가운데 얼마나 많은 부분이 의식적 통제 바깥에 있는지 증명해 왔다. 행위를 할 때 우리의 뇌에서는 우리가 인식하지 못하는 많은 일이 일어난다고 해서 우리가 행위의 동기로 설명하는 이유가 무의미한 것은 아니다.

---

14 Ludwig Wittgenstein, *Wittgenstein's Lectures: Cambridge 1932~35* (Oxford: Blackwell, 1979), p.4.

우리의 의식적 선택이 전혀 의식하지 못하는 많은 것들과 연관되어 있다는 것을 인정하더라도, 어떤 행위의 이유를 제시할 필요가 존재하는 한 의식적 의지는 요청된다. 우리의 행위를 선택하고 결정하고 시작하는 하나의 실체로서의 자유의지는 존재하지 않을지 모른다. 그러나 우리의 행위에 이유와 의미를 제공하기 위해 우리는, 설령 그것이 하나의 허구일지라도, 자유의지가 필요하다.

자유의지를 결정론적, 기계론적으로 설명한다고 해서 자유의지의 의미가 사라지는 것은 아니다. 대니얼 데닛의 말은 신경과학의 도전을 이렇게 정리한다. "만약 자유의지가 당신의 뇌 속에서 행복하게 맴돌면서 결정의 화살을 운동 피질에 쏘는 비물질적인 영혼에서 나오고 자유의지가 실제로 자유의지라고 생각하는 사람 중 한 사람이라면, 당신이 의미하는 바의 자유의지는 없다는 것이 나의 견해다. 반면에, 당신이 자유의지가 초자연적이지 않으면서 도덕적으로 중요하다고 생각한다면, 내 견해는 자유의지가 정말로 실재한다는 것이다. 그렇지만 그것은 당신이 아마 생각했던 것은 아닐 것이다."[15] 신경과학의 도전은 자유의지에 관한 철학적 질문의 방향을 이렇게 바꿔놓는다. 우리는 초자연적인 자유의지의 존재를 설정하지 않고서도 자유롭게 행동할 수 있는가?

2) 유전학의 도전: 궁극적 책임은 없다

우리는 우리가 통제할 수 없는 힘에 의해 형성되지 않으며, 우리가

---

15 Daniel C. Dennett, *Freedom evolves* (New York: Viking, 2003), p.222.

어떤 존재가 될지 스스로 선택하지 않는다. 인생의 중대사를 결정할 때 스스로 결정했다고 생각하지만, 우리는 우리가 선택하지 않은 성향, 신념과 가치관을 근거로 결정하게 된다. 결혼할 것인가 아니면 혼자 살 것인가, 고액연봉의 직장 생활을 할 것인가 아니면 자유로운 프리랜서의 삶을 살 것인가, 펑퍼짐한 와이드 팬츠를 입을 것인가 아니면 몸에 꼭 끼는 스키니진을 입을 것인가? 우리는 대안적 행위의 가능성 중에서 자유롭게 선택하며 살아간다고 생각하지만, 이러한 성향이 이미 유전적으로 정해진 것이라면 우리의 결정은 자유롭지 않다.

스티븐 핑커는 인간은 근본적으로 사회적으로 만들어진다는 사회구성론에 반대하며 인간에게는 선천적으로 주어진 본성이 있다고 주장한다.[16] 물론 스티븐 핑커의 본성은 자유의지와 아무런 연관이 없다. 오히려 그 반대다. 인간 본성을 과학적으로 탐구하는 신경과학, 행동유전학, 진화심리학은 인간이 '자유의지'에 따라 행동하기보다는 선천적으로 결정된 '본성'에 따라 행동한다고 주장한다.

일란성 쌍둥이에 관한 많은 이야기와 과학적 연구는 인간의 모든 행동 특성이 유전적이라는 사실을 보여준다. 떨어져 자란 일란성 쌍둥이는 환경을 공유한 친형제들보다 훨씬 더 비슷하다. 처음 만난 일란성 쌍둥이는 둘 다 목걸이를 만지작거리는 성향이 있고, 엘리베이터 안에서는 어김없이 재채기한다. 일란성 쌍둥이가 따로 성장한 어떤 가정도 그렇게 하도록 교육하지도 부추기지 않았는데 말이다.

---

16 스티븐 핑커, 『빈 서판』, 사이언스북스, 2004.

한 가족 내에서 양육되는 공유환경의 효과는 미미하다. 가정의 차이는 아이들의 인성에 어떤 예측 가능한 장기적 영향도 미치지 않는다. 쌍둥이의 유사성은 공통된 유전자에 의해 완벽하게 설명된다.

최근 세계에서 가장 똑같은 쌍둥이로 유명한 호주의 한 일란성 쌍둥이 자매가 한 남자와 결혼하겠다고 해서 화제가 되었다.[17] 그들은 서로의 외모와 더욱 완벽하게 같아지기 위해 가슴 확대, 입술 필러 시술 등 성형도 똑같은 부위에 했는데, 생활방식도 거의 같다고 한다. 모든 면에서 똑같은 취향을 가진 이들은 남자친구도 공유한다. 쌍둥이의 이런 성향은 일부일처제가 지배하는 우리 사회에서 어떻게 받아들여질까? 쌍둥이가 자신의 선택과 자유의지에 따라 남편의 공유를 결정했다면, 이들은 자신들의 행동을 책임져야 하고 어쩌면 사회의 도덕적 비난을 감수해야 한다. 그들은 물론 매 순간 성형수술과 남자친구를 선택하지만 실제로는 본성에 따라 행동했을 뿐이다. 핑커는 이러한 행동이 개인의 자유의지에서 비롯된 것이 아니라고 말한다. 함께 자란 일란성 쌍둥이들 간에 다르게 나타나는 특성 중에는 "본인도 어쩔 수 없는 것들"이 있기 때문에 우리는 인간 본성을 설명할 때 "과학 이전의 한 개념 — 자유의지가 아니라 운명이라는 개념 — 에 여지를 남겨야 한다"[18]는 것이다.

그러나 우리의 삶을 판단하고 조정하는 사회체계는 근본적으로 자유의지를 전제한다. 법질서, 처벌과 상벌, 계약법 및 형사법 등

17 "남편도 공유한 쌍둥이 '셋이 같은 침대… 동시 임신 계획 중'", 중앙일보, 2021년 6월 15일. https://news.joins.com/article/24082290.

18 스티븐 핑커, 『빈 서판』, 같은 책, p.695.

모든 체계는 우리가 스스로 행하거나 하지 않음으로써 야기된 결과에 대해서는 책임을 져야 한다는 믿음에 토대를 두고 있다. 철학자 대니얼 데닛은 "오늘날 우리에게 닥친 가장 어렵고도 가장 중요한 철학 문제"라고 말하면서, "자유의지가 도덕적 책임의 선행요건이라는 오랜 전통"[19]을 그 이유로 제시한다. 어떤 사람에게 잘못된 행위를 한 데 대해 책임을 물을 때 행위자 자체가 대상이 된다. 그 행위가 행위자에 의해 직접 결정되었다고 간주하기 때문이다. 도덕적 책임을 설명하기 위해 자유에 호소하는 것은 매우 자연스러운 일이다. 자유의지를 말하지 않고 도덕성을 이해할 수 있는가?

행동의 자유는 우리가 통제할 수 없는 사전의 원인에 의해 결정되거나 일어날 수밖에 없는 행동들과 양립할 수 없다. 우리가 행동하는 방식이 사전에 정확하게 결정되어 있다면, 우리는 결코 자유로울 수 없다. 인과적 결정론(causal determinism)은 우리의 행동을 포함하여 일어나는 모든 일이 이미 인과적으로 발생하도록 결정되었다는 주장이다. 만약 인과적 결정론이 참이라면, 미래에 일어날 모든 일은 과거에 의해 이미 결정되어 있다. 우리가 어떻게 행동할 것인지에 대한 통제는 우리의 통제 밖에 있는 요소들에 의해 사전에 인과적으로 결정되지 않는 행위에 의존한다는 것이 우리의 자연스러운 추정이다. 따라서 자유와 인과적 결정론은 양립할 수 없다. 이러한 입장을 '양립불가론(incompatibilism)'이라고 한다. 양립불가론은 우리가 실제로 우리 행위를 통제할 수 있다는 믿음과 결합한다.[20]

---

19 Daniel C. Dennett, *Intuition Pumps and Other Tools for Thinking* (New York/London: W.W. Norton & Company, 2013), p.408.

유전학은 이러한 자유주의적 믿음에 도전한다. 우리의 행동은 근본적으로 우리의 결정에 의한 것이다. 그렇다면 사이코패스의 유전자를 갖고 태어난 강간범과 살인범은 강간과 살인을 저지르지 않을 자유와 의지를 갖고 있다고 말할 수 있는가? 만약 그들이 자유의지를 갖고 있다면, 그들은 범죄를 저지른 순간과 정확하게 똑같은 상황에 처하더라도 그런 행위를 저지르려는 충동을 억제할 수 있었다는 의미가 된다. 그러나 현대 과학은 그럴 가능성이 없다고 말한다. 우리가 끔찍하게 생각하는 사이코패스와 똑같은 유전자와 삶의 경험을 갖고 그와 동일한 상태에서 동일한 뇌를 지녔다면, 우리는 그와 똑같이 행동할 것이라고 한다. 샘 해리스는 우리가 그와 같은 유전자를 갖지 않고 태어난 것은 출생과 환경의 우연일 뿐이라고 말한다. 우리의 행동에 운의 역할이 결정인 것으로 보인다. 그러므로 "사이코패스의 영혼을 지니고 태어난 사람은 누구든 상당히 운이 나쁜 것이다."[21]

그렇다면 우리는 운에 대해서도 책임을 져야 하는 것인가? 모든 것이 결정되어 있다면, 우리는 우리가 결정하지 않은 것에 대해 책임질 필요는 없는 것이다. 총이 죽이는 것이 아니라 사람이 죽인다고 말할 때, 우리는 총의 방아쇠를 당기는 것이 나의 의지라고 전제하는 것이다. 그런데 유전학은 사람이 총과 똑같이 선천적으로 결정된 기계적 존재일 뿐이라고 주장한다. 스티븐 핑커가 정확하게 지적한 것처럼 "결정론에 대한 우리의 두려움은 결국 우리가 자신의 선택을 지배하지 못한다는 실존주의적 근심이다. 옳은 일에 대한 우리의 모든 숙고와 번민은

---

20 Thomas Pink, *Free Will*, 같은 책, p.19.

21 Sam Harris, *Free Will*, 같은 책, p.17.

무의미해지는 것처럼 보인다."[22]

이처럼 유전학은 도덕적 책임의 존재근거를 허무는 것처럼 보인다. 모든 행위가 우리의 자유의지와 결정에서 비롯한 것이라면, 우리는 우리의 행위에 대한 '궁극적 도덕적 책임(ultimate moral responsibility)'을 진다. 자유의지가 없다면, 우리 행위에 대한 궁극적 책임은 없다. 갤런 스트로슨이 "기본 논증"이라고 부르는 이러한 주장은 세 가지 명제에 기반한다. (1) 아무것도 자기 원인일 수 없다. (2) 어떤 사람의 행위에 대해 진짜 책임이 있으려면, 그는 자기 원인이어야 한다. (3) 그러므로 아무것도 정말 도덕적으로 책임이 없다.[23]

설령 우리가 궁극적으로 책임이 없다고 하더라도, 우리는 행위의 옳고 그름을 판단하고 그 행위에 대해 책임을 묻는다. 강간범과 살인범은 나쁜 사람들이라는 것이 일반적 상식이다. 설령 그들이 나쁜 사람이 된 것이 그들 잘못이 아니더라도, 그들은 나쁜 사람들이다. 유전학이 증명하는 것처럼 결정론이 설령 사실이라고 하더라도, 선택의 경험은 허구가 아니다. 행동을 개인의 뇌나 유전자 또는 진화의 탓으로 돌리면 우리는 더 이상 개인에게 책임을 물을 수 없을 것처럼 보이지만, 우리는 여전히 어떤 행위는 비난하고 또 어떤 행위는 칭찬한다. 만약 우리가 자유의지는 허구라는 현대 과학의 주장에 설득당하더라도, 우리는 자유의지를 필요한 허구로 요청해야만 한다. 자유의지에 대한

---

22 스티븐 핑커, 『빈 서판』, 같은 책, p.310.

23 Galen Strawson, "The Impossibility of Ultimate Moral Responsibility", Derk Pereboom(ed.), Free Will, Second Edition (Indianapolis/Cambridge: Hackett, 2009), 289-306에서 p.289.

유전학의 도전을 진지하게 받아들인다면, 우리는 결정론에도 불구하고 자유의지라고 부를 만한 것이 무엇인가를 밝혀야 한다.

3. 자유의지의 역사

1) '행위 능력'으로서의 의지: 아리스토텔레스와 아우구스티누스

무엇이 가장 인간적인 능력인가? 본질적 인간다움에 관한 물음에 관한 현대 과학과 기술의 도전으로 말미암아 자유의지에 관한 논쟁이 치열하지만, '자유의지'라는 개념의 역사는 그렇게 오래되지 않았다. 오늘날 '자유'와 '의지'는 인간의 행위와 행위를 통제할 수 있는 능력을 얘기할 때 반드시 등장하는 핵심적인 문제다. 자유 문제가 근본적으로 근대의 문제인 것처럼 '자유의지'는 근대적 개념이다. 우리가 매우 당연하게 여기는 의지 능력은 고대 그리스에 알려지지 않았다. 고대 그리스 철학자들은 인간의 행위와 행위에 대한 통제를 도덕성의 관점에서 논의하였다.

그렇다면 의지는 어떤 능력인가? 우리가 오늘날 당연시하는 의지 행위가 경험적으로 분명 존재한다면, '의지'라는 개념으로 서술되는 의지 행위의 능력은 무엇인가? 우리가 앞서 다루었던 자유의지에 대한 현대 과학과 기술의 두 가지 도전은 이 물음에 대한 실마리를 제공한다. 우리는 초자연적인 자유의지의 실체를 설정하지 않고서도 자유롭게 행동할 수 있는가? 설령 모든 것이 결정되어 있다고 하더라도 우리는 자유로울 수 있는가? 전자의 질문은 고대 그리스의 철학이 대답하고자 하였던 문제라면, 후자의 물음은 기독교 신학이 해결해야

했던 주된 문제였다. “기독교의 주요 난관은 전지전능한 하느님에 대한 믿음과 자유의지의 요구를 어떻게 조화시키는가 하는 문제였기”[24] 때문이다.

고대 그리스 철학자 아리스토텔레스는 중세사상에 결정적으로 영향을 미친 철학자이자 의지의 선행 개념이라고 할 수 있는 ‘자유로운 선택(prohairesis)’을 발전시켰다. 아리스토텔레스는 『니코마코스윤리학』에서 우리의 행위와 관련하여 ‘eph hemin’이라고 말한다. 우리가 어떻게 행위를 할 것인지는 우리에게 달려 있다는 것이다. “행위하는 것이 우리에게 달려 있는 것들의 경우, 행위 하지 않는 것 또한 우리에게 달려 있으며, 우리가 ‘아니오’라고 할 수 있는 것에는 또한 ‘예’라고도 할 수 있기 때문이다. 따라서 실제로 고귀한 일을 하는 것이 우리에게 달려 있다면, 부끄러운 일을 하지 않는 것 또한 우리에게 달려 있을 것이다. 또 실로 고귀한 것을 하지 않는 것이 우리에게 달려 있다면, 정말 부끄러운 일을 하는 것 역시 우리에게 달려 있을 것이다. 이렇듯 만일 고귀한 것이나 부끄러운 일을 행하는 것이 우리에게 달려 있고, 마찬가지로 그런 일을 하지 않는 것도 우리에게 달려 있다면, 그리고 좋은 사람이라는 것이나 나쁜 사람이라는 것이 바로 이것이었다면, 훌륭한 사람이 되는 것이나 비천한 사람이 되는 것도 따라서 우리에게 달려 있는 것이다.”[25]

---

24 한나 아렌트, 홍원표 옮김, 『정신의 삶. 사유와 의지』, 푸른숲, 2019, p.334. 본래 ‘사유’, ‘의지’, ‘판단’의 3부 작으로 구상되었던 이 책 중에서 ‘의지’ 편은 자유의지의 개념이 어떻게 발전되어 왔으며, 어떤 문제를 함축하고 있는가를 잘 보여준다.

아리스토텔레스는 우리의 행동과 습관이 의지의 결과라고 간주하기 훨씬 전에 의지 행위의 현상을 분석하였다. 행동이 우리에게 달려 있다면, 행동을 유발하는 것이 우리의 내면에 존재해야 한다. 여기서 아리스토텔레스는 사람들이 무엇을 추구해야 하고 무엇을 회피해야 하는가를 이성만으로는 제대로 설명할 수 없다고 본다. 사람들이 모두 이성의 명령을 필연적으로 따르는 것은 아니기 때문이다. 이성의 명령에 관계없이 자신의 욕구를 따르는 사람은 자신의 행동을 제어하지 못한다. 이성은 스스로 어떠한 것도 움직이지 않는다는 아리스토텔레스의 반플라톤적 통찰은 '이성'과 '욕구' 사이에서 행동을 유발하는 무언가를 전제한다. 아리스토텔레스에 의하면 인간의 행동은 이성과 욕구의 공동 협력을 통해 발생한다. 어떤 대상에 대한 욕구는 그 대상을 획득하는 최선의 방법을 판단하도록 이성을 자극하는데, 이때 욕구에 대응하는 이성은 '실천 이성'이라고 부른다. '욕구'와 '욕망'을 뜻하는 고대 그리스어 '오렉시스(órexis)'의 동사 '오레고(orégō)'가 '손을 뻗다'는 뜻을 가지고 있는 것처럼, 욕구와 욕망은 공간적이고 시간적인 의미에서 가까이 있는 것의 영향을 받는다. 지금 그리고 여기서 충족되어야 하는 가까이 있는 것에 대한 욕망은 실천 이성이 개입하지 않으면 무절제로 이어질 수 있다.

실천 이성은 욕구를 충족하는 행위가 가져올 미래의 결과를 평가하고 판단한다. 여러 대안적 행위 중에서 우리의 목적에 부합하는 것을 선택하기 위해서는 이성과 욕구와는 다른 능력이 요구된다. 아리스토

---

25 아리스토텔레스, 『니코마코스 윤리학』, 제3권, 제5장, 1113b 6-14, 도서출판 길, 2013, p.94/95.

텔레스가 '의지'라는 개념을 사용하지는 않지만, 선택(prohairesis)은 이성과 욕구를 매개하는 능력이다. 이성과 욕구가 대립적인 상태에 있다면, 우리는 절제의 덕을 실현하기 위해 욕구로부터 강제로 벗어나야 한다. 만약 욕구가 압도하도록 내버려 둔다면, 우리는 자신의 이성으로부터 강제로 벗어나는 것이다. 우리가 강요받지 않고 자유롭게 행동하려면, 우리는 이성과 욕구를 매개하는 능력이 필요하다. 욕구에 따르되 이성적이며 또 이성을 따르지만 욕구에 부합하는 도덕적 행위는 의지로 불릴 수 있는 선택 능력을 요구한다.

아리스토텔레스가 의지의 선행 개념이라고 할 수 있는 선택 능력을 발견하였다면, 기독교는 의지의 무기력에서 출발한다. 인간은 선을 행하기를 원하지만 언제나 악이 함께 있음을 경험한다. '너는 탐하지 말라'고 기독교적 율법이 명령하지 않았다면, 사람들은 탐욕이 무엇인가를 알지 못한다. 도덕적 계명으로 말미암아 모든 종류의 탐욕이 생기게 되었다는 역설적 경험은 의지의 새로운 면을 드러낸다. 내가 원하는 것을 행하지 않고, 내가 미워하는 바로 그것을 행한다는 경험은 '나는 의지하지만 할 수 없다(I-will-but-cannot)'는 인식으로 이어진다.[26] 아우구스티누스는 "나는 많은 것들을 행하였지만, 내가 원한다고 해서 무엇이든지 할 수 있는 것은 아니었다"[27]고 고백한다. "의지하는 것과 할 수 있는 것은 동일하지 않다(Non hoc est velle quod posse)"[28]는 통찰은 자유의지와 관련하여 가장 명백하고 가장 놀라운 것이다.

---

26 한나 아렌트, 『정신의 삶. 사유와 의지』, 같은 책, p.410.

27 성 아우구스티누스, 박문재 옮김, 『고백록』, 제8권, 제8장, CH북스, 2016, p.254.

28 한나 아렌트, 『정신의 삶. 사유와 의지』, 같은 책, p.440.

자유의지에 관한 아우구스티누스의 관심은 악의 원인에 관한 탐구에서 시작한다. 전지전능한 신이 창조한 인간이 어떻게 악을 저지를 수 있는가? 악한 피조물이 타락의 상태에서 회복되어 선해지려면 어떻게 해야 하는가? 이 물음에 대한 아우구스티누스의 대답은 '자유의지'이다. "신은 악의 원인이 아닌가?"라는 제자 에보디우스의 질문으로 시작하는 『의지의 자유로운 선택에 대하여』에서 아우구스티누스는 하나님은 악의 원인이 될 수 없다고 단언한다.[29] 악은 원인 없이 존재할 수 없다. 만약 우리가 자유의지를 갖지 않았다면, 우리는 죄를 범하지 않았을 것이다. 자유의지는 악의 원인이다. 아담과 이브가 하느님의 명령에 순종하지 않은 것은 그들이 죄를 지을 능력, 즉 의지를 갖고 있기 때문이다. 악한 의지가 먼저 일어나지 않았다면 악한 행동도 결코 나타나지 않았을 것이다.

인간의 '자유의지(liberum arbitrium)'가 악의 근원이다. 자유의지는 하나님이 우리에게 주신 것이지만, 인간의 의지 자체의 잘못으로 타락한 것이다. 하나님은 완전한 존재이기 때문에 죄를 지을 수 없다. 하나님은 죄를 짓지 못하는 무능력을 지닌 것이다. 그러나 창조될 당시 인간에게는 죄를 범할 능력(posse peccare)과 죄를 짓지 않을 능력(posse non peccare)이 자유의지를 통해 주어졌다.[30] 우리는 언제나 자유의지를 갖고 있다. 그러나 이 의지의 방향은 선할 수도 있고,

29 Augustine, *On Free Choice of the Will*, translated by Thomas Williams (Indianapolis/Cambridge: Hackett Publishing Company, 1993, pp.1~3. 아우구스띠누스, 성염 역주, 『자유의지론』, 분도출판사, 1998, p.71.)

30 R.C. 스프로울, 『자유의지 논쟁』, 생명의말씀사, 2015, p.59.

악할 수도 있다. 우리가 선한 의지를 가질 것인지 아니면 악한 의지를 가질 것인지는 전적으로 우리의 선택에 달려 있다. 우리의 행동은 외적인 강요나 동물적 본능에 따른 것이 아니라 자유로운 의지의 행위이기 때문에 '자발적'이고 '자주적'이다. 우리가 죄를 범하는 것은 강요받아서가 아니라 스스로 죄를 짓기로 선택하기 때문이다.

자유의지는 우리를 속박하면서 동시에 자유롭게 만든다. 죄인은 자신의 욕구에 따라 자유롭게 행동하지만, 자신의 악한 열정과 부패한 의지에 예속되어 있다. 의지가 열정과 욕망으로 인해 부패하지만, 이러한 부패성이 인간의 선택 능력을 파괴하지는 않는다. 아우구스티누스는 이러한 의지의 이중성이 인간의 운명이라고 본다. "사람의 행위들이 악했다는 것은 의지 자체의 방식을 따르고 하나님의 방식을 따르지 않았기 때문이다."[31] 그렇다면 인간은 자기 의지에 따라 자유롭게 결단하여 타락한 상태에서 회복될 수 있을까? 아우구스티누스는 이 물음에 대해 '결코 그럴 수 없다'고 대답하면서, 인간이 죄로부터 벗어나 완전히 자유로우려면 하나님의 은총이 필요하다고 말한다. 우리는 자유의지를 갖고 있는 한 타락할 수밖에 없는 것이다.

아우구스티누스의 자유의지론은 의지 행위에 관한 현대적 논의에도 여전히 많은 시사점을 갖고 있다. 우리가 선한 행위를 하거나 악한 행위를 할 수 있는 것은 의지 덕택이다. 의지 자체에서 분열이 나타난다. 한 의지는 명령하고, 다른 의지는 그 명령에 복종하지 않는다. "마음이 마음에게 어떤 것에 대하여 의지를 가지라고 명령하면, 이

---

31 성 아우구스티누스, 조호연·김종흡 옮김, 『하나님의 도성』, 제14권, 11장, CH북스(2판), 2016, p.675.

들은 서로 다르지 않은 동일한 마음인데도, 그 명령에 복종하지 않는다."[32] 왜 우리는 마음이 자신에게 명령한 것을 행하지 않는 것인가? 우리에게 어떤 것을 추구하는 의지가 있다면 동시에 그것을 반대하는 의지도 있기 때문이다. 아우구스티누스는 "우리의 마음속에 어떤 것을 원하는 의지와 원하지 않는 의지가 공존하는 것은 전혀 기괴한 일이 아니라"[33]고 말한다.

정말 기괴한 것은 하나님이 이 모든 일을 아셨음에도 불구하고 인간에게 자유의지를 부여하였다는 점이다. "하나님은 예지로 장차 있을 일들을 다 아셨다. 자기가 선하게 창조하신 사람이 얼마나 악하게 될 것이며, 그런 사람을 이용해서 어떤 선한 결과를 만드실 것인지를 다 아셨다."[34] 신은 인간에게 의지와 함께 자유를 부여하였다. 미래의 일을 이미 알고 있다는 것은 어떤 일이 일어날 것인지가 미리 결정되어 있다는 것을 의미하는가? 신이 우리에게 왜 자유의지를 부여하였는지를 알 수 없는 것처럼, 우리는 의지 행위 이전에 무엇이 의지를 촉발하는지 의지의 동인을 알 수 없다. 그렇지만 우리는 의지 행위를 통해서 무엇인가를 시작하고, 미래를 만들어간다는 것은 알고 있다. 이런 점에서 무엇인가를 자발적으로 시작하는 능력으로서의 의지는 인간적인 너무나 인간적인 능력이다.

---

32 성 아우구스티누스, 『고백록』, 제8권, 제9장, 같은 책, p.255.

33 성 아우구스티누스, 『고백록』, 제8권, 제9장, 같은 책, p.256.

34 성 아우구스티누스, 『하나님의 도성』, 제14권, 11장, 같은 책, p.675.

2) 역사의 동인으로서의 의지: 칸트와 헤겔

의지는 새로운 것을 촉발하고 미래를 계획할 수 있는 능력이다. '뜻이 있는 곳에 길이 있다'는 속담은 의지의 미래지향적 능력을 잘 말해준다. 이 속담은 사람이 마음을 먹으면 불가능한 것이 아무것도 없다고 말하지만, 우리가 원하는 것을 가로막는 수많은 장애가 있다는 것을 잘 알고 있다. 만약 의지가 장기 목표를 달성하기 위해 단기적 유혹에 저항하며 만족을 지연시키는 능력이라면, 의지는 정념과 충동을 통제할 수 있어야 한다. 의지가 어떤 능력으로 이해되든, 의지는 행위자 자신에게 나오며 행위자의 자기 결정 능력과 깊은 관련이 있다.

자기 결정 능력으로서의 의지를 가장 극명하게 발전시킨 것은 근대의 독일철학이다. 칸트에서 헤겔로 이어지는 독일 관념론은 의지를 자유와 결합함으로써 인류 역사의 주된 추진력으로 부상시킨다. 의지는 근대의 마지막 단계에 이르러서는 최고 정신 능력인 이성을 대체하기 시작할 정도로 인간의 핵심 능력으로 파악된다. 그뿐만 아니라 칸트 이후에는 의지가 점차 존재와 동일시된다.

칸트에 의하면 자유의 이념은 선험적이다. 자유는 결코 자연의 인과법칙으로 환원되지 않는다. 칸트는 의지를 "일련의 사물이나 사태들의 계열을 스스로 시작하는 능력"으로 규정하면서 둘 이상의 대상 가운데 자유롭게 선택하는 능력은 사변 이성을 당혹스럽게 만든다고 말한다. 왜냐하면 "이런 능력이 과연 어떻게 가능한가 하는 것은 필연적으로 대답할 수 없기 때문이다."[35] 의지의 자유는 자연의 모든 인과율로

---

35 Immanuel Kant, *Kritik der reinen Vernunft*, Zweiter Teil, Werke in zehn Bänden, hrsg. von Wilhelm Weischedel, Bd.4 (Darmstadt: Wissenschaftliche

부터 독립적으로 자발적으로 선택하고 시작할 수 있는 능력이다. 의지는 법칙에 따라 행위를 규정하는 능력이다. 법칙에 따르는 것이 자유와 대립하는 것처럼 보일수도 있지만, 자기가 스스로 설정한 법칙을 따르는 것은 자유다. "의지는 법칙에 단순히 종속되는 것이 아니다. 의지가 스스로 입법자가 되고, 바로 그 때문에 비로소 법칙에 복종하는 것으로 여기도록 법칙에 복종하는 것이다."[36] 인간이 법칙에 복종하는 것은 스스로 법칙을 수립할 수 있기 때문이다. 의지는 이러한 인간 법칙의 원인이다.

근대에 들어와 의지는 이처럼 인간의 핵심 능력으로 부상한다. 의지의 자율은 인간에게 가능한 최고의 자유이다. 인간의 내면에는 의지 이외에 다른 능력은 없는 것처럼 보일 정도로 의지는 이성과 감성에 대해 모두 막강한 영향력을 가진다. 쇼펜하우어는 세계의 내재적 본질, 경험적 현상을 넘어서는 궁극적인 존재, 즉 칸트가 '물 자체'라고 표현한 것은 곧 의지라고 판단한다.[37] 존재는 궁극적 의지의 현상일 따름이다. 자연 속의 모든 사물에는 아무런 근거를 제시할 수 없고 설명할 수 없으며 더 이상 원인을 찾을 수 없는 어떤 것이

Buchgesellschaft, 1983), B.476, p.430. I. 칸트, 최재희 역, 『순수이성비판』, 박영사, 1990, p.362.

36 I. Kant, *Grundlegung zur Metaphysik der Sitten*, Werke in zehn Bänden, hrsg. von Wilhelm Weischedel, Bd.6 (Darmstadt: Wissenschaftliche Buchgesellschaft, 1983), p.64. 임마누엘 칸트, 백종현 옮김, 『윤리형이상학 정초』, 아카넷, 2005, p.152.

37 아르투어 쇼펜하우어, 홍성광 옮김, 『의지와 표상으로서의 세계』, 을유문화사, 2019, p.176/7.

존재하는 것처럼, 의지가 인간의 의지로서 가장 분명히 발현되는 경우 의지의 궁극적 근거는 설명할 수 없다.

자유의지에 관한 근대의 철학적 성찰에서 우리가 확인할 수 있는 것은 의지와 함께 비로소 인간의 역사가 시작한다는 점이다. 자연에는 필연성의 법칙이 지배한다면, 역사에는 인간의 자유가 지배한다. "자연의 역사는 선으로부터 출발한다. 왜냐하면 그것은 신의 작품이기 때문이다. 자유의 역사는 악으로부터 출발한다. 왜냐하면 그것은 인간의 작품이기 때문이다."[38] 인간이 역사를 만들 수 있는 것은 자유의지 덕택이다. 인간 세계에 선과 동시에 악이 존재하는 것 역시 자유의지 때문이다. 신에 의해 창조된 자연 세계가 자연법칙에 의해 결정되어 있더라도 신의 창조물인 인간이 자유를 가질 수 있는 것은 의지 때문이다.

어느 철학자도 헤겔만큼 의지를 역사의 동인으로 생각하지 못했다. 헤겔은 "세계사를 자유 의식의 진보"[39]로 파악하는데, 의지는 이러한 자유의 발전과정의 동력이다. 헤겔은 의지를 시간의 문제와 결합한다. 인간은 단순히 시간의 흐름에 내맡겨진 것이 아니라 미래를 기획한다. 인간 정신은 미래를 일차적으로 우리를 향해 오는 과정으로 파악한다. 지속하는 현재를 부정하고 다가올 미래에서 자신의 존재를 완성하는

---

38 I. Kant, *Mutmasslicher Anfang der Menschengeschichte*, Werke in zehn Bänden, hrsg. von Wilhelm Weischedel, Bd.9 (Darmstadt: Wissenschaftliche Buchgesellschaft, 1983), p.93.

39 G.W.F. Hegel, *Vorlesungen über die Philosophie der Geschichte*, Werke in zwanzig Bänden, Bd. 12 (Frankfurt am Main: Suhrkamp, 1970), p.32.

힘이 바로 의지이다. 인간의 의지는 자신의 현재를 거부하고 미래를 창조한다. 인간이 없었다면 물리적 운동은 있었겠지만, 시간은 없었을 것이다. 인간 정신이 주어진 것에 만족하고 달리 있을 수 없는 자연의 법칙에 예속되었다면, 인간은 미래와 역사를 창조할 수도 없다. 헤겔은 이렇게 현재를 부정하고 미래를 창조하는 의지의 능력이 정신 속에 내재한다고 전제한다. 의지는 미래를 위한 능력이다. 정신은 이러한 의지를 통해 미래를 창조한다.

역사는 의지 자체의 기획을 현실화하는 과정이다. 의지는 무엇인가 미래의 목적을 위해 자신을 스스로 부정할 정도로 자유로워야 비로소 자기를 실현한다. 의지에는 부정의 힘이 내재하고 있다는 사실은 헤겔 역사철학의 위대한 통찰이다. 칸트에게서처럼 헤겔의 의지도 법을 수립하고, 법을 통해 자유를 실현한다. "법의 토대는 일반적으로 정신적인 것이며, 그것의 좀 더 가까운 위치와 출발점은 자유로운 의지이다. 결국 자유는 법의 실체와 사명을 이루고, 법체계는 실현된 자유의 왕국이다."[40] 헤겔에 따르면 의지는 근본적으로 자유로운 것이다. 자유가 없는 의지는 공허한 낱말에 불과하다. 자유는 오직 의지로서만, 의지를 통해서만 현실적인 것이 된다. 의지를 바란다는 것은 결국 자유롭기를 바란다는 것이다. 우리가 자유를 원하는 한 우리는 필연적으로 의지를 전제할 수밖에 없는 것이다.

설령 칸트의 도덕철학과 헤겔의 변증법이 우리의 현실을 이해할 수 있는 철학적 통찰과 여전히 유용한 논리적 도구를 제공한다고

---

40 G.W.F. Hegel, Grundlinien der Philosophie des Rechts, Werke in zwanzig Bänden, Bd. 7 (Frankfurt am Main: Suhrkamp, 1970), p.46.

하더라도, 우리는 오늘날 칸트의 선의지와 헤겔의 절대정신을 믿지 않는다. 이성, 자유, 진보와 같은 거대 서사는 이미 신뢰를 상실하였다. 자유의지 문제에 관한 최근의 영미 철학의 논의는 선의지와 절대정신과 같은 초자연적인 실체를 전제하지 않고서 의지 현상을 이해하려고 한다. 그러나 의지 현상을 과학적으로 설명하려는 시도에도 불구하고 정신적인 현상으로서의 자유의지는 여전히 우리를 당혹스럽게 만든다. 인간에게 자유의지는 무엇이며 또 어떻게 가능한가는 과학적으로 설명할 수 없기 때문이다. 아리스토텔레스에서 아우구스티누스를 거쳐 헤겔에 이르기까지 자유의지의 역사는 의지가 필연적으로 자유의 문제와 결부되어 있다는 점을 역설한다. 그렇다면 우리는 자유를 구원하기 위해 의지를 전제해야만 하는 것인가? 이 문제를 이해하려면 결정론과 자유의지가 양립할 수 있는가에 관한 최근의 논쟁을 들여다볼 필요가 있다.

4. 자유의지와 결정론의 갈등: 우리는 도덕적 책임이 있는가?

우리의 행위가 알 수 없고 통제할 수 없는 힘에 의해 이미 결정되어 있거나 필연적으로 발생하였다는 의심이 들 때마다 자유의지의 문제는 발생한다. 개인의 경험적 차원에서도 마약과 중독처럼 쉽게 자제할 수 없을 때, 우리는 자신의 자유의지를 의심한다. 자신이 스스로 설정한 목적을 실현하기 위해 아무리 노력해도 미래가 보이지 않는 정치적 사회적 상황에 처하면, 우리는 비로소 자유의 문제를 인식하게 된다. 우리의 모든 행위는 우리 자신의 자유로운 의지로 일어나고, 이러한 능력 덕택에 우리는 각자 자신의 미래를 스스로 개척한다고 믿는다. 자유의지는 우리의 행위를 제한하는 것이 없을 때 발현하는 것이 아니다. 우리가 여러 형태의 구속에도 불구하고 자신의 삶과 행위를 스스로 결정하고자 할 때 비로소 자유의지가 문제가 된다.

만약 인간이 완전히 자연의 법칙에 예속되어 있거나 아니면 모든 것을 자발적으로 시작할 수 있다면, 우리는 자유의지를 갖지 못한다. 완전한 결정론이나 완전한 비결정론은 모두 자유의지를 배제한다. 동물과 신 사이의 중간 존재인 인간은 자유의지 덕택에 비로소 인간이 된다고 할 수 있다. 이처럼 결정론은 항상 자유의지의 문제를 야기한다. "결정론의 교리들은 많은 역사적 형태를 취해 왔다. 사람들은 자신의 행동이 운명 또는 신에 의해 결정된 것인지, 물리적 법칙이나 논리적 법칙에 의해 결정되는지, 유전이나 환경에 의해 결정되는 것인지, 무의식적 동기나 숨겨진 통제자에 의해 결정되는지, 심리학적 훈련이나 사회학적 훈련에 의해 결정되는 것인지 등등의 여부를 종종 의아해 했다. 그러나 결정론의 모든 역사적 교리를 관통하는 핵심 아이디어가 있는데, 이는 왜 그것들이 모두 자유의지에 위협이 되는지를 보여준다. 모든 결정론의 교리들은 — 그것이 운명론적이든, 신학적이든, 물리적이든, 생물학적이든, 심리학적이거나 사회적이든 상관없이 — 어떤 주어진 시간에 과거와 자연법칙이 주어지면 가능한 미래는 하나라는 점을 시사한다."[41] 우리의 행위와 상관없이 우리의 미래가 결정되어 있다면,

---

41 Robert Kane, "Libertarianism", in John Martin Fikscher, Robert Kane, Derk Pereboom and Manuel Vargas, *Four Views on Free Will* (Blackwell, 2007), pp.5~43, p.5.

결정론만큼 자유의지를 위협하는 것도 없을 것이다.

신의 죽음을 천명한 니체를 따르지 않더라도, 우리는 오늘날 전지전능한 신을 믿지 않는다. 진화론의 자연법칙은 신의 섭리를 대체한다. 양자물리학은 종종 물리적 결정론에 물음표를 붙이기는 하지만, 과학적으로 밝혀진 자연법칙은 여전히 자유의지를 강하게 위협한다. 어떤 시점 T에서의 세계 상태가 주어져 있다고 가정한다면, 자연법칙은 T+1 시점에서의 다음 세계 상태를 결정한다. 어떤 시대의 생산력과 생산관계를 안다면, 역사는 생산력과 생산관계의 모순으로 발전한다는 법칙에 따라서 우리는 다음 시대의 사회가 어떤 모습일지를 예측할 수 있다는 마르크스주의의 역사 결정론도 이와 크게 다르지 않다. 만약 결정론이 어느 정도 참이라면, 자유의지의 자리는 어디이고 또 어떤 의미가 있는가?

자유의지와 결정론의 갈등은 미래와 관련된 역사적 차원에서뿐만 아니라 행위가 이루어지는 시점에서도 발생한다. 우리가 다양한 방식으로 세계에 영향을 줄 수 있는 능력을 보유한 행위자라고 생각할 때, 우리는 자유의지가 있다고 생각한다. 우리에게는 다양한 행위의 가능성이 존재하며, 우리는 그들 중에서 하나를 선택할 수 있다. 우리가 무엇을 선택하고 또 어떻게 행동할 것인가는 전적으로 '우리에게 달려 있다'는 느낌이 들 때, 우리는 자유의지가 있다고 생각한다. 달리 말해서, 우리는 다른 선택에 기반하여 다르게 행동할 수도 있다는 뜻이다. 이러한 능력은 '행위의 궁극적 원천'이 우리의 바깥에 있는 것이 아니라, 다시 말해 우리의 통제 밖에 있는 것이 아니라 우리의 내면에 있다고 전제한다.

여기서 우리는 자유의지를 인간의 고유한 능력으로 이해할 수 있다. 자유의지의 역사와 최근 논쟁이 보여주는 것처럼 자유의지는 논란이 많은 용어이지만 다음과 같이 정의될 수 있다. "자유의지는 도덕적 책임이 필요한 행동에 대해 가장 강력한 통제력을 행사할 수 있는 개인의 고유한 능력이다."[42] 따라서 자유로운 행위는 이러한 능력의 실행에서 비롯되는 행위이다. 왜 도덕적 책임을 위해서는 자신의 행위를 통제하는 능력인 자유의지가 요구되는가? 예컨대, 예상치 못한 발작으로 인해 실수로 변속 장치를 건드려 차를 망가뜨린 경우, 우리는 변속 장치를 건드려 손상을 입힌 것에 대해 도덕적으로 비난하지 않는다. 그 이유는 행위자가 자신의 몸을 통제할 수 없었기 때문이다. 도덕적 책임은 행위자가 책임지는 것이 무엇이든 간에 행위에 대한 통제를 요구한다.

물론 우리는 우리의 행위를 완전히 통제할 수 없다. 우리 행위의 어떤 측면은 유전적으로 결정된 것일 수도 있고, 환경에 의해 결정된 것일 수도 있다. 얼마 되지 않은 돈을 빼앗기 위해 어떤 노인을 폭행하여 죽음에 이르게 한 강도 살해범의 법정에 참석한다고 생각해 보자. 우리는 그의 행위에 분노하고 분개할 것이다. 그런데 재판이 진행되는 과정에서 그가 어떻게 그토록 비열한 성격과 잔인한 동기를 갖게 되었는지를 알게 된다. 부모의 방치, 아동 학대, 성적 학대, 나쁜 사회적 환경에 관한 슬픈 이야기를 들으면, 우리의 분노는 범인에서 그를 학대한 부모와 다른 사람들에게로 전환된다. 이러한 반응은

---

42 Michael McKenna and Derk Pereboom, *Free Will. A Contemporary Introduction* (London: Routledge, 2016), p.6.

지극히 자연스러운 일이다. 그렇다고 그에 대한 도덕적 책임이 전적으로 면제되는 것은 아니다. 어느 정도로 그는 지금의 그와 같은 인격이 된 데 대해 책임이 있는가? 모든 것은 나쁜 육아와 사회적 방치의 문제인가? 사회적 환경의 영향은 유전자의 영향으로 대체될 수 있다. 만약 이러한 영향들이 전적으로 결정적이라면, 우리가 도덕적 책임을 물을 수 있는 근거는 도대체 무엇인가? 이러한 질문들은 모두 자유의지와 결정론 사이의 갈등과 연결된다. 그가 순전히 나쁜 환경의 희생자인지 아니면 그가 자유의지로 그런 인격이 된 것인지의 문제는 이러한 요소들이 전적으로 결정적인지 아닌지의 문제와 결합되어 있기 때문이다.[43]

우리는 자신의 자유의지로 행한 행위에 대해 도덕적 책임이 있다는 것은 점점 더 강해지는 결정론에도 불구하고 우리의 삶 속에 현상적으로 나타나는 매우 명백한 인간 조건에 대한 이미지다. 오랜 철학적 전통은 인간 조건에 대한 경험적 직관에 기반하여 인간의 자유의지를 정당화하는 방향으로 발전하였다. 그러나 근대 이래 과학은 인과율에 기반하여 인간 조건에 대한 새로운 이미지를 제공한다. 인간 조건에 대한 과학적 인식이 설명 범위와 힘을 증가시키면서 결정론으로 기울어질수록, 자유의지를 전제하는 전통적 이미지는 더욱더 강력한 도전을 받는다.

---

43 Robert Kane, "Libertarianism", 같은 책, p.7.

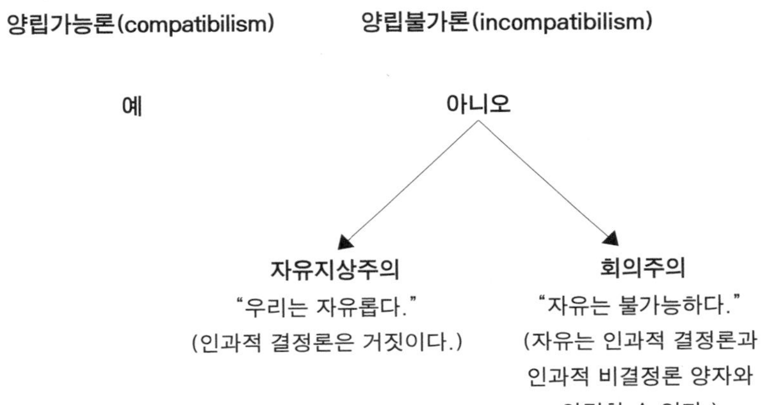

결정론의 도전에 대한 대응 방식은 대체로 세 가지다. '양립가능론(compatibilism)'은 자유의지와 결정론을 '화해시킴으로써' 인간 조건의 명백한 이미지를 가능한 한 많이 유지하고 보존하려고 시도한다. 자유의지와 결정론이 양립할 수 없다는 '양립불가론(incompatibilism)'은 두 갈래로 나뉜다. 강한 결정론은 과학적 이미지를 선호하고 자유의지와 결정론의 갈등이 발생할 때 기존의 이미지에 내포된 철학적 전제와 가정을 거부할 것을 강력하게 요청하는 회의주의적 입장이다. 강한 결정론은 근본적으로 자유의지와 도덕적 책임의 전통적 개념을 새로운 개념으로 '대체하는' 것을 선호한다. 반면, 자유지상주의(libertarianism)는 자유의지를 결정론으로부터 '절연시켜' 자유의지에 내포된 철학적 의미를 보호하려 한다. 간단히 말하면, 최근의 자유의지 논쟁은 인간 조건에 대한 과학적 인식에 기반한 결정론의 도전에 대한 세 가지 대응 방식, 즉 '화해하거나(reconciling)', '대체하거나(supplanting)', '보호하는(insulating)' 대응 방식 사이의 다툼이라고 할 수 있다.[44]

	자유의지와 도덕적 책임에 관한 상식은 옳은가?	자유의지는 결정론과 양립할 수 있는가?	도덕적 책임은 결정론과 양립할 수 있는가?	우리는 자유의지가 있는가?
양립가능론 compatibilism	예	예	예	예
자유지상주의 libertarianism	예	아니오	아니오	예
강한 양립불가론 incompatibilism	아니오	아니오	아니오	아니오

양립가능론은 결정론이 참인지 거짓인지에 상관하지 않는다. 결정론이 설령 참이라고 하더라도 그것이 누구도 자유롭게 행동할 수 없다는 것을 의미하지 않는다. 양립가능론은 우리가 실체로서의 자유의지를 갖고 있다고 강하게 주장하지도 않는다. 자유의지는 결코 단순한 형이상학적 가능성이 아니다. 정상적으로 작동하는 인간 세계에서 우리는 자유의지를 갖고 있다고 생각하며, 도덕적 책임을 위해 자유의지를 전제한다. 세계가 비록 결정되었다고 하더라도 그 안에서 자유롭게 행동할 수 있다고 주장하는 사람들은 자유의지에 관한 한

44 이에 대해서는 Michael McKenna and Derk Pereboom, *Free Will. A Contemporary Introduction*, 같은 책, p.43/44를 참조할 것.

'현실주의자'라고 할 수 있다. 이에 반해 자유지상주의는 자유의지는 참이며 결정론은 거짓이라고 주장하는 양립불가론을 지지하고, 강한 결정론은 양립불가론이 참이기는 하지만 결정론이 사실이기 때문에 누구도 자유의지를 갖고 있지 않다고 주장한다.

여기서 우리는 자유의지 논쟁을 세밀하게 추적하는 대신 결정론의 도전으로 말미암아 드러난 자유의지의 특성에 집중하고자 한다. 자유의지를 부정하는 강한 결정론도 도덕적 책임은 부정하지 않는다면, 인간의 도덕성이 어디에서 기인하는지의 문제는 자유의지의 특성을 다루는 과정에서 간접적으로 언급될 것이다. 자유의지의 핵심적 특성은 두 가지다. "어떤 합리적 개념도 포착해야 하는 자유의 두 가지 다른 특징은 자기-결정(또는 자율)과 대안 가능성의 가용성이다."[45] '자기 결정(self-determination)'은 자유로운 행위가 타율적인 근원에서 나오는 것이 아니라 자아로부터 나와야 하며, 자아에 의해 통제된다는 생각을 함축한다. '대안적 가능성(alternativie possibilites)' 개념은 자유로운 행위가 여러 옵션 중에서 선택된 것이라는 뜻을 함축하고 있다. 자유의지와 자유로운 행위는 전통적으로 이 두 가지 특성에 기반한다. 결정론에 의해 위협받고 있는 이 두 특성의 의미를 세밀하게 살펴보는 과정에서 자유의지의 모습이 분명하게 그려질 것이다.

---

45 Gary Watson, "Free action and free will," *Mind 96*, 1987, pp.145~72, p.145.

5. 자유의지의 두 가지 특징: 자기 결정과 대안 가능성

1) 자기 결정: 행위를 완전히 통제할 수 있는가?

세상에는 우리가 통제할 수 없는 일이 많이 있지만, 자유로운 행위는 우리가 행위를 통제할 수 있다고 전제한다. 오랫동안 우리는 자유가 의미 있으려면, 반드시 무언가 선택할 능력이 있어야 한다고 믿었다. 두 가지 대안의 장단점을 합리적으로 계산하면서도 선택할 있는 자유의지가 없다면, 어떤 일이 발생할까? '뷔리당의 당나귀'로 알려진 사고 실험은 자유의지의 역설을 잘 표현한다. 배가 고프면서 동시에 목이 마른 당나귀는 건초 한 더미와 물 한 동이 사이에 놓여 있는 가설적인 상황에서 어떻게 행동하게 될까? 당나귀는 완전히 이성적이어서 물이 있는 곳으로 먼저 가거나 건초가 있는 곳으로 먼저 가야 할 이유가 없으므로 판단을 미루다가 물과 건초를 그대로 놓아둔 배고픔과 갈증으로 죽게 된다는 것이다.[46] 이런 상황에서 필요한 것은 선택의 자유의지다. 이 능력을 발휘해서 우리는 먼저 한쪽으로 간 다음 다른 쪽으로 갈 것이다. 자유의지는 합리적 판단으로 인한 교착상태를 무너뜨리고 행위의 방향을 결정한다.

뷔리당의 당나귀 역설에 따르면 어떤 선택을 해도 똑같이 괜찮다면 자유는 거의 중요하게 여겨지지 않을 것같이 보이지만, 우리는 항상 근거와 욕망에 따라 무엇인가를 선택한다. 자유의지는 아무런 장애 없이 선택할 수 있는 능력이다. 홉스는 자유의 관점에서 의지를 규정한

---

46 줄리언 바지니, 『자유의지』, 같은 책, p.165.

다. "자유는 본래 저항의 부재를 의미한다. 여기에서 저항이란 외부적 장애를 말한다." 따라서 자유인이란 스스로의 힘과 지력으로 할 수 있는 일들에 대하여 자기가 하고자 하는 것을 방해받지 않는 사람이다. 그렇다면 자유의지란 무엇인가? "'자유의지'라는 것도 의지, 의욕, 의향의 자유를 가리키는 것이 아니라 인간의 자유를 가리킨다. 즉 그것은 의지, 의욕, 의향을 가지고 어떤 일을 하는 데 아무런 제지를 받지 않는다는 것을 의미한다."[47] 자신이 의지하는 것, 욕망하는 것, 하고 싶은 것을 하는 것이 자유다.

그러나 홉스는 자유의지와 결정론이 양립할 수 있다고 말한다. "물은 물길을 따라 흘러내려갈 자유뿐만 아니라 필연성도 지니고 있는데, 인간의 자발적인 모든 행위도 이와 같다. 사람의 행위는 그의 의지에서, 즉 '자유'에서 비롯되는 것이긴 하지만, 다른 한편 인간의 의지에서 비롯되는 모든 행위, 모든 의욕과 의향도 어떤 원인에서 비롯되고, 그리고 그 원인은 또한 다른 원인에서 비롯되고, 이렇게 계속 원인이 연쇄를 이루고 있으므로 인간의 행위도 '필연성'에서 비롯된다고 할 수 있다."[48] 인간이 자기 생각대로 하는 자유는 필연성을 동반한다. 여기에서 필연적 관계 속에서도 과연 자유롭게 선택하고 행동할 수 있는가 하는 문제가 발생한다. 자유를 방해하는 것에 대한 고전적 양립가능론의 기준은 '강제 행동'이다. 강제 행동은 어떤 외부적 요인에 의해 자신의 의지와 반대되는 행동을 하도록 강요받을 때

---

47 토머스 홉스, 진석용 옮김, 『리바이어던 1』, 제2부, 제21장, 나남, 2008, p.279/280.

48 토머스 홉스, 진석용 옮김, 같은 책, p.281.

발생한다.

홉스의 이러한 관점을 통해 의지 자체가 더 명료하게 밝혀진 것은 아니다. 홉스에 의하면 자유의지는 사실 행위의 조건이지, 의지의 조건은 아니기 때문이다. 자발성의 자유는 행위자가 자신이 원하는 것을 방해받지 않고 행동할 수 있는 자유다. 욕구와 욕망, 본능과 충동과 같이 필연적인 특성을 가진 행위의 동기적 측면에도 불구하고 우리가 자유롭게 행동할 수 있도록 하는 것은 바로 자유의지다. 흄이 말하는 것처럼 행동하거나 행동하지 않을 힘이 바로 의지이기 때문이다. 이런 입장은 우리의 행위가 인과적으로 결정되어 있다면 우리는 행위를 통제할 수 없다고 주장하는 양립불가론과 정면으로 대립한다.

여기서 우리는 인과관계(causation)와 강제, 충동 및 제약과 같은 개념을 구별할 필요가 있다. 예컨대 특정한 방식으로 행동하도록 강요된 경우, 우리는 원하는 것과 반대로 행동하기 때문에 자유롭지 않을 수 있다. 강요된 것은 인과적으로 야기된 것의 한 방식일 뿐이다. 따라서 자유의지와 결정론이 양립할 수 없다고 주장하는 사람들은 자유의지를 훼손하는 강제, 충동, 제약과 같은 특정 종류의 원인을 자유의지를 약화시키는 모든 종류의 인과관계로 일반화하는 잘못을 저지르는 것이다. 자유와 대립하는 것은 인과관계가 아니라 제약이다. 어떤 행위를 하는데 제약이 있다는 것은 그것을 하도록 유발되었다는 것을 의미하지만, 인과적으로 유발되었다고 반드시 행위의 자유를 제약하는 것은 아니다.[49]

---

49 이에 관해서는 Ayer, A.J. “Freedom and Necessity.” In *Philosophical Essays* (New York: St. Martin’s Press: 1954), pp.3~20를 참조할 것. McKenna, Michael

우리는 물론 어떤 사건과 사건, 상태와 상태를 끊임없이 결합하는 경향이 있다. 흄은 실질적 인과관계에 관해서는 알 수 없다고 주장하면서, 인과관계는 행위자의 행동들에 규칙성을 부여하려는 성향의 표현일 뿐이라고 말한다. 이런 관점에서 보면 우리의 행동은 인과적으로 유발될 수 있으면서도 동시에 자유로울 수 있다. 양립가능론은 결코 자유의지와 필연적 인과관계를 대립적으로 파악하지 않는다. 물론 독일 관념론은 의지를 부동의 원동자처럼 모든 것의 근본 원인으로 제시하지만, 이런 형이상학적 의지 개념이 해체되었다고 해서 의지의 현상 자체가 사라지는 것은 아니다.

우리가 자유의지를 인정한다고 해서 모든 것을 통제할 수 있다고 믿지 않는다. 자유의지를 극단적으로 부정한 니체의 관점은 오히려 그 반대를 말하려는 것처럼 보인다. 모든 것을 통제할 수 없다고 해서 자유의지가 불가능한 것은 아니다. "자기 원인(causa sui)은 지금까지 사유된 것 중 가장 심한 자기모순이며, 일종의 논리적인 강요이며 부자연스러움이다. 그러나 인간의 오만한 자부심은 이러한 어처구니없는 일에 무서울 정도로 깊이 빠져버렸다. 유감스럽게도 설익은 교양인의 머리를 지배하고 있는 것처럼 저 형이상학적 최고 지성이 가진 '의지의 자유'를 향한 열망, 그리고 스스로 자신의 행위에 대해 궁극적으로 완전히 책임지고 신, 세계, 조상, 우연, 사회를 그 책임에서 벗어나게 하려는 열망은, 말하자면 저 자기 원인이고자 하는 것일 뿐이며 뮌히하우젠을 능가하는 무모함으로 자기 스스로 머리채를

---

and Derk Pereboom, *Free Will*, 같은 책, p.52.

휘어잡고 허무의 수렁에서 끌어내어 생존으로 이끌려는 것이다."[50] 자유의지를 자기 원인으로 설정하는 것은 스스로 모든 것을 책임지려는 오만한 열망에 불과하다. 경험적 세계에서는 아무것도 자기 원인일 수 없다. 만약 자기 원인만이 궁극적 책임의 근거라면, 우리는 어떤 것에 대해서도 도덕적 책임이 없다.

자유의지를 형이상학적 허구라고 폭로하는 니체의 비판은 역설적으로 결정론에도 불구하고 자유의 가능성을 열어놓는다. 자유의지는 특정한 방식으로 행동하도록 결정되지 않으면서 그 행위를 선택할 수 있는 인과적 힘이 행위자에게 있다고 전제한다. 미국 철학자 로데릭 치좀은 인간 자유에 관한 형이상학적 문제를 다음과 같이 요약한다. "인간 존재는 책임 있는 행위자다. 그러나 이러한 사실이 인간 행위의 결정론적 관점 (행위와 관련된 모든 사건은 다른 사건에 의해 야기되었다는 관점)과 충돌하는 것처럼 보인다. 그리고 그것은 또한 인간 행위의 비결정론적 관점 (행위는, 또는 행위에 본질적인 어떤 사건은 전혀 인과적으로 야기된 것이 아니라는 관점)과 충돌하는 것처럼 보인다."[51] 인간의 자유의지는 완전한 결정론과 완전한 비결정론 사이에 위치한다. 왜냐하면 인간의 행위는 어떤 원인에 의해 유발되기는 하지만 자유로울 수 있기 때문이다.

치좀은 외부적 인과관계와 내부적 인과관계를 구별함으로써 인과적

---

50 프리드리히 니체, 김정현 옮김, 『선악의 저편』, I, 21, 니체전집 14, 책세상, 2002, p.41.

51 Roderick Chisholm, "Human Freedom and the Self", *The Lindley Leture*, The Department of Philosophy, University of Kansas, 1964, p.3.

으로 유발된 자유 행위를 설명한다. 어떤 남자가 총을 쏴서 살해하는 장면을 상상해 보자. 그가 자신의 행위에 대해 책임져야 한다면, 총을 쏘는 순간에 일어난 일은 완전히 그 사람 자신에게 달려 있어야 한다. 그는 총을 쏠 수도 있고, 쏘지 않을 수도 있었다. "만약 그가 수행한 행위가 마찬가지로 그가 수행하지 않을 수도 있는 힘에 속한 것이라면, 그것은 그 행위를 유발하거나 유발하지 않을 힘에 속하지 않는 그 어떤 사건에 의해 유발되거나 결정될 수 없다."[52] 그런데 만약 다른 사람이 배후에서 그가 방아쇠를 당기게 하였다면, 그는 자신의 행위에 책임이 있는가? 그 행위가 특정한 행위를 하거나 하지 않을 그의 힘에 속하지 않는다면, 우리는 그에게 책임을 물을 수 없다.

그런데 방아쇠를 당기게 한 다른 사람이 만약 오래전에 형성된 욕망과 신념이라면 어떻게 되는가? 그의 행위가 의지에 의한 자발적 행위가 아니라 욕망과 충동과 같은 비자발적 행위라 하더라도, 그것은 분명 그가 행한 행위이다. 여기서 치좀은 어떤 사건이 다른 사건에 의해 야기되는 외부적 인과관계와 한 행위자가 특정한 사건이나 상태를 유발하는 내재적 인과관계를 구별하면서 이렇게 말한다. "행위와 관련된 모든 사건이 다른 어떤 사건에 의해 유발되었다고 말해서는 안 된다. 그리고 우리는 그 행위가 전혀 유발된 것이 아니라고 말해서도 안 된다. 따라서 남아 있는 가능성은 이것이다. 행위와 관련된 사건들 중 적어도 하나는 다른 사건에 의해 야기된 것이 아니라, 다른 무엇인가에 의해 야기된 것이다. 그리고 오직 행위자, 즉 인간만이 이 다른

---

52 Roderick Chisholm, "Human Freedom and the Self", 같은 책, p.4.

무엇일 수 있다."[53] 어떤 행위가 이루어질 때, 그것이 의지에 의한 것이든 아니면 욕망과 충동에 의한 것이든, 행위가 일어나는 어떤 사건의 내재적 원인이다. 행위를 하는 것은 사람이지 의지가 아니다. "설령 우리의 행위를 야기하는 '의지'라는 능력이 있다고 하더라도, 자유에 관한 질문은 '의지는 과연 자유로운가?(whether the will be free?)'의 물음이 아니라 '사람이 과연 자유로운가?(whether a man be free?)'의 질문이다."[54]

사실 현실에서는 우리 행위의 일부는 인과적으로 유발되고, 일부는 자유의지에 의해 자발적으로 일어난다. 인과적 결정론은 결코 행위 주체의 능동성을 배제하지 않는다. 우리가 행위의 자기 원인이 아니더라도 도덕적 책임을 지는 것처럼, 우리는 인과적으로 결정된 관계 속에서도 자유롭게 선택하고 행동한다. 존 마틴 피셔는 이 점을 간단명료하게 정리한다. "완벽한 통제는 완벽한 환상, 곧 형이상학적 과대망상증이다."[55] 우리의 행위는 통제 가능한 요인과 통제 불가능한 요인 양쪽 모두와 관련이 있다. 궁극적 책임은 우리의 힘을 넘어선다. 우리는 통제력을 완벽하게 갖추지 못한 현실에서 자유를 실현할 수 있는 방법을 모색해야 한다. 이런 점에서 자유의지는 자유가 실현되는 사회적 맥락과 연결된다. 자유의지는 우리가 원하는 것을 자유롭게

---

53 Roderick Chisholm, "Human Freedom and the Self", 같은 책, p.7.

54 Roderick Chisholm, "Human Freedom and the Self", 같은 책, p.11.

55 John Martin Fischer, "Compatibilism", John Martin Fikscher, Robert Kane, Derk Pereboom and Manuel Vargas, *Four Views on Free Will*, 같은 책, pp.44~84, p.67.

원할 수 있는가의 문제가 아니라 우리가 원하는 것이 무엇이든 그것을 성취하는 것이 자유로운가의 문제다.

2) 대안 가능성: 미래는 완전히 열려 있는가?

자유의지 개념의 가장 매력적인 요소는 우리가 우리의 미래를 스스로 만들어갈 수 있다는 데 있다. 아리스토텔레스가 말한 것처럼 우리의 행위가 우리 자신에게 달려 있다는 것은 우리가 원하기만 한다면 다른 식으로 행동할 수도 있다는 뜻이다. 우리의 행위를 제약하는 것이 아무리 많더라도 다르게 행동할 수 있다는 것처럼 매력적인 사상도 없을 것이다. 우리에게 열려 있는 여러 대안 중에서 어떤 것을 선택하느냐에 따라 우리의 미래가 달라진다.

어떤 사람이 대학에서 철학을 공부한 후 교수로 활동할 것인가 또는 언론계에서 일할 것인가를 선택할 기회가 있다고 전제하자. 만약 그가 자신의 선택을 의지에 따른 자유로운 선택이라고 믿는다면, 그는 자신의 길을 숙고하는 동안에 둘의 가능성이 자신에게 '열려 있다'고 믿어야만 한다. 만약 이러한 대안 가능성을 믿지 않는다면, 미래를 계획하고 기대하는 숙고의 의미는 사라진다. 그는 미래에 이르는 길이 하나 이상이라는 사실을 믿어야 하고, 여러 길 중에서 하나를 택하는 일이 자신에게 달려 있다고 생각해야 한다. 이처럼 대안 가능성은 자유의지에 있어서 본질적이다.

대안 가능성의 또 다른 예를 생각해 보자. '악의 평범성'을 대변하는 아이히만이 예루살렘의 법정에 서 있는 장면을 떠올려보자. 아이히만은 유대인 문제를 해결하라는 명령을 수행했을 뿐이라고 강변한다.

그의 행위가 자유의지에 의한 것이 아니라 다르게 행동할 수 없도록 만든 명령 때문이라면, 그는 엄밀한 의미에서 책임이 없을 수 있다. 물론 그는 다른 부대로 전근을 신청할 수도 있었고, 다른 방식으로 임무를 회피할 수도 있었다. 한나 아렌트는 이러한 사실로부터 자유의지에 관한 하나의 교훈을 얻는다. "공포의 조건에서 대부분의 사람들은 따라가지만, 어떤 사람은 따라가지 않는다는 것이다. 그와 마찬가지로 최종 해결책이 제안된 나라들의 교훈은 대부분의 지역에서 '그 일이 일어날 수 있었지만' 그 일이 어디서나 일어나지는 않았다는 것이다."[56]

다르게 행동할 수 있다는 것은 인간에게 고유한 핵심 능력이다. 만약 결정론이 참이라면, 결정론으로 가장 위협을 받는 것은 미래를 시작할 수 있는 능력이다. 열린 미래는 다르게 행동할 수 있는 능력에 기반한다는 가장 친숙하고 널리 퍼져 있는 생각은 종종 보르헤스의 소설 제목으로 서술된다. "끝없이 두 갈래로 갈라지는 길들이 있는 정원(The Garden of Porking Paths)." 이 탐정소설의 화두는 간단하다. "나는 다양한 미래들에게(모든 미래들이 아닌) 끝없이 두 갈래로 갈라지는 길들이 있는 정원을 남긴다."[57] 우리가 모든 미래를 결정할 수는 없지만, 우리의 의지에 따라 다양한 미래가 열릴 수 있다.

보르헤스의 매우 멋진 비유와 이미지는 자유의지의 특성을 잘 보여준다. 자유의지는 미래로 향하는 대안적인 경로를 통제한다. 미래에

---

56 한나 아렌트, 김선욱 옮김, 『예루살렘의 아이히만』, 한길사, 2006, p.324/5.

57 호르헤 루이스 보르헤스, 황병하 옮김, "끝없이 두 갈래로 갈라지는 길들이 있는 정원", 『픽션들』, 보르헤스 전집 2, 민음사, 1994, pp.145~166 중에서 p.158.

대한 행위자의 관계는 그가 다른 경로를 취하는 것과 관련된 방식으로 행동해야 하는 자유의지의 기능이다. 사실, 자유로운 행위자의 미래 가능성은 무제한이 아니다. 과거와 자연법칙은 가능성의 잠재적 범위를 구성한다. 그러나 자유로운 행위자의 경우 이 모델에는 하나 이상의 가능성이 있으며, 행위자는 이러한 제약 조건 내에서 그가 행동할 수 있는 방식에 대한 일종의 통제권을 가지고 있다.

우리가 선택할 수 있는 환경과 능력은 실제로 과거의 영향을 받는다. 지금의 나의 존재와 행위가 과거의 인과적 결과라면, 우리는 미래를 어떻게 설계할 수 있는가? 현재를 만든 동일한 법칙이 미래에도 적용되어야 하는 것은 아닌가? '귀결 논증(Consequence Argument)'으로 불리는 결정론적 입장은 다르게 행동할 수 있는 대안적 가능성을 부정한다. "결정론이 참이라면, 우리의 행동은 자연법칙과 먼 과거 사건의 결과이다. 그러나 우리가 태어나기 전에 무슨 일이 일어났는지는 우리에게 달려 있지 않으며, 자연법칙이 무엇인지도 우리에게 달려 있지 않다. 그러므로 (현재 우리의 행동을 포함한) 이러한 일들의 귀결은 우리에게 달려 있지 않다."[58]

우리가 태어나기 이전에 일어난 일과 자연법칙이 우리에게 달려 있지 않다는 것은 우리가 과거나 자연법칙을 변화시킬 수 없다는 것을 의미한다. 과거와 자연법칙은 우리의 통제 밖에 있기 때문이다. 귀결 논증은 다음의 세 명제로 구성된다.

---

58 Peter van Inwagen, *An Essay on Free Will* (Oxford: Oxford University Press, 1983), p.16.

(1) 우리가 과거와 자연법칙을 변화시킬 수 있는 것은 없다.

(2) 결정론이 참이라면, 우리의 현재 행동은 과거와 자연법칙의 필연적 결과다.

(3) 그러므로 우리의 현재 행위를 변화시킬 수 있는 것은 없다.

만약 결정론이 참이라면, 결정론과 자유의지는 양립할 수 없는 것처럼 보인다. 결정론에 따르면 과거와 자연법칙이 단 하나의 미래만 가능하게 한다면, 행위자가 미래를 향해 어느 갈림길을 선택할 것인지는 자유로운 행동의 순간에 결정된다고 추정할 수 있다. '끝없이 두 갈래로 갈라지는 길들이 있는 정원'의 이미지를 생각해 보자. 별표 왼쪽에 있는 단일 직선 화살표는 왼쪽(과거)에서 오른쪽(현재)으로 이동하는 자유 행위자의 과거를 나타낸다. 점 자체는 행위가 이루어지는 순간 미래의 대안 가능성을 선택하는 잠재적인 궤적을 표현한다. 이때 행위자는 자유의지 능력을 발휘하여 다양한 경로로 열려 있는 대안 중에서 자유롭게 선택할 수 있다.[59]

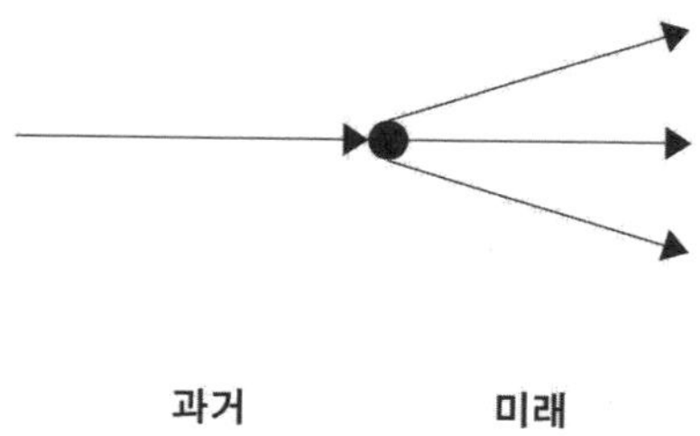

과거 미래

59 Michael McKenna and Derk Pereboom, *Free Will*, 같은 책, pp.38~41.

그렇다면 우리가 가진 능력 중에서 무엇이 미래를 다양한 가능성으로 열어놓는가? 결정론이 참이라면, 자유의지는 결정론과 양립할 수 없다. 설령 결정론이 참이더라도 자유의지가 의미 있으려면, 자유의지의 어떤 면이 문제인가? 자유의지를 지지하는 사람들은 과거에서 현재까지 이어진 선이 인과적으로 결정되었다고 하더라도 자유를 반드시 제한하는 것은 아니라고 주장한다. 여기서 우리는 계획, 숙고, 실천적 사고와 같은 행위의 '미래 전망적(forward-looking)' 측면과 도덕적 책임과 같은 '과거 회고적(backward-looking)' 측면을 구별할 필요가 있다. "미래를 숙고할 때, 우리는 자연스럽게 미래에 대한 다른 길이 있다고 가정하고, 우리가 책임을 할당할 때는 일반적으로 관련 행위자가 다른 길을 사용할 수 있다고 가정한다."[60] 이미 일어난 일에 대해서는 책임을 묻고, 아직 일어나지 않은 일은 계획하고 숙고한다. 시간이 순간의 연속이라는 점을 받아들인다면, 현재에 이르기까지의 직선은 다르게 행동할 수도 있었던 순간의 연속이라고 할 수 있다. 따라서 현재까지의 연속이 인과적으로 결정되었다고 해서, 다시 말해 하나의 직선이 존재한다고 해서 미래에 이르는 길이 하나인 것은 아니다.

결국, 자유의지의 문제는 대안 가능성이 도덕적 책임의 근거가 될 수 있느냐는 물음으로 압축된다. 대안 가능성의 원리는 "어떤 사람이 다르게 행동했을 수도 있다면 그가 행한 일에 대해 도덕적으로 책임이 있다"[61]고 말한다. 해리 프랭크퍼트는 대안 가능성의 원리가 도덕적

60 John Martin Fischer, "Compatibilism", 같은 책, p.49.

61 Harry Frankfurt, "Alternate Possibilities and Moral Responsibility", *Journal*

책임을 물을 수 있는 충분한 근거가 될 수 없다고 주장한다. 설령 다르게 행동할 수 없었을지라도 자신이 행한 일에 대해 도덕적으로 책임이 있을 수 있다. 어떤 일을 하도록 강요당하는 상황, 최면이나 전기 자극을 통해 어떤 일을 할 수밖에 없는 상황, 어떤 내면의 충동이 특정 행동을 촉발하는 상황들이 있다. 이런 종류의 상황에서 사람들은 다르게 행동하는 것이 불가능하다. 그가 행하는 것이 무엇이든, 행위자는 그렇게 행동할 수밖에 없기 때문이다.

프랭크퍼트의 사고 실험을 생각해 보자. 존스가 특정한 행위를 하도록 조종하는 블랙이 있다. 블랙은 존스가 특정한 행위를 하기를 원하지만, 존스 스스로 그 행위를 하도록 결정할 때까지 기다린다. 존스가 무엇을 행하든 그것은 그에게 달려 있지 않다. 그는 블랙이 원하는 것을 할 수밖에 없다. 존스가 블랙이 원하는 것과는 다르게 행동하려고 할 때, 블랙은 보이지 않는 방식으로 개입한다. 존스는 다르게 행동할 수 있는 대안이 없는 것이다. 만약 그가 자신의 이유로 그 행위를 한다면, 그것을 행한 데 대한 도덕적 책임은 블랙이 사악한 의도를 갖고 뒤에 숨어 있었다는 사실로 영향을 받지 않는다. 이 사악한 의도는 드러나지 않기 때문이다. 물론 다른 식으로 행동할 가능성이 없었다는 사실이 그가 왜 바로 그 행위를 했는지를 설명해 주지는 않는다. 어떤 사람이 특정 행위를 하는 것 외에는 다른 대안이 없다고 한다면, 다르게 행할 수 있다고 하더라도 그는 정확하게 같은

---

of Philosophy, 66(December 1969), 828-39. DerkPereboom(ed.), *Free Will*, Second Edition (Indianapolis/Cambridge: Hackett Publishing Company, 2009), pp.185~195, p.185.

행위를 할 것이다. 다르게 행동할 수 있든 없든 그가 그 행동을 하도록 만든 것은 그를 그 행동으로 이끌었을 것이다.

프랭크퍼트 사례들의 주된 특징은 누군가 우리를 다른 방식이 아닌 한 가지 특정한 방식으로 행동하도록 개입할 수는 있지만, 우리는 그가 원하는 대로 행동할 것이 분명한 것이 아니라 우리가 원하는 대로 행동한다는 점이다. 우리가 그런 상황에서 다른 식으로 행동할 수 없는 것은 사실이지만, 우리가 자신의 자유의지에 따라 행동했던 것 역시 사실이다. 우리는 다른 대안을 선택할 수 없어도 자신의 욕망과 의지에 따라 행동한다. 우리는 우리에게 주어지는 대안 자체를 통제할 수 없지만, 우리는 어떤 행위를 할 것인지 말 것인지는 통제할 수 있다. 전자를 통상 '규제적 통제(regulative control)', 후자를 '유도된 통제(guidance control)'라고 한다. 규제적 통제가 다르게 할 수 있는 대안이 어떤 것인지를 결정한다면, 유도된 통제는 행위의 동기와 역량은 궁극적으로 행위 자신이라는 점을 강조한다.[62]

미래가 우리의 계획대로 진행되지 않는다는 사실에서 알 수 있는 것처럼, 우리는 결코 이미 주어진 대안 중에서 하나를 선택하지 않는다. 우리가 인과적으로 결정된 관계 속에서도 우리가 원하는 것을 선택하고 실행하는 순간 미래에 이르는 길은 끊임없이 갈라진다. 다른 식으로 행동할 수 있다는 대안 가능성은 미래의 개방성을 말할 뿐이다. 로크가 예를 들고 있는 것처럼 어떤 사람이 잠들었다가 깨어나서 방을 나가려고 생각하다 방 안에 머물기로 결정한 상황을 생각해 보라. 그는

62 John Martin Fischer, "Compatibilism", p.78.

자신의 의지로 선택하여 자발적으로 방 안에 머문다. 그는 단지 방문이 잠겨 있어서 방을 떠날 수 없다는 사실을 모르고 있을 뿐이다. 비록 방을 떠날 힘이 없지만, 그는 방 안에 머물기로 자발적으로 결정한 것이다. 간단히 말해서, 그는 자신이 원하는 것을 의식하고 있다. 우리는 자신이 원하는 것을 알고 자신의 행위를 어느 정도 통제할 수 있을 때, 우리는 자유의지에 따라 행동한다고 할 수 있다. 우리 인간은 완전히 자유롭지도 않고, 전적으로 부자유롭지도 않다. 결정론과 자유의지의 갈등은 우리가 '어느 정도까지' 자유로울 수 있는가의 문제다.

6. 자유의지는 허구인가?

자유의지에 관한 현대의 논쟁은 단순히 자유의지를 발견하고 그것의 실제 존재 여부를 확인하는 것과는 상관이 없다. 자유의지가 하나의 실체로서 실제로 존재하는가는 여전히 우리의 삶과 사회에서 중요한 가치인 자유의 의미를 확인하는 데 별로 도움이 되지 않는다. 우리는 전지전능한 신의 의지를 믿지 않는다. 우리는 운명이나 예정도 믿지 않는다. 우리가 아무리 노력해도 결국 어떤 처지가 될지 정해져 있다는 운명과 예정은 우리를 이끄는 일종의 외부적 힘이다. 우리가 운명의 장난감이라면 운명을 바꾸려는 시도조차 이미 운명의 일부인 까닭에 우리는 아무것도 바꿀 수 없다. 신의 죽음과 함께 모든 것을 자발적으로 시작할 수 있다는 의지도 하나의 허구로 폭로되었다.

오늘날 자연법칙은 신의 의지를 대체한다. 자연을 강제로 움직이게 하는 외부의 힘은 존재하지 않는다. 자연의 물리법칙은 예정과 숙명을 부정한다. 자연법칙은 우리의 현재가 과거에 영향을 받는 것이지, 운명 지워진 미래에 끌려가는 것은 아니라고 말한다. 우리의 현재가 과거의 인과적 결과라는 결정론은 우리의 바람, 신념, 욕망과 결정이 우리의 행동에 아무런 영향을 미치지 않는다고 말하지 않는다. 우리는 과거의 영향을 받지만, 우리의 행위가 미래에의 경로에 영향을 미친다면 우리는 '자유의지'를 말할 수 있다.

우리의 자유의지를 부정하게 만드는 것은 결코 결정론에 대한 확신이 아니다. 우리는 대부분 자연법칙을 과학적으로 신뢰하며, 우리의 결정을 제약하는 많은 요인이 있다는 것을 알고 있다. 우리가 자유의지를 의심하고 부정하는 것은 미래에 대한 확신이 없을 때이다. 우리가 어떤 생각을 하건, 무엇을 바라고 어떤 결정을 하건, 우리가 할 일이 이미 정해져 있다는 일종의 운명에 대한 믿음이 자유의지를 부정하게 만든다. 다시 말해 결정론이 미래로 확장될 때, 그래서 우리가 미래에 이르는 경로를 통제할 수 없을 때, 결정론은 자유의지를 파괴한다.

21세기의 과학과 기술은 자연법칙을 해명하는 데 그치지 않고, 자연법칙을 통해 미래를 변화시키려 한다. 200년 전 프랑스 수학자 피에르 시몽 라플라스는 오늘날 우리에게 매우 익숙한 질문을 던졌다. 인간이 이성과 과학의 힘으로 세상의 모든 자연법칙과 우주 만물의 모든 현상을 알게 된다면 어떤 일이 일어날까? "우리는 우주의 현재 상태를 과거의 결과이자 미래의 원인으로 간주할 수 있을 것이다. 어느 순간 지성이 자연을 움직이는 모든 힘과 자연을 구성하는 모든 요소의 모든 위치를 알 수 있게 된다면, 더구나 이 지성이 모든 데이터를 분석할 정도로 대단히 대단하다면, 우주에서 가장 큰 천체의 움직임과 가장 작은 원자의 움직임을 하나의 공식으로 파악할 것이다. 그런 지성에게 불확실 것은 아무것도 없으며, 과거뿐 아니라 미래도 바로 눈앞에 펼쳐질 것이다."[63] 그렇게 되면 인간은 신처럼 과거에 일어났던 모든 일, 현재 일어나는 모든 일, 미래에 다가올 모든 일을 알 수 있게 된다. 유발 하라리가 말하는 것처럼 인간은 이제 과학과 기술의 힘으로 신이 되려 한다. 호모 데우스(Homo Deus)의 출현은 자유의지의 가장 커다란 위협이다.

라플라스의 악마(Laplace's Devil)가 미래의 완벽한 예측 가능성으로 우리를 유혹한다. 신처럼 앞으로 일어날 일을 전부 안다면, 우리가 하게 될 일도 전부 알게 된다. 미래가 정해져 있다면, 미래를 변화시키기 위해 우리가 할 수 있는 일은 아무것도 없다. 미래를 변화시키기 위해 우리가 할 수 있는 일이 아무것도 없다면, 우리에게 자유의지는 없는 것이다. 『오디세이아』의 세이렌 이야기가 들려주는 것처럼, 미래에 닥칠 위험과 유혹을 미리 아는 것과 유혹을 이겨내는 것은 별개의 문제다. 유혹에 굴복하지 않고 자신을 위해 저항하기 위해 오디세우스는 자신을 스스로 구속한다. 자유의지는 마음대로 하고 싶은 것을 하는 것이 아니라 자신이 가치 있다고 생각하는 것을 위해 외부의 힘에 저항하는 것이다.

그러므로 자유의지의 문제는 우리가 어떤 가치를 선택하고, 어떤 삶을 살고 싶어 하는가의 문제다. 모든 것이 인과적으로 정해져 있다고

---

63 Pierre Simon Laplace, *A Philosophical Essay on Probabilities(1814)* (New York: Dover Publications, 1951), p.4.

생각되는 순간에도 자신의 가치를 실현하기 위해 할 수 있는 일을 찾으면, 우리는 자유의지를 가진다고 말할 수 있다. 자유의지는 결코 무제한적이지 않다. 무에서 유를 창조하는 절대적 자유의지는 존재하지 않는다. 제약 없는 자유는 환상일 뿐이다. 우리가 추구하는 자유는 결정론에도 불구하고 실현할 수 있는 자유, 제한된 조건 속에서 자신의 가치를 실현할 수 있는 자유다. 어떤 삶을 살 것인가에 관한 가치가 없다면 선택은 의미가 없고, 아무런 선택도 할 수 없다면 가치는 의미를 상실한다.

현대 과학이 자유의지는 허구라고 우리를 설득하더라도, 우리는 자유의지와 연관된 삶의 현상을 무시하거나 부정할 수 없다. 첫째, 우리는 일상적으로 도덕적으로 책임이 있는 행위자와 그렇지 않은 사람을 구별한다. 우리는 사람들이 자신과 다른 사람을 어떻게 대하는지에 따라 도덕적 책임을 판단한다. 둘째, 우리는 유혹과 싸워야 하는 상황에서 자신을 통제할 필요가 있을 때 자유의지를 말한다. 담배를 끊거나 폭식을 멈추기 위해 고군분투하는 사람은 종종 자신의 행동을 통제할 수 있는 의지력이 있다고 생각한다. 셋째, 우리는 사랑하는 사람에게서 사랑받고 싶은 것처럼 사람들이 다른 사람을 대하는 방식은 그들의 자유의지라고 믿는다. 자유의지를 전제하지 않는다면, 사회관계의 기반인 상호 기대는 불가능하다. 넷째, 자유의지가 있다는 우리의 믿음을 포기한다면 우리는 세계관을 수정해야 한다. 오늘날 우리가 중시하는 인권, 인간 존엄, 권리와 가치는 대부분 자유의지를 전제한다. 이처럼 자유의지는 도덕적 책임, 의지의 강점과 약점, 상호 기대, 의미와 가치와 같은 특성들과 밀접하게 연관되어 있다.[64]

이러한 삶의 특성들은 결정론이 참이라고 하더라도 부인할 수 없는 인간 조건이다. 자유의지를 그것의 존재 여부와 관련된 순전히 형이상학적 문제로 간주하면, 우리는 이와 관련된 자유의지의 현상들을 제대로 보지 못한다. 자유의지는 단순한 '설명'의 문제가 아니라 우리의 실존을 위한 '실천'의 문제다. 자유의지는 "정치학과 윤리학의 사안이지 과학과 형이상학의 사안이 아니다."[65] 우리의 삶에서 가장 중요한 것은 우리가 무엇을 하고 그 일을 어떻게 하느냐는 실천적인 문제이기 때문이다. 실천의 관점에서 보면 자유의지는 항상 결정론의 도전을 받는다. 그러므로 21세기 결정론의 도전에 과도하게 반응할 필요는 없다. 설령 자유의지가 결정론에 의해 허구로 밝혀지더라도, 우리는 우리의 삶을 위해 이 허구가 필요하기 때문이다. 이런 맥락에서 우리가 처음 제기하였던 '자유는 정말 자유로운가?'라는 질문은 이제 이렇게 바뀌어야 한다. 우리가 고귀하게 생각하는 가치와 신념을 지닌 존재가 되려면, 우리는 자유의지를 '어느 정도' 가져야 하는가?

---

64 McKenna, Michael; Pereboom, Derk. *Free Will*, 같은 책, p.34.

65 줄리언 바지니, 『자유의지』, 같은 책, p.306.

참고문헌

『구약전서』, 창세기, 3:1-13, 『성경전서』, 대한성서공회, 2001.
데이비드 흄, 김혜숙 옮김, 『인간의 이해력에 관한 탐구』, 제8장, 73, 지식을만드는지식, 2012.
르네 데카르트, 이현복 옮김, 『성찰』, IV, 문예출판사, 1997.
성 아우구스티누스, 박문재 옮김, 『고백록』, CH북스, 2016.
________________, 조호연·김종흡 옮김, 『하나님의 도성』, CH북스(2판), 2016.
스티븐 핑커, 김한영 역, 『빈 서판』, 사이언스북스, 2004.
스프로울, R.C., 김태곤 역, 『자유의지 논쟁』, 생명의말씀사, 2015.
아르투어 쇼펜하우어, 홍성광 옮김, 『의지와 표상으로서의 세계』, 을유문화사, 2019.
아리스토텔레스, 강상진 역, 『니코마코스 윤리학』, 도서출판 길, 2013.
아우구스띠누스, 성염 역주, 『자유의지론』, 분도출판사, 1998.
유발 하라리, 조현욱 역, 『사피엔스』, 김영사, 2015.
줄리언 바지니, 서민아 역, 『자유의지. 자유의 가능성 탐구』, 스윙밴드, 2017.
처드 도킨스, 홍영남·이상임 역, 『이기적 유전자』(전면 개정판), 을유문화사, 2010.
칸트, I., 최재희 역, 『순수이성비판』, 박영사, 1990.
칸트, 임마누엘, 백종현 옮김, 『윤리형이상학 정초』, 아카넷, 2005.
토머스 홉스, 진석용 옮김, 『리바이어던 1』, 나남, 2008.
프리드리히 니체, 김정현 옮김, 『선악의 저편』, I, 21, 니체전집 14, 책세상, 2002.
한나 아렌트, 김선욱 옮김, 『예루살렘의 아이히만』, 한길사, 2006.
__________, 홍원표 옮김, 『정신의 삶. 사유와 의지』, 푸른숲, 2019.
호르크하이머, M./Th.W. 아도르노, 김유동·주경식·이상훈 옮김, 『계몽의 변증법』, 문예출판사, 1995.
호르헤 루이스 보르헤스, 황병하 옮김, "끝없이 두 갈래로 갈라지는 길들이 있는 정원", 『픽션들』, 보르헤스 전집 2, 민음사, 1994, pp.145~166.
천병희 옮김, 호메로스, 『오뒷세이아』, XII(개정판) 도서출판 숲, 2015.

Augustine, *On Free Choice of the Will*, translated by Thomas Williams (Indianapolis/Cambridge: Hackett Publishing Company, 1930).

Ayer, A.J. "Freedom and Necessity." In *Philosophical Essays* (New York: St. Martin's Press: 1954), pp.3~20.

Chisholm, Roderick, "Human Freedom and the Self", *The Lindley Leture*, The Department of Philosophy, University of Kansas, 1964.

Clark, Ronald W., *Einstein: The Life and Times* (New York: HarperCollins, 1984).

Dennett, Daniel C., *Freedom evolves* (New York: Viking, 2003).

________________, *Intuition Pumps and Other Tools for Thinking* (New York/London: W.W. Norton & Company, 2013).

Einstein, Albert, *The World as I See It. Einstein's views on Life, Science & Human Nature* (New Delhi: General Press, 2018).

Fischer, John Martin, "Compatibilism", John Martin Fikscher, Robert Kane, Derk Pereboom and Manuel Vargas, *Four Views on Free Will* (Blackwell, 2007), pp.44~84.

Harris, Sam, *Free Will* (New York: Free Press, 2012).

Harry Frankfurt, Harry, "Alternate Possibilities and Moral Responsibility", *Journal of Philosophy*, 66(December 1969), pp.828~39.

Hegel, G.W.F., *Grundlinien der Philosophie des Rechts*, Werke in zwanzig Bänden, Bd. 7 (Frankfurt am Main: Suhrkamp, 1970).

____________, *Vorlesungen über die Philosophie der Geschichte*, Werke in zwanzig Bänden, Bd. 12 (Frankfurt am Main: Suhrkamp, 1970).

Hume, David, An inquiry concerning human understanding(1748) (Indianapolis, Ind.: Bobbs-Merrill, 1977).

Inwagen, Peter van, *An Essay on Free Will* (Oxford: Oxford University Press, 1983).

Kane, Robert, "Libertarianism", in John Martin Fikscher, Robert Kane, Derk Pereboom and Manuel Vargas, *Four Views on Free Will* (Blackwell, 2007), pp.5~43.

Kant, I., *Grundlegung zur Metaphysik der Sitten*, Werke in zehn Bänden, hrsg. von Wilhelm Weischedel, Bd.6 (Darmstadt: Wissenschaftliche Buchgesellschaft, 1983).

Kant, I., *Mutmasslicher Anfang der Menschengeschichte*, Werke in zehn Bänden, hrsg. von Wilhelm Weischedel, Bd.9 (Darmstadt: Wissenschaftliche Buchgesellschaft, 1983).

Kant, Immanuel, *Kritik der reinen Vernunft*. Zweiter Teil, Werke in zehn Bänden, hrsg. von Wilhelm Weischedel, Bd.4 (Darmstadt: Wissenschaftliche Buchgesellschaft, 1983).

Laplace, Pierre Simon, *A Philosophical Essay on Probabilities*(1814) (New York: Dover Publications, 1951).

Libet, Benjamin Libet, "Unconscious cerebral initiative and the role of conscious will in voluntary action", *Behavioral and Brain Sciences*, 8(1985), pp.529~66.

McKenna, Michael and Derk Pereboom, *Free Will. A Contemporary Introduction* (London: Routledge, 2016).

Pink, Thomas, Free Will. A Very Short Introduction (Oxford/New York: Oxford University Press, 2004).

Strawson, Galen, "The Impossibility of Ultimate Moral Responsibility", Derk Pereboom(ed.), *Free Will*, Second Edition (Indianapolis/Cambridge: Hackett, 2009), pp.289~306.

Watson, Gary, "Free action and free will," *Mind* 96, 1987, pp.145~72.

Wittgenstein, Ludwig, *Wittgenstein's Lectures: Cambridge 1932-35* (Oxford: Blackwell, 1979).

{뇌과학에서의 의지}

자유의지, 실재인가 환상인가

정준모(이화여자대학교 뇌인지과학과/생명과학과 교수)

자유의지에 대한 세밀한 개념은 기독교 신앙에서 인격적 유일신의 무소부재 전지전능에 따른 '예정론'과 죄에 대한 '형벌의 당위성' 간의 신학적 갈등 해소로 비롯되었고, 서구 사회가 탈교회화 되면서 윤리적·도덕적 책임감에 대한 사회적 필요성에 의해 계승 발전했다. 중세 이후 철학이 중흥하면서 특히 자연철학의 약진으로 물리법칙이 우주의 '데미우르고스'로 자리 잡으면서, 결정론적 사고의 팽배에 따른 자유의지의 부재로 이어졌고 그 반동으로 자유의지에 대한 논쟁이 시작되었다. 이후 물질계에 대한 과학적 발견이 새로이 등장할 때마다 철학적 세계관이 변화하면서 격론이 이어져 왔다.

심리학·신경과학 같은 정신생물학이 발달하면서, 리벳의 연구를 통해 무의식이 자유의지에 개연될 가능성이 조명되었고 또한 자유의지에 대한 논의의 방향이 '결정론과의 양립가능성'에서 '의식의 효능 여부'로 전환되었다. 따라서 본고 1장에서는 과학 발전에 따른 형이상학적 세계관의 변화와 자유의지 간의 관계를 간략하게나마 분야별로 소개하면서, 그 형이상학적 세계관이 자유의지에 영향을 미치는 절대적 위치에 있지 않음을 강조했다. 이어 2장에서 리벳 연구의 허와 실을 정리한 후, 리벳 연구에 대한 이해에 도움이 되기를 희망하면서 가상의 실험연구모델을 제시했다. 그리고 자유의지와 자아에 대한 일부 신경과학자와 필자의 견해를 소개한 후 뇌에 대한 개인적 추정을 3장에서 정리했다. 마지막으로 4장에서는 자유의지에 대한 단상들을 흔들흔들 비틀거리면서 "자유롭게" 기술했다.
'자유의지는 환상'이라는 일부 서구학자들의 주장이, '환상'이 원래 그들의 용도 의도와는 다를지 모르지만, 금강경 제1 사구게를 호흡하는 "우리" 동양인에게는 한 틈 없이 계합한다. 우리 삶은 화강암과 무지개가 끊임없이 속삭이는 '아름다운' 꿈이다.

1. 자유의지, 신경과학에 둥지 틀다

1) 자유의지, 물리과학과 만나다

'나'는 망상의 집합이다. 붙잡힘 없이 흐르는 생각에 잠겨 있는 내내 '나'는 존재하지 않는다. 그럼에도 '나'는 자기 실존의 확신에서 단 한 걸음도 벗어나지 못한다. 돌이켜 문득문득 자기라는 비개념적 사고를 확인할 뿐이다. '나'는 과연 누구인가, 생각이 깊어지면 찾지 못한다. 그럼에도 '나'의 실존은 바로 확신으로 응답되어진다. '나'라고 드러나는 것은 확연하지만 결코 쉽게 입증할 수 없는 허깨비(幻) 같은 그런 망상이다. 일찍이 데카르트는 회의적 사고만이 유일하게 자기실존을 입증한다고 했다. 그러나 그의 언어체계는 이미 자기 존재를 전제로 하고 있기 때문에,[1] 자기실존 입증이라는 허망한 프레임에서 벗어나지 못한다.

---

1 데카르트의 명언 'je pense, donc je suis'는 불어 어문체계 상 생각하는 주체가 '나'라는 것을 이미 전제한 것이므로, 그의 사고 체계에서는 실존에 대한 어떠한 의심을 하더라도 결코 자기 존재를 부정할 수 없다는 모순이 엿보인다. Cogito ergo sum(생각한다. 고로 존재한다)이라고 표기했지만, 의심하는 '주체'를 결코 지워버리지 않은 것으로 사료된다.

자유의지 또한 확연하지만 결코 그 실재 여부를 객관적으로 단정지울 수 없는 허깨비 같은 관념적 개념이다. 동서양을 막론하고 오래전부터 인간 행위의 자의적 선택 여부에 관해 다양한 견해가 제시되어 왔지만, 문헌상 '자유의지'라는 용어 자체는 서기 2세기 중후반경 처음으로 등장하였고[2] 그 이후 기독교 신학 각종 문헌에서 널리 나타난다. 『신약성서』에 따르면, 하느님의 섭리에 따라 구원 받을 사람이 '예정' 되어 있다.[3] 따라서 기독교에서는 근본적으로 신神에 의한 구원이 '은총의 선물'이지 '인간 스스로의 선택'에 의해 얻어지는 것이 아닌 점이 강조된다. 그럼에도 불구하고, 신학적으로 자유의지라는 용어가 도입되고 급성장한 가장 큰 이유는 "죄罪에 대한 형벌의 당위성" 때문이었다. 즉 악惡한 행동이냐 의義로운 행동이냐를 인간이 자유롭게 선택할 수 있는 것이므로 악행의 최종책임은 신이 아닌 인간에게 있는 것이고, 따라서 악인惡人은 지옥 형벌을 받고 의인義人은 천당이라는 보상을 받는 것이 당연하다는 것이다. 자유의지에 대한 신학적 논쟁은 자유의지가 실재하는지 아닌지가 아니라 교리에 대한 신학적 설명에

---

2 2세기 중후반경 플라톤 철학 및 스토아 철학에 영향 받은 그리스 사상가 티티안(Titian)이 '의지의 자유(the freedom of the will)'라는 표현을 최초로 언급한 것으로 알려져 있다: Michael Frede, A *Free Will: origins of the notion in ancient thought* (University of California Press, 2011), p.102.

3 "하느님께서는 이미 오래전에 택하신 사람들이 …… 하느님께서는 미리 정하신 사람들을 불러 주시고 …… 당신과 올바른 관계를 가진 사람들을 영광스럽게 해 주셨습니다."(공동번역 성서, 로마서 8장 29~30절); "여러분 안에 계셔서 여러분에게 당신의 뜻에 맞는 일을 하고자 하는 마음을 일으켜 주시고 일을 할 힘을 주시는 분은 하느님이십니다."(같은 책, 필립비 2장 13절)

얼마나 도움이 되는가에 초점이 맞추어져 있었다. 전지전능하고 무소부재無所不在한 신은 시공간뿐만 아니라 인과율에서도 자유롭기 때문에, 기독교에서의 예정론은 미래의 모든 것이 이미 결정되어 있음을 함축하면서도 역설적으로 인과에서는 벗어날 수 있는 것으로 '유연하게' 해석된다. 즉 기독교 문화에서는, 미래가 이미 결정되어 있다는 '예정론'이든 선택에 의해 미래가 달리 결정될 수도 있다는 '자유의지'이든 그 논리적 관계나 진위 여부를 떠나 신앙 및 교리를 신학적으로 체계화 하는 과정에서 그 필요에 의해 활용 가능한 좋은 소재였다. 신의 형상을 지닌 피조물 인간이 왜 전지전능한 신으로부터 구원의 은총을 받아야 하는지 그리고 그런 구원조차도 왜 선택적으로 이루어지는지를 이해하고 납득하기 위해서는 바로 '내 탓이요'라는 자유의지 개념이 필수적이다. 이렇듯 기독교 신앙 및 교리의 필요에 의해 서구 기독교 사회에 소개되고 그 안에서 단단하게 자리 잡은 자유의지라는 용어는 그 진위 및 필요성 여부에 대해 철학적으로 그리고 신학적으로도 끝없는 논쟁 속에 오늘에 이르고 있다.

서구문화에서 적어도 르네상스 이전에는 자유의지가 그다지 크게 의문시 되지 않았던 것 같다. 인간에 관련된 모든 것들이 본질적으로 신과의 관계 속에서만 규정 가능한 세월이었으니, 인간이 자의(自意, self-willing)에 따라 결정해서 행동할 수 있다는 자유의지 또한 교리 해설에 필요한 이상 "신앙적 확실성의 문제"였지 결코 "의혹의 대상"이 되지는 못했다. 중세를 지나 르네상스를 거치면서, 신의 시대에서 인간의 시대로 시계추가 옮겨 가면서, 자유의지는 신앙적 자명함에서 철학적 불투명함으로 변신한다. 이런 변화는 우주 만물의 본질이요 지배관리자인 스토아 철학의 로고스가 중세 기독교 문화에서는 유일신 야훼로 그리고 르네상스 이후에는 자연법칙으로 전환되던 것과 결코 무관하지 않았다. 우주 만물의 현상과 운행이 물리적 인과관계로 충분히 설명가능하다는 것이 17세기 뉴턴의 고전역학에 의해 입증되면서 인과적 결정론의 입지가 단단해졌고, 18세기에 이르러 라플라스의 데몬[4]이라는 가상의 지성체가 등장하면서 인과적인 물리적 결정론이 당대 서양 철학계에 적지 않은 영향을 미쳤다. 이렇게 물리적 결정론이 신학적 예정설을 대체하면서, 자유의지에 대한 철학적 공방이 더욱 치열해졌다. 기본적으로 물리적 결정론에서는 자유의지가 머물 자리가 전혀 없다는 견해가 지배적이다. 즉 모든 것이 애초에 결정된 세계에서는 단 하나의 사건만 일어날 것이므로 스스로 자유롭게 선택한다는 것 자체가 가능하지 않다는 것이다.[5]

---

4 프랑스의 수학자이자 천체물리학자였던 피에르 시몽 라플라스(Pierre-Simon Laplace, 1749~1827)는 "확률에 대한 철학 에세이"라는 저술을 통해 다음과 같이 지성체를 소개하면서 '현 상태는 과거의 결과이자 미래의 원인이라는' 인과적 결정론의 우주관을 보여준다: "자연을 움직이는 모든 힘과 자연을 구성하는 모든 아이템의 위치를 어느 순간 다 알고 있는 어떤 지성체가 이런 모든 데이터를 분석할 정도로 어마어마하다면, 만물의 움직임을 단 하나의 공식으로 아우를 것이다. 그런 지성 앞에 모든 것이 확실할 것이니 미래 또한 과거처럼 눈앞에 펼쳐지리라." (https://en.wikipedia.org/wiki/Laplace%27s_demon)
이 지성체는 후일 라플라스의 데몬(Demon) 또는 슈퍼맨(Superman)으로 널리 알려졌다.

5 "이는 역설적으로 '미리 결정된 것이 없는 세계'에서는 행위자 앞에 하나 이상의 사건 과정이 있으므로 자유롭게 자의에 따라 그중 하나를 선택할 수 있다는 것을 가리킨다. 즉 비결정론의 세계에서는 자유의지가 가능하다는 논지로 자유의

일반적으로 고전역학이 결정론의 세계를 지지하는 것에 반해 양자역학은 비결정론의 세계를 지지하는 것으로 알려져 있다. 라플라스의 데몬은 고전역학 이론을 적용해서 설정된 것이었고, 이 세상 만물의 운행은 거시적으로 볼 때 고전물리학 법칙에서 벗어나지 않는다. 따라서 고전역학이 인과적 필연성을 완벽하게 따르는 결정론적 세계를 지지한다는 일반론에 별 이의가 없어 보인다. 그러나 시공간에 대한 구조 및 존재에 대한 뉴턴식 고전역학 해석이 과연 인과적 결정론을 근본적으로 지지하는 지에 대한 의문이 적지 않으며,[6] 노턴의 돔(dome)[7]이나 팽레베의 비충돌특이성[8] 같은 사고실험은 오히려 고전역

지론이라 한다. 자유의지론과 절대적 결정론 모두 '자유의지와 결정론이 공존불가'하다는 점에서 '양립불가론'의 범주에 속한다. 양립불가론에는 결정론이든 비결정론이든 자유의지와 양립 가능하지 않다는 극단적 논지 또한 논리적으로 포함가능하며, 이를 절대양립불가론(hard incompatibilism)이라 한다." (Stockdale B, *On challenges to free will: contemporary debates in the metaphysics and science of free will*, Ph.D. Thesis, Florida State Univ., 2020, p.1.); 흥미롭게도, 자유의지와 결정론이라는 양 극단 사이에 비교적 넓고 다양한 스펙트럼으로 자유의지와 결정론이 '양립가능'하다는 논지가 자리한다. 우리가 달리 행동할 여지가 '별로' 없는 결정론적 틀 내에서도, 자의로 스스로 선택해서 행동할 수 있다는 입장이다. 이와 같은 '양립가능론'에서는 자유의지라는 용어는 자유의지론에 비해 보다 단순하게 그리고 결정론이라는 용어는 절대적 결정론에 비해 보다 유연하게 적용되는 경향을 보인다. (https://plato.stanford.edu/)

6 Earman J, *Aspects of determinism in modern physics:*, Handbook of the Philosophy of Science. Vol. 2, (Elsevier, 2006), pp.1369~1433: Philosophy of Physics, Earman J & Butterfield J (Vol. ed), Gabbay DM, Thagard P, Woods J (Handbook ed).

7 Norton's dome https://en.wikipedia.org/wiki/Norton%27s_dome

학의 비결정성을 잘 보여준다. 이제 더 이상 단순하게 고전물리학이 과학적으로 결정론을 지원한다고 할 수 있겠는가?

양자역학 또한 마찬가지다. 현대물리학의 기반인 양자역학에서는 전자 상태를 파동함수로 서술한다. 코펜하겐 해석에 따르면 이 파동함수는 측정 전에는 여러 상태로 확률적으로 중첩되어 있다가, 측정을 시작하면 중첩이 아닌 단일 상태로 표현된다. 즉 측정 이전에는 통계적 가능성 이외에 어느 한 상태로 있다고 결정할 수 없고, 측정 이전 상태와 측정 후 상태가 1 : 1로 특정 대응하지 않는다. 따라서 이 해석에 따르면 양자역학적으로 바라본 미시세계는 비결정적인 것이라 할 수 있다. 이런 양자역학의 비결정적 세계관 덕분에 자유의지론자는 한숨을 돌린다, '비결정적 세계에서는 자유의지가 가능'하다고. 그런데, 양자역학의 수학적 토대를 이루었던 슈뢰딩거 자신은 미시적인 양자 현상으로는 거시세계 현상인 생명과정을 설명할 수 없다고 하면서 자유의지는 환상에 불과하다고 주장함으로써, 자유의지론에 찬물을 끼얹었다.[9] 이와 같이 양자세계의 비결정론은 거시 세계가 아닌 단지 미시세계용이라는 한계[10]뿐만 아니라, 그 비결정적 속성을 잘

---

8 Painleve non-collision singularities
https://en.wikipedia.org/wiki/Painleve_conjecture

9 Schrodinger E, "Indeteminism and free will", *Nature*, July 4 Issue, (1936) pp.13~14.

10 양자역학의 비결정론적 해석이 항상 미시적 현상에만 국한해서 정확한 것은 아니다. 거시적 현상이 양자 효과에 기초해 발생하는 경우도 적지 않다. 예를 들어, 난수(random number) 생성기는 양자 효과를 증폭하여 실제 사용 가능한 신호를 생성한다.

보여주는 하이젠베르크의 불확정성 원리 또한 자유의지론에 큰 의문을 남긴다. 전자의 위치와 운동량을 동시에 측정할 수 없다는 것은 미시세계의 비결정성과 '우연성'까지 함께 보여준 것으로, 바로 이런 '비목적성 무작위적 우연을 과연 자유의지라고 볼 수 있겠는가'라는 근원적 의문을 던진다. 한 개인의 행동이 오로지 양자역학적 무작위성의 결과라면, 경험에 의해 행해진 어떠한 정신적 과정(의도, 의사결정, 자의 등등)도 행동(확률적 결과물)에 전혀 영향을 미치지 못할 것이다. 이런 의문은 미시적 양자 세계를 넘어 "비결정론과 자유의지" 간의 관계에 심각한 의문을 남겼다.

필요 없이 그저 결정되지 않은 상태로 이루어지는 행동은 인과관계 없이 일어난 것으로 우연히 또는 "운(luck)" 좋게 일어난 것이므로, 자유라는 개념과는 동떨어진 것이다. 일반적으로 양자역학의 비결정론은 곧 자유의지의 존재를 가능하게 한다고 주장하지만, 결정론적 사고가 자유의지와 함께 할 수 없다고 해서 비결정성(무작위적 우연성)이 자유의지의 실재를 입증하는 것은 아니다. 더욱이, 양자역학은 초기부터 그 해석이 참으로 다양했다. 그중 코펜하겐 해석이 당대 물리학자 사이에서 가장 널리 지지를 받았기 때문에, 그들의 해석에 따라 양자역학의 세계가 미시적 비결정성의 세계로 일반에게 소개된 것이었다. 코펜하겐 해석과 달리 양자역학의 세계를 결정론적 세계로 해석한 학설도 적지 않은 편이고,[11] 20세기 중후반 이후부터는 이런

---

11 앙상블 해석(ensemble interpretation), 숨은 변수 이론(local hidden variable theory), 다세계 해석(many-world interpretation) 등등.
https://ko.wikipedia.org/wiki/양자역학의_해석

결정론적 해석을 지지하는 물리학자들이 점점 증가하는 추세를 보이고 있다는 것을 간과해서는 안 된다. 따라서 양자역학이 비결정론의 세계를 지지하는지 결정론의 세계를 지지하는지 그 최종해석은 여전히 미지수로 남아 있다. 설혹 비결정성의 세계로 판명된다고 하더라도 언급한 바와 같이 '비결정적 세계에서는 자유의지가 가능'하다고 결코 단언할 수 없음에 주목해야만 한다. 결론적으로 요약하면, 고전역학이든 양자역학이든 물리학적 발견은 '이 세계가 결정론적인가? 우리에게 자유의지가 있는가?' 같은 형이상학(metaphysics)적 질문에 답을 주지 않는다.

2) 자유의지, 이번에는 생명과학과 만나다

앞서, 일반적으로 알려진 것과 달리, 물리학적 발견이 '자유의지의 존재' 여부에 답을 주지 않는다는 귀결에 다소 실망감을 느낄 수도 있다. 그러나 과학 세계에서는 기본적으로 기존 발견에 대한 도전이 개방적이어서 그 해석이 가변적이다. 그리고 겉보기에 같은 주제라 할지라도, 형이상학적 질문과 과학적 질문은 원론적으로 그 범주 자체가 다르다. 그럼에도 불구하고, 많은 경우 형이상학적 의문에 대한 정답을 과학적 답변에서 찾으려 한다.

물리학자들처럼, 생물학자들도 생명 현상의 "우연성과 필연성"에 대해 논하면서 자의반 타의반 자유의지 논쟁에 참여하게 된다. 생명체에 대한 관찰 기술記述과 의학적 연구는 고대부터 이어져 왔지만, 19세기에 이르러서야 생물학은 단일 학문으로서 정립되었다.[12] 1859년 출간된 다윈의 『종의 기원』은 서구 학계에 큰 파문을 일으켰다.

진화라는 단어에는 이미 점진적으로 발전한다는 의미가 내재되어 있어서, 진화한다고 하면 마치 보다 우월한 상태를 향해 일방으로 (즉 어떤 목표를 향해) 나아가는 것으로 여기기 쉽다. 해서 19세기 서구 학계에서는 생명체를 포함한 세상 만물의 배후에는 고귀한 신의 계획 또는 불변의 물리적 질서가 버티고 있다고 믿고 있었다. 반해, 다윈 진화론의 함축적 메시지는 자연계 내 생명체 진화가 무작위로 우연하게 진행된 것이니 자연계에 보편적인 '목적, 계획, 질서'는 존재하지 않는다는 것이었다. 동시대인들에게 충격 그 자체였다.

일반적으로 다윈 진화론[13] 그러면 '자연선택'과 '적자생존'이 떠오른다. '자연선택'은 해당 환경에 적응을 잘하는 생물이 생존해서 번식하고 그렇지 못한 개체는 결국 도태된다는 것으로, 이는 '적합하니까 살아남았다' 또는 '살아남았으니까 적합하다'로 축약 가능하다. '적자생존' 그러면 '환경에 적합한 것(適者)이 살아남는다(生存)'로 오해 가능하고, 이런 경우 주어진 환경에 적합한 방향으로 유전적 변이가 진행된

---

12 https://ko.wikipedia.org/wiki/생물학의_역사

13 생물학적 진화는 세대에서 세대로 유전 형질이 전달되는 도중에 일어나는 유전자의 변화가 누적된 결과물이다. 오늘날 현대생물학에서는 이런 진화 작용의 메커니즘으로 다윈(Charles Darwin)의 자연선택(natural selection)과 라이트(Sewall Wright)의 유전자부동(genetic drift)을 대표로 꼽는다. 자연선택이란 특정 환경에서 생존에 적합한 형질을 지닌 개체군이 생존에 부적합한 개체군에 비해 생존과 번식을 더 잘한다는 이론으로, 품종개량처럼 인간의 목적이 개연되는 '인공선택'과 달리 개체군의 유전적 도약(오늘날 변이에 해당)에 의해 무작위로 선택된다는 의미에서 다윈이 '자연선택'이라 명명했다.
https://ko.wikipedia.org/wiki/자연선택

것만이 생존할 수 있다는 일종의 합목적성 결정론적 해석이 가능해진다. 언어의 혼란으로 인한 진실 왜곡이다.[14] 다윈 진화론에서는 '살아남았으니까' 적자로 표현한 것이다. 유전적 변이로 인해 무작위로 다양해진 많은 개체 중에서 주어진 환경에 우연히 최적화된 개체가 살아남아 다음 세대로 그 적자의 유전형질이 선택되어 이어지고 이런 유전적 변이가 몇 세대 걸쳐 일어나면서 무작위로 다양해진 것 중 변화된 환경에 최적화된 것이 생존해서 적자로 이어지는 것, 바로 이것이 다윈 진화론의 자연선택이요 적자생존이다. 다윈의 자연선택이론은 1930년대에 이르러 멘델의 유전학과 조합을 이루면서 현대 진화론의 시대가 열린다.

진화론이 생물학계 정설로 자리매김하는 데 제일공신은 두말할 것 없이 유전학이다. 진화론은 비결정론적 요소로 가득한데, 그런 진화론에 날개를 달아준 유전학이 '생물학적 결정론' 탄생의 주역이라는 사실은 참으로 아이러니하다. 1953년 왓슨과 크릭이 이중나선형의 DNA 구조와 그 분자의 정보전달 방식을 밝혀낸 이후, DNA-mRNA-단백질로 이어지는 유전정보 방식을 중심정설(central dogma)로 생물학계가 수용하면서 분자생물학 분야가 크게 발전한다.[15] 글자 그대로 유기체의 생명을 '분자' 수준에서 밝혀내고 해석하게 되었다. 분자유전

---

14 실제로 19세기 서구 사회사상가 중 일부는 적자생존의 개념을 오용해서 정치적으로는 보수주의, 경제적으로는 자유방임주의, 개인주의를 자연의 법칙으로 받아들였고, 당시 서구 사회는 이런 사회진화론을 바탕으로 제국주의, 인종차별(인종적 우월감), 군국주의를 아무런 양심의 가책 없이 시행했다.

15 김은수, 『分子生物學入門-1』, 현대과학신서, 1975.

학 입장에서 보면, DNA라는 분자의 표현형이 바로 단백질로 구성된 생명 유기체이니, 생명이란 결국 중심정설이라는 일련의 '인과관계'에 의해 빚어진 것이고, 유기체의 특성이 분자 수준으로 '환원'되어 설명 가능해졌다고 볼 수 있다. 생명체의 특성은 DNA라는 유전자에 의해서 결정된다. 바로 이렇게 '생물학적 결정론'의 씨앗이 뿌려졌다. 지난 반세기 동안 분자유전학 연구와 그 활용이 활발히 이루어지면서, 유전자 역할이 매우 중요하다는 인식이 일반 대중에게조차 널리 알려졌다. 생물학계 또한, 유전자는 주어진 환경에 따라 그 발현되는 정도가 유의미하게 변화하는 것도 분명하지만, 생명개체의 표현형이 유전자에 의해 발현되어 결정된다는 것에는 전혀 이의가 없었다.

이런 유전학적 결정론을 토대로 '인간 유전체 사업'[16]이 진행되었다. 이 프로젝트를 통해 인간 유전체가 엄청나게 크다는 것 그리고, 놀랍게도, 그중에서도 극히 일부만 단백질 발현에 관여한다는 것이 밝혀졌다. 인체는 대략 10만 종의 단백질로 구성되어 있어서 이에 대응하는 암호로서 DNA 염기쌍은 9천만 개 정도 필요하다. 그런데, 실제로는 30억 개 이상의 DNA 염기쌍을 지니고 있으니, 대략 97% 정도의 DNA는 단백질로 해독되는 유전자가 아니라 유전자 사이사이를 채워주고 있는 일종의 간극 보충재[17]라 볼 수 있다. 이는 DNA 해석이

---

16 Human Genome Project (HGP)는 여러 국제 연구진의 협업을 통해 인간(*Homo sapiens*) 유전체의 전체 염기 서열 및 유전자 지도를 밝혀낸 연구로 1990년 10월 시작해서 2003년 4월 완료되었다. 그 결과 총 유전자 수는 대략 25,000~30,000개인데, 이 중 2% 미만의 유전자만이 단백질 관련 암호 유전자로 밝혀졌다. https://genome.gov/human-genome-project

다중적일 수 있음을 시사한다. 잘 알려진 예로, GTAAGT라는 DNA 염기서열을 들 수 있다. 이 GTAAGT라는 암호정보는 단백질의 주요 성분인 발린(valine; GTA)과 세린(serine; AGT)이라는 아미노산을 가리키는 코드일 수도 있고, 유전자 코드의 사이사이에 간극을 결정하는 인트론으로 작용하기도 한다. 이는 동일한 암호 코드가 맥락에 따라 기능이 달라진다는 것으로, 유전적 결정론에서 벗어난다. 1990년대 이후 후성유전학[18] 연구가 활발히 진행되면서, 유전자에 의해 결정되는 많은 선천적 특성들은 특정한 환경에서만 발현되는 것으로 밝혀졌다. 실제로, 우리 몸의 세포를 들여다보면, 주변 환경과 대화하면서 피드백 신호를 세포핵 내 DNA로 보내서 유전자들을 접합하고 편집하고 메틸화해서 코드 읽는 방식을 변화시킨다. 해서 하나의 모세포로부터 분열해서 동일한 DNA 염기 서열을 지닌 딸세포들이 주변과의 소통을 통해 근육세포로, 신경세포로, 상피세포 등등으로 각기 달리 분화한다. 생명 개체의 표현형은 '선천적으로' 제공된 유전자에 의해

---

17 인트론(intron)이라 하며, 단백질 발현 유전자(엑손, exon) 사이사이에 반복적으로 끼어 있어서 일종의 유전적 휴지부로 작용한다.

18 생물학에서의 후성 유전학(epigenetics)은 'DNA 염기 서열의 변화 없이, 염색체 변화로 인해 유전 가능한 표현형질이 나타나는 연구 분야'로 정의된다. 즉 히스톤 단백질의 변형 및 DNA 메틸화 과정을 통해 크로마틴(chromatin) 구조에 변화를 이끌어 유전자 발현이 조절되도록 영향을 미친다. 대표적인 예로, 발생 시 단 하나의 수정란에서 발생과정을 거쳐 다양한 기능을 지닌 여러 다른 세포로 분화하는 것을 들 수 있다; 발생심리학에서는 유전과 환경 간의 상호작용 결과 빚어지는 심리적 발달을 가리킨다. http://en.wikipedia.org/wiki/Epigenetics#Pseudoscience

기본적으로 지시되지만, 실제 그 유전자가 발현되는 방식과 시기 등은 주변 환경과의 소통을 통해 '후천적으로' 이루어진다. 생물학적(유전학적) 결정론은 분자생물학 출현에 힘입은 바 컸으나, 그 분자생물학이 발전에 발전을 거듭하면서 오히려 DNA의 비결정성이 그리고 생명의 무질서함이 점점 뚜렷해졌다.

분자유전학 기법이 발전하면서, 유전학자들은 돌연변이[19]와 '자연선택'의 관계를 규명하기 위해서 자연선택을 겪는 종種에서 돌연변이 비율을 측정하기 시작했다. 유전자의 돌연변이 발생빈도는 진화의 동인으로 설명하기에 충분했는데, 문제는 충분함을 넘어 지나치게 높았다. 과유불급이랄까? DNA라는 분자 수준에서의 돌연변이 비율이 자연선택 방식으로 예측된 변이율보다 100배나 되었다.[20] 기무라 모토는, DNA 서열의 대다수 구간이 유전정보로 발현되지 않는 인트론, 즉 침묵 구간(비부호화 DNA)이라는 것에 착안해서, DNA 수준에서의 돌연변이 또한 개체에 대해 별 영향을 미치지 않는 침묵적인 '중립'모드일 것이라고 보았다: 즉 돌연변이의 대다수는 개체의 생존과 번식에

---

19 생물체 진화의 원천이 돌연변이 때문이라는 "돌연변이론(mutationism)"은, 다윈 진화론 이전부터 일부 생물학자들이 주장했던 이론으로, 생물체의 형태 변화 및 새로운 종의 출현이 돌연변이에 의해 단번에 일어난다고 주장했다(도약론, saltationism). 반면 다윈은 자연선택에 의해 여러 세대에 걸쳐 서서히 진화가 일어난다는 점진론(gradualism)을 주장했다. 자연선택에 의해 점진적으로 진화가 일어나는데 돌연변이가 필수적이라는 논지가 자리 잡으면서, 도약론은 학계에서 더 이상 정설로 인정받지 못하게 되었다.

20 Kimura Motoo, "Evolutionary rate at the molecular level", *Nature*, Vol. 217, (1968), pp.624~626.

음으로든 양으로든 별 영향을 미치지 않는다. 이런 기무라의 분자진화 중립설에 따르면, 돌연변이라는 주사위에 의해 우연히 발생한 특정 유전 형질이 세대를 거치면서 유전자 드리프트[21]를 통해 무작위로 자식 세대로 유전된다. 현대 진화론은 삶의 근본적 무질서를 적나라하게 드러낸다. 진화는 혼돈의 산물이요 비결정성의 역동적 과정이다. 생물의 세계는 복잡하고 불규칙하고 무질서한 곳이다. 이런 비목적성, 비방향성, 무작위, 혼돈 어디에 의지의 자유가 있다는 말인가? 생물학은, 유전학이든 진화론이든, 일반에게 알려진 것과는 달리 자유의지에 대해 침묵한다.

3) 자유의지, 기어이 뇌와 만나다

고양이나 개 또한 자유의지에 대해 침묵할까? 비록 정도의 차이는 있지만, 동물에게도 기억, 감정, 의도, 소통 능력 등등이 있다는 것을 반려 동물과 함께 지낸 사람들은 알고 있다. 물론 자신들의 필요가 충족되는 한(예: 배고픔 해소), 반려 동물에게 자유의지가 있는지 없는지는 그다지 중요해 보이지 않는다. 사람이라고 과연 예외일까라는 의문이 들지만, 그럼에도 불구하고 분명 우리는 자신의 (외형적) 필요성에 역행하는 빈도가 다른 동물보다는 뚜렷하게 높은 편이다.

---

21 유전자 부동(浮動, genetic drift)으로 국내에는 번역되어 알려져 있으나, 부동이란 용어의 의미 전달이 정확하지 않을 수 있어 여기서는 드리프트로 표기하였음: 생물집단의 생식과정에서 유전자의 무작위 표집으로 나타나는 대립형질의 발현 빈도 변화를 가리킴. 현대진화론에서는 '자연선택'과 '유전자 드리프트'를 진화의 양대 메커니즘으로 보고 있다.

생물학에서는 정신 현상 또한 자연선택에 의한 진화의 산물임을 보여준다. 의지에 역행이든 순행이든 우리의 행위는 신체 내 각 기관 간의 원활한 조율에 의해 이루어지고 신경계가 이런 조율을 담당한다. 이런 신경계는 그물망으로 시작해서 뇌에 이르기까지 오랜 세월에 걸쳐 진화했다.[22] 우리 인간의 뇌는 계통 발생사적으로 파충류의 뇌, 구포유류의 뇌, 그리고 신포유류의 뇌로 나누어지는데,[23] 특히 신표유류 뇌의 특징인 신피질 발달이 200만년이라는 단기간에 쾌속으로 이루어졌다.[24] 물론 지난 4만년 동안에는 뇌의 구조에 별다른 변화가

---

22 진화 단계에서 보면, 방사대칭 강장동물(해파리, 말미잘, 히드라)에서는 그물망 형태의 신경계가 나타나고 좌우대칭 편형동물(플라나리아)에서는 사다리 형태의 신경계가 나타난다. 사다리 형태의 신경계에서는 감각수용기(안점)가 있는 부위에 신경세포가 밀집해서 머리신경절(head ganglion)을 형성하는데, 이런 머리신경절이 환형동물(지렁이)이나 절지동물(메뚜기) 같은 체절동물에서는 더욱 복잡해지고 커질 뿐만 아니라 체절 별로 다수의 신경절이 나타난다. 무척추 동물에서의 머리신경절이 척추동물에서는 더욱 커지고 복잡해져서 뇌로 발달하게 되며 척수 또한 일종의 체절 형태이므로 여러 신경절이 척추를 따라 형성된다. 대략 40억 년 전 최초의 원핵세포에서 20억 년 전 진핵세포가 출현했고, 6억 년 전 화석에서 좌우대칭 구조가 등장한다. 그리고 척추동물은 5.5억 년 정도에, 파충류 조류 원시포유류는 2~3억 년 전 출현한다. 이런 진화 시간표에서 200만년은 길지 않은 기간이다.

23 파충류의 뇌는 생명의 뇌라고도 부르며 균형감각, 호흡, 소화, 혈압, 체온 등을 조절관리(뇌줄기와 소뇌로 구성; 생명유지를 위한 의식, 아뢰야식); 구포유류의 뇌는 감정. 기억, 식욕, 성욕, 동기 등을 담당(뇌의 변연계 해마/편도체/시상하부/시상; 관계 의식, 말라식); 신포유류의 뇌는 영장류의 뇌라고도 하며, 기획, 판단, 이성, 감정 및 충동 조절 등등을 담당(대뇌피질, 특히 신피질; 미래 의식).

24 제프 호킨스, 샌드라 블레이크스리 지음, 이한음 옮김, 『생각하는 뇌 생각하는

없었지만, 신피질에 의해 구축된 인간 문명은 생태환경인 지구의 상태를 지수함수로 변형시키고 있는 중이다. 신피질의 발달이 인격체로서의 인간을, 현재뿐만 아니라 과거와 미래에 대해 숙고하고 분별을 통해 자기 자신에 대해 그리고 타인과의 관계에 대해 숙려하는 인간을 형성한다. 이런 신피질은 언제 '나'에게 주어지는가?

수정 후[25] 대략 8~10주 사이에 대뇌가 발달하기 시작하고, 좌우반구 간 정보 교환을 매개하는 교량은 13주에 형성된다. 그리고 16주 정도 되면 대뇌 주름까지 발달해서 외형적으로는 뇌의 구조가 성숙한 것처럼 보이지만, 16주 된 뇌는 간단한 반사반응 정도만을 보이고 23주 정도는 되어야 통증 반응을 보이면서[26] 뇌사 판정 기준에서 벗어난다. 이쯤 되어야, 비록 포유류의 뇌 정도라 할지라도, 정상적인 뇌로 살아있다고 볼 수 있다. 뇌의 모습을 나름 잘 갖추었다고 해서 정상적인 뇌로 살아있는 것은 아니다. 출생 시 아이의 뇌는 형태적으로 어른의 뇌와 거의 유사하지만, 대뇌피질은 수년 간 복잡하게 성장하고 시냅스(synapse)는 평생 역동적으로 변화한다.[27] 발생 초기, 뇌의 형태 및

기계』, 멘토르, 2010: 프린츠 M 부케티츠 지음, 원석영 옮김, 『자유의지, 그 환상의 진화』, 열음사, 2009, p.118.

25 난자와 정자의 융합으로 하나 된 수정란이 50조 개의 세포로 분할되어 하나의 배아로 되면서 14일 이후 신경체계가 만들어지기 시작하고, 대략 4주 지나면 전뇌 중뇌 후뇌로 발생할 돌출 영역이 형성된다. 그런데, 이런 돌출 영역에서 유의미한 전기적 뇌 신호는 50일이 지나도 일어나지 않는다.

26 Craig KD et al., "Pain in the preterm neonate: behavioral and physiological indices", *Pain* Vol. 52, 1993, pp.267~299.

27 "열 달을 채우고 태어난 아기의 뇌는 부피는 성인 뇌의 25%에 불과하지만

구조는 내재된 유전자 프로그램 위주로 결정되겠지만 정상적인 뇌로서의 구조 변화 및 기능은 주위 환경 및 미래 행위를 이끄는 자체 경험에 의해 크게 영향 받는다.[28] 따라서 의식, 인격을 드러내는 신피질은 태아 발생 초기부터 유전자 프로그램에 의해 형성되지만, 인격체로서의 '나'를 있게 하는 기능은 세월을 두고 나타난다. 최초의 3년! 탄생 후 3년 동안, 환경 및 경험의 영향을 받아, 시냅스 연결이 폭발적으로 증가하면서 해부학적으로 커넥텀[29]이라 불리는 뇌 회로판의 토대가 마련된다. 그리고 이 시기에 아이들은 '세상과 분리된 내가 있다'는

성인과 비슷한 수의 신경세포가 들어 있다. 아이가 만 3세가 될 즈음에 아기의 뇌는 평균적으로 성인 뇌의 80% 정도 크기로 발달한다. 각각의 신경세포들도 부피가 커져 있고, 가지를 뻗으면서 다른 세포들과 광범위하고 정교한 연결을 개시한다. …… 뉴런 사이에 존재하는 간극을 시냅스(synapse)라고 한다." (한나 크리츨로우, 이종수 옮김, 『운명의 과학』, 로크미디어, 2020, p.47)

28 동일한 유전자를 지닌 배아 세포들이 다른 유형의 세포로 분화하는 것과 분화된 세포들이 배아 내 적정 장소로 끼리끼리 이동해서 특정 군집으로 안착하는 것은 세포 내 유전자 프로그램 작동이 세포 외 배아 환경에 따라 다르게 일어난다는 것을 의미한다(후성유전학). 배아 내 환경 또한 일정 부분 수정란 프로그램에 의해 조성되는 것이므로, 뇌의 기본적인 형태는 주로 유전적으로 '결정'된다고 볼 수 있다. 그러나 뇌의 기본적 형태 내에서의 끊임없는 구조적 변화는, 수정란 고유의 유전자 즉 타고난 유전자와는 무관한 외적 환경과 축적된 내적 경험이 유전자 발현을 변조함으로써, 일어나는 것임으로 유전자 프로그램에서 벗어난다. 그리고 바로 이런 끝없이 이어지는 디테일한 구조적 변화와 함께 뇌의 실질적 기능이 작동한다.

29 커넥텀(connectome)은 뇌 속에 있는 신경 세포들의 연결을 종합적으로 표현한 뇌지도로서, 일종의 뇌 회로도라고 생각할 수 있다.
https://ko.wikipedia.org/wiki/커넥톰

'자아'를 형성하기 시작하고, '싫다/좋다'라는 반응과 함께 고집을 부리기 시작하면서 스스로 무엇인가를 하려는 강렬한 의도를 보인다. 부모가 아무리 말려도 무조건 스스로 만져 보고 먹어 보고 뛰어 내리려는 '의지'를 보인다. 자유의지의 속성은 곧 자의적 시도와 주체성이다.[30] 이런 면에서 뇌 내 커넥텀이 자리 잡는 시기에 통상 자유의지라 부르는 현상이 나타나는 것으로 보인다. 그렇다면 신경회로망의 발달과 자유의지 같은 정신 작용의 출현이 궤를 같이한다는 것인가? 그렇다, 뇌 덕분에 갓 태어난 아이는 자기 삶의 궤적을 시작하고, 뇌사와 더불어 개인의 삶이 사라진다. 오늘날 신경생물학자들은 정신 현상을 자연선택에 의한 진화의 결과로 보며 의식, 감정, 기억 같은 정신 과정이 뇌의 특성에 따른다는 것을 의심하지 않는다. 물론 여전히 신학자뿐만 아니라 적지 않은 철학자들이 정신을 뇌와 분리된 독립된 실체로 간주해서 형이상학적 해석만이 가능하다고 보고 있는 것 또한 부인할 수 없지만, 현대 신경과학에서는 뇌의 변화가 바로 마음 변화의 필요충분조건이다.

이쯤에서 잠시 정리를 하면, 중세 이후 서구문화에서 자연철학이 기지개를 켜고 다시 일어서면서 소위 과학이라는 영역이 권위의 정점을 향해 순항하게 된 이유는 아마도 데카르트나 뉴턴 같은 자연철학자

---

30 Hallet M, "Physiology of free will", *Ann. Neurol.* Vol. 80(1), (2016), pp.5~12 내 원문 인용: "There are two aspects of free will: willing and self-agency. The sense of willing is the freely made decision to initiate a movement……. Self-agency is the sense that the person himself is responsible for the movement that just occurred."

가 던지는 신앙적 메시지[31]의 묵직함 때문이 아니었을까 싶다. 그러나 라이프니츠와 스피노자의 물활론[32]이나 라플라스의 천체역학 등이 등장하면서 신앙적 메시지는 그 무게감을 상실한 반면 자연법칙의 확증성은 점점 더 대중의 시선을 사로잡았다. 적지 않은 철학자가 고전역학에서 그들의 세계관에 적절한 품목을 찾아 자신들의 논지에 권위를 더하였다. 그러나 항성 및 행성의 형성과 운행이 천체역학 법칙에 따라 '결정'되므로 예측 가능하다는 과학적 관찰을 토대로 '결정론적 우주에서 자유의지는 불가하다'라고 결론지었던 것은 결코 과학적인 접근이 아니었다. 우주가 결정론적인가 아닌가에 대한 역학적 검증 자체가 아직도 완료된 것이 아니라는 과학적 진실을 별개로 하더라도, '모든 인간에게 자유의지가 있는지 없는지'라는 명제 자체는 고전역학으로 검증 가능한 종합명제가 아니었다. 이는 양자역학적 접근에도 그대로 적용된다. 20세기 들어 생물학이 발전하면서, 물리학에서와 동일한 문제를 그대로 안은 채, 진화론이나 유전학의 세계관을 빌어 자유의지에 대한 논지에 음으로든 양으로든 무게를 더하고자 하였다. 물리학이나 생물학의 세계관과 자유의지의 관계를 추론하는 이런 접근 방식은 더 이상 유효해 보이지 않는다. 엄밀히 말해서,

---

31 데카르트의 영육 이원론은 오직 인간만이 신의 모상을 지닌 근거를 제공함으로써 당시 그리스도 교회의 입장을 충족하였고, 뉴턴은 만유인력과 운동법칙으로 유명하지만 우주의 멋진 질서 이면에는 반드시 신의 권능이 내재되어 있다고 주장하였다.

32 물질에 생명력이 깃들여 있다는 개념으로, 물질이 정신(영혼, 의지, 이성)을 생동하게 한다는 설.

과학은 탐구의 방법이지 세계관이 아니기 때문이다. 게다가 이 세계가 결정론이든 비결정론이든 자유의지의 존재유무를 '결정' 지을 수가 없음이 분명해졌다. **자유의지의 존재 여부를 결정짓기 위해서, 과학 세계관을 찾는 일에 우리의 노력과 시간을 낭비해서는 안 되겠다.**

지난 100여 년간 뇌신경에 대한 과학 및 의학 연구가 폭발적으로 이루어지면서, 정신 현상에 대해서도 실증적 도전이 가능하다는 인식이 팽배해졌다. 자유의지에 대해 실증적 접근이 어떻게 이루어지고 있는 지를 알아보기 전에 몇몇 신경과학자들이 자유의지에 대해 내린 정의를 바탕으로 정리해 보면[33] 다음과 같다: **외적 내적 제약 없이, 자신의 선택에 의해 사고나 행동을 자유롭게 결정하거나 자제하는** 능력을 자유의지라 한다. 과학자들의 자유의지 정의에 대해 다소 불편함을 드러낸 바지니[34] 또한 전통적으로 자유의지는 다음과 같은

---

33 "우리는 어떤 물리적 과정과도 무관한 사고력과 선택권을 지니고 있다." (Montague PR, "Free will", *Current Biology* Vol. 18(14), (2008), pp.R584~585): "어떤 결정과 행동이든 자유롭게 할 수 있다." (프린츠 M. 부케티츠 지음, 원석영 옮김, 「자유의지, 그 환상의 진화」, 열음사, 2013, p.26); "우리는 과거에 자신이 했던 것과 달리 행동할 수도 있었고, 지금 우리가 하고 있는 사고와 행동의 의식적 원천은 바로 우리 자신이다." (샘 해리스 지음, 배현 옮김, 「자유의지는 없다」, 시공사, 2013, p.13): "자유로운 행동과 의사결정 그리고 예측불가능이 자유의지의 속성이다." 〔Hong FT, "Free will: A case study in reconciling phenomenological philosophy with reductionist sciences", *Progress in Biophysics and Molecular Biology*, Vol. 119, (2015), pp.671~727〕: "사고와 행동이 선택에 의해서 이루어졌다는 지각으로 자의적 시도와 주체성으로 이루어진다." 〔Hallet M, "Physiology of free will", *Annals of Neurology*, Vol. 80(1), (2016), pp.5~12〕

34 "자유의지에 관한 논쟁은 최근 몇 년 사이에 철학 지식이 없는 과학자들에

가정 하에 있다고 정리한다.[35]

> 첫째, 자유로운 선택은 과거의 원인에 의해 결정되거나 지나치게 제약을 받아서는 안 된다.
> 둘째, 자유로운 선택은 순전히 의식적 결정의 결과여야 한다.
> 셋째, 자유롭게 선택하기 위해서는 언제나 다른 식으로 할 수 있을 가능성이 존재해야 한다.
> 넷째, 자유롭기 위해서는 자기 모습에 궁극적으로 책임을 져야 한다.

자유의지는 의식(consciousness)과 얽혀 있는데, 의식이라는 것 자체가 아직 명료하지 않은 부분이 적지 않다. 신경과학에서는 일단 의식을 '알아챔(awareness)'으로 간편하게 정의해서 접근한다. 의식은 여러 종류의 다른 나물로 구성된 비빔밥과도 같은데, 각종 나물 하나하나를 가리켜 소위 의식의 특질(quale)이라 한다. 꽃, 따스함, BTS의 페르소나, 사랑 같은 것들이 이에 해당하고, 또 '내가 움직이려 했지'라는 (어떤 행위의) '선택성 의도(intention)'도 포함된다. 의식이란 이런 모든 요소를 알아채는 것이다. 들어간 나물의 종류에 따라서 비빔밥의 풍미는 계속 달라지겠지만, 그 나물 하나하나의 풍미는 비교적 본래

의해 점령당한 채 마구 자라나 가시가 무성한 오해의 덤불이 되어 버렸다" 〔줄리언 바지니 지음, 서민아 옮김, 『자유의지－자유의 가능성 탐구』, 스윙밴드, 2015, p.302〕

35 위의 책, p.124.

상태를 유지한다. 따라서 비빔밥 자체가 아닌, 나물 하나하나의 풍미를 자각(self-awareness)하는 것에 대해서는 실증적 접근이 훨씬 용이할 것이다. '스스로 알아챔', 즉 자각을 의식의 대명사로 간주하면, 자유의지를 '움직이려고 선택한 것을 알아챔'으로 축약 설정함으로써, 자유의지에 대해서도 실증적 접근이 수월해진다. 하여, 자유의지가 행위자의 '의식적' 결정에 의해 이루어지는지에 대한 진위여부가 자유의지에 대한 첫 실증적 도전이 되었다. 리벳의 실험결과가 던진 파장은 의외로 컸다!

4) 리벳, 돌을 던지다

자유의지 개념에 대한 첫 실험 연구결과는 벤저민 리벳에 의해 공표되었다. 이원론자[36]였던 리벳은 자유의지가 행동을 유발한다는 것을 실험적으로 입증하기 위해, 행동에 대한 의도는 뇌전도(EEG)를 통해 그리고 행동 자체는 근전도(EMG)를 통해 측정함으로써 뇌 활성과 근 활성 간의 시간적 관계를 추적하고자 하였다. 피험자의 '주관적'인 의지 결정의 시점을 '객관적'으로 측정하기 위해 특정 타이머[37]를 활용

---

36 부케티츠는 리벳을 이원론자라고 소개하고 있고(프린츠 M. 부케티츠 지음, 원석영 옮김, 『자유의지, 그 환상의 진화』, 열음사, 2013, p.138) 페릭스 홍 또한 공개석상에서 리벳이 이원론자라고 소개되었으나 리벳 자신은 부인한 것으로 기술하였음(Hong FT, *Progress in Biophysics and Molecular Biology*, Vol. 119, 2015, p.701).

37 음극선 오실로스코프에 광점(light spot)이 (시계형의) 원 주위를 2.6초/회전으로 돌고 있는 타이머로 피실험자는 편하게 앉아 무심히 그 타이머를 보고 있다가 손가락을 움직이고 싶은 마음이 생길 때 광점이 타이머 어디에 있었는지를 시험 종료 후 실험자에게 알려주었다. (음극선 오실로스코프를 이용한 이유는

해서 '움직이고자 하는 충동적 의도'가 언제 일어났는지 그리고 '실제 움직임'을 언제 자각했는지를 실험 후 피험자에게 물어 보았다. 그리고 리벳 자신에게도 놀라운 결과를 관찰했다.

리벳의 원 논문에 따르면[38] 피험자들에게 긴장을 푼 상태에서 미리 계획 하지 말고 자발적으로 충동적으로 손가락(또는 손목)을 움직이고 싶을 때 움직이라고 주문했다. 대뇌 운동피질에서 준비전위(RP)[39]를 기록했고 손가락(손목) 움직임은 특정 해당부위 근육에서 기록했다.[40] 또한 피험자가 손가락을 움직이고 싶은 생각이 충동적으로(자발적으로) 일어나는 시점(W)과 실제로 움직임이 일어났다고 알아챈 시간(M)

기술적으로 타이머와 뇌파 측정을 동시에 진행하도록 발화시킬 수 있기 때문: 즉 심전도–타이머–근전도가 동기화되어 작동함).

38 Libet et al., "Rediness potentials preceding unrestricted 'spontaneous' vs. pre-planned voluntary acts". *Electroencephalography and Clinical Neurophysiology,* Vol. 54, (1982), pp.322~335; Libet et al., "Time of unconscious intention to act in relation to onset of cerebral activity", *Brain*, Vol. 106, (1983), pp.623~642; Libet B, "Unconscious cerebral initiative and the role of conscious will in voluntary action", *Behavior and Brain Sciences*, Vol. 8, (1985), pp.529~566.

39 준비전위(BP, Bereitschftspotential; RP, rediness potential): 전운동전위(premotor potential)라고도 불리며 운동피질 및 그 보조 영역의 활성을 측정한 것으로, 이 전위의 네거티브 변화 후 수백 ms 지나 수의(자발적인) 근운동이 일어난다. 이 실험에서 준비전위는 두피에서 측정했고, 머리 정점에서 가장 크게 기록되었다. 준비전위의 크기가 잡음신호 정도로 작기 때문에, 일반적으로 신호/잡음 비율 평균화 작업을 통해 전위기록을 얻는다.

40 심전도 상 준비전위의 변화 개시, 근전도에서의 근육전위 변화 개시, 그리고 W 측정은 피실험자 1인당 평균 40회 이상 측정한 후 그 평균값을 취했다.

을 타이머를 통해 기억하도록 요구하고 실험 종료 후 문의해서 조사했다. 예상대로 EEG의 RP 변화가 EMG 변화보다 0.55초 빠르게 일어났지만, 놀랍게도 W는 RP 변화보다 0.35초 후에 일어났다(도식-1 참고). 손가락을 움직이려고 시도하는 것을 의식한 것보다 0.35초 앞서 뇌신경망이 작동을 했고 0.2초[41] 지나서 손가락이 움직였다. 움직이고자 하는 결정을 의식적으로 내리기 0.35초 전에 뇌는 명백하게 움직임을 지시했다. 우리는 일상적으로 우리의 의식적 명령에 따라 우리가 움직이기 시작한다고 여기고 있지만, 실제로는 행동을 유발하는 무의식 상태의 뇌신경 활성이 의식 상태의 의도에 앞서 일어났다. 우리의 의식적 의지가 아니라 무의식적 뇌 반응이 자발적 운동을 리드한다. 그리고 M이 EMG 변화 시작보다 0.09초 앞서 일어났다는 결과에도 우리는 주목해야만 한다. 이는 움직인 것을 알아챈 것이 실제 움직임보다 먼저 일어났다는 주장이다. 리벳이 던진 돌은 꽤나 묵직했다!

〔도식-1〕 리벳 1983 실험 요약(리벳, 1983)

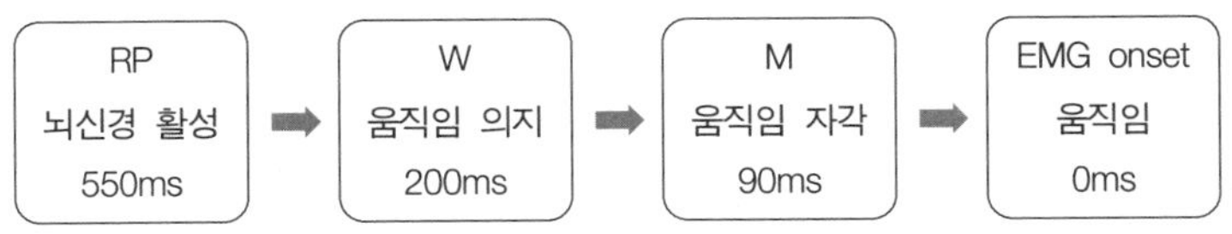

41 위 글은 편의상 리벳의 1983년 논문에서 발표한 데이터 중심으로 작성했다; 리벳은 이후 이 시간을 0.15초로 정정해서 발표했다(Libet, 1985, pp.534~535). 중요한 것은 그 시간(W)의 정확한 값이 아니라 RP보다 후에 일어난다는 사실이다.

2. 명쾌한 데이터, 다양한 해석

1) 리벳의 제안 요약

리벳 연구의 가치는 무엇보다도 주관적인 자기 성찰로만 접근 가능한 일과 객관적으로 측정 가능한 뇌신경 실험연구를 처음으로 성공리에 접목시켰다는 데 있다. 아주 단순한 동작이 개시되는 시점과 그에 선행하는 뇌파 발생 시점 그리고 움직이고 싶은 마음이 일어나는 시점(W)과 움직임을 자각한 시점(M)을 동기화된 구도 속에서 측정하고 그 데이터를 통계적으로 정리함으로써, '객관적'인 신근(nerve-muscle) 측정과 '주관적'인 의도 개입과정 간의 상호관련성에 대해 '정량적'으로 연구한 결과를 보여주었다. 그리고 피험자의 주관적 W 보고의 신뢰성을 평가하기 위해, 피부에 자극을 살짝 느끼기 시작할 정도로 미약한 근사임계값의 자극을 '불규칙'하게 주면서 그 피부자극을 감지한 시간(S) 또한 보고하도록 대조실험을 진행하였다. 대조실험 결과를 토대로 W 값을 보정함으로써, 주관적 관찰 및 보고에 내재되어 있을지도 모를 오류를 최대한 줄이고자 하였다. 이런 세밀한 실험 디자인과 적절한 통계처리 결과 얻은 데이터를 바탕으로 리벳 연구진은 두 가지 가능성을 제안하였다.

> 제안-1) 무의식적 대뇌 프로세스가 (의식에 앞서) 자발적 운동을 개시한다.
>
> 제안-2) 비록 그 자발적 운동 개시에는 의식이 직접 관여하지 않지만, 자발적 운동 프로세스의 최종 결과를 허용하거나 촉발함

으로써 또는 실제 운동 활성화로 진행되는 것을 거부('비토', veto) 함으로써, 의식 프로세스가 그 자발적 운동을 조절하거나 선택하는 데 관여할 가능성을 배제할 수 없다.

리벳의 제안-1)은 대중적으로도 널리 알려져서 대체로 리벳 그러면 '자유의지 불가론'이 떠오른다. 이제 '손가락을 움직여야지' 하고 움직였으니, 내 의도대로 손가락이 움직였다는 것에 누가 틀렸다고 할 것인가? 그런데, '움직여야지'보다 평균 0.35초 앞서 나도 '모르게' 대뇌운동피질이 번쩍거렸다! 평균값이란 말은 곧 거의 항상 내 생각보다 앞서 (손가락을 움직이게 하는) 운동피질이 번쩍인다는 뜻이다. 내 손가락이 움직이기 시작하는 것은 '나'의 의지 때문이 아니라 '무의식' 신경 프로세스 때문이라는 것으로, **내 손가락 움직임의 주체성은 '내'가 아니라 '뇌'에 있다는 것이다.** 오늘날 일부 철학자와 신경과학자들은 '의식현상은 뇌의 생리적 활동에 부수하여 일어나는 것'이라는 부수현상론[42]을 주장할 때 종종 리벳의 결과를 인용한다.[43] 그러나 리벳 자신은

42 "물질과 정신이 각자 알아서 움직이는 심신평행론(parallelism)이나 또는 서로 영향을 미치는 상호작용론(interactionism)과 달리 부수현상론(epiphenomenalism)은 물질이 정신에 일방적으로 영향을 미친다." (김필영, 「5분 뚝딱 철학-생각의 역사」, 스마트북스, 2020, p.48): 부수현상론의 전통적 특징을 요약하면, 1) 인과성의 비대칭 2) 정신세계의 인과성 부정(정신적 사건은 물리적 사건뿐만 아니라 다른 정신적 사건의 원인도 될 수 없음) 3) 신체의 부수현상으로서의 정신을 들 수 있다. 보다 자세한 내용은 다음 논문의 232쪽을 참고할 것. (박삼열, 「스피노자는 부수현상론자인가-부수현상론적 해석에 대한 비판적 고찰」, 『철학연구』, 2008, Vol. 107, pp.229~251.)

본인의 연구결과를 해석함에 있어 매우 신중했다. 손가락을 움직이지 않기로 스스로 결정했던 피험자에서도 그런 의식적 결정 전에 RP가 기록되었고, 리벳은 이를 토대로 조심스럽게 제안-2)를 내놓았다. 자발적 운동의 최종 상태에 영향을 주는 의식적 요인 중 하지 않으려는 '비토'성 의도는 자유의지(free will)에 대응하는 새 버전의 의지(하지 않으려는 자발적 의지: free won't)[44]로 널리 알려졌다. 이 가설적 제언은 의지, 즉 정신현상이 물리적 실체인 신근작용의 최종 상태에 영향을 줄 수 있다는 것으로 부수현상론과는 거리가 멀다는 것에 주목해야 한다.

2) 리벳 연구의 허와 실 - 리벳의 타이머

세심하고도 조심스러운 노력에도 불구하고, 실험과학의 연구결과가 늘 그렇듯이 과학계 동료로부터 엄하게 비평 심사되었고, 특히 이 경우는 주관적 성찰을 바탕으로 데이터를 구축했기 때문에 더욱 격렬

---

43 Lavazza A, "Why cognitive sciences do not prove that free will is an epiphenomenon." *Frontiers in Psychology*, Vol. 10, 2019, pp.1~11: Robinson WS, "Epiphenomenalism", *Wiley Interdiscipplinary Reviews: Cognitive Science*, Vol. 1, 2010, pp.539~547.

44 누군가를 때리고자 하는 의도와 실제로 때린 것은 분명히 다르다. 때리려는 충동이 자의적으로 올라왔지만 실제로 때리는 경우와 그렇지 않은 경우로 그 결과는 나누어질 것이다. 후자의 경우, 첫 의도에 반하는 의도 즉 비토(veto)성 의도가 개연되었을 가능성이 있고, 이런 비토성 의도는 '하지 않으려는 의지 free won't'에 속한다고 간주했다. Free won't 또한 RP가 선행적으로 기록됨. (참고: Obhi SS & Haggard P, "Free will and free won't", *American Scientist*, Vol. 92, 2004, pp.358~365)

한 논쟁을 유발했다. 덧붙여, 특정 조건 하에서 이루어진 리벳 실험결과를 '단순한 손가락 움직임이 아니라 신체 운동 전반'으로 일반화시키려는 시도가 이어지면서,[45] 그 비평과 논쟁의 물결이 과학계를 넘어 여러 학문 분야 및 일반에게까지 일파만파 커졌다. 실험 방법에 대한 신뢰도 문제와 그에 따른 결과 해석의 타당성 여부가 리벳 연구 논쟁의 단골 메뉴였는데, 실제 여러 다른 연구그룹에서 반복적으로 유사한 결과를 보여주었기 때문에 실험 데이터 자체에 대해서는 의문의 여지가 별로 없으나 실험 디자인 및 결과 해석에 대해서는 다양한 비판이 주어졌다. 그중에서도, 내성적 느낌에 따라 '주관적'으로 확인한 시간에 대한 유효성 문제가 비평과 논란의 압권이었다. 타인이 검증할 수 없는, 피험자 자신만이 확인 후 기억해서 알려준 그 주관적 데이터의 객관성과 독립성을 과연 어떻게 보장할 수 있겠는가?

물론 대조실험에서 측정한 S로 W나 M을 보정함으로써 주관성이 빚어낼 오류를 가능한 제거하려고 했지만, 여전히 피험자에 의해 실험조건이 측정할 때마다 달라졌을 가능성을 피하기 어려워 보인다.[46]

---

45 "The present experimental findings provide direct evidence that unconscious processes can and do initiate voluntary action." (Libet, 1985, p.536에서 인용.)

46 개인적으로 이런 주관적 관찰이 개연된 연구결과를 심사하라고 의뢰가 온다면, 데이터의 객관성을 신뢰하기 어렵기 때문에 당연히 심사를 거부했을 것이다. 당시 리벳의 연구결과를 심사했던 동료 심사위원들도 이런 문제에 당면했을 것이고 엄청나게 혹독한 비판을 가했으리라 짐작한다. 그럼에도 불구하고 리벳의 연구결과가 "Brain"이라는 권위 있는 학술지에 게재된 가장 큰 이유는 이 연구결과가 던질 파장의 폭과 미래 연구의 방향성을 선도할 가능성 때문이었으리라고 조심스럽게 추측해 본다.

피험자는 앉아서 무심한 듯 편안하게 타이머를 보고 있다가 어느 순간 손가락을 자발적으로 움직이고 싶은 마음이 들면, 타이머를 확인하고 그 시간(W)을 기억하고 있다가 실험 종료 후 실험자가 물어 보면 알려주어야 한다. 다행히 모니터를 통해 타이머를 보는 시간은 길어 보아야 1초 이내에 불과하지만 수초 후 다가온 실험자에게 기억했던 시간을 알려주고 다시 모니터 앞 타이머를 본다(머리에는 심전도 전극이, 손가락에는 근전도 전극이 치렁치렁 걸려 있는 채). 그리고 이런 일을 40회 이상 반복해야 했다면, 과연 피험자가 타이머를 보는 동안 '손가락을 움직여야지 하는 충동적 의식만 일어났을까' 아니면 '다른 생각도 일어났을까' 염려하지 않을 수 없다. 대조실험을 통해서 주관적 관측보고의 오류를 감쇄시켰고 정말 다행히도 모니터 내 타이머를 보는 시간이 1초 이내로 짧았으니까, 데이터의 유효성에 아주 큰 문제가 없어 보이기는 하지만 '내가 피험자라면 제대로 W를 확인해서 보고할 수 있었을까' 하는 의혹이 사라지지 않는다. 게다가 피험자는 이미 어떤 종류의 실험이 진행될 것인지, 자신의 역할이 무엇인지를 실험 시작 전에 알고 있었다. '모니터 앞에 앉아서 타이머를 편하게 보고 있다가 손가락을 움직이고 싶은 마음이 들면 그 시점이 언제인지(W) 그리고 손가락이 움직이기 시작했다는 생각이 언제 들었는지(M) 기억했다가 실험자 질문에 답을 해야 한다는 것'을 모니터 앞에 앉기 전에 '미리' 알고 있었다. 설문조사 등등을 통해 피험자의 주관적 판단을 근거로 데이터를 얻어야 하는 경우, 연구자들은 통상 이중맹검법[47]을

---

47 맹검법(blind test)은 실험 수행 시 의도적이든 비의도적이든 선입견에 의해 유발될 수 있는 오류를 배제하기 위해 실험이 끝날 때까지 실험자 또는 피험자에

사용해서 피험자와 실험자의 선입견을 배제함으로써 데이터의 객관성을 담보하고자 한다. 리벳의 연구는 이런 기준에서 근본적으로 벗어나 있었다.

그럼에도 불구하고, 통계의 아름다움은 진흙탕 속에서 옥석 가리기에 냉정한 편이니까 리벳의 결과 해석이 옳았다고 보고, 일단 피험자들이 어려운 상황에서도 *W를 제대로 읽었다고 하자*. 그렇다면, 손가락을 움직이려는 나의 충동적 의지가 언제 일어났는지를 기억해서(정신작용) 실험자에게 보고를(물리적 프로세스) 했다는 것은, 곧 정신 작용이 물질 반응과정에 영향을 준 것이다. 그렇다면, 리벳의 제안-1)을 토대로, 정신작용(의지)은 실제 물질 반응과정(움직임)에는 직접적 영향을 주지 못하는 뇌의 부수적 현상이라는 주장과는 결별해도 좋을 것 같다. 사실 리벳은, 제안-2)를 통해, 무의식에 의해 유도된 행위의 최종 상태에 의식이 음으로든 양으로든 개입할 가능성을 제시함으로써 부수현상론과는 어느 정도 거리를 두고 있었다고 추측한다.

만일 피험자들이 *W를 제대로 읽지 못했다면*, 즉 W가 손가락을 움직이려는 의지가 떠오르는 순간을 제대로 측정한 것이 아니었다면, 무의식의 뇌신경활성이 의식적 의도 과정 전에 일어났다는 리벳의 제안-1)은 물거품처럼 사라진다. 기기로 측정한 준비전위와 근육전위 변화에 대한 데이터와 다르게, W는 오로지 피험자가 알려주는 것에 의존하였다. 따라서 피험자의 보고가 얼마나 객관적인지 그리고 정확

게 특정한 정보를 공개하지 않는 것을 가리킨다. 실험자와 피험자 모두에게 맹검이 적용되는 경우 이중맹검법(double blind)이라 하며, 객관성을 담보할 수 있는 최선의 실험 통계방법이다.

한지 근본적으로 의심하지 않을 수 없다. 게다가 W가 손가락을 움직이려는 의도가 출현하는 시점을 정확히 가리키는 것인지 아니면 제대로 보고하려는 과정에 의해 심각하게 영향을 받은 것은 아닌지 판단하기 어렵다.

그런데, 만일 무의식 RP가 손가락 '근육'뿐만 아니라 움직이고자 하는 충동적 '의지' 그리고 '보고체계' 등 모든 요소에 인과적으로 연결되어 있다면, W가 움직이려는 '의식적 의도'만을 정확히 가리키는 것이 아니라 할지라도 연구결과 해석에는 별로 문제가 없어 보인다. 즉 〔도식-2〕에서와 같이, 일단 움직이려는 충동적 의식(움직임 의지; 정신과정), 움직임(물리과정), 움직임 자각(정신과정), 보고(물리과정) 그리고 보고하려는 기억이나 의식(보고의지; 정신과정) 등등 모든 요소들이 분리되어 독립적으로 진행되므로 서로 간에 인과적 관계에서 벗어나 있고, 그 각 과정들은 오로지 뇌신경활성 RP라는 물리적 과정하고만 인과관계를 맺고 있는 상태를 가정해 보자. 이런 경우 W는 의식적 의도를 자각하는 것보다는 그런 자각과 밀접하게 상관관계에 있는 명시적 반응 즉 보고 반응을 하려는 의도의 출현 시점을 가리킨다. 흥미롭게도, 이런 병렬 모델[48]에서는 (RP라는) 물리적 과정은 정신적

48 할레트는 운동개시와 운동하려는 지각은 분리되어 작동한다고 일종의 병렬론을 제안했다. 그리고 운동 자체는 무의식 상태에서 먼저 일어나고 운동하고자 하는 의식은 후에 일어나지만, 의식의 내성적 특성(일종의 환상?) 때문에 운동 행위자는 그 시간적 선후를 정확히 알기 어렵다고 주장한다. 할레트는 이런 논지를 근거로 "자유의지는 운동의 추진력(driving force)으로 작용하는 것이 아니라 운동성을 지각(perception)한 것"이라는 지각설을 제안한다. 할레트의 병렬 모델은 다음 논문 그림 7을 참고. 〔Hallet M, "Volitional control of movement:

과정이나 물리적 과정의 원인으로 작용하지만 정신적 과정(의식)은 물리적 과정(움직임과 보고)에 원인으로도 작용하지 않으므로, 부수현상론의 인과성 비대칭에 잘 들어맞는다. "의식적 의지는 무의식의 뇌신경 활성에 부수되어 나타나는 현상일 뿐이다"라는 부수현상론자들의 주장이 다시 떠오른다. 그런데, 여기서 부수현상론 방식의 접근은 또다시 실증가능성 여부라는 문제에 봉착한다. 움직임에 대한 의도 자각(움직임 자각, 도식-2)과 보고하려는 자각(보고 의지)이 서로 독립적이라는 것을, 피험자의 '보고 행위' 없이 어떻게 실험적으로 입증하겠는가?

〔도식-2〕 **병렬연결 모식도**

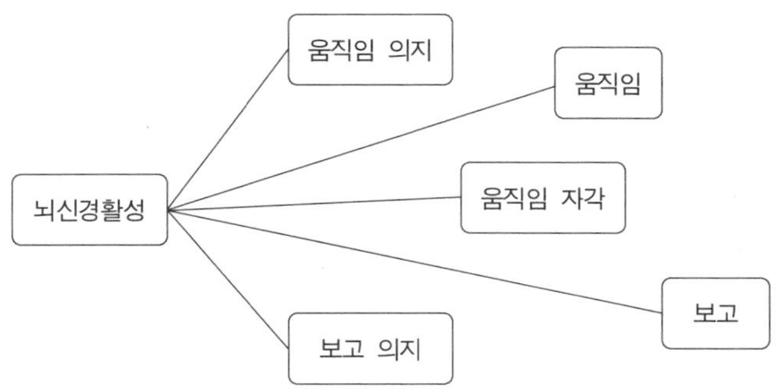

실험적으로 입증하기 참으로 난감하다는 생각이 드니, 엉뚱한 상념이 잠시 머문다. 의식은 3자(third person) 관점에서는 부수현상으로

the physiology of free will", *Clinical Neurophysiology*, Vol. 118(6), (2007), pp.1179~1192〕.

관찰 가능할지 몰라도, 1인칭(first person) 관점에서는 결코 부수적일 수 없다는 역설이 떠오른다. 이런 주관적인 문제는 과학연구의 대상이 아니므로 제외하면 쉽게 해결되는 것이 아닐까 싶은데, 오늘날 신경과학자들은 쉬운 길을 두고 험난한 길로 접어들었다. 21세기에는 '주관성'의 문제가 신경과학적으로 해결될 것이라고 희망하면서: 당신과 내가 함께 바라보고 있는 저 장미꽃의 빨간색이 과연 당신이 보는 빨간색과 같은 것일까? 피험자의 '보고' 없이 주관적 관찰 실험을 하기는 불가능해 보이지만, 피험자의 보고 방식에서 가능한 한 객관적 판단을 내리도록 실험을 디자인 하는 일은 가능하다. 런던대학교 심리학자 해가드와 매그노는 고-신호(go signal)를 사용해 피험자 보고 반응의 주관적 편향성을 최소화하였다.[49]

(1) 피험자는 컴퓨터 모니터 내 리벳 형 타이머(시계바늘 길이, 1.2cm; 회전속도, 2.56초/회, 5분 간격 눈금)를 편하게 보고 있다가, 마우스 왼쪽 버튼을 클릭하면 시계바늘이 회전하기 시작한다.
(2) 피험자가 예측할 수 없도록 무작위로 2.56초에서 8초 정도 지난 후, 고음(0.2초)을 확성기로 들려준다(일종의 시작을 알리는 경고음).
(3) 경고음 후 0.9초 지나서 저음(0.3초)을 들려준다.
(4) 저음을 듣는 즉시 가능한 한 빠르게 피험자는 마우스 오른쪽

49 Haggard P & Magno E, "Localising awareness of action with transcranial magnetic stimulaion", *Experimental Brain Research*, Vol. 127, (1999), pp.102~107.

버튼을 클릭해야 한다. 이 저음이 바로 고-신호이다. (주의: 피험자는 이 고-신호를 예측해서는 안 된다. 경고음 이후 저음이 주어지지 않았는데도 반응을 보이면 즉각 주의를 받는다.)

(5) 마우스 버튼을 누른 후에도, 즉 고-신호에 반응한 후에도 수초 동안 무작위 시간으로 타이머는 작동하고 멈춘다.

(6) 더 이상 타이머가 작동하지 않으면, 피험자는 마우스 버튼을 눌렀을 때 시계 바늘의 위치를 육성으로 보고한다.

이 실험에서 피험자가 고-신호를 듣고 마우스 버튼을 눌렀다고 판단한 시간(J: W에 유사)은 피험자의 육성 보고 시간을 고-신호로부터의 대기시간으로 전환해서 환산했고, 실제 물리적 반응 시간(R: EMG onset에 해당)으로는 마우스 버튼을 누른 시간보다는 EMG로 측정된 시간을 데이터 분석에 사용했다. 이와 같이 고-신호 같은 청각적 자극을 사용해 피험자의 의도나 주관적 관찰(예: 시계바늘 위치 확인)에 대한 정량적 기준을 설정함으로써, 주관적 보고 결과의 신뢰도를 높였다. 그리고 경두개 자기자극(TMS, transcranial megnetic stimulation) 기법을 이용해서 대뇌 해당영역의 활성을 일시적으로 제어하면 R 또는 J가 지연되는 정도가 뚜렷하게 달라짐을 관찰함으로써, 고-신호 방법의 신뢰도를 한층 더 증가시켰다. 즉 대뇌 1차 운동피질(M1, primary motor cortex)에 TMS를 가하면 J에 비해 R이 훨씬 더 많이 지연되는 반면, 전운동영역(PMA, premotor area)에 TMS를 가하면 J가 훨씬 더 지연되었다. 이상의 결과를 근거로, 해가드와 매그노(1999)는 움직임을 자각하는 곳이 운동피질보다는 (대뇌피질

정보 흐름 상) 상위단계에서 이루어진다고 결론짓는다.

그러나 조금 다른 각도에서 보면, 움직임을 자각하는 것은 주로 대뇌 PMA에서 그리고 실제 움직임이 일어나는 것은 M1에서 일어나는 것으로도 볼 수 있다. 즉 병렬모델을 지지하는 데이터로도 간주할 수 있다. 물론 TMS로 M1을 제어하면 J도 적지만 일부 지연되고 PMS를 제어하면 R도 일부 제어되는 것으로 보아서, 두 프로세스가 서로 간에 완벽하게 독립적인 병렬관계로만 되어 있는 것이 아니라 부분적으로 일부 영향을 서로 주고 있는 것이 아닐까 추측해 본다. 앞서 언급한 병렬모델은 소위 부수현상론에 잘 들어맞는 편이지만, 실험과학 데이터의 해석은 오로지 데이터 자체의 해석에만 집중하지 철학적 논변은 고려하지 않는다.

요약하면, "리벳 타이머" 실험으로 측정한 값의 유효성과 보고방식에 대한 비판이 리벳 연구 비판의 으뜸이다. 그러나 W 측정치 자체에 대한 정확도는 리벳의 제안에 큰 영향을 주지는 못한다. 정확히 측정된 경우, "자유의지는 뇌신경의 부수현상"이라고 보는 부수현상론과 맞지 않을 뿐이지 리벳 결과에 전혀 문제가 없는 것이고; 부정확하더라도, 리벳의 연구결과를 기존의 순차적 틀에서 병렬모델로 재해석이 가능하고 이런 재해석이 리벳 결과에 어긋나지 않는다. 물론 원론적으로, 주관성 연구의 특성 상 피험자의 보고 방식을 택하지 않을 수 없기 때문에 1인칭 관점과 3인칭 관점이 혼재됨을 피하기 어려우나, 고-신호나 TMS 제어 같은 개량된 실험기법을 사용해서 데이터 수집을 객관화 하거나 의식적 현상에 대응하는 신경영역을 발견하고 있다. 개인적으로, '리셋 타이머' 문제보다는 "통계적 취약성"이 리벳 연구의 최대 허점이라 판단하고 있다. RP 같은 측정 데이터의 경우, 표본 동질성이 매우 취약해서 통계적 수치가 정말 유의미한 것인지 의문스럽고; 실험 디자인의 경우, 무작위대조군 이중맹검법이 사용되지 않아서 연구 자체에 대해 통계적 유효성이 거의 없어 보인다. 이런 난제는 향후 연구에서 반드시 해결되어야 할 중요한 사항이다. 그래도 지난 38년간 리벳 연구결과가 여러 다른 그룹에서 동일한 방법이나 다른 방법으로 꾸준히 반복적으로 관찰되었으므로, 리벳 연구 디자인의 통계적 취약성에도 불구하고, 리벳 연구결과의 기본적인 데이터에는 문제가 없다고 판단한다.

대표적인 예를 들면, 리벳 연구결과는 EEG뿐만 아니라 기능적 뇌자기공명영상(fMRI, functional magnetic resonance imaging)과 심도전극(depth electrode) 상에서도 유사하게 관찰되었다. fMRI 실험에서는, 모니터에 무작위로 알파벳 글자가 하나씩 나타났다 사라지고, 피험자는 양손 검지를 각각 2개의 버튼에 올려놓은 채 편하게 모니터를 보고 있다; 모니터화면을 무심히 보고 있다가 원할 때 검지로 마우스 2개의 버튼 중에서 하나를 자유롭게 선택해서 누르고, 동시에 그 버튼을 누르고자 하는 충동이 있었을 때 화면에 나타났던 글자를 기억한다. 이제 화면에 피험자가 눌렀던 글자를 포함해서 4개의 글자가 나타나고, 피험자는 기억했던 글자를 찾아서 버튼을 누른다. 일정 시간 지난 후, 이런 과정을 반복한다. 이 fMRI 실험 결과에 따르면, 피험자들이 버튼을 누르기 평균 7~10초 전 전두엽과 두정엽의 두 특정 영역에서 뇌가 활성화되는 데 반해 버튼 누르기 0.5초 전에 누르고 싶은 충동을 자각했다.[50] 심도전극실험[51]에서는 피험자는 손가락 하나를 키보드에 놓고 타이머를 보고 있다가 누르고 싶은 마음이 생기면 키보드를 누르고, 즉시 타이머 다이얼을 원래 있던 자리로(누르고 싶은 충동이 일어났을 때 다이얼 위치) 돌려놓았다. 충동을 자각하기 1.5초 전, 대뇌피질 보조운동영역(SMA, supplementary motor area)이 활성화되었다. 심지어 SMA 신경세포 256개 정도의 집단 활성도만 알아도 충동 자각 0.7초 전에 곧 키보드 누를 것이라는 것을 80% 정확도로 예측했다. 이 모든 결과는 "하고자 하는 의도를 자각하기도 전에, 뇌의 특정 신경 메커니즘에 의해 우리의 행동은 시작"한다는 것을 보여주는 것으로 리벳 연구의 제안-1)을 지지하고 있다.

리벳은 RP가 일단 시작되고 난 후에도 '비토'함으로써 움직임을 억제할 수 있다고 했는데(제안-2), 그 비토 반응을 담당하는 뇌 영역이 실제로 있는 것인지 또는 비토하기에 적정한 타이밍이 있는 것인지에 대해서 전혀 알려진 바가 없었다. 21세기가 시작할 때까지, 외부자극에 대한 제어반응은 주로 전두엽에서 일어난다는 것이 알려졌지만 내인적 결정에 의해 제어하는 반응이 어디에서 일어나는지 알려져 있지 않았다. '의도적 행위가 빚어지는 곳'으로 잘 알려진 대상운동영역(CMA,

---

50 Soon et al., "Unconscious determinants of free decisions in the human brain", *Nature Neuroscience*, Vol. 11, (2008), pp.543~545: "자유에 대한 주관적 경험은 단지 환상일 뿐이며, 우리의 행동은 하려는 의도를 자각하기 오래전에 무의식 정신과정에 의해 개시된다." (p.543)

51 Fried et al., "Internally generated preactivation of single neurons in human medial frontal cortex predicts volition", *Neuron*, Vol. 69, (2011), pp.548~562. 뇌전증 연구와 치료를 위해 뇌의 특정 부위(SMA)에 이식된 전극으로 리벳 실험을 일부 개선해서 진행함.

cingulate motor area)이나 SMA 부위와는 뚜렷하게 다른 곳이 의도적 행위 억제 시 활성 되었다[52]: CMA보다는 등쪽 부위 그리고 SMA보다는 전측부(등측전중피질, dFMC; dorsal fronto-median cortex). 이 실험에서 피험자는 리벳 유형의 실험을 했는데, 자유롭게 선택해서 진행하는 가운데 일부 실험에서는 마지막에 의도반응을 취소해 보도록 주문했다. 모든 뇌 기록은 fMRI를 사용해서 얻었고, 주관적 타이머 시간은 피험자 보고를 통해 얻었다. 이 실험에서는 피험자들이 의도적으로 제어했을 때와 의도적으로 수행했을 때를 비교하는 데 주안점을 두었다. 리벳은 비토 반응을 담당하는 뇌 영역을 찾지 못했기 때문에, 제안-2)에서 정신과 물질 간의 인과성을 조심스레 언급했었다(억제 의식에 의한 움직임 제어). 그러나 dfMC 영역이 비토 반응을 선행적으로 유도하는 것으로 보아서, 억제 행위 역시 무의식적으로 개시한다고 연구진은 제안한다. 실험에 사용했던 fMRI의 시간분해능 한계 때문에, 비복귀 시간(비토하려고 의도해도 비토가 불가능한 시간)은 측정할 수 없었다. 이런 비복귀 시간은 2016년 피험자와 두뇌-컴퓨터 인터페이스와의 게임을 통해 RP 측정과 스톱-신호 송출을 실시간으로 측정함으로써 0.2초로 밝혀졌다. 즉 움직임 시작 0.2초 전까지는 비토 의지를 드러내야 제어가 완료되고, 만일 이 시간대를 넘어가면 비토 의지로는 움직임 억제반응이 일어나지 못했다.[53]

---

52 Brass M & Haggard P, "To do or not to do: the neural signature of self-control", *The Journal of Neuroscience*, Vol.27(34). (2007), 9141~9145.

53 Schultze-Kraft M et al., "The point of no return in vetoing self-initiated movements', *The Proceedings of National Academy of Sciences U.S.A.*, Vol.

이와 같이 자연과학 연구는 장군-멍군 하면서 오류를 줄여가는 경합의 장이다. 리벳의 타이머는 마치 시간의 선형적 흐름이 객관적 진실인 것처럼[54] '착각-착각' 2.6~3초/회의 속도로 오늘도 지구 상 어느 실험실에서 돌고 있다.

3) 리벳 연구의 허와 실 - 원위의도

리벳의 연구결과에 대한 또 다른 비평은 "실험실에서 손가락 클릭 정도하는 그것도 반복적으로 실시하는 미세운동은 자유의지와 무관한 것이고, 오히려 처음 실험에 참여하겠다는 의식적 의사 결정이 자유의지"라는 것이다.[55] 즉 손가락의 미세운동을 지시하는 근위의도(proximal intention)보다는 그 실험에 참여하겠다고 의사를 처음 밝힌 원위의도(distal intention)가 보다 뚜렷한 의식적 의도인데 리벳은 이런 점을 간과했다는 비판이었다. 자연과학은 비판을 먹고 성장한다.

이런 문제를 해결하기 위해, 리벳 유형의 실험에 원위의도 시점까지 포함해서 조사하였다.[56] 피험자는 실제 손가락을 움직이겠다는 의사

113, (2016), 1080~1085.

54 시간에 대한 인간의 직관은 오류투성이다. 과거는 미래와 다르고 원인은 늘 결과에 선행한다고 생각한다. 서양 철학 및 과학에서 이야기하는 인과과정이란 것도 이런 시간의 흐름을 바탕으로 이루어진다. 시간은 화살같이 한 방향으로 흐른다고들 한다. 그런데 그런 일방적 흐름이 과연 진실일까? 이번 논고에서는 편의상 시간에 관한 직관적 오류는 고려하지 않았다.

55 Mele AR, "Free: why science hasn't proved fre will", (Oxford University Press, 2014), p.20.

56 Vinding MC et al., "Distinct electrophysiological potentials for intention in

결정을 하고 2.5초(리벳 타이머, 2.55초/회) 지난 후 실제 손가락 움직이는 실험에 돌입했다. 이 경우 역시 RP 유형의 신호가 원위의도보다 앞서 생성했는데, 이 신호는 외부자극이 아닌 피험자의 의도에 의해서만 나타났고 기존 RP보다는 조금 더 대뇌피질 앞 부위에서 최대치를 보였다. 흥미롭게도 그 의식적인 원위의도에 의해서 손가락 반응시간이 영향을 받았다는 것으로, 정신현상이 물리과정에 영향을 줄 수도 있다는 데이터가 아닐까 추정한다. 어쨌건 이 연구결과는 원위의도 또한 근위의도와 마찬가지로 뇌의 활성반응 이후 나타난다는 것을 보여준다.

4) 리벳 연구에 대한 가설적 제언

우리 인간의 모든 행위에 대한 정보 흐름 과정은 해부학적 뇌-신경계 연결을 따라 진행된다. 오감을 통해서 들어온 감각 정보는 각 감각 양상(시각, 청각, 후각, 미각, 촉각) 간에는 병렬로 그리고 각 양상 내에서는 위계적 순차(sequential) 방식으로 말단에서 중앙부로 결국은 뇌의 특정 부위로 수렴과 분산 과정을 거쳐 전달된다. 양상 내 직렬방식도 큰 줄기에서 순차 모드이지 한 걸음만 들어가 보면 자체 내 병렬모드로 음으로든 양으로든 영향을 주면서 자극의 질과 양을 최적의 상태로 구성해 뇌로 전한다. 이런 각 정보는 뇌에서 다시 병렬-순차 구도를 거쳐 통합되고 이런 정보를 바탕으로 감각의 총체를 인지하고 이에 따른 반응을 결정해서 다시 그 역의 과정을 거쳐 최종

---

action and prior intention for action.", *Cortex*, Vol. 50, (2014), pp.86~99.

출력 행위로 입력에 대한 답변을 마감한다. 반응 결정 시, 기억이나 정서 같은 정신현상이 의식적이든 무의식적이든 영향을 미친다. 답변 후 그 답변에 대한 정보를 각 감각기관이 받아서 다시 전 과정을 일사불란하게 진행한다. 이런 끝없는 과정, 어디가 시작이고 끝이라고 할 수 없는 순환의 여정은 해부학적 뇌-신경계 연결을 따라 일어난다. 뇌-신경계 연결은 마치 한 국가의 도로망처럼 또는 전산망처럼 병렬과 순차 그리고 교차에 의해서 얽혀 있으며, 편의상 입출력 영역을 하위로 그리고 통합영역을 상위라 부를 뿐이다. 이런 해부학적 뇌-신경 연결이 그 기능을 완전히 상실하면 물리적 행위뿐만 아니라 소위 정신이라 불리는 현상조차 사라진다. 이것이 나의 뇌가 바라보는 진실이다.

〔도식-3〕 작업 기억의 뇌정보 흐름

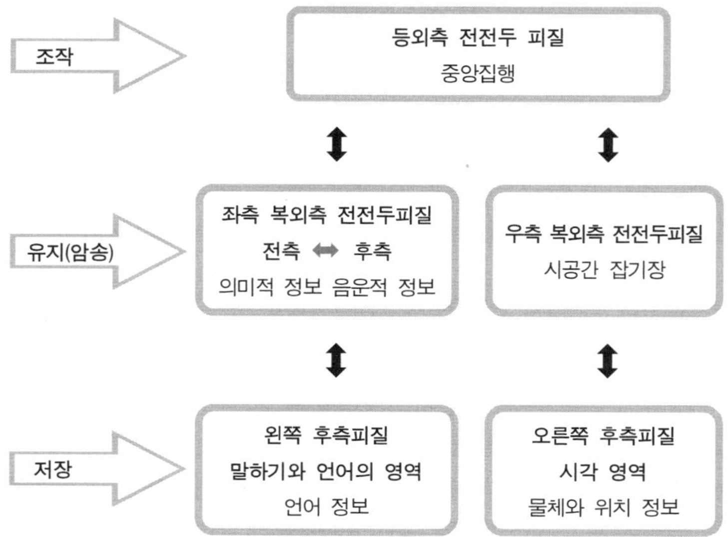

그렇다, 자유의지에 대해서는 아직 정확한 뇌-신경계 모습이 구축되어 있지 못하지만, 인지나 정서 같은 정신 현상 중 일부에 대해서는 그 모습이 어느 정도 드러나 있고 예외 없이 병렬형 분산 프로세스(parallel distributed processing)와 집중형 통합 프로세스(central integrative processing)로 이루어져 있다. 〔도식-3〕[57]을 보면, 작업 기억[58]이 일어나는 뇌 내 흐름은 좌측 뇌 측두엽 후반부에서 받은 언어정보가 배(복)외측 전전두피질(VL-PFC, ventrolateral prefrontal cortex)로 전달되고 이곳에서 일종의 음운 암송 루프[59]를 통해 언어정보를 일시적이나

---

57 〔도식-3〕은 학습과 기억 번역본 3판, 그림 9.16의 틀린 부분을 수정하여 재구성하였음: 그럭(Gluck) 외 지음, 최준식 외 옮김, 『학습과 기억, 뇌에서 행동까지』, 시그마 프레스, 2019(3판), p.442.

58 작업기억(working memory)은 '마음속에서 생각하는 것을 도우며 다음에 어떤 일을 수행할 것인지 결정하기 위해 짧은 시간 동안 유지되는 '단기 기억'으로, 마음속 칠판'이라고 볼 수 있다. 능동적인 의식 내용물로 접근이 쉽고 빠르지만 그 용량이 제한적이고 빠르게 지워진다(망각). '매직 넘버 7'이라고도 하는데(용량 제한), 보통 7개 정도 길이 숫자는(예, 전화번호 등등) 단기간 쉽게 기억하지만 그 이상 되면 기억하기 어렵다(보통 5~9개 정도가 기억 가능). 보통 암송을 통해 일정 기간 유지하는데, 주의를 빼앗기거나 암송을 방해 받으면 대부분 잊어버리게 된다. 전화번호를 (국번호 2~3자리)(3자리+4자리)의 3·3·4 덩어리로 구성하는 것이 우연이 아님을 "기억"하기 바람.

59 음운루프는, 방금 들은 전화번호를 유지 기억하려고 반복적으로 암송하는 것처럼, 청각 기억을 유지하기 위해 소리 없이 안으로 반복해서 언어 암송하는 것을 가리킨다. 그리고 청각 정보의 내용에 따라 배외측 전전두피질의 앞이나 뒤로 전달된다. '선우호동'이라는 새 친구의 이름은 연예인 강호동을 연상해서 쉽게 기억할 수 있으므로 전측으로 보내고, '깐따나 모리비따'처럼 낯설고 복잡한 새 친구의 이름은 후측으로 보내서 음운적으로 반복 암송한다. 물론 선우호동이

마 유지한다. 시각적이고 공간적인 이미지 정보는 우측 뇌 후두엽 시각영역에서 VL-PFC로 전달되어 그 이미지가 유지된다. 그리고 등외측 전전두피질(DL-PFC, dorsolateral PFC)은 두 다른 저장고 두 곳을 모두 처리하고 감시함으로써 작업기억의 '인지적 통제'를 담당하는 중앙집행부로 작용한다. 이와 같이 청각적 정보와 시각적 정보는 병렬형으로 각기 다른 저장고로 저장되고, 이런 각 정보는 DL-PFC[60] 같은 중앙집행부에서 통합되어 장기기억 정보와 교류하게 된다.

병렬형 분산 과정에 통합 문제가 발생하는 경우 다중인격(multiple personalities)이나 반구무시증후군(hemispheric neglect syndrome) 같은 이상 증상이 주로 일어나지만, 교량 부위가 절단된 뇌분할 환자는 좌우 뇌 사이의 통합 문제를 심각하게 겪는다. 마치 서로 다른 두 자아가 있는 것처럼 행동한다. 오른손으로는 단추를 잠그는데 왼손으로는 단추를 풀고, 한 손은 책장을 넘기는데 다른 손은 책을 덮으려 하는 것 등등. 심지어는 오른편이 아는 것을 왼편이 모르거나 또는 그 반대이기도 하고, 모르는 쪽에서는 아는 척 꾸며서 이야기하기도 한다. 일반적으로[61] 좌반구는 분석적이고 논리적이며 셈법이 정확하고

든 깐따나든 음은적 정보와 의미적 정보를 서로 주고받으면서 음운 루프로 작용 가능하다.

60 오른쪽 등외측 전전두피질은 모든 감시활동에서 주도적인 역할을 하는 반면, 왼쪽 등외측 전전두피질은 언어적 대상에 대해 전문화 되어 있다. [Petrides M et. al., "Dissociation of human mid-dorsolateral from posterior dorsolateral frontal cortex in memory processing", *Proceedings of the National Academy of Sciences U.S.A.*, Vol. 90(3), (1993), pp.873~877].

61 Kandel E et al., Principles of Neural Science, (McGraw Hill, 5th ed., 2012).

언어구사를 담당하는 것으로 알려져 있고, 우반구는 뭉뚱그려 보듯 전체적(holistic)이고 직관적이며 어림셈과 언어에 색을 입히는 것으로 알려져 있다. 좌측 뇌에 비해 우측 뇌는 여러 면에서 몽환적이며 엉뚱해서,[62] 마치 프로이드나 융의 무의식이 우측 뇌에서 비롯되는 것 같다는 인상을 준다. 의식적 자아는 바삐 일하고는 많은 시간 휴가 여행을 다니는 것 같은 반면, 무의식적 자아는 휴가 없이 내내 일하는 것 같기도 하다. 좌측 뇌의 분석적 사고는 비교적 쉽게 언어화되어 표층 의식으로 드러나는 데 반해 우측 내 회화적 생각은 또렷하게 표현되기가 어려워 보인다. 따라서 시각적 양태로 표층에서 드러난 그 모호한 우측 뇌의 회화적 자각이 의미 있는 언어로 전환하는 데 적지 않은 시간이 걸린다. 즉 회화적 정보의 의미를 해석하는 데 시간이 걸린다.

리벳 실험에서 W는 피험자의 '말'로 보고하는 것이었기 때문에, 피험자의 주관적 느낌과 그 느낌이 일어난 시점을 의식적으로 자각하는 것 또한 언어적 인식과 표현(비록 무언이었지만)으로 이루어졌다고 보아야 한다. 그렇다면, 움직이려는 (의식적) 의도를 언어적 인식과 표현으로 단어화하는 내부 프로세스가 진행되는 시간이 RP와 W 간의 시간적 지연으로 나타났다고 볼 수도 있다. 즉 움직이려는 의도가 단어화 과정을 완료하기 전까지는 그 의도를 우리가 명시적으로 자각할 수 없기 때문에, W는 RP보다 후행하는 것으로 측정되었을 가능성을

62 질 볼트 테일러 박사의 유튜브 동영상은 좌뇌와 우뇌의 기능 상 특성에 대해 많은 것을 시사한다.

https://www.ted.com/talks/jill_bolte_taylor_my_stroke_of_insight?language=ko

배제할 수 없다.

또한, 피험자는 실험이 진행되기 전에 무엇을 해야 하는지 알고 있었기 때문에, 실험 시행 전 모니터 화면 앞에 앉아 자발적 운동에 대한 생각을 '무의식적이든 의식적이든' 했을 가능성이 적지 않다. 그런 '생각'은 RP 신호 변화에 영향을 주었을 것이고, 그렇다면 RP는 손가락을 움직이려는 자발적 의도에만 관련된 기록이 아니라 '생각하는 행위'에 대한 기록이 될 수도 있다. 실제로 낱글자를 선택하는 과제 수행에서,[63] 글자를 선택하기 전에 RP 유형 신호가 움직임 여부에 관계없이 발생하였음을 관찰하고, RP 신호가 움직임에 관계된 것이 아니라 오로지 의사결정 또는 예측 과정에 관련 있다고 제안한 바 있다.

리벳 연구는 실험 디자인 면에서 통계적 문제가 심각하고, 피험자 보고에 대한 의존도가 높으며, RP 신호에 대한 새로운 해석이 불가피할 수도 있다는 문제를 안고 있다. 게다가 데이터의 해석이 초기 논문의 의도보다는 지나치게 확대된 것으로 보인다. 그러나 주관성의 문제를 1980년대 실험실에서 이 이상 더 잘 다루기는 불가능했을 것이고, 오랜 세월 여러 다른 연구진들이 다양한 방식으로 리벳 연구의 기본 데이터를 재현하였을 뿐만 아니라 그 데이터를 토대로 주관성의 문제

---

63 Alexander P. et. al., "Rediness potentials driven by non-motoric processes", *Consciousness and Cognition*, Vol. 39, (2016), pp.38~47. 덧붙여, 최근에 RP 신호의 새로운 역할과 기능에 대해 전체적으로 정리한 아주 좋은 논문이 있어서 다음과 같이 소개함: Schuger A. et. al., "What is the rediness potential?", *Trends in Cognitive Sciences*, Vol. 25(7), (2021), pp.558~570.

를 보다 심도 있게 다루고 있기 때문에, 리벳 연구는 앞으로도 계속 많은 과학자와 철학자들의 사고에 지대한 영향을 줄 것으로 보인다. 이제, 리벳 연구의 제언부터 시작해서 지금까지 기술했던 내용을 토대로 구성한 〔도식-4〕를 작업 모델로 하나씩 기술하면서, 향후 어떤 연구가 진행되면 좋을지 간략하게 전망해 보고자 한다.

〔도식-4〕 리벳 유형 패러다임 모델

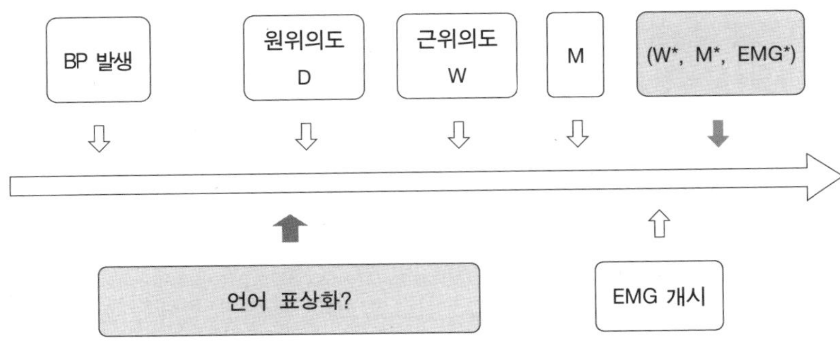

1. 기본적으로 BP는 두 가지 유형으로 나누어지며, 초기 BP1은 PMA나 SMA에서 나타나고 후기 BP2는 M1에서 현저하게 나타난다. 따라서 BP1은 주의 깊은 움직임에 그리고 BP2는 자발적 움직임에 나타난다. 이 모델에서는 구분해서 표시하지 않았다(BP 발생). 현재 이 BP가 자발적 움직임을 리드하는 무의식 반응으로 통상 알려져 있다. 아직 소수의견이기는 하지만, 만일 BP가 의사결정이나 예상반응 같은 의식 작용에 관련된 EEG 신호로 밝혀진다면, 리벳 유형의 연구결과는 전체적으로 재해석을 해야만 할 것이다.

2. 의식적 의도 이전에 발생하는 그 BP는 특히 BP1은 혹시 언어 표상화에 필요한 시간은 아닐까? 작업 기억(도식-3)에서와 같이, 움직임 과제에 대한 정보가 병렬-순차 과정을 반복하면서 표층의식으로 전환해 가는 '전'의식 과정이 BP로 표현되었을 가능성을 점검해 볼 필요가 있다고 제안한다.

3. BP 측정 이전 실험에 참여하겠다고 동의하는 것 자체가 의식적 의도이고 이런 원위의도(D)로 인해 W나 M 같은 측정에 영향을 미칠 수 있다는 조언을 반영해서, 실험적으로 손가락을 움직이겠다는 생각을 피험자가 명시적으로 하는 시점을 D로 확인 후 보고하도록 한다. 이렇게 D를 설정함으로써, 움직이려는 자유의지 시점 W 그리고 움직임이 개시되었다고 생각한 시점 M을 보다 정확히 측정할 수 있다.

4. 여기서 흥미로운 것은 M이 EMG보다 빠르게 관측된다는 것이다. 즉, 버튼을 눌렀다는 생각(M)이 버튼을 실제 누르는 것(EMG 개시)보다 먼저 일어났다는 것은, 행위를 자각하는 것이 전前운동 과정 — 행위 의도 후 아직 실제 명령에 따라 근육 운동이 시작하기 전 단계 — 에서 일어날 수 있음을 암시한다. 따라서 PMA나 SMA 신호가 운동을 지시하는 M1뿐만 아니라 좌측 VL-PFC로도 전달되는 것으로 보이며, 아마도 M1 경로보다는 VL-PFC 경로의 전달속도가 빨라서 EMG 개시보다 M이 선행하는 것으로 제안한다. 리벳 유형의 실험을 하면서, 심도전극으로 이런 경로의 전위 변화와 전도 속도 등을 추적해 보면 흥미로운 결과를 얻을 수 있을 것으로 기대한다.

5. 사실 M이 EMG보다 앞서 일어났다는 것은 '지각(perception)'에 대한 원론적 개념을 다시금 돌아보게 한다. 자발적 행위를 '지각'한다는 것은 '나'라고 하는 주체의 '의도적 지시'와 (그 지시에 따라서 이루어진) 행위의 '피드백'이 잘 어울려야 한다. 따라서 '주의(attention)'와 감각(sensation)이라는 하향(top-down) 및 상향(bottom-up) 두 과정 모두 뇌신경계 내에서 이루어져야 하기 때문에 지각과정이 완료되는 데 시간이 걸리고, 따라서 지각과정이 완료된 시점(W*, M*, EMG*)은 지각의 대상 자극이 주어진 실제 물리적 시점(예: 손가락으로 버튼을 누름)보다 늦어질 것이다. 그런데, 피험자가 각 지각 현상을 보고한 시간(W, M)은, 지각과정 완료시점(W*, M*)보다 앞서 있어서, 실제 물리적 시간에 맞추어져 있는 것으로 보인다. 따라서 어느 행위의 지각과정 완료시간(예: 피드백 지각에 필요한 시간)과 실제로 행위가 발생한 시간(EMG 개시) 간의 차이를 보정하는 시스템이 있을 것으로 추정된다. 만일 그 보정과정이 수정오류를 100% 피하기 위해 조금 여유 있게 설정된다면, M*가 M에 참고 지표가 되어서 EMG보다 앞서는 경우가 발생할 뿐만 아니라 W* 또한 W에 영향을 주어서 '주체성(agency)' 확보에 기여하지 않을까 가정해 본다.

3. 자유의지, 자아, 그리고 뇌

"여러분에게 자유의지가 있습니까? 이 세상에 이런 모습으로 이렇게 던져진 여러분의 모습에서 여러분 스스로가 여러분의 인생을 결정해 왔다고 생각합니까? 프리 윌이 있다고 생각합니까, 여러분?" 플라톤의 동굴을 설명하시던 교수님이 느닷없이 던진 질문이었다. 건물 밖에서는 최루탄과 아우성이 어우러지고 교실 안에서는 두려움과 분노가 섞여 있던 그 순간, 철학자의 그 탁한 목소리에 얹힌 자유의지의 무게는 새내기들에게 무겁게 다가왔다.

젊은 시절, 자유에 대한 갈망이 배고픔조차 물리칠 정도로 강렬해지면 자유에 대한 생각으로 가득 차, 어디에서 자유 회복의 방법을 찾을지 그리고 어떻게 실행할지를 '마음껏' 생각하고 뜨겁게 노력했기에, 자유는 추구했어도 자유의지는 생각조차 하지 않았다. 그래도 노교수의 탁한 목소리는 계속 맴돈다, Free! Will! 그래서 여러분에게 자유의지가 있습니까?

1) 자유의지는 없는가?

자유의지가 있는가, 없는가 하는 논의는 사실 별 의미가 없어 보인다. 우리는 그냥 내 뜻대로 되는 것도 있고 되지 않는 일도 있고, 또 내 뜻대로 했다고 다 좋은 것도 아니고 생각 없이 또는 억지로 했다고 해서 좋지 않은 일만 일어나는 것도 아니라는 것을 잘 안다. 그렇더라도 우리는 하루에도 수없이 많은 크고 작은 선택과 결정을 하면서 산다. 그렇게 산다고 생각하거나 믿는다. 아니, 실은 그런 생각조차 하지 않는다. 우리의 하루 삶을 돌이켜 보면, 의외로 선택해서 결정하는 과정에 '내'가 온전히 주의를 기울인 것은 손으로 꼽을 정도인 경우가 흔하다. 물론, 결재서류 앞에서 충분히 숙고를 거쳐 승인, 보류, 반려 중 하나를 선택해서 결정하는 등등 뚜렷하게 의식적 숙고와 주의를 기울인 것도 적지 않지만 의외로 정말 의외로 의식 없이 행하는 일투성이다. 사실 '나'라고 하는 것도 거의 잊고 산다. 숨 쉬고 뱉고 그렇게 사는 것처럼 당연한 것이라서 그럴까? 그렇다면, 자유의지라는 것도 너무 당연한 것이라서 잊고 사는 걸까?

그런데 21세기 들어 어느 날 갑자기 "*Free Will*"[64]이라는 책이 아마존에서 헤엄을 치는가 싶더니 '자유의지는 없다'고 외치면서 광화문에 등장했다. 단숨에 읽었다. 작지만, 명쾌했다. 그런데 왜 '자유의지는 없다'고 저서명을 번역했을까?

> "자유의지가 단지 환상에 불과하다는 말이 아니다. 우리의 경험이 현실의 왜곡 상만을 전달하는 것은 아니기 때문이다. 우리는 오히려 우리의 경험을 오해하고 있다. 우리는 스스로 생각하는 것만큼 자유로운 존재가 아닐 뿐더러, 스스로 생각하는 것처럼 자유롭다고 느끼지 않는다.
> 우리가 자유의 감각을 느끼는 것은 자기 자신이 되는 무엇인지를 꼼꼼히 따져보지 않은 데서 기인한다. 꼼꼼히 따지는 바로 그 순간, 자유의지라는 것은 결코 찾을 수 없다는 사실과 …… **'자유의지라는 환상은 그 자체가 환상이다.'**
> 문제는 자유의지가 단지 객관적으로 말이 되지 않는다. …… 주관적으로도 이치에 맞지 않는다. 이는 내면적 성찰을 통해 능히 감지할 수 있다."[65]

---

64 샘 해리스 지음, 배현 역서의 『자유의지는 없다』의 원제.

65 위의 책, p.81.

자유의지는 환상이다, 찾을 수 없다. 말이 되지 않고 이치에 어긋난다. 해서 '자유의지는 없다'는 것일까? 사실 '의지'뿐만 아니라 '의식'도 마찬가지인데 3인칭 관점에서는 관찰 가능하나 객관적 실재 입증이 불가하고, 1인칭 관점에서는 실재이지만 객관적 관찰이 불가하다. 그렇다고 '의식'이 없다고 하지는 않는다. 의지뿐만 아니라 '자아'도 마찬가지인데, 세밀히 찾다보면 찾을 수 없음에 잠들기 일쑤이다. 그렇다고 '자아'가 없다고 말하기는 쉽지 않다.

여기서 '꼼꼼히 따져본다'는 것에 주목해야 한다. 책상머리 앞에 앉아 연필을 쥐고 백지 위에 꾹꾹 마음에 떠오르는 상想을 진중하게 눌러가면서 점검해 가는 것일 수도 있고, 허공 앞에 눈을 감고 심상心想의 흐름을 관조하는 것일 수도 있다. 사실 내면적 성찰이라는 용어는 매우 다른 두 가지 의미로 사용되고 있는데, 하나는 '자신의 생각, 감정, 다른 심적 상태와 심적 과정을 생각하는 것'이고, 다른 하나는 '마음의 내용과 인식 자체를 자각하는 것'이다. 연필을 잡았든 눈을 감았든 관계없이 샘 해리스의 꼼꼼한 따짐은 내적 성찰 중 후자를 가리킨다. 인식이라는 것, 마음이라는 것, 그 자체를 자각한다는 것은 종국에 자각 자체를 알아채야 하는, 그래서 '비어 있어 가득함' 앞에 말이 끊어지는 자리를 가리킨다. 결코 아무것도 찾을 수 없는, 찾을 것이 없는 그런 곳 말이다. 이곳에서는 상狀으로 뜨는 모든 것이 환상이다. "자유의지는 환상이다"라는 것 자체가 환幻이다. 이 메시지가 던지는 의미는 단호하다.

자유의지가 환상이라는 선언은 꽤 오래전부터 있었다.[66] 실험 심리학자나 신경과학자에 있어 '자유의지' 같은 정신현상은 일종의 "지각

인식"으로 다가오고, 지각 인식은 종종 조작과 환상(illusion)의 대상임을 부인하지 않는다. 우리 귀의 고막을 두드리는 압력파(pressure wave)를 목소리로 듣거나 음악으로 듣는다. 목소리가 있는지 음악이 있는지 의심하지 않는다. 우리 눈으로 들어온 광자(photon)의 파장에 따라 빨간 장미꽃과 흰 장미꽃을 구별한다. 빨간색과 흰색이 있는지 없는지 의심하지 않는다. 우리는 지각한 것을 결코 의심하지 않는다. 착시, 환상도 지각의 한 종류다. 그런데 왜 환상은 존재하지 않는 것이라고 믿고 있을까? 목소리, 음악, 빨간 장미, 흰 장미 이런 것들은 나의 외부에 존재하는 것들의 물리적 특성에서 비롯된 것이니 있는 것이고, 착시나 환상은 신체 외부에 없는 것이 나타난 것이니 없는 것이라고들 생각하는 것 같다. 그렇다면, 꿈속에서 먹었던 짜장면의 맛은 그리고 '맛보았던 것'은 의심하는가? 우리는 우리가 지각한 것 자체를 결코 의심하지 않는다.[67]

한 걸음 더 들어가 보자. 목소리, 음악, 빨간 장미, 흰 장미 이런 것들이 그대 외부에 있는 것이 확실한가? 다른 주파수의 압력파가 목소리인가 음악인가, 다른 파장의 빛이 빨간 것인가 하얀 것인가: 소리는 색은 맛은 그대의 외부에 그렇게 존재하지 않는다! 아유법공我有法空이다! 신비주의 명상가 또는 선승들의 외침으로 들릴 수도 있는 이런 문구가 오늘날 신경과학에서는 상식 중의 상식이 되었다. '자유의지가 환상'이라는 말은 환상에서 그치는 것이 아니다. 우리의 지각이,

---

66 1936년 슈뢰딩거가 처음 공식적으로 '자유의지는 환상'이라는 주장을 한 것으로 추정한다.

67 '존재하는 것은 지각되는 것(Esse est percipi)'이라는 버클리의 명언이 떠오른다.

경험이 우리 자신을 오해하게 하고 있다는 강한 멘트다. "자유의지라는 환상은 그 자체가 환상이다"라고 샘 해리스는 털어 놓고 있다. 도대체, 이런 결론 어디에서 '자유의지가 없다'는 괴물이 출현했을까?

> 물리법칙이 궁극적으로 결정론적이건 아니건, 확률이 역할을 하건 안하건, 신경세포의 발화의 유일한 원인은 물리적 원인이다. 바로 이 부분 때문에 사람들은 자유의지에 대해 걱정하게 된다.
> 결국 자유의지에 대한 과학적 회의주의의 뿌리는 결정론이 아니라 유물론, 모든 것은 물질로 이루어져 있다는 견해다. "자유의지를 향한 이런 식의 위협을 환원주의적 위협이라고 할 수 있다." 철학자 마누엘 바르가스는 이렇게 주장한다. "이 위협이 좀 더 가까이 뿌리를 두는 곳은 결정론 자체에 대한 두려움보다, 우리 존재가 하찮은 '물질'로 이루어졌다는 가정이다."
> 특히 우리가 걱정하는 것은 실제로 우리를 움직이게 만드는 원인이 욕망, 믿음, 생각이 아니라 원자의 충돌이라는 사소한 물리적 과정이라는 점이다. 생각, 믿음, 욕망, 감정은 단순한 '부수현상'일 뿐, 행동의 실질적 동인은 신경 프로세스의 부산물에 불과하다는 것이다.[68]

사람들은 왜 자유의지가 환상이라는 말에 경악을 하는 걸까? 앞서 환상은 지각 인식의 한 유형이고 사람들은 지각의 존재를 의심하지 않는다고 했다. 그리고 지각의 실상은 환幻이라는 논지에서 샘 해리스

---

68 바지니, 『자유의지』, p.67.

를 해석했다. 그런데 해리스가 지적했듯이 일반적으로 사람들은 자신의 경험에 대한 오해에서 쉽게 벗어나지 못하는 것 같다. 종교적 지원[69]에 힘입어 서구인의 정신 DNA로 자리 잡은 데카르트 유형의 이원론이 서양 문명의 지구화 물결을 타고 넓고 깊게 퍼져나간 오늘날, 마치 아침에 일어나면 무심히 커피 향을 즐기듯이 우리 현대인들은 정신적인 것과 물리적인 것은 서로 다른 별개의 것이라고 생각한다. 물론 데카르트의 실체 이원론은 현대 철학에서는 별로 큰 지지를 받고 있지 못하지만,[70] 우리의 무의식에 각인되어 있어서 그 사회적 대중적 영향력은 여전히 지대한 것 같다. 실체 이원론, 즉 심신 이원론에서는 정신과 육체를 서로 분리하여 독립적으로 존재하는 상대적 실체로 본다. 여기에 종교적 색채가 가해지면서,[71] 끊임없이 변화하는

---

69 구약성서에서는 '선악과'를 통해 에덴을 벗어난 현세가 선과 악이라는 근원적 개념에서 비롯되었음을 설정하면서 우주적 이원론의 단초를 제공한다. 그리고 유일신교 신자들은 교회의 주문에 따라 신실하게 매순간 암송을 함으로써, 영육간의 구분이 자연스레 각인된다. 예를 들어, 가톨릭 신자들은 아침에 일어나면 주기도문과 성모송 암송으로 시작해서 영혼—육신(몸—마음)이라는 관계가 반복적으로 암송되는 봉헌송으로 마감한다.

70 최훈, 「데이비드슨의 무법칙적 일원론과 백도형의 심신 유명론」, 『철학적 분석』, Vol. 10, (2004), pp.70~110.

71 실은 교회와 관계없이 데카르트 자신이 심신에 대해 비교 우위적 해석을 했고, 그 덕분에 데카르트의 학설은 교회의 전폭적인 지지를 받게 되었다. 해서 교회를 통해 그의 이원론적 사고가 널리 퍼질 수 있었다는 의미에서, '종교적 색채가 가미되었다'라고 기술했다. 종교적 이유가 아니었다면, 영혼이 육체보다 더 추구해야 할 대상인 이유가 별로 없어 보인다. 끊임없이 변화한다는 것은 곧 역동적이라는 뜻이고 불멸이라는 것은 변화가 없다는 뜻을 내포하는데,

물질적 실체와 별개로 영혼은 불멸의 존재로 이해되면서 결과적으로 사람들은 육체보다는 영혼에 우위를 두게 되었다.

그렇다. 대중은 자신이 몸담고 있는 이 세계의 운행법칙이 결정론이건 확률론이건 이런 것 때문에 '환상'이라는 단어에 거부반응을 일으키는 것이 아니다. 그리고 사실 과학적 세계관 내지 우주관이라는 것은 꼼꼼히 따지고 들어가면, 미래의 과학이론에 의해 얼마든지 다시 기술될 가능성을 안고 있으니 그런 관觀은 단지 사변적 환상에 불과하지 과학적 진술이 아니다. 물질이 아닌 영혼에 무의식적으로 잠식되어 있는 우리의 사고는 경험 해석에 오류를 심을 뿐만 아니라 물질 법칙에 드러나는 엄연함에 반발을 일으킨다. 즉 이 세계의 만물운행이 물리과학에서 발견한 법칙에 따라 일어난다는 것이 일반적 사실로 받아들여지면서, 논쟁은 있으나 합의는 없는[72] 영혼·의식·마음 같은 정신적 주제에 대한 불안감이 증가한다. 사회적 담론의 주제가 영혼 중심에서 물질 중심으로 이동하면서, '하찮은 물질', '사소한 물리적 과정' 같은 유형의 반발이 일어난다. 그러나 바로 그 '하찮은 물질의 한 요소에 불과한 원자의 충돌' 없이는 욕망·믿음·생각이 사라진다는 것은 매우 분명하다. 개인의 삶은 '뇌사'와 더불어 홀연히 사라지며, 뇌사는 뇌 내 신경 프로세스가 제대로 작동하지 못하는 것이고, 신경

과연 역동적인 삶 대신에 비역동적인 삶을 누구나 다 원한다고 보는 것이 합당한 견해인지 실로 의문이다.

72 "철학적 논쟁거리는 단지 철학자 개개인의 의견일 뿐인 것 같다. 모여서 한참 동안 토론하고 논쟁을 벌이고는 합의된 것 전무함이라는 의견 하나 달랑 들고 귀가한다.": Hong FT, (2015), p.672.

프로세스는 신경물질의 충돌 없이는 작동하지 않는다. 신경물질의 충돌이라는 물리적 과정은 결코 '사소한 것이 아니다.' 복잡계인 뇌에서 일어나는 총체적(holistic) 사건의 중요 요소이다. 이런 개별요소들의 상호 작용을 통해 신경 프로세스라는 새로운 계층의 조직이 형성되는 자기 조직화 과정이 일어나고 신경 프로세스 또한 자기조직화 과정을 통해 뇌의 기능이라는 새로운 계층이 구성된다. '전체는 부분의 합 이상'으로 드러나는 소위 창발성이라는 특성이 피어난다. 환상을 '지각'으로서의 실체로 보는 것을 거부하는 것이야말로 유물론적이라는 역설이 떠오름은 지나친 논리의 비약일까?

2) 자아는 있는가?

자유의지가 나의 행동을 '능동적'으로 추진한 것이 아니라 '수동적'으로 그 행동을 지각한 것이라는 설명을 어떻게 받아들여야 하는가? 냉면을 먹을지 쌀국수를 먹을지 고민할 때도 있기는 하지만, 그렇다고 이런 선택을 할 자유가 내게 없다고? 날씨가 쓸쓸하니 오늘 쌀국수를 먹기로 했다, 더운 날이니 냉면을 먹기로 했다 등등 당연히 의식적 주체로서 나는 스스로 무엇을 먹을지를 선택한다. 그런데 리벳의 연구결과에 따르면, '내'가 냉면을 선택하기 이전에 이미 나의 '뇌'는 냉면을 선택했다고 한다. 심지어는 그 시원한 냉면 국물이 입안에 들어오기도 전에 이미 마신 것으로 알고 있다니, 아무리 과학 실험 결과라 해도 일반 상식에서 너무 어긋난다 싶다. 도대체 무슨 일이 벌어지고 있는 것일까? 물론 그런 선택의 기준과 방향은 과거의 경험과 현재 주어진 상황 속에서 일어나기 때문에, 우리의 선택이 인과적 결정요인으로부터 정말 자유로운 것인지 세밀히 점검하다 보면 의외로 인과의 틀에서 벗어나기가 쉽지 않다는 것을 알게 될 수도 있다. 마치 자기를 찾겠다고 밖으로 돌아다니고 안으로 가라앉다보면 종종 '자기 찾아 삼만 리'가 되는 것처럼 말이다.

자유의지는 내가 스스로 하려는 의지로서, 방금 일어난 행동이 내 의도에 따라 일어났다는 주체느낌(sense of agency)을 동반한다. 그리고 W(누르려는 의도지각)가 M(눌렀다는 행위지각)의 원인이니까, 주체로서 당연히 W가 M보다 앞서 일어난다(도식-1).[73] 그런데 두정엽에 병변이 있어 주체느낌을 보이지 않는 행동불능 환자들은 W가 비정상적으로 운동개시에 근접해서 나타난다.[74] 그리고 이런 주체느낌은 당연히 행동에 뒤이어 일어나는 것인데, 질병불각증(anosognosia) 환자들은 움직이지도 않았는데 스스로 움직였다고 느낀다.[75] 그 외 안면경련(tics) 환자들은 자발적 운동과 비자발적 운동을 구별하는데 어려움을 보이는 경우가 많고, 조현병(Schizophrenia) 환자들은 외부자극에 의한 비자발적 운동을 자발적 운동으로 그리고 자발적 운동을 비자발적 운동으로 오인하는 반면 헌팅턴(Huntington's Disease) 환자들은 비자발적 운동조차 자발적 운동으로 받아들여 힘들어 하기

---

73 M이 운동개시(EMG 개시)보다 선행한다는 것을 기억하기 바람.

74 Sirigu A et. al., "Altered awareness of voluntary action after damage to the parietal cortex.", *Nature Neuroscience*, Vol. 7(1), (2004), pp.80~84: Sirigu A. et al., "Perception pf self-generated movement following left parietal lesion.", *Brain*, Vol. 122, (1999), pp.1867~1874.

75 Berti A. et al., "Shared cortical anatomy for motor awareness and motor control", *Science*, Vol. 309(5733), (2005), pp.488~491.

도 한다.[76] 모든 이런 임상 연구결과는 자유의지의 주체성이 뇌의 상태와 영역에 따라 달리 나타날 수도 있음을 잘 보여준다. 주체성에 대한 연구는 2002년 의도결합(intentional binding) 방법[77]이 알려지면서 더욱 널리 그리고 활발히 진행되었다(참고: 도식-5).

- 실험-A에서 버튼 누르는 시간(리벳 유형 M)을 측정하였다.
- 실험-B에서 소리신호만 주는데 (실험-A의 M보다는 늦게 주고) 소리신호에 반응한 시간(T)을 측정하였다.
- 실험-C에서 실험-A를 진행하면서 M 이후 일정 시간 지나 소리신호를 주었다. 즉 실험-C에서는 버튼 누르고자 하는 의도와 소리신호에 반응하려는 의도, 두 의도를 다 제공하였다.
- 실험-C 결과, M은 실험-A에서 보다 늦게 그리고 T는 실험-B에서 보다 빠르게 나타났다; M과 T는 서로 근접하는 방향으로, 즉 지연시간이 감소하는 방향으로 이동함으로써, 두 의도가 서로 결합하는 방식을 보여준다.
- TMS를 가해서 비자발적으로 손가락을 움직이게 하고, 위의 실험을 진행했더니, M은 더 빠르게 그리고 T는 더 느리게 나타나면서 M과 T 사이 지연시간이 더 길어지는 방향으로 이동, 결과적으로 두 의도 간 결합이 감소하였다.

---

76 Kranick SM et al., "Neurology of volition", *Experimental Brain Research*, Vol. 229(3), (2013), pp.313~327.

77 Haggard P. et. al., "Voluntary action and conscious awareness", *Nature Neuroscience*, Vol. 5(4), 2002, pp.382~385.

〔도식-5〕 의도결합 실험

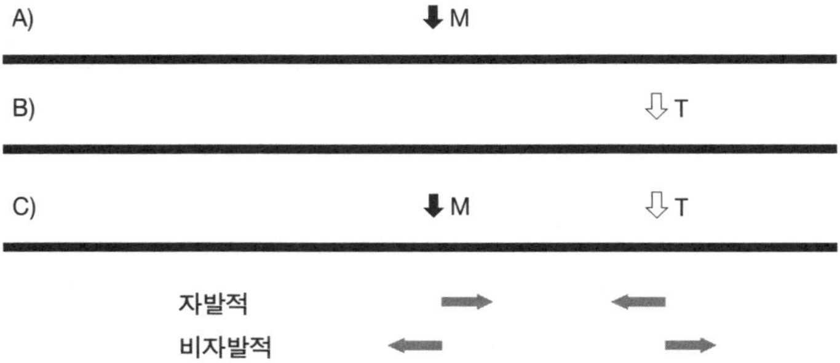

주체성이 없는 비자발적 운동인 경우, 의도결합이 감소하는 반면 주체느낌이 있어야 하는 자발적 운동의 경우 의도결합이 강화됨을 알 수 있다. 그리고 흥미롭게도 강요된 행동을 할 때에는 보다 뚜렷하게 의도결합이 감소함으로써 마치 비자발적 행동을 하는 것처럼 보인다.[78] 주체성을 보이지 않는 방향으로 마치 행위주체(agent)[79]가 없는 듯이 '뇌'가 반응한다.

능동적인 자발적 운동과 외부자극에 의해 수동적으로 움직이는 비자발적 운동 간의 차이는 일차적으로 주체성 여부로 드러난다. 그런 주체성은 행위에 관련된 대뇌피질 신경 네트워크에서 지각 대상 간의 결합으로 나타난다. 신경네트워크의 특정 영역에 충격을 가함으

78 Caspar EA et. al., "Coercion changes the sense of agency in the human brain", *Current Biology*, Vol.26, (2016), pp.585~592.

79 한 개인의 사고와 행동에 책임 있는 주체로 행위 선택능력과 실행능력을 다 갖춘 행위주체(agent)와 그런 사고와 행위의 기원이 되는 실체적 주체(subject)로 구분 가능.

로써 주체성을 상실하게 할 수 있었고, 앞으로는 충격의 종류와 강도 조절에 따라 주체성을 강화할 수도 있을 것이다. 지각의 대상을 추가 감소·약물투여·전자기충격 등등의 방법으로 변경 또는 변형함으로써, 주체성을 강화시키거나 약화시킬 수도 있다. 자유의지는 있는 것인가 없는 것인가, 자유의지의 주체성은 있는 것인가 없는 것인가, 주체성의 주체인 자아는 있는 것인가?

3) 노브레인!

지각으로서의 자유의지 그리고 주체성에 대해서는 있다고 여기면서, 환상으로서의 자유의지나 주체성은 있다고 여기기에 불편하다면, 없다고 하면 그만이다. 있고 없다는 것 또한 아이디어이고 개념일 뿐이다. 손가락 들어 가리켜 보아야 빈 공간뿐이다. 누구는 '가리키는 달은 보지 않고 손가락 끝만 보느냐'고 한소리 하지만, 손가락 끝이나 달이나 무슨 차이가 있다는 말인가.

우리는 이제까지 손가락 하나 까닥이는 정말 간단하고도 단순한 동작 하나 가지고 38년 동안 신경과학, 심리학, 철학 분야에서 그리고 대중에게 이런저런 영향을 주었던 이야기를 두루두루 섭렵해 보았다. 그 손가락 까딱임이 나비 효과를 일으킬 것인지 아니면 침소봉대인지 아직 잘 모르겠으나, 주관성 문제의 실험실 입실에는 크게 기여한 것임에 틀림없다. 해서, 보다 많은 사람들이 '너와 나'를 오롯하게 이해하고 자비를 실천하는 데 큰 도움이 될 묵직한 메시지가 나오기를 은근히 기대해 본다. 손가락 하나 들어 그 자리가 드러나기도 하는데, 40회 이상 까딱거렸다니 말이다.

자유의지가 있다고 하든 아니든 관계없이, 주체성이나 자유의지는 뇌의 신경네트워크가 내외 신구의 정보를 바탕으로 창발된 것을 지각한 것이다. 자유의지는 '환상이다, 심지어는 없다' 이렇게 이야기하고 거기에 반론을 펴고 그러지만, 환상이라 하는 사람이나 아니라고 하는 사람이나 할 것 없이 대부분의 사람들이 '물질적 실체로서 뇌의 존재를 부정하거나 뇌의 기능과 심적 사건이 전혀 무관하다'고 말하지는 않는다. 환상이라고 말하면 거부감을 느끼던 사람도 뇌의 지각이라 말하면 거부감을 줄인다. 여기서 지각한 자는 누구인가? 뇌 자체? 자아라는 것?

다양한 주파수의 전자기파를 받아서 RGB 색으로 보고, 압력파를 받아서 소리로 듣고, 셀 수 없이 많은 화학물질과 충돌해서 냄새와 맛으로 경험한다. 하여, 색, 소리, 냄새, 맛은 감각신경 프로세스에 의해 뇌에서 창조한 정신적 구조물로 뇌 밖에 그런 모습으로 결코 존재하지 않는다. '색성향미촉'은 실체로 존재하는 것이 아니라 뇌에서 출현한 지각의 다른 모습일 뿐이다. 게다가 지각한다는 것은, 다양한 양태(물리적, 화학적, 전기적 등등)의 외부 자극 정보가 감각 수용체에서 분자 충돌을 일으켜 전기적 에너지로 전환되고, 이 전기적 정보는 다단계 신경세포의 연결망을 따라 척추를 지나 뇌로 전달되고, 뇌에서 다단계 과정을 거쳐 지각 가능 장소에 도착하고, 그리고 아직 끝이 아니다, 이런 상향식 정보 이동에 덧붙여 뇌 안에서 과거의 경험(기억의 형태)을 하향식 정보로 그 지각 장소에 내려 보내면, 이제 두 정보가 지각 장소에서 만나 '지각'하게 된다. 말초 자극 정보가 중추 신경계에 도달하는 데 시간이 걸리고 또 그곳에서 지각으로 전환되는 데 시간이 걸린다. 우리는 입력된 정보를 지각遲刻해서 지각知覺한다. 지각의 관점에서 우리는 늘 과거에 산다. 지금 여기에는, 지금도 없고 아무것도 없다!

실제 모든 우리의 지각된 경험은 지극히 주관적인 것이라, 우리가 마주한 현실 세계는 뇌에서 창조된 일종의 가상현실이다. 우리가 자신으로 인식하고 있는 몸 또한 지각이 빚어낸 이미지이자 아이디어다. 그리고 우리는 그런 이미지, 아이디어, 개념에 손가락 하나 댈 수 없다. 물질세계는 환상 같은 개념의 세계이니, 내가 인지하는 모든 형상을 지닌 물질은 다 환상 같은 것이다. 뇌라고 예외일 수 있겠는가, 노브레인이다. 아공법공我空法空!

4. 멈추면 비로소

자유의지에 대해서 오랜 세월 신학적으로 그리고 철학적으로 많은 논의가 있었던 것은 진작부터 알았지만, 지난 반세기 동안 뜨겁게 논쟁이 벌어지고 있을 것이라고는 예상하지 못했다. 신경과 의사나 신경과학자들은 뇌와 인간의 행동에 관련된 생리학적·해부학적·병리학적 지식이 반듯하게 구축되어야 신경 및 정신 질환으로 힘들어하는 환자들을 도울 수 있고 아울러 동물행동에 대한 기본 원리를 발견할 수 있기 때문에, 이런저런 실험에 선입견을 배제하고 매달려 왔으며 앞으로도 그럴 것임에 틀림없다. 리벳 실험결과는 무의식 과정이 인간 행동에 기대 이상으로 많은 영향을 줄 것임을 보여주었는데, 사실 이런 결과는 우리가 조금만 자신의 일상을 돌아보면 바로 이해할 수 있는 부분이다. 우리의 일상 행동은 정말 아무 생각 없이 자동 반사적으로 하는 것이 태반이고, 생각한다고 해도 생각의 상당 부분은 그냥 떠올랐다 사라지는 머릿속 속삭임에 불과하다. 행동을 야기하는 자아를 사실상 전혀 의식하지 않으면서도, 사람들은 생각과 행동의 원인이 주로 의식적 자아라고 믿는다. 왜 그럴까? 객관적이든 주관적이든 3자 관점에서 관찰하기가 어렵기 때문에 무의식에 대한 연구를 신경생물학적으로 하지 못하고 있는 것이지, 연구자들이 무의식의 잠재적 역할을 무시하고 있는 것은 아니다.

그리고 심리학·신경과학·인지과학 분야에서는 오래전부터 인간의 사고나 행동이 일반적인 믿음과는 다르게 일어나는 경우도 있다는 것이 잘 알려져 있었다. 해서 리벳 실험결과 중 움직였다는 느낌의 자각이 실제 움직인 것보다 선행한다는 내용(M 이야기)은 '어, 그럴 수 있어?'라는 어이없음보다는 (그 분야에 관심이 있는) 신경과학자들의 연구 욕구를 자극했을 것임에 틀림없다. 리벳의 타이머[80]가 오늘날까지 실험 연구에 보편적으로 널리 사용되고 있음이 이를 뒷받침한다. 그런데 왜 서구 사회에서는 대중적으로 리벳의 연구가 뜨거운 찬반 논쟁의 대상이 되었을까 궁금했다. 유일신교에서 유일신이 있어야 하듯 자유의지가 필요했던 것은 아닐까 추측한다.

---

80 리벳의 타이머로 알려졌지만, 실은 1880년대 실험심리학의 아버지라 불리는 독일의 분트(Wilhelm Wundt)가 내적 성찰 연구 특히 '주의' 연구를 위해 고안했던 시계임.〔참고: Moore JW & Obhi SS, "Intentional binding and the sense of agency: a review", *Consciousness and Cognition*, Vol. 21(1), (2012), pp.546~561〕.

> 자유의지의 필요성에 관해 어거스틴은 세 가지 방법들을 통해 답을 제시한다. 첫째는 신의 존재이며, 두 번째는 모든 선한 것은 신으로부터 존재한다. 세 번째는 자유의지는 선한 것이다. …… 그러므로 어거스틴의 자유의지의 본성적인 능력은 플로티누스의 일자를 향한 의지와 운동의 원리의 도움을 통해 하나님에 대한 직관을 추구하는 것이었다.[81]

신의 존재와 자유의지의 필요성이 맞물려 있는 한, 기독교 신자들에게 신앙적으로 자유의지는 반드시 필요한 것으로 판단된다. 여기서 플로티누스[82]의 일자에 대해 주목할 필요가 있다. 왜냐하면, 플로티누스의 일자는 존재한다고 말할 수도 없는 존재 그 자체로, 존재하는 어떤 사물도 아니면서 모든 것, 곧 만물이자 무無를 가리키는 것으로, 오늘날 교회에서 언급하는 인격적 신과는 달리 각자의 내면세계로 침잠해 들어가야 발견 가능한 존재였기 때문이다. 물론 어거스틴에게 그 일자는 인격적 신이었지만, 일자를 찾기 위해 어거스틴은 아마도 융이 언급했던 집단무의식의 심연 상태로 들어갔지 않았을까 상상해 본다.

---

81 고한진, 「고대철학에서 어거스틴의 자유의지 개념들의 근원들에 관한 연구」, 『ACTS 신학저널』, 제44집(2020), pp.81~110(위의 인용, pp.100~101).

82 플로티누스는 기독교가 전혀 용납할 수 없는 교리를 주장했던 철학자로, 제자들에게 객관적인 설명을 위해 외부 세계를 찾기보다 자신의 내면세계로 들어가 눈을 돌려 영혼의 심연에 대한 탐색을 하라고 권면했다. (카렌 암스트롱 지음, 배국원·유지황 옮김, 「신의 역사 I」, 동연, 1999, p.185).

그토록 중후하고 그토록 신선한 아름다움에 빛나는 당신을 나는 이제야 사랑하게 되었습니다. 그 동안 당신은 내 안에 거하였으되 나는 저 바깥 세상에 나아가 헛되이 당신을 찾으며, 당신이 창조한 모든 아름다운 것을 내 추악한 삶 속으로 밀어 넣었습니다. 만일 당신 안에 거할 수 없었다면 존재 자체도 불가능했을 세상의 헛되이 아름다운 것들에 대한 부질없는 사랑이 나를 당신에게서 멀어지게 만들었습니다.[83]

'자유의지라는 환상은 그 자체가 환상이다'라고 주장했던 샘 해리스는 꼼꼼히 따지는 순간 자유의지를 찾을 수 없다고 했다. '꼼꼼히 따지려는 시도'는 자유의지인지 아닌지 이제 꼼꼼히 생각해 보아야 할 순간이다. 어거스틴의 자유의지는 외부로부터 일자를 향해 고개를 돌려 자신의 내면을 꼼꼼히 바라보고자 했던 것으로 이해된다. 융은 더 이상 들어가면 안 된다고 했던 그곳,[84] 더 이상 들어가면 자아가 원형에 묻혀 사라지는 그 심연으로 어거스틴은 일자를 마주하려 담대하게 들어가지 않았을까 조심스레 가정한다. 해리스의 표현 또한 자신의 의지로 자신의 의식 세계를 양파껍질 벗기듯 꼼꼼하게 하나씩 열어보던 어느 순간 무無의식을 만나는 체험, 자유의지를 포함해 아무것도 없는 그곳에서 플로티누스의 일자를 체험한 것은 아닐까?

---

83 위의 책, pp.217~218.

84 "무의식은 끝없는 세계이다. 아무리 의식화해도 미지의 세계는 남아 있게 마련이다. 자기원형은 언제나 자아를 넘어선다."(융 지음, 한국융연구원 편역, 「원형과 무의식: 집단적 무의식에 관하여」, 솔, 2002, p.111).

마호메트에게 알리라는 이름의 제자가 있었다. 한번은 사람이 자유롭고 독립적으로 자신이 원하는 것을 하는 것인지, 아니면 사람이 하는 모든 일이 운명에 의한 것인지에 대해 알리가 스승의 견해를 물었다. 알리가 말했다.

"사람은 자신이 원하는 것을 하고, 원치 않는 것을 하지 않을 수 있습니까?"

인간은 아주 오랫동안 이렇게 물어왔다. …… 사람들은 마하비라와 붓다 모두에게 그런 질문들을 던졌다. 일어날 일이 예정되어 있다면 왜 마하비라나 붓다가 무엇이 옳고 그른지를 설명하기 위해 그토록 고생을 했는가? …… 마호메트의 답은 직설적이고 솔직했다. …… 마호메트는 어떤 형이상학적인 대답도 하지 않았다. 그는 알리에게 다리 하나를 들고 서 있으라고 했다. 알리는 방금 사람이 원하는 것을 할 수 있는지 물었다. 그런데 왜 한쪽 발로 서 있어야 하는 걸까? 마호메트가 말했다.

"먼저 한쪽 발을 들어라."

불쌍한 알리는 왼쪽 발을 들고 한 발로 거기에 서 있었다. 마호메트가 그에게 물었다.

"이제 오른발도 들어라."

알리는 의아해하며 어떻게 그런 일이 가능한지 물었다. 그러자 마호메트가 대답했다.

"그대가 원했다면 오른발을 들어 올릴 수 있었을 것이다. 그러나 이제 그대는 그럴 수 없다. 사람은 항상 첫 발을 들어 올리는 것이 자유롭다. 원하는 대로 할 수 있다. 그러나 첫 번째 발을 들어

올리면 나머지 발은 반드시 땅에 붙어 있어야 한다."[85]

샘 해리스의 자유의지이든 어거스틴의 자유의지이든 그 누구의 자유의지이든, 주체로서의 개인이 자유롭고 독립적인 것은 거기까지이다. 사람들은 그렇게 들었다, 오른발을 들었으면 왼발은 땅에 붙이고 있어야 한다고. 마호메트의 지혜는 '현실' 속에서 한 개인으로 존립하는 방법을 잘 보여준다. 새로이 정권을 잡은 통치자는 자신의 정치적 행위가 신의 섭리에 의해 이미 예정된 것이기에 자신의 정권 찬탈이 이슬람 신앙에 벗어난 것이 아니라고 주장하면서 예정설의 근거로 『꾸란』에 나타난 신의 절대적 전지전능의 속성을 내세운다. 그러나 『꾸란』은 인간의 책임에 대해서도 똑같이 강조한다. "진실로 인간이 자신의 내면을 변화시키지 않는 한 신은 결코 인간의 상황을 변화시키지 않으시리라."[86] 따라서, 체제 비판자들은 인간의 자유의지와 도덕적 책임성을 강조하였다. 이런 논쟁을 보면, 마호메트의 지혜는 더욱 빛이 난다; 알리야, 네가 할 수 있는 한에서 자유로이 선택해서 할 수 있단다. 그런데, 알리의 왼발은 자발적으로 들린 것일까? 오른발을 왜 들지 못했을까? 자발적 비토 반응인가? 들었던 왼발로 "쿵" 바닥을 내리 딛고, 자발적으로 오른발을 들었으면 어땠을까?

결국 유일신을 따르는 종교에서는 정도의 차이는 있으나, 신앙심 고취와 도덕적 책임성이 자유의지 필요성의 근간인 것 같다. 그러나

85 오쇼 지음, 김화영 옮김, 「신비가 너에게 말 걸어오리라」, 나무심는사람, 1997, pp.302~304.

86 카렌 암스트롱(동연, 1999), p.289.

유일신앙의 근원인 신의 전지전능함과 불가해성을 고려하면, 신에 대한 직관적 추구가 논리적으로 성립 가능한 것인지 이해할 수 없다. 인간이 불가해한 신을 이해할 수 있다면, 그 존재는 이미 신이 아니라 단지 인간의 논리가 반성적으로 투영된 것에 불과하다. 따라서 신을 향해 다가가는 것은 인간의 의지로 되는 것이 절대 아니고 신의 섭리에 따라 이루어지는 것으로 보아야 한다. 그리고 인간에게는 선행과 악행을 선택할 자유의지가 있어서 악행에 대한 윤리적 책임이 있다고 하는데, 인간적 판단 기준에 의한 선악을 바탕으로 설정된 교리적(사회적) 규범이 어떻게 불가해한 신의 판단 기준이 될 수 있단 말인가? 교회는 신이 전지전능하지 않든지 또는 인간에게는 자유의지가 없든지 분명히 '선택'하는 것이 바람직해 보인다. 물론 환상으로서의 신神, 환상으로서의 자유의지는 이런 선택에서 자유롭다. 오랜 세월, 생명의 필요성에 의해 인간의 의식적 의도에 관계없이 생명수 뇌에서 피어난 꽃일 뿐이다. 알리여, 콧구멍이 없는 소, 어디에 코뚜레를 꿰어 붙잡을 수 있을까!

철학자 대니얼 데닛은 자유의지가 "오늘날 우리에게 닥친 가장 어렵고도 가장 중요한 철학문제"라고 설명한다. 이유를 묻자 그는 이렇게 답한다. "자유의지가 중요한 이유는 그것이 도덕적 책임의 선행요건이라는 오랜 전통 때문이다. 법질서, 처벌과 상벌, 계약법, 형사법 등 모든 체계는 이런저런 자유의지 개념에 따라 결정된다." 그런데 오늘날 일부 "신경과학자, 물리학자, 철학자 들은 자유의지가 환상임을 과학이 밝히고 있다고 주장한다. 또한, 우리의 법체계들이 모래로 된 기초 위에 세워져서 오래 버티지 못할 거라고 서슴없이 암시한다."[87]

'자유의지가 환상이다'라고 하면 일단 '자유의지는 없다'라고 받아들인다. 인간이 내리는 모든 결정이 정해진 알고리즘을 통해 나오는 것으로, 선택의 자유가 없는 것으로, 주체적 존재가 아니라는 것으로, 그리고 심지어는 생물학적 운명의 노예로 간주한다. 앞의 1장에서도 언급했지만, 결정론이니 비결정론이니 하는 논지 그것도 과학적 세계관이라고 덧붙이면서 강조하는 그 철학적 분류에 큰 의미를 부여하고 싶지 않다. 그래도 생물학적 운명이라 하니까 다시 밝히면, 생물학에서의 세세한 흐름은 어느 정도 인과 관계에 따라 결정적으로 진행되지만 큰 흐름은 확률론적이고 무작위로 일어난다. 따라서 생물학적 결정론의 노예라는 표현은 잘못된 것이다. 오늘날 대부분의 과학자와 철학자는 우주의 큰 흐름은 사전에 예측 가능한 결정론적 방식으로 진행되고 있고[88] 우주 내 각 분야별 흐름은 무작위로, 확률적으로 일어날 수 있다는 것에 대해 동의하는 편이다. 결정론이든 비결정론이든 과학적 제안은 아직 답을 찾고 있는 중이고, 또 그런 논지가 논리적으로 자유의지와의 양립 가능성 여부와는 무관하다고 이미 기술한 바 있다

---

87 줄리언 바지니(스윙밴드, 2015), p.175.

88 "Nowadays, says Mele, the majority of philosophers are comfortable with the idea that people can make rational decisions in a deterministic universe. They debate the interplay between freedom and determinism-the theory everything is predestined, either by fate or by physical laws." Smith K, (2011) "Taking aim at free will", *Nature*, Vol. 477, (2011), pp.23~25.

(1-3. 참고). 리벳 유형 실험에서 분명히 보여주지만, 실험에 참여한 피험자들이 주체성이나 선택의 자유가 없다고 느끼지 않는다. 다만 삼인칭 관점에서 객관적으로 관찰한 결과에 따르면, 의식하는 과정이 느리게 진행되기 때문에 (무엇이 되었건) 어느 사건을 시도하려는 의도를 (의식적으로) 자각하기 전에 이미 그 사건은 (무의식 상태에서) 시작된다. 이 결과는, 의식적 의도가 사건 발생의 동인이라는 일반적 견해와 달리, 행위주체로서 우리의 경험은 사실상 우리가 처한 모든 곤경과 상황을 설명하기 위해 어느 사건이 이미 시작한 후에 지어진 이야기라는 것이다. 이와 같이 3인칭 관점에서는 어느 사건의 동인이 될 수 없는 의도가 1인칭 관점에서는 또렷하게 그 사건의 동인으로 작용한다. 이런 역설적인 의도 지각을 무엇이라 부르면 좋을까? 환!상!

자유의지를 마술적이고 비과학적인 것으로 치부해서 용도 폐기한 가자니가가 책임감과 의무감에 대해서는 매우 다른 관점을 취한다는 것이 흥미롭기는 하다. "과학적 이유로 사람들이 책임감과 의무감을 상실하지는 않습니다"라고 기술하고 있으니 말이다. 실제 책임도 없는 일에 책임지겠다는 것은 꽤 좋은 아이디어 같기는 한데, 가자니가는 이런 생각에 전혀 동의하지 않고 있다. 확실하게, 가자니가는 자유의지 기준보다는 책임감 기준을 너무 낮게 잡고 있다. 그러나 과학적 근거도 없이 자유의지에 대한 기준을 높게 잡고 있다. 자유의지 기준을 책임감 기준 수준으로 낮추지 못할 과학적 이유가 전혀 없다. 만일 그러려면, 자유의지가 환상이라고

믿을 만한 과학적 근거가 없다는 소리부터 해야 할 것 같다.[89]

개인적으로 미얼(Mele)은 환상에 대한 기준을 특별한 이유 없이 터무니없게 높게 잡고 있다'고 말하고 싶다. 데니얼 데닛과 마찬가지로 알프레드 미얼 또한 책임감에 대해서 우려하고 있다. 실제로 자유의지가 없다고 생각하면 피험자들이 부정행위를 더 쉽게 한다는 연구결과도 있으니,[90] 자유의지와 윤리적 관계를 걱정하지 않을 수 없을 것 같다. 그런데 이런 연구 결과물 해석 시, 사회적·문화적 특성을 고려하지 않으면 일반화의 오류에 빠질 수 있다. 자유의지에 대해서 그다지 큰 논의가 없는 사회나 국가에서도 자유의지가 없다는 사실만으로 부정행위가 증가하는지를 조사해서 비교해 보아야 한다. 자유의지가 도덕적 책임의 선행요건이라 중요한 것인가 아니면 전통이라서 중요한 것인가? 신학적이든 철학적이든 서구 사상에서 자유의지의 절대적 필요성이 도덕적·윤리적 책임감 때문이라면, 인간적 도덕성이나 윤리성과 거리가 먼 동물에게는 자유의지가 필요 없다는 것으로 들린다. 자유의지가 인간에게만 존재할 수 있다고 보는 것은 도그마의 한 사례일 뿐이고, 이런 도그마는 과학이나 철학에서 나온 것이 아니라 인간만이 자연 세계와 분리되어 있다고 보는 종교에서 나온 것임에 틀림없다. 최근에는 일부 서양 철학자들도 자유와 도덕적 책임을

---

89 Mele AR, "Free, why science hasn't disproved free will", (Oxford Univ. Press, 2014), pp.89~90.

90 자유의지 약화 시 cheating 증가함을 보고. (Voh KD & Schooler JW, "The value of believing in free will.", *Psychological Science*, Vol. 19(1), (2008), pp.49~54.

분리해서 다루기 시작했다.[91]

작금의 지구 세계는 모두 거미줄처럼 연결되어 있어 하나가 흔들거리면 주변 많은 것들이 요동을 치니, 어디가 발원지인지조차 알기가 쉽지 않다. 그러다보니 자유라는 단어 또한 유행처럼 번져 우리 모두가 늘 자유에 익숙한 듯 살아간다. 그런데 한 걸음만 뒤를 돌아보면, 선조들의 글에서 자유라는 단어를 찾기가 어렵다. 자유도 그러한데 하물며 자유의지라는 단어는 정말 찾기 쉽지 않다. 한문보다는 영문이 훨씬 익숙한 나의 동양학 공부가 참으로 미천한 탓이다. 몇 해 전, 어느 불교 수행하는 곳에서 '자유의지'가 없다면 선업과 악업을 분별하여 '선업 지향, 악업 지양'을 할 수 없으니 수행을 부정하는 것이라 들은 바가 있었다. 교회에서 듣던 말과 유사하니 별 생각 없이 받아들였다. 인과응보설 또한 성당에서 듣는 것과 비슷하다 싶어 그냥 흘려들었다. 그 후 몇몇 경전을 읽고 사경도 하고 어슬렁거리다 문득 고개 들어 보니 불이문 앞이다.

전생이나 과거의 행위에 의해 태어난 업의 종자가 현생의 싹이 되고 다시 현생의 행위에 의해 태어난 업의 종자가 미래에 피어난다 하니 결정론적 흐름이요, 악업 종자를 태우기 위해 참회를 할 것인지 스스로 선택하라 하니 자유의지처럼 보인다. 참회하는 것이 스스로 하는 것처럼 보이나, 전생·현생 악업의 종자를 태우기 위해 참회를 선택하는 것이니 스스로 선택한 것으로 보이지 않는다. 이렇듯 지나간 업의 힘을 따라 인과적 삶이 이어짐은 숙명적인데, 외적 조건 없이

---

91 Roskies AL, "How does neuroscience affect our conception of volition?", *Annual Review of Neuroscience*, Vol. 33, (2010), pp.109~130.

스스로 자신의 본성에 입각해 순수하게 자신의 내면의 원리를 따라감은 그나마 자기 의지적 선택으로 보인다. 그런데 이 진술에서 자신은 무엇을 가리키는지 이쯤에서 돌아보아야 한다. 누구의 또는 무엇의, 본성이고 내면이냐 하는 의문 때문이다.[92] 가톨릭 신자의 아침기도는 다음과 같이 마무리된다. '전능하신 하느님, 오늘도 저희 생각과 말과 행위를 주님의 평화로 이끌어주소서, 아멘.'

말(口)과 생각(意)과 행위(身)를 반듯하게 한다는 것은 쉬운 일이 아니다. 그렇다고 어려울 것도 따로 있지 않다. 생각이라 함은 오온 중 상온想蘊에 해당하는데, 상想은 곧 마음 위에 떠오른 기호(표시, 형상)이다. 기호가 드러난 것이니 상은 과학용어로 지각(perception)에 해당하는데, 본체가 아닌 기호는 헛된 것(幻)이니 지각 또한 헛된 것이다. 그래서 부처는 수보리에게 지각에 속지 말라고 가르친다.[93] 우리는 지각의 대상이 주체의 외부에 존재한다고 믿고 있지만, 그것은 잘못된 생각이다. 달을 지각할 때 달은 곧 우리 자신이다. 꽃을 지각하는 경우 꽃이 지각의 대상인데, 지각은 지각하는 주체와 대상이 함께 있는 거다. "나는 꽃 속에서 내 의식을 볼 수 있다"는 말은 꽃 속에서

---

92 불교는 자유의지 논쟁에 대해 침묵한다. 첫째, 세상을 자기와 나누어 보는 관점을 거부하기 때문임, 둘째, 빨리 전통(Pali, 부파불교)에서는 스스로 결정하는 실체적 자아(substantial self-determining self)를 수용할 수 없고 마하야나 전통(Mahayana, 대승불교)에서는 개별적 자아(individual self)라는 개념을 수용할 수 없기 때문임(p.293). 〔Gier NF & Kjellberg P, "Buddism and the fredom of the will: Pali and Mahayanist responses", *Freedom and Determinism: Topics in Contemporary Philosophy*, Campbell JK et al. eds, (MIT Press, 2004), pp.277~304〕.

93 『금강경』 제5 여리실견분, "凡所有相 皆是虛妄."

구름과 햇빛과 흙을 볼 수 있다는 것으로, 꽃이 내 의식에 속해 있다는 뜻이요 지각 바로 그 자체다. 이것이 바른 생각(正見)이다. 달을 별개의 달로 보고 꽃을 독립된 꽃으로 보는 것이 정견이 아니다. "자유의지는 환상"이라는, "주체감 또한 환상"이라는, "자아도 환상"이라는 견처는 바로 지각이다. 지각의 대상인 그것들과 '나'는 별개가 아니다. 나도 있고, 자아도 있고, 주체성도 있고, 자유의지도 있다, 지각으로, 상想으로. 놀랍게도 신경과학 연구가 여기까지 왔다!

과학자들은 이 세상이 물질주의든 아니든 상관없이 실험실을 떠나는 순간까지 오로지 자신들의 연구 프로젝트를 수행하는 것에만 신경을 쓸 것이다. 그리고 아무리 과학이 발전한다 하더라도, 물질주의가 진실인지 아닌지를 과학은 결코 답하지 않는다. "세계가 물질로만 구성되어 있다"는 것은 경험에 의해서 진위를 결정할 수 있는 종합명제가 아니므로, 즉 검증 가능하지 않으므로, 자연과학 연구의 대상이 될 수 없고 단지 형이상학적 가정에 불과하기 때문이다. 그럼에도 불구하고, 요즘 다른 학계의 추이를 보면 사람들은 물질주의가 사실임을 과학이 입증했다고 생각하는 것 같다. 그런 과학의 '겉보기' 권위는 탐구 방법 상 객관적 결론을 도출한다는 대중적 믿음[94]에 기인한 바 적지 않다. 아마도 향후 뇌신경과학이나 인지실험심리학 탐구로 인해 인간의 정신이 의외로 '신화'나 '환상'에 힘입어 진화해 왔다는 것이 밝혀질 것 같다. 더불어 공학의 발달에 힘입어 '환상' 메커니즘을 검증하고 발전시켜 나갈 것이다. 이것이 맹목적이고 역동적인 진화의 도도한

94 일반적으로 과학적 연구결과는 객관적이라고 생각하지만, 근본적으로 객관적인 연구 방법과 그 해석이 가능한지 늘 의심해야만 한다.

흐름일지도 모른다.

지금부터 5년 전 이세돌 바둑 9단은 구글 딥마인드(Google DeepMind) 알파고와 세기의 대결을 펼쳤고, 바둑 전문가들의 예상과 달리 이세돌 9단의 패배(1승 4패)로 막을 내렸다. 바둑전문가들과 달리, 여러 과학자와 공학자들은 오히려 이세돌의 1승에 큰 충격을 받았다. 정말 인간 승리였다. 그것도 3국을 내주고 4국에서 거둔 1승이라 참으로 놀라왔다. 학습능력을 갖춘 인공지능(AI, artificial intelligence) 알파고는 게임을 하면서 계속 '스스로' 발전 중이었기 때문이다. 알파고는 통산전적 74전 73승 1패의 기록으로 은퇴했고, 그 1패가 바로 이세돌에게 패한 것이다. 사실 이 알파고는 일종의 전산 프로그램인데 데이터 처리와 연산능력뿐만 아니라 주어진 데이터를 활용해 일정한 패턴을 파악하고 학습하여 '스스로' 성능을 향상시키는 머신러닝(machine learning) 시스템으로 되어 있었다. 알파고만 해도 이미 은퇴를 한 것처럼 AI 기술은 지금 매우 빠르게 발전하고 있어서, 인지과학자들은 인간의 인지 행동에 대한 새로운 시야가 AI를 통해 열리게 될 것으로 엄청 기대하고 있다.

이세돌의 패배는 예견된 것이었지만, 그의 패배가 주는 메시지는 매우 강렬하다. 예상과 달리 첫 대국에서 만난 상대 알파고는 강해도 너무 강했다. 그리고 3연패 후 승부가 이미 '결정'된 상태에서도 이세돌은 4국을 시도했다. 알파고의 기풍棋風은 '상대가 누구든 이길 수 있는 만큼만 두는 것'인데, 이세돌은 패배할 것을 알면서도 '스스로' 게임에 뛰어들었다.

원양검문의 당대 장문이며 천하십대검수의 일인인 승양검 몽년호는 세상에 알려진 것 이상의 고수, 셋 중 누구도 일대일로는 승리를 기대할 수 없는 강자였던 것이다…….
물론 그렇다고 결과가 달라지는 건 아니었다…….
세 고수의 협공에 정해진 수순처럼 철저히 무너진 것이었다.
하지만, 그럼에도 그는 싸웠다.
제 몸은 가누지 못해도 검을 놓지 않았고 숨이 가빠도 저항을 그치지 않았다. 쏟아지는 조롱과 멸시에도 아랑곳하지 않고 필사적으로, 흙바닥을 기면서까지 싸우려 했다.
그리하여 마침내 숨을 거두고도 부릅뜬 눈에는 전의가 남아 있었다.
죽어도 꺾이지는 않았다는 주장이 짙게 밴 동공.
그 눈을 보는 게 아니었다고, 구유창은 오랫동안 후회했다…….
불현듯 깨달음이 찾아왔다.
승양검의 상대는 자신들이 아니었음을.
그가 죽을 때까지 전의를 불태운 대상은 눈앞의 적이 아니라 예정된 패배였다.
피할 수 없는 운명에 맞서 끝까지 저항하기를 멈추지 않았던 것이다.
승양검의 마지막 눈빛.
죽음에 직면하고도 절망치 않고 맞서 싸움으로써 획득한 존엄…….
그리고 모든 게 바뀌었다.[95]

패배는 이미 결정된 것이었고, 당사자 또한 예정된 패배를 자각하고

---

95 매은, 「명검몽야」, 네이버 웹소설(novel.naver.com), (2021. 8. 11), 201화.

있었다. 그럼에도 불구하고, 이에 맞서는 것이 바로 '자유의지'이다. 물론 승양검(이세돌)이 예정된 패배에도 불구하고 그의 모든 과거의 습과 현재 환경이 그로 하여금 결국 검(바둑알)을 놓지 못하게 한 것이니 자발적 반응이 아니라 예정된 것이라 주장할 수도 있다. 그렇지만, 작가 매은은 승양검이 '예정된 패배'에 맞서 그의 의지에 따라 자유롭게 검을 들고 싸우기로 결정했음을 서술한다. 그렇다고 승양검의 미래(죽음)가 달라지지는 않는다. 이것이 우리 인간의 자유의지이다. 육신의 미래는 확정적으로 예정되어 있음에도 불구하고, 죽지 않을 것처럼 발버둥치며 산다. 내가 나의 뜻에 따라 허우적대는 것이다. 눈을 감기 전까지 '나'는 '불멸'의 존재라는 '환상'을 놓지 않고 뜨겁게 사는 것, 이것이 바로 우리의 자유의지, 그 이상도 그 이하도 아니다. 무엇을 더 보태고 감할 것인가? 가감은 단지 의미 없는 행위일 뿐이다.

자유의지의 중심은 자기이다. 외부의 자극이 있든 없든 자신의 의지에 따라 음적 또는 양적으로 행위가 이루어질 때, 자유의지는 나름의 의미와 가치를 발한다. 현대 신경과학은 자신의 의지라는 것이 반드시 의식 상태에서 이루어지는 것만은 아니라는 사실을 담담하게 전한다. 개성 중시, 자기 독립성, 자아확립, 그리고 자아실현 같은 단어가 에고의 정체성으로 포장되어 개인 무의식에 침투되어 있는 오늘날, '명료 의식이 아닌 상태에서 일어난 일에 대해서는 개인의 책임이 없다'는 반성적 저항이 (별 것 없는) 과학적 발견에도 눈을 감게 한다. 불교에서의 오온을 빌리면, 의식 작용이나 의식 자체는 수온·상온·식온에 해당하고[96] 의지에 따른 의도적 행위에 해당하는 행온은 의식과 무관하니, 의지가 무의식 상태에서 행해지는 것이

지극히 당연한 것이기도 하다. 자유롭다는 것은 무엇인가? 의식 없이 작용하는 의지에 왜 자유롭다는 의식을 가미해야 하는가? 더 이상 서구 전통에 따라 구축된 자유의지라는 것은 존재하지 않는다. 자유의지는 인연의 그물망에서 각자 삶을 꾸려가는 데 도움을 주는 생산적인 가설이다, 마치 자아라는 환幻이 그런 것처럼. 놀랍게도 말주변 하나 없는 과학이 손가락 하나 들어 이 자리를 가리킨다!

---

96 멸진정滅盡定이라고도 알려져 있는 상수멸정은 생각(상)과 느낌(수)이 사라진 삼매를 가리키며, 마음과 마음작용이 소멸된 상태로 알려져 있다. https://ko.wikipedia.org/wiki/멸진정

참고문헌

외국문헌

Alexander P et. al., "Rediness potentials driven by non-motoric processes", *Consciousness and Cognition*, Vol. 39, (2016), pp.38~47.

Berti A et. al., "Shared cortical anatomy for motor awareness and motor control", *Science,* Vol. 309(5733), (2005), pp.488~491.

Brass M & Haggard P, "To do or not to do: the neural signature of self-control", *The Journal of Neuroscience,* Vol.27(34), (2007), pp.9141~9145.

Caspar EA et. al., "Coercion changes the sense of agency in the human brain", *Current Biology*, Vol.26, (2016), pp.585~592.

Craig KD et al., "Pain in the preterm neonate: behavioral and physiological indices", *Pain,* Vol. 52, (1993), pp.267~299

Earman J, "Aspects of determinism in modern physics", *Handbook of the Philosophy of Science.* Vol. 2, (Elsevier BV, 2006), pp.1369~1433: Philosophy of Physics, Earman J & Butterfield J (Vol. ed), Gabbay DM, Thagard P, Woods J (Handbook ed).

Frede M, *A Free Will: origins of the notion in ancient thought* (University of California Press, 2011), p.102.

Fried I et al., "Internally generated preactivation of single neurons in human medial frontal cortex predicts volition", *Neuron*, Vol. 69, (2011), pp.548~562.

Gier NF & Kjellberg P, "Buddism and the fredom of the will: Pali and Mahayanist responses", *Freedom and Determinism: Topics in Contemporary Philosophy*, Campbell JK et al. eds, (MIT Press, 2004), pp.277~304.

Haggard P & Magno E, "Localising awareness of action with transcranial magnetic stimulaion", *Experimental Brain Research*, Vol. 127, (1999), pp.102~107.

Haggard P et. al., "Voluntary action and conscious awareness", *Nature Neuroscience*, Vol.5(4), (2002), pp.382~385.

Hallet M, "Physiology of free will", *Annals of Neurology*, Vol. 80(1), (2016), pp.5~12.

Hallet M, "Volitional control of movement: the physiology of free will", *Clinical Neurophysiology,* Vol. 118(6), (2007), pp.1179~1192.

Hong FT, "Free will: A case study in reconciling phenomenological philosophy with reductionist sciences", *Progress in Biophysics and Molecular Biology,* Vol. 119, (2015), pp.671~727.

Kandel E et al., Principles of Neural Science, (McGraw Hill, 5th ed., 2012)

Kimura M, "Evolutionary rate at the molecular level", *Nature*, Vol. 217, (1968), pp.624~626.

Kranick SM et al., "Neurology of volition", *Experimental Brain Research*, Vol. 229(3), (2013), pp.313~327.

Lavazza A, "Why cognitive sciences do not prove that free will is an epi-phenomenon", *Frontiers in Psychology*, Vol. 10, (2019), pp.1~11.

Libet B et al., "Rediness potentials preceding unrestricted 'spontaneous' vs. pre-planned voluntary acts". *Electroencephalography and Clinical Neuro-physiology,* Vol. 54, (1982), pp.322~335.

Libet B et al., "Time of unconscious intention to act in relation to onset of cerebral activity", *Brain*, Vol. 106, (1983), pp.623~642.

Libet B, "Unconscious cerebral initiative and the role of conscious will in voluntary action", *Behavior and Brain Sciences*, Vol. 8, (1985), pp.529~566.

Mele AR, *"Free: why science hasn't disproved free will"* (Oxford University Press, 2014), pp.89~90.

Montague PR, "Free will", *Current Biology,* Vol. 18(14), (2008), pp.R584~585.

Moore JW & Obhi SS, "Intentional binding and the sense of agency: a review", *Consciousness and Cognition*, Vol. 21(1), (2012), pp.546~561.

Obhi SS & Haggard P, "Free will and free won't", *American Scientist*, Vol. 92, (2004), pp.358~365.

Petrides M et. al.. "Dissociation of human mid-dorsolateral from posterior dorsolateral frontal cortex in memory processing", *Proceedings of the National Academy of Sciences U.S.A.*, Vol. 90(3), (1993), pp.873~877.

Robinson WS, "Epiphenomenalism", *Wiley Interdiscipplinary Reviews: Cognitive Science*, Vol. 1, (2010), pp.539~547.

Roskies AL, "How does neuroscience affect our conception of volition?", *Annual Review of Neuroscience*, Vol. 33, (2010), pp.109~130

Schrodinger E, "Indeteminism and free will", *Nature,* July 4 Issue, (1936) pp.13~14.

Schuger A. et. al.,"What is the rediness potential?", *Trends in Cognitive Sciences,* Vol. 25(7), (2021), pp.558~570.

Schultze-Kraft M et al., "The point of no return in vetoing self-initiated movements', *The Proceedings of National Academy of Sciences U.S.A.,* Vol. 113, (2016), 1080~1085

Sirigu A. et al., "Perception pf self-generated movement following left parietal lesion", *Brain*, Vol. 122, (1999), pp.1867~1874.

Sirigu A et. al., "Altered awareness of voluntary action after damage to the parietal cortex", *Nature Neuroscience,* Vol. 7(1), (2004), pp.80~84.

Smith K, "Taking aim at free will", *Nature*, Vol. 477, (2011), pp.23~25.

Soon CS et al., "Unconscious determinants of free decisions in the human brain", *Nature Neuroscience*, Vol. 11, (2008), pp.543~545

Stockdale B (2020) *On challenges to free will: contemporary debates in the metaphysics and science of free will,* Ph.D. Thesis, Florida State University, p1

Vinding MC et al., "Distinct electrophysiological potentials for intention in action and prior intention for action.", *Cortex,* Vol. 50, (2014), pp.86~99.

Voh KD & Schooler JW, "The value of believing in free will.", *Psychological Science*, Vol. 19(1), (2008), pp.49~54.

국내문헌

고한진, 「고대철학에서 어거스틴의 자유의지 개념들의 근원들에 관한 연구」,

『ACTS 신학저널』, Vol. 44, 2020.
그럭(Gluck) 외. 지음, 최준식 외 옮김, 『학습과 기억, 뇌에서 행동까지』, 시스마 프레스, 2019(3판).
김은수, 『分子生物學入門-1』, 현대과학신서, 1975.
김주병 편집, 『공동번역 성서』(가톨릭용), 대한성서공회, 1977.
김필영, 『5분 뚝딱 철학-생각의 역사』, 스마트북스, 2020.
매은, 『명검몽야』 네이버 웹소설(novel.naver.com), 2021. 8. 11.
박삼열, 「스피노자는 부수현상론자인가-부수현상론적 해석에 대한 비판적 고찰」, 『철학연구』, Vol. 107, 2008.
샘 해리스 지음, 배현 옮김, 『자유의지는 없다』, 시공사, 2013.
오쇼 지음, 김화영 옮김, 『신비가 너에게 말 걸어오리라』, 나무심는사람, 1997.
융 지음, 한국융연구원 편역, 『원형과 무의식: 집단적 무의식에 관하여』, 솔, 2002.
제프 호킨스, 샌드라 블레이크스리, 이한음 옮김, 『생각하는 뇌 생각하는 기계』, 멘토르, 2010.
줄리언 바지니 지음, 서민아 옮김, 『자유의지-자유의 가능성 탐구』, 스윙밴드, 2015.
카렌 암스트롱 지음, 배국원 유지황 옮김, 『신의 역사 I』, 동연, 1999.
프린츠 M 부케티츠 지음, 원석영 옮김, 『자유의지, 그 환상의 진화』, 열음사, 2013.
최훈, 「데이비드슨의 무법칙적 일원론과 백도형의 심신 유명론」, 『철학적 분석』, Vol. 10, 2004.
한나 크리츨로우 지음, 이종수 옮김, 『운명의 과학』, 로크미디어, 2020.

찾아보기

【ㄱ】
가상현실 397
가아假我 106
가자니가 405
간극 보충재 346
간화선 150
간화선법 121
갈애 89
감지승찬 166
강한 결정론 39
개인중심주의 217
갤런 스트로슨 292
거경居敬 37, 229, 241
거부적 자유의지 39
거욕去欲 259
격물格物 253
견혹見惑 164
결정론 30, 38, 87
결정론적 관점 316
결정사決定思 15
경敬 237
경량부 15, 18
경청도부鏡淸道怤 113
고-신호(go signal) 368
고전역학 339, 340
공안선 150
공자 257
공적영지空寂靈知 26
과거 회고적 323
과제곤란도 201
관상觀想 115
『굉지선사광록』 155
굉지정각 127, 156
구업 14
군자君子 217, 257
궁극적 도덕적 책임 292
궁리窮理 238
권력 욕구 200, 203
귀결 논증 321
귀인(歸因, attribution) 과정 197
근본식 27
『금강경』 112, 135
기계적 은유 207
기독교 294, 337
기독교적 율법 296
기무라 349
기본 논증 292
기세간 20
까르마 74
까르마 이론 76

『꾸란』 402

【ㄴ】
남악회양 162, 167
남양혜충 144
내적 단서 186
노브레인 395
뇌과학 38
뇌와 유전자 282
『누분포경漏分布經』 79
능동적인 자발적 운동 394
능발어사能發語思 16
니체 306
니체식 사유 29
『니코마코스윤리학』 294

【ㄷ】
다윈 206, 343
다윈의 진화론 276
단멸론 137
「달범행경達梵行經」 79
『담마빠다』 70, 89
대감혜능 166
대뇌중추 183
대니얼 데닛 287, 290, 403
대만홍인 166
대분지大憤志 116
대승 106
대승규기 110
『대승기신론』 26
대승보살 107
대신근大信根 116
대안적 가능성 311
대의단 120
대의도신 166
대의문大疑問 116
『대학』 38, 252
대혜종고 130
데이비드 흄 283
데카르트 255, 283, 336
데카르트식 사유 29
도덕성 217
도덕성중심주의 217
도덕적 동기 228
도덕적 지향성의 욕구 222, 263
도덕적 책임의 존재근거 292
도덕철학 303
도심道心 218, 229, 236
돈오 159
돌연변이 348
동기 205
동기주의 34
동기 행동 261
동사적 세계 47
동산양개 167
동질정체 182
동질정체 이론 208
「두 가지 관찰의 경」 89

【ㄹ】
라이프니츠 354
라플라스의 데몬 339
라플라스의 악마 328
「라호가따 숫따(Rahogata sutta)」 94
레고 35, 49
레고의 세상 100
레고 조각 34
로데릭 치좀 316
루빠 54
루빠따 54
르네상스 339
리벳 30, 39
리벳 연구 360, 372, 380
리벳의 실험 40
리벳의 실험결과 357
리벳의 연구결과 374
리벳의 타이머 362, 398
리처드 도킨스 277

【ㅁ】
마르크스주의 306
마슬로우 37, 179, 211
마슬로우의 위계설 255
마조도일 162, 167
마호메트 401
말나식 27
『맛지마니까야』 63
메타의식 27
메타의지 27
메타인지 27
멘델 345
명명덕明明德 254
명지(vijjā) 93
목표지향 행동 205
목표추구 행동 205
묘수妙修 140
무량수無量壽 115
무명(avijjā) 80
무명의 제거 96
무명－행－식－명색 66
무문혜개 156
무상게無常偈 139
무아 75
무애광無碍光 115
무욕無欲 259
무의식적 284
무자화두 155
묵조선 124, 150
문자선 150
물리적 결정론 339
물심이원론物心二元論 142
미래지향성중심주의 217
미시적 비결정성 342
미즈노코겐(水野弘元) 77

【ㅂ】
반사 206

『반야경』 138
반플라톤적 통찰 295
발보리심 35, 109
발심 35, 105
방해자 266
백장회해 163, 167
번뇌 63, 75
번뇌의 소멸 96
번뇌의 지멸 90
범부보살 129
법법法法 131
법장보살 107
『법화경』 149
벤저민 리벳 284, 357
벽관壁觀 149
변증법 303
별원別願 107
보報 17
보르헤스 320
보리달마 117, 162
보살의 이상 107
보현보살 107
본각本覺 26
본구불성本具佛性 126
본능 206
본성 288
본수本修 140
본유성 264
분노(kodha) 80
분별심 120
분자생물학 345
분자유전학 345
분자진화 중립설 349
불각不覺 28
불확정성 원리 342
불회호不回互 166
뷔리당의 당나귀 312
브롱코스트(Bronkhorst) 75
브하와나(bhāvaṇā) 87
브하와띠 87
비결정론 341
비결정론적 관점 316
비결정성의 세계 343
비자발적 운동 394
비트겐슈타인 286

【ㅅ】

사思 10, 14, 16
사고四苦 105
사단四端 230
사리뿟따 58, 92
사마타 92
『사문과경沙門果經』 136
사바예토 140
사법인 70
4성제 62
사십팔대원 107
사유사思惟思 15

사이업思已業 15
『사피엔스』 278
사혹思惑 164
사회구성론 288
사회비교이론 196
사회성 249
사회심리학자 261
사회적 관계체 249
사회적 욕구 36, 200, 221
사회적 행동 190
사회중심주의 217
삼강령三綱領 253
3독 97
삼무다야(samudaya) 73
삼법인 69
3법인에서의 행 34
삼십칠품 105
상想 14
상(saññā) 51
상구보리 하화중생 107
상온 12
상적정토 140
상주론 137
상카땀(saṅkhataṃ) 53
상카라(saṅkhārā) 51
상카라(saṅkhāra, 行) 47
상카라의 지멸 90
상호의존성 47
색온 12
샘 해리스 386
생리적 동기 187
생리적 욕구 36, 182, 212
생멸법 139
생명과학 343
생물학적 결정론 345
생물학적 운명 404
생존 욕구 219
『서경書經』「대우모大禹謨」 237
서암사언 169
석두희천 167
선니외도先尼外道 144
선수행 105
선악의 의도 79
선업 17, 76
선의지 304
선종 113
선택(prohairesis) 296
선택 능력 296
선택성 의도 356
선택성의 지각 199
설일체유부 15
섭식 행동 187
성공에의 접근 경향성 200
성덕成德 245
성상불이性相不二 144
성의誠意 244, 253
성자신해性自神解 26
성체중생聖體衆生 129

성추동 189, 190
성취 경향성 200
성취 욕구 200
성학聖學 237
성학십도聖學十圖 233
세이렌 279
소속과 사랑 욕구 212
소인小人 217
쇼펜하우어 301
수受 14
수면隨眠 90
수신修身 244, 253
수온 12
수증불이修証不二 145
수행 23, 28, 35
순선純善 230
순환적循環的인 사고방식 138
『숫따니빠따』 89
숭산의 소림사 118
스토아 철학 337, 339
스티븐 핑커 288
스피노자 354
습관 12
식(識, vijñāṇa) 18
식온 12
신경과학 282, 285
신광神光 117
신심일여 134, 144
『신약성서』 337
신업 14
신의 의지 326
신의 죽음 306
신체 생리적인 조건 186
신학적 예정설 339
신행 93
실개성불悉皆成佛 107
실유불성 106
실재론 46
실천 이성 295
실패 회피 경향성 200
심려사審慮思 15
심리적 단서 186
심리적 욕구 36, 191
심신深信 131
심심心心 131
심층식 34
심층의식 107
심학도설心學圖說 233
10결의 관점 96
십대원 107
12연기 59
12지연기 13, 18
12지연기에서의 행 34

【ㅇ】

아공법공我空法空 397
아뜨만 46
아뢰야식 19, 26

아리스토텔레스 38, 293
아비상카로띠(abhisaṅkharoti) 54
아상카따(asaṅkhata, 無爲) 53
아우구스티누스 38, 296
아유법공我有法空 387
아이히만 319
아지타 케사캄발라 137
악업惡業 17
악의 평범성 319
안전 욕구 212
알베르트 아인슈타인 276
알인욕 37, 231, 233
알파고 410
알프레드 미얼 406
앙굴리말라 80
『앙굴리말라경』 80
『앙굿따라 니까야』 71
약사여래 107
약산유엄 167
양립가능론 310
양립불가론 290
양자역학 340
어거스틴 399
언행 93
업(業, karma) 13, 14
업력 17, 18
업보 17
업행 20, 22, 28
에보디우스 297
역사 결정론 306
연기緣起 47
『열반경』 135
열반의 획득 96
염념念念 131
예禮 225
『오디세이아』 279
오레고(orégō) 295
오렉시스(órexis) 295
5온 12, 18, 50
5온에서의 행 34
오조법연 157
오취온 50
오후보림 36, 158, 165
완전한 결정론 305
완전한 비결정론 305
왓슨과 크릭 345
외적 단서 186
욕구위계설 212
욕망(chanda) 80
우연성과 필연성 343
운명론 75
『운문광록』 151
운암담성 167
『원각경』 161
원오극근 157
원위의도 374
원인(causes) 286
원조자 266

원행願行 23, 24, 28
「위방가숫따」 60
위법망구爲法忘軀 119
위빠사나 93
유근신有根身 20
유발 하라리 278, 328
유아唯我 106
유위有爲 53
유위법 13
유전자 드리프트 349
유전자 프로그램 352
유전자학 38
유전학 287, 291, 345
유전학적 결정론 346
유학 사상 250
6경 18
6근 18
율곡 231, 235
『율장』「대품」 72
은총의 선물 337
의義 225
의(意, manas) 20
의도(cetanā) 34
의도(sañcetanā) 83
의도결합 방법 393
「의도의 경」 86
의리義理 236
의보依報 17
의식 25, 27
의식적 결정 356
의식적 과정 262
의식적 자아 282
의식적 자유의지 284
의업意業 14
의존적 발생 47
의지 20, 25
의지 개념 282
의지의 자유 300
『의지의 자유로운 선택에 대하여』 297
의지적 행위 10
이기적 욕구 220
『이기적 유전자』 277
이불성理佛性 124
이성理性 29
이성과 욕망의 복합체 247
이성의 우월성 248
이성중심주의 217, 248
이원론 206
이입理入 147
「이입사행론二入四行論」 147
이중맹검법 364
이타행 35, 138
인仁 225
인간 동기의 진화 과정 261
인간 유전체 사업 346
인간 행동 206
인공지능(AI) 410
인과론 75

인과적 결정론 290
인도불교 109
인도선 141
인성人性 230
인식 욕구 191, 195
인심人心 218
인심도심설 37, 218, 229
인욕人欲 230
인의예지 233
인지혁명 197
일대시교一大示敎 148
일여一如 115
일원론 206
일체개고 71
일체행고 71
일행삼매 143
임제의현 123, 167

【ㅈ】
자각종색自覺宗賾 113
자교오종藉敎悟宗 148
자기 결정 311, 312
자기결정성 198
자기발전을 도모하려는 욕구 191
자기실현 212
자기실현 욕구 212
자력적인 구원 108
자로子路 257
자리행 138
자발적 도움행동 265
자연선택 206, 344, 348
자유로운 선택 294, 356
자유 의식의 진보 302
자유의지 11, 34, 38, 104, 276, 297, 400, 402
자유의지(free will) 문제 281
자유의지라는 환상 385
자유의지론 298
자유지상주의 39, 309
자율성 욕구 191
작사사作事思 16
『잡아함경』 61, 63
장식藏識 19
재기자在己者 245
재외자在外者 244
적자생존 344
전변轉變 19
절대정신 304
점수 159
정견 111
정신역동 이론 207
정신적 연속성 206
정신 현상 355
정심正心 244, 253
정위正位 131
정이程頤 238
정자程子 238
제가齊家 253

제6의식 20
제7말나식 20, 25
제팔식 107
제8아뢰야식 21, 27
제행무상 71
조사선祖師禪 141
조작과 환상 387
존 마틴 피셔 318
존중 욕구 212
존천리存天理 37, 229, 233
『종의 기원』 343
「좌선의坐禪儀」 113
주체느낌(sense of agency) 392
주체성의 주체인 자아 395
중국불교 109
중생심 107
중세사상 294
『중아함경』 79
『중용장구中庸章句』 237
지관타좌只管打坐 124
지멸 93
지어지선止於至善 253
지와(Jīva) 46
지장보살 107
진각혜심 120, 156
진아眞我 106
진진塵塵 131
진화론 206
진화심리학자 261

【ㅊ】
착어著語 152
천리天理 230
천친天親 129
청원행사 167
촉觸 14
『출요경』 105
「출현의 경(Uppādasutta)」 71
치국治國 253
치지致知 244, 253
친민親民 253

【ㅋ】
칸트 38, 46, 283, 300
케마까 존자 92
코펜하겐 해석 341, 342
쾌락주의 257
키르케 279

【ㅌ】
타력적인 구원 108
탐색 욕구 191, 192, 195
탐욕(lobha) 80
탐진치 56
태조혜가 119, 166
퇴계 230, 234
트로이 전쟁 279
특수기(特殊飢: specific hunger) 현상 262

【ㅍ】

팔불八不 128

팔조목八條目 38, 252

팔조목 위계설 255

팽레베의 비충돌특이성 340

페스팅거 196

평천하平天下 253

프랭크퍼트의 사고 실험 324

프로이트 37, 179, 207

플라톤 46, 384

플로티누스 399

플로티누스의 일자 399, 400

피에르 시몽 라플라스 327

【ㅎ】

하느님의 섭리 337

하이젠베르크 342

학습된 동기 187

한나 아렌트 294, 320

함장식含藏識 19

항상성 182

해리 프랭크퍼트 323

행(saṅkhārā) 51

행동주의적 학습 이론 207

행불성行佛性 124

행불위의行佛威儀 142

행위 능력 293

행입行入 147

헐 207

헤겔 38, 302

현대물리학 341

현대 분자생물학 39

현대 서구심리학 217

현대심리학 179

현사사비玄沙師備 113

현상중심주의 217

현성공안 151

현행現行 19

형성작용 58

혜가단비慧可斷臂의 고사 117

혜능 142, 162

호메로스 279

호모 데우스 328

호모 사피엔스 278

홉스 312

화두 116, 121

화두일념話頭一念 122

『화엄경』 147

황벽희운 123, 167

회호回互 166

훈습熏習 19

■ 책을 만든 사람들

박찬욱 (밝은사람들연구소장)

한자경 (이화여자대학교 철학과 교수)

이필원 (동국대학교 경주캠퍼스 파라미타칼리지 교수)

김호귀 (동국대학교 불교학술원 한문불전번역학과 교수)

조긍호 (서강대학교 심리학과 명예교수)

이진우 (포스텍 인문사회학부 명예교수)

정준모 (이화여자대학교 뇌인지과학과/생명과학과 교수)

'밝은사람들연구소'에서 진행하는 학술연찬회에 관심이 있으신 분은 전화(02-720-3629)나 메일(happybosal@hanmail.net)로 연락하시면 관련 소식을 받아보실 수 있습니다.

'밝은사람들총서'의 주제발표 동영상이 유튜브에 순차적으로 업로드되고 있습니다.

의지, 자유로운가 속박되어 있는가

초판 1쇄 인쇄 2021년 11월 6일 | **초판 1쇄 발행** 2021년 11월 16일

집필 이필원 외 | **펴낸이** 김시열

펴낸곳 도서출판 운주사

(02832) 서울시 성북구 동소문로 67-1 성심빌딩 3층

전화 (02) 926-8361 | **팩스** 0505-115-8361

ISBN 978-89-5746-663-6 94000 값 24,000원

ISBN 978-89-5746-411-3 (세트)

http://cafe.daum.net/unjubooks 〈다음카페: 도서출판 운주사〉